暨南史學

JINAN SHIXUE

第二十三辑

主编 马建春

暨南大學出版社
JINAN UNIVERSITY PRESS
中国·广州

图书在版编目（CIP）数据

暨南史学．第二十三辑/马建春主编．—广州：暨南大学出版社，2021.11
ISBN 978－7－5668－3312－9

Ⅰ．①暨…　Ⅱ．①马…　Ⅲ．①史学—中国—文集　Ⅳ．①K207－53

中国版本图书馆 CIP 数据核字(2021)第 257386 号

暨南史学（第二十三辑）
JINAN SHIXUE（DI-ERSHISAN JI）
主　编：马建春

出 版 人：张晋升
责任编辑：冯　琳　詹建林
责任校对：孙劭贤　林玉翠　冯月盈
责任印制：周一丹　郑玉婷

出版发行：暨南大学出版社（510630）
电　　话：总编室（8620）85221601
　　　　　营销部（8620）85225284　85228291　85228292　85226712
传　　真：（8620）85221583（办公室）　85223774（营销部）
网　　址：http：//www. jnupress. com
排　　版：广州尚文数码科技有限公司
印　　刷：佛山市浩文彩色印刷有限公司
开　　本：787mm×1092mm　1/16
印　　张：20. 25
字　　数：396 千
版　　次：2021 年 11 月第 1 版
印　　次：2021 年 11 月第 1 次
定　　价：58. 00 元

（暨大版图书如有印装质量问题，请与出版社总编室联系调换）

目　录

电子稿件请寄：投稿信箱：jinanshixue@ sina. com.

纸质稿件请寄：广州市天河区黄埔大道西 601 号暨南大学中外关系研究所《暨南史学》编辑部（第二文科楼 806 室），邮编：510632。

编辑部电话：020—85221991

《山海经》的南亚知识与塞人作者

周运中

［提要］《山海经》的《海外南经》《大荒南经》记载了南亚和东南亚的很多地理知识，很多内容可以和玄奘《大唐西域记》对应。《山海经》域外西部、南部的原作者比较熟悉印度西北部，但他的家乡在高原之北，很可能是今和田附近的塞人，所以非常熟悉昆仑山和塔里木盆地。《山海经》在前306年后不久成书，亚历山大东征的连锁反应间接刺激了《山海经》的诞生。《西次三经》和《西山经》首篇衔接，西端到塞琉古帝国边界，西域南道是胡商东来路线。西域胡商来到中原，绘制的《山海经》原始地图在齐国被方士汉译写出，加上东方域外知识，形成了《山海经》祖本。燕昭王破齐，燕国方士删改《大荒经》为《海外经》，加上新作的《海内经》，形成第二个版本，后世《山海经》是两个版本的融合。

［关键词］《山海经》；印度；胡人；塞人

中国和南亚的交流源远流长，《史记·大宛列传》记载，张骞在中亚看到蜀布、邛竹杖，得知巴蜀通身毒（印度）。前4世纪《政事论》提到的Cīna即中国，《摩诃婆罗多》《罗摩衍那》《摩奴法典》也提到了 Cīna。① 考古学家已经指出商代四川三星堆文化的大量海贝来自印度洋，金面具、金权杖、铜立人源自西亚甚至拥有埃及文化因素。② 世界上最早的柳叶形青铜剑在土耳其被发现，属于约前 3000 年的安纳托利亚文明。该剑形于前三千纪中期在印度出现，流行到前 1 500 年左右。中国西南约在前 1 300 年出现这种成熟的剑，考古发现可见于成都十二桥晚商遗址，这种剑很可能是从印度传入中国的。③ 前人或误以为《山海经》中《海经》不可信，其实《海经》和《山经》有很多内容相互对应。④《海经》不仅可信，而且极具价值。胡厚宣已经发现《大荒经》的四方和四方风名在商代卜辞中就有相同记载，而被《尚书·尧典》篡改为四方民众之名，证明《海经》比《尚书》还可信。⑤《海经》记载燕国灭貊国，倭和朝鲜之西的列阳（即乐浪）属燕，记载番隅（即番禺）、桂林和郁水（今珠江），非常珍贵。又记载琅邪台、郁州岛（今连云港云台山）、会稽山和瓯、闽在海中，显然源自沿海航路。东晋郭璞《注山海经叙》已经指出，因为世人所知太少，所以少见多怪。很多人因为缺乏上古史、地理学和边疆及域外知识，所以看不懂《山海经》。本文先注释《海外南经》和《大荒南经》，再解释《山海经》有很多南亚地理知识的原因。

一、《海外南经》校注

海外自西南陬至东南陬者。结匈国在其西南，其为人结匈。

注：《淮南子·地形训》与《山海经》同源的三十六国中，结匈作结胸，郭璞注："臆前肤出，如人结喉。"即甲状腺肿大，古称瘿，许慎《说文》卷七："瘿，颈瘤也。"结匈国即玄奘《大唐西域记》卷四屈露多国："人貌粗弊，既瘿且尰。"屈露多国（Kulūta）在印度西北部的喜马偕尔邦，都城在古卢（Kulu），⑥ 地处喜马拉雅山麓，远

---

① 季羡林：《中印文化交流史》，中国社会科学出版社，2008 年，第 10 页。饶宗颐：《蜀布与 Cinapatta——论早期中印缅之交通》，《饶宗颐东方学论集》，汕头大学出版社，1999 年，第 227－259 页。

② 霍巍：《广汉三星堆青铜文化与古代西亚文明》，《西南考古与中华文明》，巴蜀书社，2011 年，第 21－34 页。

③ 段渝：《商代中国西南青铜剑的来源》，《社会科学研究》2009 年第 2 期。

④ 周运中：《〈山海经〉昆仑山位置新考》，《中国历史地理论丛》2008 年第 2 期；周运中：《〈山海经·西山经〉地理新释》，《古代文明》2012 年第 1 期。

⑤ 胡厚宣：《甲骨文四方风名考证》，《甲骨学商史论丛初集》，河北教育出版社，2002 年，第 265－276 页。

⑥（唐）玄奘、辩机原著，季羡林等校注：《大唐西域记校注》，中华书局，2000 年，第 372－373 页。

离海洋，因为缺碘，有此疾病。

南山在其东南。自此山来，虫为蛇，蛇号为鱼。一曰南山在结匈东南。

注：南山即青藏高原，秦岭向西延伸到昆仑山，《史记·大宛列传》记载张骞在大月氏："留岁余，还，并南山，欲从羌中归，复为匈奴所得。"此处西域南山是昆仑山，因为在东西通道之南而得名。虫为蛇，指梵语的虫（jantu），读音接近汉语蛇的上古音透母鱼部 djyai。蛇为鱼，指梵语的蛇（ahi），极近汉语鱼的上古音疑母鱼部 nga，现在闽南语的鱼读为 hi。

比翼鸟在其东，其为鸟青、赤，两鸟比翼。一曰在南山东。

注：比翼鸟即《大唐西域记》卷七尼波罗国（今尼泊尔）的命命鸟，《杂宝藏经》作共命鸟，梵文是 jīvajīvaka，jīva 是生命。据说是一身两头的鸟，一说是鹧鸪之类。[①] 比翼鸟画在图上，正像一身两头，或许是源自鹧鸪雌雄相伴的习性。

羽民国在其东南，其为人长头，身生羽。一曰在比翼鸟东南，其为人长颊。

注：羽民是身穿鸟羽衣服的人，《大唐西域记》卷二《印度总述》之六《衣饰》："或衣孔雀羽尾。"毗湿奴（遍入天，Visnu）第八次化身黑天 Krsna 的神鸟是孔雀，黑天派的人以孔雀羽毛为衣饰，称为孔雀行者（Māyūravartin）。[②] 羽民的读音接近亚穆纳河（Yamuna），靠近秣菟罗国（Mathura），在今马图拉，此地是遍入天派中心，据传是黑天诞生地，今天仍是圣地，应是羽民国。Mathura 的读音接近孔雀（Mayūra），地名很可能源自孔雀。江西新干县大洋洲镇出土的商代玉雕羽人，湖北荆州 2000 年出土的站在凤鸟（孔雀）背部的战国木雕羽人，襄阳 2008 年汉魏墓出土铜羽人，出土的陶楼上类似的羽人浮雕，都是圆脸。[③] 西安出土的汉代羽人是长脸，不过后世文物可能受《山海经》影响。大理喜洲镇弘圭山出土的东汉青铜鸟背部有羽人，手持药罐。

有神人二八，连臂，为帝司夜于此野。在羽民东，其为人小颊赤肩，尽十六人。

注：二八即尼泊尔（Nepal），音译为二八，上古音的二是日母脂部 njiei，八是帮母质部 pet。二八是周代女乐之数，《左传》襄公十一年郑人用女乐二八贿赂晋侯，《韩非子·内储说下》晋献公用女乐二八诱惑虞国，《史记·秦本纪》秦以女乐二八迷惑戎王，

① （唐）玄奘、辩机原著，季羡林等校注：《大唐西域记校注》，第 612－613 页。

② （唐）玄奘、辩机原著，季羡林等校注：《大唐西域记校注》，第 180 页。

③ 陈千万：《襄阳出土的铜羽人与楚地巫术》，《楚文化研究论集》第十集，湖北美术出版社，2011 年。

《楚辞·招魂》："二八齐容，起郑舞些。"《大招》："二八接舞，投诗赋只。"① 所谓二八神十六人是汉人对音译地名二八的附会，《海经》的讹误大体上都是如此产生。但是这种附会也有根据，因为印度有庙妓，所以说为帝守夜。

毕方鸟在其东，青水西，其为鸟人面一脚。一曰在二八神东。

注：毕方鸟即南亚的火烈鸟（flamingo），阿萨姆语等语言作 phlemingo，《西次三经》昆仑山之西的章莪山："有鸟焉，其状如鹤，一足，赤文青质而白喙，名曰毕方，其鸣自叫也，见则其邑有讹火。"火烈鸟飞羽黑色，覆羽深红，嘴部白色，古人认为能带来火灾。毕方是音译，因为上古音的方是帮母阳部 piuang，接近 mingo，所以把phlemingo 译为毕方。

讙头国在其南，其为人，人面有翼，鸟喙，方捕鱼。一曰在毕方东。或曰讙朱国。

注：讙头国，国人捕鱼，在今印度比哈尔邦北部，因为是多条河流交汇处，现在还是印度最大的淡水鱼产地。②《大唐西域记》尼波罗国上一条的弗栗恃国（Vrji），在今比哈尔邦的甘达克河（Gandak）和巴格马提河（Bagmati）间，南到恒河，北到尼泊尔，玄奘记载如来在此化度渔人的故事，说："五百渔人结畴附党，渔捕水族。"③ 讙头即印度（Hindu），前 326 年，摩揭陀国的旃陀罗笈多（月护，Candargupta），统一印度大多数地方，建立孔雀王朝，定都华氏城，在今巴特那（Patna）。《山海经》写成的年代，印度的都城在比哈尔邦，故名讙头。

厌火国在其国南，兽身黑色，生火出其口中。一曰在讙朱东。

注：厌火国人皮肤黑色，是印度的土著族群，兽身指长相不同。厌火国在今比哈尔邦南部的恰尔肯德邦，以山地为主。因为居民以土著为主，2000 年从比哈尔邦分出。《大唐西域记》记载南印度各国人是黑色皮肤，厌火国人能吐火，《后汉书·西南夷列传》："永宁元年，掸国王雍由调复遣使者诣阙朝贺，献乐及幻人，能变化吐火，自支解，易牛马头。又善跳丸，数乃至千。自言我海西人，海西即大秦也，掸国西南通大秦。"掸国即今缅甸掸邦，海西即孟加拉湾之西，大秦在今印度南部。《法显传》称达儭，印地语南方是 daksina，音译为大秦。④ 章巽认为达儭即南憍萨罗国（Daksina -

① 饶宗颐：《固庵文录》，辽宁教育出版社，2000 年，第 84 - 85 页。

② 中国地图出版社编著：《印度地图册》，中国地图出版社，2012 年，第 64 页。

③ （唐）玄奘、辩机原著，季羡林等校注：《大唐西域记校注》，第 609 页。

④ 冯承钧：《中国南洋交通史》，上海古籍出版社，2005 年，第 4 页。

Kosala)，在今印度中部。①

三珠树在厌火北，生赤水上，其为树如柏，叶皆为珠。一曰其为树若彗。

注：三株树在赤水上，《山海经・西次三经》昆仑山："赤水出焉，而东南流注于汜天之水。"岑仲勉指出汜天之水即布拉马普特拉河（Brahmaputra)，义为梵天之子，则赤水为恒河。三株树在恒河下游。《大唐西域记》卷十"奔那伐弹那国"（Punnavadhana)："般娑果既多且贵，其果大如冬瓜，熟则黄赤，剖之中有数十小果，大如鹤卵，又更破之，其汁黄赤，其味甘美。"国都在今孟加拉国博格拉（Bogra）之北，在恒河和布拉马普特拉河之间。卷二也提到般娑果（Panasa)，即波罗。②《海经》原来是地图，地图上画的波罗蜜树，用圆圈表示波罗蜜果，传入中国，有人误以为这些圆圈是珠，于是写成三珠树。

三苗国在赤水东，其为人相随。一曰三毛国。

注：三苗国是《大唐西域记》奔那伐弹那国之下第二条的三摩呾吒国（Samatata)，国都在今达卡西南，③ 音译为三苗。再下一条是耽摩栗底国，在今印度西孟加拉邦加尔各答西南的塔姆鲁克（Tamluk)，原是恒河入海口，④ 所以是重要的海港。义净从此地登陆和回国，玄奘也想从此地回国。⑤ 现在恒河干道东移，所以古代三摩呾吒国正是在赤水（恒河）之东。

䥑国在其东，其为人黄，能操弓射蛇。一曰䥑国在三毛东。

注：䥑国的读音从至，上古音是照母质部 tiet，即缅甸的古国骠国，《新唐书》卷二二二下："骠，古朱波也，自号突罗朱，阇婆国人曰徒里拙。"突罗朱、徒里拙音近 tiet。

贯匈国在其东，其为人匈有窍。一曰在䥑国东。

注：贯匈国是贯鼻国之误，胸、鼻形近。《后汉书・南蛮西南夷列传》："哀牢人皆穿鼻、儋耳。"《华阳国志・南中志》："（哀牢）有穿胸、儋耳种。"尤中认为穿胸是穿

① （晋）法显撰，章巽校注：《法显传》，中华书局，2008 年，第 117 – 118 页。

② （唐）玄奘、辩机原著，季羡林等校注：《大唐西域记校注》，第 213、790 页。

③ （唐）玄奘、辩机原著，季羡林等校注：《大唐西域记校注》，第 801 – 802 页。

④ 周运中：《中国南洋古代交通史》，厦门大学出版社，2015 年，第 146 – 148 页。

⑤ （唐）玄奘、辩机原著，季羡林等校注：《大唐西域记校注》，第 805 – 807 页。

鼻之误，① 任乃强把原文的穿胸改为穿鼻。② 现在印度尼西亚有的民族还有穿鼻习俗，广东的珠江口还留下“穿鼻洋”这个地名。唐代樊绰《蛮书》卷四说柘东节度使之南（今滇东南）的穿鼻蛮：“以径尺金环穿鼻中隔，下垂过颐。”

交胫国在其东，其为人交胫。一曰在穿匈东。

注：上古音的交、高都是见母宵部，交胫是高颈之误。缅甸东部克耶邦的克耶族有支系卡央拉韦人（Kayan Lahwi），此族女子以长颈为美，从小开始每年在脖子上戴一个铜圈，多达数个，重达数斤，脖子被畸形拉长。这就是高颈国，又以不死而著名。《南史》卷四九《刘杳传》：“长颈是毗骞王，朱建安《扶南以南记》云：古来至今不死。”《太平御览》卷七八八引竺芝《扶南记》：“毗骞国，去扶南八千里，在海中。国王身长三丈，颈长三尺，自古以来不死，知神圣未然之事……子孙生死如常人，惟此王不死耳，号曰长颈王。食器皆纯金，金如此间之石，无央限也……长颈王亦能作天竺书。”现在邻近克耶的锡当河上游仍然盛产黄金，掸人把卡央拉韦族称为巴冬（Padaung）。③

不死民在其东，其为人黑色，寿不死。一曰在穿匈国东。

注：或指上条的长颈毗骞人不死，或在滇西南，《华阳国志》卷四：“（吕）祥子，元康末为永昌太守。值南夷作乱，闽濮反，乃南移永寿，去故郡千里。”永寿县在永昌（今云南保山）之南千里，或许因为居民长寿得名，今潞西等地是长寿之乡。闽濮是《蛮书》卷四的芒蛮，是南亚语系民族，则永寿不在永昌的正南，而是西南。

反舌国在其东，一曰在不死民东。

注：反舌不是真的舌头反长，而是指侗台语系的语序和汉藏语系不同，被修饰的宾语放在词头，此处指云南、广西的侗台语系越人。

昆仑虚在其东，虚四方。一曰在反舌东，为虚四方。

注：昆仑虚即昆仑丘，虚（墟）、丘是同源字，许慎《说文》：“虚，大丘也。”此处的昆仑山不是中国西北的昆仑山，而是热带的昆仑，也即昆仑奴的昆仑，法国学者费琅有详细考证。④

---

① 尤中：《西南民族史论集》，第 14 页。

② （晋）常璩著，任乃强校注：《华阳国志校补图注》，上海古籍出版社，1987 年，第 285 页。

③ 周运中：《中国南洋古代交通史》，第 136 – 137 页。

④ 费琅著，冯承钧译：《昆仑及南海古代航行考》，北京：中华书局，2002 年，第 17 – 32 页。

羿与凿齿战于寿华之野，羿射杀之。在昆仑虚东。羿持弓矢，凿齿持盾。一曰戈。

注：广东增城金兰寺、佛山河宕遗址发现拔牙习俗，但是此处的凿齿民是指仡佬族，仡佬族有拔牙习俗。① 寿华即《大荒西经》寿麻，即汉代收靡县，在今云南寻甸县，《水经注》卷三六《若水》记载收靡县名源自升麻，升麻是解毒奇药，我认为即印度文化不死药 soma 的由来。

三首国在其东，其为人一身三首。

注：云南的南部有印度移民，《华阳国志》卷四《南中志》："有闽濮、鸠獠、僄越、裸濮、身毒之民。"三首是印度移民崇拜的三头神。

周饶国在其东，其为人短小，冠带。一曰焦侥国，在三首东。

注：周饶即僬侥，是今云南西南部的古代族群，《后汉书》卷五《安帝纪》永初元年（189）："己卯，永昌徼外僬侥种夷贡献内属。"卷八十六《西南夷列传》："永初元年，徼外僬侥种夷陆类等三千余口举种内附，献象牙、水牛、封牛。"尤中认为僬侥人是融合于孟—高棉族中的矮黑人。②《国语·鲁语下》："僬侥氏长三尺，短之至也。"潘光旦说："僬侥，即侏儒之音转。"③

长臂国在其东，捕鱼水中，两手各操一鱼。一曰在焦侥东，捕鱼海中。

注：长臂国，国人在海中捕鱼，在今越南沿海。《续汉书·郡国志》日南郡朱吾县（在今越南中部），李贤注引《交州记》："其民依海际居，不食米，止资鱼。"北美洲西北海岸印第安人的胸肌和上肢肌肉发达，下肢则比欧洲人短，由于世代在独木舟中摇桨捕鱼，上肢得到充分锻炼，变得粗壮。④ 现在东南亚还有这种纯粹的海上渔业民族，在菲律宾、马来西亚、印度尼西亚交界海域，有海上民族巴瑶族（Bajau）。

狄山，帝尧葬于阳，帝喾葬于阴。爰有熊、罴、文虎、蜼、豹、离朱、视肉。吁咽、文王皆葬其所。一曰汤山。一曰爰有熊、罴、文虎、蜼、豹、离朱、鸱久、视肉、虖交。其范林方三百里。

注：范林在《山海经》出现多次，另见《海外北经》《海内南经》，《海内北经》作氾林。或许是封林，封字的原形是封土上有树木。因为《海外南经》是根据《大荒南

① 韩康信、中村孝博：《中国和日本古代仪式拔牙的比较研究》，《考古学报》1998 年第3 期。

② 尤中：《西南民族史论集》，云南民族出版社，1982 年，第 4 页。

③ 潘光旦：《中国民族史料汇编》，天津古籍出版社，2005 年，第 131 页。

④ 高小刚：《图腾柱下》，北京：生活·读书·新知三联书店，1997 年，第 49 页。

经》改编，《大荒南经》的尧、喾、舜葬地岳山靠近十日所在的汤山，所以汤山被误为《海外南经》的尧、喾葬地，从汤山误为易山、狄山。汤山即温泉山，在今日本。《海内南经》的圣木曼兑，误为挺木牙交，再误为乎交（虖交），证明《海外经》四篇比《海内经》四篇晚。

二、《大荒南经》校注

南海之外，赤水之西，流沙之东，有兽，左右有首，名曰跊踢。有三青兽相并，名曰双双。

注：讙踢在《吕氏春秋·本味》是述荡，在赤水（恒河）之西，在印度西北，即《大唐西域记》卷四"设多图卢国"（Satadru），音译为述荡。其在今沙尔亨德（Sarhind），东南接近恒河上游，[1] 靠近《海外南经》开头的结匈国（今古鲁）。

有阿山者。南海之中，有氾天之山，赤水穷焉。赤水之东，有苍梧之野，舜与叔均之所葬也。爰有文贝、离俞、鸱久、鹰、贾、委维、熊、罴、象、虎、豹、狼、视肉。

注：苍梧是梧苍的附会，梧苍即玄奘《大唐西域记》的乌苌那国。

有荣山，荣水出焉。黑水之南，有玄蛇，食麈。

注：荣山、荣水即《大唐西域记》卷十二"淫薄健国"（Yamgan），在今阿富汗科克查河上游的扎姆（Jarm）河流域，gan 即波斯语的城市（kand）。上古音的荣是喻母耕部 jieng，接近 Jram。《山经》的黑水是阿姆河，恰好在阿姆河之南，完全符合。

有巫山者，西有黄鸟。帝药，八斋。黄鸟于巫山，司此玄蛇。大荒之中，有不庭之山，荣水穷焉。

注：不庭之山是荣水穷处，上古音的不是帮母之部 piuə，庭是定母耕部 dyeng，即巴达赫尚的简译。扎姆（Jarm）河恰好是在巴达赫尚的首府注入喷赤河（黑水），完全符合。《西次三经》昆仑山："黑水出焉，而西流于大杅。"我已指出，即大夏。其西的轩辕丘："洵水出焉，南流注于黑水。"可知黑水从帕米尔高原西流，是喷赤河。[2] 黄鸟即《海外西经》黄鸟，也即高山的秃鹫，因为能吃蛇，所以司蛇。帝药即不死之药，被罗睺偷吃，成为刑天，所以《海外西经》的三身一臂国靠近刑天的常羊山。

---

① （唐）玄奘、辩机原著，季羡林等校注：《大唐西域记校注》，第 375－376 页。

② 周运中：《〈山海经〉昆仑山位置新考》，《中国历史地理论丛》2008 年第 2 期。

有人三身。帝俊妻娥皇，生此三身之国。姚姓，黍食，使四鸟。有渊四方，四隅皆达，北属黑水，南属大荒。

注：三身国是三面国之误，三面即喷赤河上游的商弥国，《大唐西域记》在淫薄健国之下第四条，商弥、三面是异译，也可能源自印度教的三头神。北面的黑水，就是阿姆河的源头瓦罕河。

北旁名曰少和之渊，南旁名曰从渊，舜之所浴也。

注：少和之渊在乌仗那国，其下就是羽民国（羽氐，乌仗那）。《大唐西域记》卷三乌仗那国："瞢揭厘城东北行二百五六十里，入大山，至阿波逻罗龙泉，即苏婆伐窣堵河之源也。"苏婆伐窣堵河（Subhavastu）即今斯瓦特（Swat）河，上古音的少是审母宵部 sjiô，和是匣母歌部 huai，少和即 Subhava 的音译，少译 sub，和译 hava，少和之渊是斯瓦特河源的龙泉。其南的从渊，在斯瓦特河东南，应在印度河上游，即乌仗那国之下第三条的僧诃补罗国（Simhapura）。[①] 从的上古音是从母东部 dziong，接近 simha。怂字声旁是从，但是读音是 song。现在吴语等方言的从读 song，湘语等方言的从读 tsen。从和曾的语义相通，从前即曾经。

又有成山，甘水穷焉。有季禺之国，颛顼之子，食黍。有羽民之国，其民皆生毛羽。有卵民之国，其民皆生卵。

注：成山是甘水穷处，甘水即喀布尔河（Kabul），甘的上古音是见母谈部 kam，因为 b、m 都是唇音，所以读音极近。喀布尔河注入印度河处，靠近《大唐西域记》卷二健驮逻国的跋鲁沙城，在今白沙瓦东北六十五公里，有弹多落迦山，玄奘说旧译为坦特山，《洛阳伽蓝记》作善持山，[②] 音近成。季禺国即健驮逻（Gandhāra），在今喀布尔河下游。上古音的季是群母质部 giet，禺是疑母侯部 ngio，季禺（giet－ngio）即 Gandhāra，因为 t、d 极近，所以用季（giet）译 gand 极好。ng、h 都是喉音，元音 o、a 也比较近。

大荒之中，有不姜之山，黑水穷焉。

注：不姜之山是黑水穷处，黑水是阿姆河，则不姜在阿姆河下游，应为古国布哈拉（Bakhra），姜的上古音是见面阳部 kiang，布哈拉在阿姆河中游，上古时期再往下游都属此地。

又有贾山，汔水出焉。

---

① （唐）玄奘、辩机原著，季羡林等校注：《大唐西域记校注》，第 313 页。

② （唐）玄奘、辩机原著，季羡林等校注：《大唐西域记校注》，第 256－259 页。

注：贾山是汔水的源头，汔的读音同乞，上古音是见母物部 kiət，即《大唐西域记》卷三迦湿弥罗国（克什米尔）的讫利多族，玄奘说："邻境诸国鄙其贱种，莫与交亲，谓之讫利多（唐言买得）。"汔的读音 kiət 非常接近讫利多（Krīta），梵文意为买来，所以称为贾山。

又有言山。又有登备之山。有恝恝之山。又有蒲山，澧水出焉。又有隗山，其西有丹，其东有玉。又南有山，漂水出焉。有尾山。有翠山。

注：登备即《海外西经》登葆山，是西藏。上古音的恝恝（kat - kat）读音接近古格、廓尔喀，在今西藏的札达县。蒲山在今普兰县，蒲、普音近，普兰的语源或以为源自雪山，普兰县北部有著名的冈仁波齐峰，四周是高山。澧水即萨特累季河（Sutlej），上古音的澧（lyei）接近 lej，上游出自普兰县，称为朗钦藏布（象泉河）。其南有山，是喜马拉雅山，所出漂水就是恒河。恒河的源头在萨特累季河源头之南不远，恒河非常重要，不应不提。玄奘《大唐西域记》卷四窣禄勤那国："阎牟那河东行八百余里，至殑伽河……彼俗书记，谓之福水。"恒河的别名是福水（Punyodaka），punyo 的读音接近漂。

有盈民之国，於姓，黍食。又有人方食木叶。

注：盈民（jieng - mien）之国是亚穆纳河（Yamuna）的音译，亚穆纳河正是在萨特累季河（象泉河）之东。应是亚穆纳河边的秣菟罗国（Mathura），即今马图拉。是婆罗门教的中心，遍入天派的前身薄伽梵派在此产生。最早统治此地的家族是 Yadu 或 Yādava，音译为於姓。玄奘称此地盛产庵没罗果（芒果），① 原图画的是吃芒果，因把芒果画得形似树叶，看图的人误解。当时的芒果还是外地罕见的水果，所以原图作者画图便于说明。

有不死之国，阿姓，甘木是食。

注：不死之国源自印度的不死神话，按照上下文的位置是秣菟罗国北部的萨他泥湿伐罗国（Sthānesvara），意思是自在之地，② 玄奘称为福地，此地人："家室富饶，竞为奢侈，深闲幻术，高尚异能，多逐利，少务农，诸方奇货，多聚此国……天祠百余说，异道甚多。"其东部，亚穆纳河东岸的秣底补罗国："不信佛法，敬事天神……天祠五十余所，异道杂居。"甘木很可能是甘蔗。《海外南经》的羽民国在秣菟罗国，不死国也在附近。

---

① （唐）玄奘、辩机原著，季羡林等校注：《大唐西域记校注》，第 379 - 381 页。

② （唐）玄奘、辩机原著，季羡林等校注：《大唐西域记校注》，第 388 页。

大荒之中，有山名曰去痓。南极果，北不成，去痓果。

注：去痓山，应是摩揭陀国的故都旧王舍城，建在山中，《大唐西域记》卷九“摩揭陀国”下：“从此大山中东行六十余里，至矩奢揭罗补罗城（唐言上茅宫城）。上茅宫城，摩揭陁国之正中，古先君王之所都，多出胜上吉祥香茅，以故谓之上茅城也。崇山四周，以为外郭，西通峡径，北辟山门。”矩奢揭罗补罗是梵语 Kusagrapura 的音译，kusa 是香茅，agra 是尖顶，pura 是城，① 香茅辟邪，所以去痓是音译兼义译，去痓即去除疾病。最高峰鹫峰（Grdhrakūta），读音接近去 Kha - thjiet。其北的是吠舍厘国（Vaisāli），国名源自广大 visāla，是恒河之北的大国，吠舍厘国南侵时，摩揭陀国王频毗娑罗（Bimbisāra）在山的北麓修建了新王舍城。他的儿子阿阇世王（Ajātasatru）迁都新王舍城，他的孙子邬陀耶王迁都华氏城（Pātaliputra）。佛陀常到王舍城，成为佛教圣地。② 南极果可能是误字，原文是指去南极之地有裸国，指南印度南部的土著民族。裸误为果，对应《淮南子·地形》的裸国。

南海渚中，有神，人面，珥两青蛇，践两赤蛇，曰不廷胡余。

注：不廷胡余的读音非常接近不丹的原名 Bhotanta，bhot 是西藏，anta 是末端，bhot 译为不廷，anta 译为胡余，余读为涂。不丹的南面不远就是恒河口，上古更靠海岸，所以被看成是海神。

有神名曰因乎，南方曰因，来风曰民，处南极以出入风。

注：南方曰因源自突厥语，南方的波斯语是 jonub，阿拉伯语是 janub，维吾尔语是 jenub。南风曰民源自蒙古语，南方的蒙古语是 omnozug，日语是 minami，日语受到阿尔泰语的影响。

有襄山。又有重阴之山。

注：襄的上古音 siang，接近锡金（Sikkim）。不丹人自称为 Zhugyü，意思是龙之地，读音极近重阴。

有人食兽，曰季厘。帝俊生季厘，故曰季厘之国。

注：上古音的季厘（kiuet - liə），或许是梵语的山（giri），因为聚居在山上，所以是打猎的民族。

---

① （唐）玄奘、辩机原著，季羡林等校注：《大唐西域记校注》，第 718 页。

② （唐）玄奘、辩机原著，季羡林等校注：《大唐西域记校注》，第 587 - 588、620、744 页。

有缗渊。少昊生倍伐，倍伐降处缗渊。有水四方，名曰俊坛。

注：上古音的倍伐（bə－biat）接近门巴，门巴是门地的人。上古音的缗是 meən，也是门。门巴族聚居在今西藏错那县，恰好在不丹之东。错那的藏语意思是湖前，错是湖泊，所以四方的缗渊是湖。

有臷民之国。帝舜生无淫，降臷处，是谓巫臷民。巫臷民朌姓，食谷，不绩不经，服也。不稼不穑，食也。爰有歌舞之鸟，鸾鸟自歌，凤鸟自舞。爰有百兽，相群爰处。百谷所聚。

注：巫臷即《海外南经》臷国，上文指出是缅甸的骠国，别名突罗朱。突罗朱、徒里拙音近臷（tiet）。无淫、朌，即骠（Prome）的音译。

大荒之中，有山名曰融天，海水南入焉。

注：融天的上古音 jiuəm－thyən，接近《大唐西域记》卷十林邑西南的阎摩那洲（Yamana－dvipa），即海岛，是《法显传》中的耶婆提，今爪哇岛。海水南入，是指海水向南进入马六甲海峡。印度人依靠信风，方便来往马六甲海峡，所以历史上南洋深受印度文化影响。

有人曰凿齿，羿杀之。

注：即《海外南经》的凿齿民，也即仡佬族。

有蜮山者，有蜮民之国，桑姓，食黍，射蜮是食。有人方扜弓射黄蛇，名曰蜮人。有宋山者，有赤蛇，名曰育蛇。有木生山上，名曰枫木。枫木，蚩尤所弃其桎梏，是为枫木。

注：育是南之形误，南蛇即蚺蛇，音近。南（nam）和冉（njam），源自侗台语系语言的水（nam），指水蛇。明代谢肇淛《滇略》卷三：“蚺蛇产孟养山中。”孟养在今缅甸北部，缅甸蟒又名南蛇，即蚺蛇，长达 10 米。吃蟒蛇是南方越人的习俗，福建的简称闽源自蟒，闽是形声字。壮语的蛇是 nguu，泰语是 ngu，接近蜮（huək）。桑姓、宋山源自侗台语的象（sang），在今云南或缅甸。枫木或许是红色树木，即红木。

有人方齿虎尾，名曰祖状之尸。

注：祖状之尸（夷）是寻传蛮，唐代樊绰《蛮书》卷四：“寻传蛮，阁罗凤所讨定也。俗无丝绵布帛，披波罗皮。跣足可以践履榛棘，持弓挟矢射豪猪。生食其肉，取其两牙，双插髻傍为饰，又条其皮以系腰。”上古音寻传（ziuəm－tiuan）接近祖状（tsa－dʒiang）。寻传蛮披的波罗皮是虎皮，《蛮书》卷八：“大虫谓之波罗密。”寻传蛮插猪

牙，披虎皮，正是方齿虎尾。《蛮书》卷二：“又有水……源出蕃中节度北，谓之诺矣江，南郎部落，又东折流至寻传部落，与磨些江合……至寻传，与东泸水合，东北过会同川，总名泸水。”卷六记载缅甸北部有寻传大川城，今人多以为寻传是阿昌族。我认为寻传蛮在今丽江西北部，是纳西族的路路支系，路路是彝语支的老虎。不过滇西很多民族都有身披虎皮的风俗，从上下文看，如果在滇西南则是拉祜族。拉祜即黑虎，拉祜族源自滇西北。

有小人，名曰焦侥之国，幾姓，嘉谷是食。

注：即《海外南经》周饶（焦侥）。

大荒之中，有山名朽涂之山，青水穷焉。有云雨之山，有木名曰栾。禹攻云雨，有赤石焉生栾，黄本，赤枝，青叶，群帝焉取药。

注：朽涂即印度，指东迁的印度人，《华阳国志》卷四《南中志》记载永昌郡有身毒（印度）人。伊朗语读 Sindhu 为 Hindu，天竺、贤豆译自伊朗语 Hindu、Hinduk，印度译自龟兹语 Indak。① 朽是晓母幽部 xiu，朽涂即印度，证明《山海经》的原作者是塞人。云南的南部多雨，所以有云雨之山。红色的栾木可能是鸡血藤，因为缠绕如辫，故名为栾，栾的读音同变。鸡血藤有红色的汁液，是重要的药材，主要来自滇西南。

有国曰伯服，颛顼生伯服，食黍。

注：伯服（pak－bək）或许源自濮（pok），濮水是今元江，汉代就有双柏县，或许源自越人，侗台语的口门（bak）多译为博。

有鼬姓之国。有苕山。又有宗山。又有姓山。又有壑山。

注：鼬上古音是 jiuk，接近玉的现代读音，傣族女子的名字开头都是玉，所以是傣族。玉不是姓，被误认为姓。最末的《海内经》记载了西南的鼬，所以用鼬来翻译玉。苕（dyô）的声母就是刀，傣族的首领姓刀，南诏的诏就是王，古音也是刀，召的声旁是刀。宗就是壮族，读音接近，在今云南省的东南部和广西。姓的上古音 sreng，接近广西宁明县南部的思陵水，或是澌廪洞（今防城港市那良镇）。壑的上古音 hak 接近合（hap），或许在今合浦。

又有陈州山。又有东州山。又有白水山，白水出焉，而生白渊，昆吾之师所浴也。

① （唐）玄奘、辩机原著，季羡林等校注：《大唐西域记》，第 162－163 页。

注：陈的声旁是东，闽南语的陈读 tan，读音接近疍，不知是否源自疍民。陈州山、东州山在今雷州半岛或海南岛。白水山或许源自白水郎（疍民）居住地，或是白色的湖泊或海湾，海口东南有白水塘，阳西县沿海有白沙、白水，阳西和阳江间的海岸有白沙陇、白土，台山有白水带，下川岛有白水龙。清代李调元《南越笔记》卷二："阳春西南一百三十里有白水山……增城之西二十里有白水山……博罗东北三十里许有白水山……是为东粤三白水山之胜。"

有人曰张宏，在海上捕鱼。海中有张宏之国，食鱼，使四鸟。

注：张宏即长肱，即《海外南经》东南海上的长臂国国民，也是疍民，也即上条的白水郎。

有人焉，鸟喙，有翼，方捕鱼于海。大荒之中，有人名曰驩头。鲧妻士敬，士敬子曰炎融，生驩头。驩头人面鸟喙，有翼，食海中鱼，杖翼而行。维宜芑苣、穋杨是食。有驩头之国。

注：驩头即鹳头，可能是错简，即《海外南经》的驩头，在今印度。也可能是海上的疍民，驩头的读音接近混沌，即昆仑，南洋人被称为昆仑。南海南部的昆仑岛，《元史》卷一六二《史弼传》称为混沌大洋，明代黄衷《海语》称为崐崘山。今惠东县南部有吉隆河，注入海湾，吉隆即仡佬、昆仑。

帝尧、帝喾、帝舜葬于岳山。爰有文贝、离俞、鸱久、鹰贾、延维、视肉、熊、罴、虎、豹。朱木，赤枝、青华、玄实。有申山者。

注：此条本来是指九嶷山的舜葬，附会加上尧、喾，又从《大荒北经》移来颛顼葬地的事物。北方的事物移到南方，证明《海经》的作者是北方人。朱木是南方的红木，延维是维延、逶迤、委蛇，源自龙蛇，《海内经》的延维接近苗民和苍梧山可以证明。

大荒之中，有山名曰天台，高山，海水北入焉。

注：《道藏》本是海水北入，天台高山是台湾岛，台湾是典型的高山岛，台湾岛最北部靠近航路，很远就可以看到大屯火山群，明朝与琉球的使者都会记载或画出这些高山。北赤道暖流（黑潮）涌入台湾海峡，即黑水沟，[1] 所以是海水北入，上文的海水南入是指马六甲海峡。

① 周运中：《正说台湾古史》，厦门大学出版社，2016 年，第 25－33、171－173 页。

东海之外，甘水之间，有羲和之国。有女子，名曰羲和，方浴日于甘渊。羲和者，帝俊之妻，生十日。

注：常羲是常义之误，常义源自梵语月亮（chandra）的音译，则羲和是义和（ngai－hai），读音接近波斯人的主神阿胡拉马兹达（Ahura－Mazda），形象是太阳，源自太阳神，ahura是太阳。梵语的太阳是mahira，是同源字。娥皇音近，帝俊（舜）源自太阳（sun），所以帝俊和羲和结合。

有盖犹之山者，其上有甘柤，枝干皆赤，黄叶，白华，黑实。东又有甘华，枝干皆赤，黄叶。有青马，有赤马，名曰三骓。有视肉。

注：盖犹（kayo）源自南岛民族的名字，日本九州岛南部的隼人是Haya，《日本书纪》卷九记载景行天皇西征，隼人的首领名字都以鹿文かや即kaya结尾，kaya即haya。甘柤、甘华是上条尧、舜、喾之葬的错简，源自颛顼葬。

有小人，名曰菌人。

注：即《大荒东经》东南的小人靖人，菌即蕈，但读音不同，上古音的菌是群母元部guan，而蕈是定母侵部dyəm。菌、囷源自形状像冠（guan），而蕈源自环境在深湿处，所以读音接近深（sjiuəm）、湿（thyəp）。马来西亚的小黑人称为semang，菲律宾吕宋岛的小黑人称为Aeta或Ayta，南宋赵汝适《诸蕃志》的三屿（在今吕宋南部）译为海胆，源自马来语的黑色（hitam），亚齐语是itam，也即汉语的黯淡（eəm－dam），蕈的读音接近hitam，或许是源自马来语的黑色。《齐东野语》卷十三《林外》称福建南平江中有暗滩，称为黯淡滩。

有南类之山。爰有遗玉、青马、三骓、视肉、甘华。百谷所在。

注：南类是典型的侗台语地名，南是水（nam），类可能源自俚、黎，《太平寰宇记》儋州风俗说："俗呼山岭为黎，人居其间，号曰生黎。"此山的位置，应在今东南沿海。

三、《山海经》域外西部、南部的原始作者

综上，《山海经》记载的南亚内容涉及《大唐西域记》的乌仗那、健驮逻、僧诃补罗、半笯嗟、曷逻阇补罗、磔迦国、屈露多、阇烂达罗、设多图卢、劫比他、毗罗删拏、羯若鞠阇、尼波罗、弗栗恃国、伊兰拏钵伐多、奔那伐弹那、三摩呾吒多个国家。《海外南经》《大荒南经》的内容可以组成基本完整的印度北部地名，这是中国对南亚地理最早的记载。《海经》的边疆和域外地名都能用本文的语音法还原，我将另文考证

《海经》的东部和北部地名。

我发现《山海经》的域外地名，唯独南亚和阿富汗的部分大幅越出我们传统认知的历代王朝疆域。《山经·西次三经》的西端到今阿富汗中部，[①] 正好是安息帝国边界。《山海经》域外西部、南部的原作者熟悉印度西北，记载盈民（亚穆纳）国（秣菟罗国）姓氏和不死国（萨他泥湿伐罗国）姓氏，熟悉青藏高原偏僻的札达和普兰。秣菟罗国是商路重要城市，古罗马老普林尼《博物志》记载 Jomanes（亚穆纳河）流经 Methora（秣菟罗国）。《法显传》记载摩头罗国（秣菟罗国）："从是以南，名为中国。中国寒暑调和，无霜雪，人民殷乐。"

原作者对印度西北部、阿富汗东北部、巴基斯坦北部的记载特别详细，但他不是印度人，所以《大荒西经》称在今印度的寿麻（Soma）之野有大暑，不可以去。原作者的家乡多山，所以他认为印度的大平原很神奇，没有回声。原作者在《海外南经》记载南山来的人，称蛇为虫，称蛇为鱼，这是印度语言。原作者家乡在印度之北，他从商人手中得到了南亚地图。楚人不可能称印度北部的雪山为南山，所以原作者不可能是楚人。

因为原作者不是印度人，所以《海外南经》记载三珠树是波罗蜜，《大荒南经》记载盈民（亚穆纳）国人吃芒果，不死之民吃甘木（甘蔗），这些热带水果在温带人看来非常奇特，所以特地记载。印度东北部到缅甸、云南、广西的资料是原作者间接获得，所以越往东的信息越模糊，岭南信息很少。对云南还有民族服饰、寿命、姓名和药材的详细描写，广西、广东仅有地名。而华南和福建、台湾的信息，应该来自沿海南下的齐、燕方士，所以主要是描写疍民，内陆信息很少。因为原作者不是印度人，也不是从印度的东北部到东方，所以全书看不到从云贵到中原的详细路线。

印度河在《西次三经》被称为丑涂水，源自 Sindhu，而《大荒南经》称之为朽涂，源自伊朗语 Hindu，证明原作者是塞人（Saka），塞人语言属伊朗语族。《西次三经》是汉化的翻译，而《大荒南经》保留塞语原貌。

原作者从塔里木盆地南部的于阗、楼兰向东进入中原，这条线路就是《西次三经》《海外西经》和《大荒西经》的内容。原作者不熟悉天山以北的信息，天山以北的资料是从燕国北部经过蒙古获得的。

我已经考证昆仑山在今青藏高原，《西次三经》昆仑山："有兽焉，其状如羊而四角。"这是今天印度和尼泊尔的特有动物四角羚羊（Tetracerus quadricornis），证明作者熟悉南亚。《魏书》卷一百一《吐谷浑传》："通使于刘彧，献善马、四角羊。"吐谷浑在今青海，所以能得到四角羚羊。

---

① 周运中：《〈山海经·西山经〉地理新释》，《古代文明》2012 年第 1 期。

和田是塔里木盆地南部最大的国家，作者很可能是和田的塞人，所以《海内西经》的昆仑山记载了塞人的生命树上有隼鸟，即森木鹿（Saena），有塞人巫师吸食的大麻即离朱（nesha），用巫师的毒药曼兑即曼陀罗（mandala），有光明树雒常（琅玕，roxan），有印欧人的水神窫窳（aruna），杀死窫窳遭到天帝惩罚的禁忌神话证明作者特别崇拜水神，他的家乡是缺水的塔里木盆地。因为作者的家乡在和田，所以书中认为世界上最好的地方是沃野，就在塔里木盆地。

希罗多德记载塞人的女祖先下半身是蛇，《山海经》原作者画出塞人女祖先，即《大荒西经》的女娲之肠，下半身的多条蛇被误认为肠。

整个《山经》唯有塔里木盆地南部最详细，往往有长篇文字描述各山四周景象和水系、生物、矿产，记载长沙山（库姆塔格）之西的车尔臣河水路有460里，记载流沙向西南流到昆仑山，记载昆仑山所出各条河流，描述河流尾闾在沙漠中分为两个湖，记载高原女国西王母用三青鸟（黑鹇）来占卜丰歉，① 描述帕米尔高原以西的拜火教三驼双鸟火坛（帝江）及西亚的火烈鸟，都很可信。书中认为世界最好的地方沃野在塔里木盆地，现在还极少有人去和田南部的火山，这座火山的爆发鲜为人知，所以原作者家乡一定在附近。因为原作者是塞人，语言是印欧语，所以书中有很多印欧语，但是书中也有天山以北的突厥语，证明原作者也熟悉突厥文化。

因为原作者是和田人，《海外西经》轩辕丘就是和田（Hvana），穷山源自其东部的扜弥国，穷山人不敢西射轩辕丘，证明原作者就是和田人。轩辕丘四周有蛇，源自塞人祖先是蛇的传说。因为原作者是和田人，和田人崇拜牛，所以《西次三经》记载钟山（在今新疆巴音郭楞且末县）的鼓和钦䲹杀死葆江（牛）而受天帝惩罚。鼓是龙，钦䲹是藏语的鹰，龙指月氏人，钦䲹指藏人，这个禁忌神话指外族杀死和田人的圣物要遭惩罚。关于原作者是塞人，我还有很多来自西北部分的其他证据，此处不一一展开。

齐国人熟悉和田人，《管子》五次提到玉出于禺氏之边山，一次说玉起于牛氏之边山，禺氏即牛氏，就是和田，和田的地名Gostana源自牛。《大荒西经》记载丰沮玉门，丰沮即印欧语的泉水。《东山经》中很多动物名称都是胡语的汉语音译，证明原作者是来到齐地的胡商。

人骑骆驼铜灯

湖北江陵望山的战国楚墓出土两件人骑骆驼铜灯，据前人研究，荆州望山1号墓的墓主是悼固，下葬时间约在前331年，恰好在我考证的《山经》写作时间之前不久。因为《北山经》地域不记河套，所以《山经》是在前306年赵武灵王西征河套之前完成的。或

① 周运中：《文明的交互：丝绸之路上的古代动物交流（西北篇）》，《南方文物》2018年第1期。

许有胡人来到楚地，也有人认为铜灯来自燕地，即使如此也可能伴随着知识传播。湖北、湖南的楚墓还出土了很多来自西域的玻璃珠，应是胡人传入。随州曾侯乙墓出土173颗钠钙玻璃珠，产地是埃及或地中海东岸。楚国还模仿西方科技，烧出钾钙玻璃，后世俗称蜻蜓眼。广东肇庆松山出土战国时代楚国玻璃珠，西汉南越王墓出土两颗战国时代楚国玻璃珠，山西长治分水岭出土战国时代钾钙玻璃珠。

希罗多德的《历史》记载的从西亚到中亚的路程，来自前6世纪或前7世纪的希腊人阿里斯梯阿斯（Aristeas），他曾经漫游到阿尔泰山以东的北海（贝加尔湖），写有诗集《独目人》。可见希腊人很早就到过中亚，或许也有希腊人到达更远的东方，而中亚的胡人到达东方更是容易。

我根据上文的考证，概述《山海经》全书的写作过程：

（1）西域的胡人来到中原，调查山川，收集资料，最早画出了《山海经》的地图，其实是真正的原作者。或许也有汉人和胡人一起调查，或许胡人也综合了汉人的资料。

（2）胡人的原始山海图在齐宣王、湣王时代，被齐人译为汉语，写成文字。《史记·封禅书》记载齐威王、宣王和燕昭王派很多方士航海求仙，我破解蓬莱是吕宋，方壶是澎湖，瀛洲是台湾，员峤是屋久岛，岱舆是九州岛。齐人知道岛链之外的大洋，所以邹衍总结出大九州说。① 此时《山海经》包括《山经》和《大荒经》，《山经》就是海内之经，《大荒经》就是海外之经。蒙文通误以为《山经》和《海外经》分别指海内、海外，袁珂信从，这使他们未发现成书真相。

（3）燕昭王破齐后，获得《山海经》。燕国人删改《大荒经》为《海外经》，加上燕国人新作的《海内经》，产生《山海经》的一个新版本。从《海外南经》选择的《大荒南经》内容来看，燕人感兴趣的是神仙羽人、喷火幻术、珠树、不死之人等条目，正是燕昭王关心的神仙内容。《海外南经》称青藏高原的昆仑山为南山，《海内西经》则称海内昆仑墟在西北，证明《海内经》的作者是在东方，而《海外南经》的作者是西北人。

（4）刘向、刘歆校书时采用了新版本，幸而郭璞又收集到《大荒经》，成为我们今天看到的全本。

图画比文字直观，从胡人的原始地图变成汉译本《山海经》，容易出错，而且文字容易被望文生义，牵强附会，再被添油加醋，衍为小说。又有好事者根据这些误解画出新的图画，真是错上加错。

历史上从来不存在孤立的文化，大麦、小麦、家羊、冶铜、冶铁等很多动植物和技术都是上古时期从西域传来的。6 000多年前的仰韶文化文物上，多次出现的人面双鱼纹神像，前人指出其尖帽来自西方的游牧民族。② 我首次指出仰韶文化的人面双鱼神像

① 周运中：《道士开辟海上丝绸之路》，（台湾）花木兰文化事业有限公司，2020年，第11－70页。

② 刘莉：《中国新石器时代：迈向早期国家之路》，文物出版社，2007年，第84－85页。

是西亚更早出现的水神，二者基本一样，只不过把西亚水神肩膀涌出泉水中的两列鱼群简化为双鱼而已。①

2017 年 5 月 24 日，中国社会科学院考古研究所、北京罗马尼亚文化中心联合主办的“是历史的偶然，还是同根同脉——走近库库特尼文化和仰韶文化”展览在北京罗马尼亚文化中心开幕。罗马库库特尼文化文物有很多花纹极其类似同时代的仰韶文化花纹，证明东西方在6 000 年前已有密切联系。时代稍晚的东西方彩陶也有很多类似图案，甘肃省博物馆展厅有展示。土库曼斯坦安诺遗址出土一枚公元前 2 300 年的印章，字体类似汉字，李学勤认为这几个字能在陕西临潼姜寨的半坡文化陶器和青海乐都柳湾的马家窑文化马厂类型陶器上找到。② 1980 年陕西周原的西周遗址出土两件蚌雕尖帽人头像，帽尖切去，横切面上刻有巫字。前人指出这是中亚的塞人，美国学者梅维恒（Victor H. Mair）提出汉语的巫、武两字的上古音为 Myag，来自原始印欧语的 magh－，意思是有力，也即现代语言 magic 的由来。③

西亚的尖帽水神埃阿双肩有鱼，和仰韶文化的人首双鱼完全一致

西亚阿卡德时期的绿石印章④

① 周运中:《中国文明起源新考》，（台湾）花木兰文化出版社，2015 年，第 177－195 页。

② 李学勤:《中亚安诺遗址出土石印》《安诺石印的启发》，《中国古代文明研究》，华东师范大学出版社，2005 年，第 363－368 页。

③ 梅维恒:《古代汉语巫（Myag）、古波斯语 Maguš 和英语 Magician》，夏含夷主编:《远方时习——〈古代中国〉精选集》，上海古籍出版社，2008 年，第 55－86 页。

④ 安东·穆尔特卡、伊萨·苏勒曼著，周顺贤、袁义芬、朱一飞译:《古代伊拉克艺术》，南京大学出版社，2010 年，第 114 页。

1977年新疆和静县阿拉沟出土了来自楚国的凤鸟纹刺绣、菱纹链式罗、漆器，① 类似的凤鸟纹刺绣、凤鸟纹毛毡和山字纹铜镜又在俄罗斯阿尔泰山之北的巴泽雷克战国时代古墓出土，2005年新疆玛纳斯县包家店镇出土了一件战国时期的山字纹铜镜。②

四、亚历山大东征与《山海经》的诞生

因为《山海经》的原作者是西域塞人，记载的很多故事也传到了西方，李约瑟已经指出古罗马的斯特拉波和老普林尼的书中有类似的怪人，比如刑天和长耳人。③ 我将在另文详考刑天源自印欧神话，长耳源自热带民族戴耳环拉长耳垂，南亚和东南亚常见，所以也传到了西方。

从全球视角看，《山海经》的出现是东西方文化大交流的结果。亚历山大大帝前336年即位，前332年征服埃及，前330年征服波斯，前329年到前327年征服中亚，前327年到前325年征服印度，前323年在巴比伦逝世。前321年，亚洲摄政王颇第卡斯（Perdiccas）被杀，各地混战。前312年，巴比伦总督塞琉古·尼克托（Seleucus Nikator）建立塞琉古帝国，前307年征服中亚。《山海经》在塞琉古帝国时期写成，《山海经》最西端恰好到达塞琉古帝国边界。

李学勤考证楚怀王二十二年（前307）征服浙东，④ 我认为《山海经》在此后成书，所以《海内东经》记载会稽山在大楚之南。《北山经》不记河套诸山，则是在赵地西扩前写成。楚怀王二十三年即赵武灵王二十年，杨宽认为是前306年，⑤ 平势隆郎认为是前305年。⑥《山海经》即在前306年之后不久成书，正是塞琉古帝国和孔雀王朝瓜分中亚的时候。亚历山大征服的故事传到塔里木盆地，或许还有中亚的塞人东逃到帕米尔高原以东。亚历山大攻打印度河上游，很多人逃往山谷。前304年，塞琉古帝国和孔雀王朝签订和约，使中亚和印度获得和平，此时商业繁荣，所以和田的塞族商人很可能作为中亚和东方的商业枢纽而来往各地。人骑骆驼铜灯所在的湖北楚墓时间约在前331年，恰好是在亚历山大东征之后不久。

---

① 新疆社会科学院考古研究所：《阿拉沟竖穴木椁墓发掘简报》，《文物》1981年第1期。

② 郭物：《新疆史前晚期社会的考古学研究》，上海古籍出版社，2012年，第358－359页。

③ 李约瑟：《中国科学技术史》，第五卷第一分册，科学出版社，1976年。

④ 李学勤：《越甬君嬴将其众以归楚之岁考》，《古文字研究》第二十五辑，中华书局，2005年。

⑤ 杨宽：《战国史》，上海人民出版社，1998年，第713页。

⑥ 平勢隆郎：《新編史記東周年表——中国古代紀年の研究序章》，東京大学東洋文化研究所叢刊第15辑，東京大学出版会，1995年。

前331年是秦惠文王七年、魏惠王三十九年（后元五年），秦惠文王的父亲秦孝公用商鞅变法，实力大增。秦惠文王更元九年（前316）灭蜀，十年取义渠戎二十五城。魏惠王十九年（前351）在上郡（今陕北）筑长城，可以从西北通往西域。《水经注·青衣水》：“（青衣）县，故青衣羌国也。《竹书纪年》记梁惠成王十年，瑕阳人自秦道岷山、青衣水来归。”魏国联合岷山羌人，试图包围秦国。秦、魏在西北争霸，吸引胡人前来通商。

东西方商人都需要对方的地理和商业信息，《山海经》因此产生，《山经》主要介绍东方地理信息，是胡人要告诉西方人的商业情报。胡人关注珍禽异兽和奇珍异宝，所以《山海经》记载了很多此类信息。西域胡人画出中亚和南亚的地图，被齐国人翻译，加上齐国航海者获得的东方海外知识、燕国人获得的北方草原知识，在齐国都城临淄写成了《海经》的祖本《大荒经》。

西晋在魏王冢发现《竹书纪年》《穆天子传》，《竹书纪年》截至魏襄王二十年（前299），则《穆天子传》成书在此前不久。《穆天子传》有西周史料依据，但全书主要根据战国商人收集的资料写成，记载从中原到昆仑山的去路是从黄河源头到昆仑山，回路是经过河西走廊。《穆天子传》的写作年代恰好和《山海经》大体同时，《穆天子传》是第一部西域丝绸之路的汉语专著，反映了当时丝绸之路的繁荣。魏、赵、秦争夺西域商品，都想探索西域商路。《穆天子传》记载的西域商路就是塔里木盆地的南道。①《穆天子传》以中原文化为主，这和《山海经》充满浓郁异域气息不同，反映《山海经》的原作者很可能是胡商。

亚历山大东征是人类历史上的大事，首次出现地跨三大洲的大帝国，涵盖除华夏之外的所有文明古国。亚历山大军队中有很多地理学家，收集生物标本，测绘地图。希腊文化传到中亚和印度，东方的希腊王国延续300年。贵霜帝国虽然不是希腊人建立，仍受到希腊文化的强烈影响。亚历山大帝国刺激印度人建立南亚首个统一王朝孔雀王朝，也刺激中国建立首个统一王朝秦朝。

段清波指出，秦兵马俑、铜车马、陵墓封土内高台建筑、条形砖、青铜水禽制作工艺、槽型板瓦、茧形壶、石刻等文化因素都从西亚传来，波斯、马其顿帝国的政治、经济、文化对秦文化产生重要影响。② 秦始皇兵马俑对人体的逼真塑造受希腊文化影响，所以兵马俑在东方历史上是空前绝后的，这也是《山海经》空前绝后的原因，因为《山海经》也是源自东西方文化交融的产物。

---

① 周运中：《穆天子传所记中西交通路线考》，2015年8月23—24日，在塔里木大学西域文化研究院主办的“海峡两岸一带一路历史启示与时代机遇学术研讨会”发表。

② 段清波：《从秦始皇陵考古看中西文化交流》，《西北大学学报（哲学社会科学版）》2015年，第1-3期。

秦始皇曾铸造十二个巨大金人放在宫中，《秦始皇本纪》二十六年："收天下兵，聚之咸阳，销以为钟鐻，金人十二，重各千石，置廷宫中。"《汉书·五行志下之上》："《史记》秦始皇帝二十六年，有大人长五丈，足履六尺，皆夷狄服，凡十二人，见于临洮。"临洮在今甘肃陇西，可见这十二个金人的源头在西方，汉代休屠王有祭天的金人。古代就有人以为这种金人是佛像，宋代《野客丛书》卷十："观《汉武故事》，昆邪王杀休屠王，以其众降，得金人之神，上置之甘泉宫。金人皆长丈余，其祭不用牛羊，惟烧香礼拜……今人惟知佛法人中国自明帝始，不知自武帝始也。"虽然未必是佛像，但肯定是西方某种神像。

2019 年，秦始皇陵西侧陵区发掘出金骆驼，2020 年又发掘出银骆驼，这是目前发现最早的金银骆驼，显然来自西北边疆。① 《史记·大宛列传》记载汉武帝攻大宛时，大宛城中有秦人，或许是秦朝时向西域的移民。关于西方文化对战国秦汉时期东方的影响，还有很多证据，本文无法展开，将在另书详述。

虽然亚历山大东征不到帕米尔高原以东，但是间接影响了《山海经》的产生。希腊文化是西方海洋文化的代表，齐燕文化是东方海洋文化的代表。《山海经》是东西方海洋文化共同作用的结果，虽然东西方海洋文化没有直接碰撞，但中亚文化是媒介。帕米尔高原虽然阻挡了亚历山大的脚步，但是没能阻挡塞人的脚步，没有阻挡人类的交流。历史证明，开放才能强大。交流多的地方进步最快，亚欧大陆发展最快，其次是非洲中南部，闭塞的美洲和澳大利亚发展最慢，证明越封闭就越落后。《山海经》记载了东亚、南亚、东南亚、北亚、中亚的很多内容，涉及很多民族，不但是华夏文化的瑰宝，也是世界文化的瑰宝，它见证了东西方文化大交流的年代，在人类文明史上有重要意义。

作者简介：
周运中，南京大学海洋文化研究中心研究员。

① 蒋文孝：《秦始皇陵陵西墓葬的勘探与发掘》，《艺术品鉴》2021 年第 7 期。

北魏遣使高句丽关联问题探赜[①]

——兼论北魏与高句丽首次往来时间

严　可

[提要] 自太武帝太延元年（435），北魏开始遣使入高句丽。由于使者们各自肩负重要国家使命，北魏实行了严格的使节选任制度，家族背景、学识才能、官职品级等均构成考量标准。使者们的官品等级各异，使命类型各有侧重，大体包括通好、册封、诏谕、送迎、责问5个种类。与此同时，北魏实施相应的使节奖惩制度，多以升迁官职的形式嘉奖圆满完成任务的使节，以降职方式惩罚有辱使命者。需要指出的是，综合公元425年前后北魏的对外交往形势、高句丽的对外交往重心、当时双方的对立关系等多个角度，《三国史记》所载425年高句丽首度遣使北魏的说法当属记载有误，公元435年的记载更合乎情理与史实。

[关键词] 北魏；高句丽；使节

---

① 本文系国家社科基金专项立项“高句丽移民编年研究”（项目批准号：17VGB011）的阶段性成果。

自魏晋以后，高句丽与南北朝诸政权均有频繁的使节往来①，其中尤以北魏颇具代表性。迄今为止，国内外学界对北魏与高句丽关系研究已取得部分成果②，但关于北魏遣使高句丽问题仍存在一定探讨空间。鉴于此，笔者力图在前人研究的基础上，以北魏派往高句丽的官方使节为切入点，考察使节的整体情况、使节选派的标准、种类与奖惩制度等，兼论北魏与高句丽首次往来时间，不当之处恳请方家批评指正！

一、对北魏使节的群体考察

在北魏的外交规格中，高句丽是除“南朝”齐使外最为重要的部族属国。其间的行旅往来，亦达到了空前水平。③ 为正面把握北魏与高句丽的关系，故从使者这一官方群体考察双方人员往来。④ 综合中国正史、《资治通鉴》、《册府元龟》与朝鲜史籍《三国史记》等史料，整理北魏遣使高句丽概况如下：

---

① 王仲荦先生曾论及，“高句丽曾派遣使节到北魏、东魏、北齐、北周王朝的京都访问，前后有九十余次之多，派遣使节到达东晋、南朝的京城建康访问，前后亦将近三十次。在北魏王朝举行的大朝会款待外国使团名单中，南朝位列首位，高句丽王派遣的使团，名次排列在第二位”，参阅王仲荦：《魏晋南北朝史》，上海人民出版社，2016 年，第 653 页。

② 国外方面，有全海宗：《韩中关系史研究》，一潮阁，1970 年；三崎良章：《南北朝时代的中朝关系》，《史滴》1982 年第 3 号；卢泰敦：《5 至 6 世纪东亚的国际形势和高句丽的对外关系》，《东方学志》1984 年第 44 期；李成制：高句麗의西方政策과對北魏關係의定立—高句麗의‘專制海外’를둘러싼北魏의認識변화중심으로，《實學思想研究》2004 年第 26 輯；朴承范：《高句丽与汉、曹魏、孙吴使节往来研究——以汉魏吴为中心》，《新罗史学报》2018 年第 44 号。国内方面，有姜维公：《南朝与北朝对高句丽政策的比较研究》，《中国边疆史地研究》2004 年第 4 期；姜维东：《〈后魏孝文帝与高句丽王云诏〉中所见魏、丽形势及双方关系》，《史学集刊》2006 年第 6 期；韩昇：《论魏晋南北朝对高句丽的册封》，《东北史地》2008 年第 6 期；韩雪松：《北魏外交制度研究》，吉林大学博士学位论文，2009 年；常乐：《高句丽与北魏交涉关系研究》，延边大学博士学位论文，2014 年；李爽：《长寿王时期高句丽与北魏的关系》，《社会科学战线》2018 年第 6 期，等等。

③ 王绵厚、朴文英：《中国东北与东北亚古代交通史》，辽宁人民出版社，2016 年，第 203 页。

④ 有关北魏与高句丽遣使的相关研究，可参阅三崎良章著，姚义田译：《北魏的对外政策与高句丽》，辽宁省博物馆编：《辽宁省博物馆馆刊》第七辑，辽海出版社，2013 年，第 313－342 页；韩昇：《“魏伐百济”与南北朝时期东亚国际关系》，《历史研究》1995 年第 3 期；房奕：《高句丽向北魏遣使与相互关系的变迁》，上海社会科学院历史研究所编：《传统中国研究集刊》第一辑，上海人民出版社，2006 年，第 396－414 页；陈俊达：《他者“中国”：〈三国史记〉中的中国观念》，张伯伟主编：《域外汉籍研究集刊》第十五辑，中华书局，2017 年，第21－34 页，等等。

北魏遣使高句丽概况表

时间	姓名	家族背景	官职	使命/事迹	资料出处
太武帝太延元年（435）	李敖	不详	员外散骑侍郎	策高句丽王	《魏书》卷100《高句丽传》
太武帝太延二年（436）	佚名	不详	不详	诣高丽、东夷诸国	《魏书》卷4《世祖纪上》
太武帝太延二年（436）	封拨	不详	散骑常侍	征送冯文通	同上
献文帝皇兴中	高说	祖展，慕容宝黄门郎	假散骑常侍、平东将军、蓨县侯	使高丽	《魏书》卷57《高祐传》
孝文帝延兴年间	李佐	后西凉国君主、北魏镇北将军李宝四子	兼散骑常侍、常山太守，赐爵真定子	使高丽	《魏书》卷39《李佐传》
孝文帝延兴中	杜铨	西晋征南将军杜预五世孙	中书博士，梁郡太守	使高丽	《魏书》卷45《杜铨传》
孝文帝延兴末	程骏	祖父肇，吕光民部尚书	散骑常侍	切责高句丽王	《魏书》卷60《程骏传》
孝文帝太和初	张仲虑	不详	假散骑常侍、章武太守，加宁远将军	使高丽	《魏书》卷84《张伟传》
孝文帝太和十五年（491）	李安上	寿光侯、建义将军之子	谒者仆射	策赠高句丽王	《三国史记》卷18《高句丽本纪·长寿王》
孝文帝太和中	房亮	父法延，谯郡太守	兼员外散骑侍郎员外常侍	使高丽	《北史》卷45《房亮传》
孝文帝太和中	封轨	前燕太尉封弈之后	兼员外散骑常侍	衔命高丽	《魏书》卷32《封轨传》
宣武帝延昌年间	朱元旭	祖霸，真君末南叛，投刘义隆，遂居青州之乐陵	太学博士、员外散骑侍郎	频使高丽	《魏书》卷72《朱元旭传》
孝明帝神龟中	刘永	兰陵太守刘元孙次子	大鸿胪卿	持策拜高丽王安	《魏书》卷55《刘芳传》

（续上表）

时间	姓名	家族背景	官职	使命/事迹	资料出处
孝明帝神龟中	崔庠	刘宋乐陵太守崔旷之孙、长广太守崔灵延之子	员外散骑侍郎、给事中	频使高丽	《魏书》卷67《崔光传》
孝明帝神龟二年（519）前	冯元兴	济州刺史僧集从子	检校御史	三使高丽	《魏书》卷79《冯元兴传》
孝明帝正光初	孙绍	上党太守孙协之子	中书侍郎	使高丽	《魏书》卷78《孙绍传》

注：上表仅统计史料中有明文记载的使者，事实上，北魏派往高句丽的使者实不在少数，或许仍有部分无名者未被记载，表中数据也许只是“冰山一角”，但仍不失代表性。

爬梳史料，终北魏之世，共遣使16位入高句丽。太武帝太延二年（436），魏燕战争爆发，高句丽接纳北燕流亡国主冯弘，北魏与高句丽的关系进入了长达25年的空窗期。至魏文成帝和平年间（460—465），高句丽先后两次遣使朝献北魏，主动修复与北魏关系，“三年……高丽、蓰王……各遣使朝献。六年……高丽、蓰王、对曼诸国各遣使朝献”①，双方关系才开始逐渐升温。考察北魏派往高句丽的使者，不难窥测，北魏在使者的选任制度上相当严格，多表现在使者家族出身、学识能力与官职等方面。

（一）家族出身与学识能力

长期以来，高句丽在北魏的对外交往中占有至关重要的地位。北魏对出使高句丽使者的选派非常重视，特别是使者的家族出身与学识才能。除太武帝太延元年（435）李敖、二年（436）佚名与封拨、孝文帝太和初张仲虑4人家族未有明确记载外，其余12位或军功重臣，或王室后裔，或世宦望族，或书香门第，或深沐皇恩，几乎占据使者人数的75%，足见北魏对使者的家族背景、学识能力要求较高。考释12位使节，以高谠、李佐、杜铨、李安上、刘永5位最为典型。

高谠家族在北魏属于功勋卓著、首屈一指的军功重臣。“高祐，字子集，小名次奴，勃海人也。本名禧，以与咸阳王同名，高祖赐名祐。司空允从祖弟也。祖展，慕容宝黄门郎，太祖平中山，内徙京师，卒于三都大官。父谠，从世祖灭赫连昌，以功拜游击将军，赐爵南皮子。与崔浩共参著作，迁中书侍郎。转给事中、冀青二州中正。假散骑常侍、平东将军、蓨县侯，使高丽。卒，赠安南将军、冀州刺史、假沧水公，谥曰康。祐

① 《魏书》卷五《高宗纪》，中华书局，1974年，第120－122页。

兄祚，袭爵，东青州刺史。祐博涉书史，好文字杂说，材性通放，不拘小节。初拜中书学生，转博士、侍郎……祐弟钦，幼随从叔济使于刘义隆，还为中书学生，迁秘书中散。"① 由此分析，高说家族成员的发展轨迹：一，其父高展原为慕容宝之黄门郎，"给事黄门侍郎，秦官也。汉已后并因之，与侍中俱管门下众事，无员。及晋，置员四人"②，此职为秦代初置，即给事于宫门之内的郎官，系皇帝近侍之臣，可传达诏令，汉代以后沿用此官职。其父高展曾随太祖拓跋珪平定中山，后内徙至京师，在北魏担任三都大官的高层职位。二，高说本人在北魏功勋卓著，曾跟随世祖灭大夏国赫连昌，北魏拜其游击将军，赐爵位南皮子，卒赠安南将军、假沧水公。三，至其子一代，家族地位进一步巩固与提升。长子高祚袭其爵，充东青州刺史。次子得孝文帝元宏亲赐名高祐，为司空高允堂弟，孝文帝时期任秘书监，监修国史，后出任辅国将军、西兖州刺史，封东光侯，拜光禄大夫，史称其"学业优通，知名前世，儒俊之风，门旧不陨。诸子经传之器，加有舍生之节"③，三子高钦为秘书中散。综合来看，高展、高说为北魏军功重臣，政治与社会地位非比寻常；下一代兄弟三人延续其家族荣光，次子高祐为孝文帝器重，学识才华出众，颇具儒家之风。

李佐为西凉王室后裔，其家族将领云集，属于北魏新兴权贵阶层。《魏书》与《北史》均有记载：

> 李宝，字怀素，小字衍孙，陇西狄道人，私署凉王皓之孙也。父翻，字士举，小字武强，私署骁骑将军，祁连、酒泉、晋昌三郡太守。宝沉雅有度量，骁勇善抚接……世祖嘉其忠款，拜怀达散骑常侍、敦煌太守，则遣使授宝使持节、侍中、都督西垂诸军事、镇西大将军、开府仪同三司、领护西戎校尉、沙州牧、敦煌公，仍镇敦煌，四品以下听承制假授。真君五年，因入朝，遂留京师，拜外都大官。转镇南将军、并州刺史。还，除内都大官。高宗初，代司马文思镇怀荒，改授镇北将军……有六子：承、茂、辅、佐、公业、冲……辅弟佐，字季翼，有文武才干。高祖初，兼散骑常侍，衔命使高丽。以奉使称旨，还，拜常山太守，赐爵真定子。迁冠军将军、怀州刺史，赐爵山阳侯。寻加安南将军、河内公。转安东将军、相州刺史。④

---

① 《魏书》卷五七《高祐传》，第 1263 页。

② 《晋书》卷二四《职官志》，中华书局，1974 年，第 733 页。

③ 《魏书》卷五七《高祐传》，第 1277 页。

④ 《魏书》卷三九《李佐传》，第 885 页。

李佐家族实力雄厚，这从其父祖辈、同辈兄弟即可疏证。一，其曾祖父李暠是西凉武昭王，祖父李翻系西凉骁骑将军、祁连酒泉晋昌三郡太守，父亲李宝为十六国时期后西凉君主，后归顺北魏，任北魏镇北将军，西凉后主李歆之侄。二，李佐兄弟六人，除五弟李公业早卒，大哥李承为北魏龙骧将军、荥阳太守，二哥李茂为北魏镇西将军、西兖州刺史、敦煌侯，三哥李辅为北魏镇远将军、颍川太守，六弟李冲为尚书仆射、少傅、清渊县开国侯。李佐本人颇具文武才干，高祖初兼散骑常侍，后奉命使高丽，北魏拜其为常山太守，赐爵真定子。其后，迁冠军将军、怀州刺史，赐爵山阳侯。寻加安南将军、河内公。转安东将军、相州刺史。总而言之，从其曾祖辈至本人，无论在西凉或北魏时期，李佐家族皆属当时社会上层的勋贵，李佐出使高句丽，无疑与其雄厚的家族背景分不开，加上本人文武兼备，更成为其使者身份的必要条件。

杜铨出身世宦望族，本人学识能力尤其出色。“杜铨，字士衡，京兆人。晋征南将军预五世孙也。祖胄，苻坚太尉长史。父嶷，慕容垂秘书监，仍侨居赵郡。铨学涉有长者风，与卢玄、高允等同被征为中书博士。”① 一，其父祖辈世代为官，高祖父杜预为西晋征南将军，曾祖父杜跻为新平太守，祖父杜胄是前秦苻坚太尉长史，父亲杜嶷是慕容垂秘书监。二，杜铨本人学识能力杰出，与卢玄、高允等人同被征入朝任中书博士，掌教授中书学生，并参与朝政、军务及礼仪制度的讨论，奉命出使，甚至随军出征，参议军事。值得一提的是，其家族在北魏的威望与地位崇高，史云：

> 初，密太后父豹丧在濮阳，世祖欲命迎葬于邺，谓司徒崔浩曰：“天下诸杜，何处望高？”浩对京兆为美。世祖曰：“朕今方改葬外祖，意欲取京兆中长老一人，以为宗正，命营护凶事。”浩曰：“中书博士杜铨，其家今在赵郡，是杜预之后，于今为诸杜之最，即可取之。”诏召见。铨器貌瑰雅，世祖感悦，谓浩曰：“此真吾所欲也。”以为宗正，令与杜超子道生迎豹丧柩，致葬邺南。铨遂与超如亲。超谓铨曰：“既是宗近，何缘复侨居赵郡？”乃迎引同属魏郡焉。迁散骑侍郎，转中书侍郎，赐爵新丰侯。②

北魏密太后之父去世，世祖拓跋焘就迎葬事宜，询问司徒崔浩“天下杜氏，何处地望最高，欲从中选长老一人任宗正，照拂丧事”，崔浩回答“京兆杜氏最高，而中书博士杜铨，家居赵郡，系杜预后代，是当今杜氏之最”，世祖亲召杜铨，任其为宗正并迎送杜豹灵柩，后杜铨迁到魏郡。不多久，杜铨升任散骑侍郎，改任中书侍郎，赐爵新丰侯。去世后追赠平南将军、相州刺史、魏县侯。可以说，从杜铨家族世代为官的经历，

① 《魏书》卷四五《杜铨传》，第 1018 页。

② 《魏书》卷四五《杜铨传》，第 1019 页。

抑或其天下杜氏之首的地望，以及个人本身的学识能力来看，其使者身份不容小觑。

值得注意的是，李安上家族是北魏著名的书香门第，“李孝伯，赵郡人也，高平公顺从父弟。父曾，少治《郑氏礼》《左氏春秋》，以教授为业……孝伯少传父业，博综群言。美风仪，动有法度。从兄顺言之于世祖，征为中散。世祖见而异之，谓顺曰：‘真卿家千里驹也。’迁秘书奏事中散，转侍郎、光禄大夫，赐爵南昌子，加建威将军，委以军国机密，甚见亲宠。谋谟切秘，时人莫能知也。迁北部尚书。以频从征伐规略之功，进爵寿光侯，加建义将军……孝伯风容闲雅，应答如流，畅及左右甚相嗟叹……孝伯体度恢雅，明达政事，朝野贵贱，咸推重之。恭宗曾启世祖广征俊秀，世祖曰：‘朕有一孝伯，足治天下，何用多为？假复求访，此人辈亦何可得。’……二子，安民、安上，并有风度。”① 相较于上述几位使者而言，李安上家族属于名副其实的书香门第，祖父李曾以《郑氏礼》《左氏春秋》教授为业，父亲李孝伯少传父业，风容闲雅，口才出众为众人嗟叹，学识与交往能力出众。不仅如此，其父深得世祖拓跋焘信任与恩宠，被世祖评价为“治天下必不可少之人才”，因替北魏征伐规劝之功，从北部尚书升任建义将军。其兄李安民袭爵寿光侯，任司徒司马，李安上本人幼承庭训，娴于辞令，《魏书》称其兄弟二人“并有风度”，文化学识水平非同一般，这成为其能充当使者职位的重要因素。

刘永家族门庭清明，备受皇恩。“懋从叔元孙，养志丘园，不求闻达。高祖幸彭城，起家拜兰陵太守。治以清白为名……子长文，高祖擢为南兖州冠军府长史，带谯郡太守。被围粮竭，固节全城，以功赐爵下邑子。迁鲁郡太守。高祖为太子恂纳其女为孺子……长文弟永，字履南。颇有将略，累著征战之勤。历位中散大夫、龙骧将军。神龟中，兼大鸿胪卿，持策拜高丽王安。还，除范阳太守。”② 从刘永家族世系来看，刘永之父刘长孙“养志丘园，不求闻达”，高祖元宏亲命其为兰陵太守，治理以清白闻名。其兄长刘长文任鲁郡太守，为高祖元宏看重，高祖令太子元恂娶刘长文女儿为孺子。刘永本人颇有将略，累著征战之勤，历位中散大夫、龙骧将军。换言之，刘永家族深受北魏统治者重视，其父亲的官职任命，其侄女为太子孺子，其本人拥有出色的军事才能，因战功卓著被封龙骧将军，其家族可谓历受皇恩。

总体而言，在北魏出使高句丽的16位使者中，其中12位或系出名门，或世家大族，或世代为官，或深受皇恩，这从高说、李佐、杜铨、李安上、刘永5位使者的情况可以疏证。简言之，北魏对派往高句丽使者的家族背景、学识、外交等能力要求严格，侧面说明北魏非常重视与高句丽政权关系的维护与交流。

---

① 《魏书》卷五三《李孝伯传》，第1167－1172页。

② 《魏书》卷五五《刘芳传》，第1229－1231页。

（二）官职分布

北魏对派往高句丽使节的选拔遵循一定的标准，使节除具备良好的家庭出身，或拥有较高的学识与能力，还须担任相应等级的官职。上述派往高句丽的北魏使节，他们所任官职的分布特征显著。

使节多任散骑诸职，大体包括散骑常侍、员外常侍、员外散骑常侍、假散骑常侍、兼员外散骑常侍、员外散骑侍郎、兼员外散骑侍郎等职位。散骑常侍属于皇帝的左右侍从官员，始置于曹魏，《通典》云："散骑常侍。自秦置散骑，又置中常侍，散骑并乘舆。后中常侍得入禁中，皆无员。汉因之，并加官。散骑有常侍侍郎与侍中黄门侍郎。后汉中，初省散骑，而中常侍改用宦者。魏文帝黄初初，置散骑，合于中常侍，谓之散骑常侍。后用士人，始以孟达补之，久次者为祭酒。散骑常侍掌规谏，不典事。貂珰插右，骑而散从。又有员外者，因曰员外散骑常侍。晋泰始中，令员外散骑常侍二人与散骑常侍通员直，因曰通直散骑常侍……散骑常侍、黄门侍郎，共平尚书奏事。虽隶门下，而别为一省。"① 散骑常侍一职从秦至魏晋南北朝逐渐完善，曹魏增设员外散骑常侍。至北魏道武帝天兴元年（398）十一月，"诏吏部郎邓渊典官制，立爵品。十二月，置八部大夫、散骑常侍、待诏管官……常侍、待诏侍直左右，出入王命"②，太和十五年（491），"十二月，置侍中、黄门各四人，又置散骑常侍、侍郎，员各四人；通直散骑常侍、侍郎，员外散骑常侍、侍郎，各六人"③，职位日趋多样化。

散骑为北魏门下显官，入则规谏顾问，出则骑马散从，他们在北魏政治生活中充当重要的角色。④ 关于散骑诸官的具体官品，学界多有探讨。根据太和十七年（493）颁布的《职员令》，散骑常侍、通直散骑常侍、员外散骑常侍的官品分别是正二品下、正三品下、从三品上；散骑侍郎、通直散骑侍郎、员外散骑侍郎的官品分别为正四品上、正四品中、从四品下；太和二十三年（499），孝文帝又颁行后《职员令》，将散骑常侍、通直散骑常侍、员外散骑常侍的官品分别调整为从三品、正四品下、正五品上，散骑侍郎、通直散骑侍郎、员外散骑侍郎的官品分别为正五品上、从五品上、正七品上。⑤ 以此官品为基准看，从太武帝太延元年（435）至孝明帝正光初，北魏不同时期派出的使

---

① （唐）杜佑：《通典》卷二一《职官典三·散骑常侍》，中华书局，1984 年，第 551－552 页。

② 《魏书》卷一一三《官氏志》，第 2972 页。

③ 《魏书》卷一一三《官氏志》，第 2976 页。

④ 关于散骑诸官地位与作用的研究，参阅张小稳：《魏晋南北朝时期加侍中、散骑诸官的礼遇与权益》，《河南大学学报（社会科学版）》2009 年第 2 期；连先用：《魏晋南北朝散骑诸官的若干问题研究》，郑州大学硕士学位论文，2015 年；等等。

⑤ 韩雪松：《试述北魏外交使臣派遣与管理体制》，《社会科学战线》2017 年第 8 期，第 86 页。

者官品高低反复，反映了北魏与高句丽关系的实时变化。

从北魏派遣高句丽的16位使节官级品阶看，魏丽关系的发展大致经历了三个主要时期。① 一，魏燕战争前双方关系淡漠，太武帝太延元年（435），北魏派遣时任员外散骑侍郎的李敖入高句丽册封王琏，李敖深入平壤城，考察高句丽王城方事。然而，从其当时李敖官阶来看，员外散骑侍郎为从四品下，属于散骑职位中最低品阶，北魏派遣低阶散骑官员出使高句丽，侧面反映此时北魏对高句丽政权还不够重视，双方虽表面仍维持册封与朝贡，但真实关系并非真正融洽。二，魏燕战争后双方关系升温，太武帝太延二年（436），北魏较大提升使者官阶与身份，诏正二品下散骑常侍封拨使高丽，远高于元年（435）李敖从员外散骑侍郎从四品下官阶。一方面，显示北魏对此次使者任务的重视程度，另一方面，说明北魏重新调整了双方关系的发展方向，这为后续魏丽关系的回暖奠定了重要基础。三，文咨明王时期魏丽关系平稳，北魏太和十六年（492），高句丽进入文咨明王统治时期，双方关系总体趋于平和，不复长寿王中后期高句丽与北魏关系的热切进展，这从当时北魏派往高句丽的使节官阶分布可略窥一二。孝文帝太和中房亮为兼员外散骑侍郎、封轨兼员外散骑常侍，宣武帝延昌年间朱元旭为员外散骑常侍，孝明帝神龟中刘永兼大鸿胪卿、崔光任员外散骑侍郎，孝明帝年间冯元兴检校御史，正光初孙绍任中书侍郎，此7位使者官阶品级基本上在正五品上与正七品上浮动。反观魏燕战争后至文咨明王即位前（436—492）这一时期，北魏派往高句丽的7位使节官阶，封拨、程骏—散骑常侍，高说、张伟—假散骑常侍，李佐—兼散骑常侍，杜铨—中书博士，李安上—谒者仆射，使者们的官品分布在正二品下至正四品上，整体上官品明显高于文咨明王时期入高句丽的北魏使节。

二、北魏派往高句丽的使者种类与奖惩

（一）使者种类

北魏派往高句丽的使节除官品等级各异，使命类型也各不相同，大致包括通好、册封、诏谕、送迎、责问5个种类。

通好使是北魏派往高句丽使者中的最常见类型。献文帝皇兴中高说，“从世祖灭赫连昌……假散骑常侍、平东将军、蓨县侯，使高丽”②。孝文帝延兴元年（471）李佐，

① 李爽以长寿王在位时期（413—491）为切入点，指出当时高句丽与北魏的关系跌宕起伏，关系一度白热化。长寿王审时度势，及时调整对北魏的政策，双方关系一直变化，可参阅李爽：《长寿王时期高句丽与北魏的关系》，《社会科学战线》2018年第6期，第147页。

② 《魏书》卷五七《高祐传》，第1259页。

“高祖初，兼散骑常侍，衔命使高丽。以奉使称旨”①。孝文帝延兴二年（472）杜铨，“延兴中，为中书博士。后使高丽”②。孝文帝太和初张仲虑，“子仲虑，太和初，假给事中、高丽副使，寻假散骑常侍、高丽使”③。孝文帝太和中，房亮“兼员外常侍，使高丽，高丽王托疾不拜”④。宣武帝延昌年间，朱元旭“起家清河王国常侍。太学博士、员外散骑侍郎。频使高丽”⑤。孝明帝神龟年间，崔庠“初除侍御史、员外散骑侍郎、给事中。频使高丽”⑥。孝明帝神龟年间，冯元兴“寻转殿中省，除奉朝请，三使高丽”⑦。孝明帝正光初，孙绍“兼中书侍郎，使高丽”⑧。以上9位均为北魏派往高句丽的通好使，他们在沟通与维护魏丽关系中扮演着不可或缺的角色。

册封使是适时宣布调整新旧臣属关系的使节，历来多出现在礼仪性回访与高句丽王位交接的重要时期。北魏首次遣使的目的就是礼仪性回访与册封高句丽王，《魏书》云：“世祖时，钊曾孙琏始遣使者安东奉表贡方物，并请国讳。世祖嘉其诚款，诏下帝系名讳于其国。”⑨ 高句丽王琏遣使向北魏贡方物求封号。出于礼仪性回访与双方结好的目的，太武帝太延元年（435），北魏遣使李敖入高句丽，册封王琏为都督辽海诸军事、征东将军、领护东夷中郎将、辽东郡开国公、高句丽王，正式确立魏丽间的册封与朝贡关系。太和十五年（491），“十二月，王薨，年九十八岁，号长寿王。魏孝文闻之，制素委貌布深衣，举哀于东郊。遣谒者仆射李安上策赠车骑大将军、太傅、辽东郡开国公、高句丽王，谥曰康”⑩，此次李安上除策赠高句丽王之外，还替北魏追赠其谥号“康”。十六年（492），高句丽文咨明王继位，“魏孝文帝遣使拜王为使持节、都督辽海诸军事、征东将军、领护东夷中郎将、辽东郡开国公、高句丽王，赐衣冠、服物、车旗之饰”⑪，北魏再次册封新高句丽王，进一步沿袭双方臣属关系。孝明帝神龟中，刘永“兼大鸿胪卿，持策拜高丽王安。还，除范阳太守”⑫。从4次册封看，分别为魏燕战争前夕、高句

---

① 《魏书》卷三九《李佐传》，第894页。

② 《魏书》卷四五《杜铨传》，第1019页。

③ 《魏书》卷八四《张伟传》，第1844页。

④ 《北史》卷四五《房亮传》，中华书局，1974年，第1677页。

⑤ 《魏书》卷七二《朱光旭传》，第1624页。

⑥ 《魏书》卷六七《崔光传》，第1506页。

⑦ 《魏书》卷七九《冯元兴传》，第1760页。

⑧ 《魏书》卷七八《孙绍传》，第1725页。

⑨ 《魏书》卷一〇〇《高句丽传》，第2214－2215页。

⑩ 金富轼著，孙文范等校勘：《三国史记》卷一八《长寿王本纪》，吉林文史出版社，2003年，第230页。

⑪ 《三国史记》卷一九《文咨明王本纪》，第231页。

⑫ 《魏书》卷五五《刘芳传》，第1231页。

丽长寿王去世、文咨明王与安臧王继立等时期，说明册封使一般多于特定的时期派出。

诏谕使是北魏派往高句丽传达皇帝诏令、谕旨的使者。太武帝太延二年（436）北魏首次派诏谕使入高句丽，“二月戊子，冯文通遣使朝贡，求送侍子，帝不许。壬辰，遣使者十余辈诣高丽、东夷诸国，诏谕之”①，北燕冯文通派使者入北魏朝拜纳贡，请求送其子侍奉朝廷，太武帝并未同意。壬辰，北魏派十余名使者到高丽、东夷各国，诏令各国不得与北燕通。孝文帝太和中，“封轨，字广度，太和中……兼员外散骑常侍。衔命高丽，高丽王云恃其偏远，称疾不亲受诏。轨正色诘之，喻以大义，云乃北面受诏。先是，契丹虏掠边民六十余口，又为高丽拥掠东归。轨具闻其状，移书征之，云悉资给遣还”②，契丹掳掠北魏边民六十余人，后被高句丽抢掠东归。北魏派封轨出使高句丽，高句丽王高云自恃地处偏远，声称有病不亲自接受皇帝诏命。封轨严肃地诘问他，对其晓喻大义，高云才肯北面受诏，最终高句丽王发边民物资，将其全部遣还北魏。

迎送使是北魏派往高句丽征迎边疆民族首领等重要人物的使者。太武帝太延二年（436），“三月辛未，平东将军娥清、安西将军古弼，率精骑一万讨冯文通，平州刺史元婴又率辽西将军会之。文通迫急，求救于高丽，高丽使其大将葛蔓卢以步骑二万人迎文通。五月乙卯，冯文通奔高丽。戊午，诏散骑常侍封拨使高丽，征送文通”③，魏燕战争爆发，燕王冯文通逃至高丽，北魏诏散骑常侍封拨出使高丽，令送还冯文通。然而，高句丽并未奉行北魏命令，“高丽不送文通，遣使奉表，称当与文通俱奉王化”，此次迎送使任务未能完成。

责问使是北魏派往高句丽谴责其不听从诏令的使者。孝文帝延兴末，“高丽王琏求纳女于掖庭。显祖许之，假骏散骑常侍，赐爵安丰男，加伏波将军，持节如高丽迎女，赐布帛百匹。骏至平壤城，或劝琏曰：‘魏昔与燕婚，既而伐之，由行人具其夷险故也。今若送女，恐不异于冯氏。’琏遂谬言女丧。骏与琏往复经年，责琏以义方，琏不胜其忿，遂断骏从者酒食。琏欲逼辱之，惮而不敢害。会显祖崩，乃还，拜秘书令”④，高丽王琏请求将女儿送给献文帝为妃，孝文帝任程骏为散骑常侍，赐其安丰男的爵位，持节入高丽平壤城迎接王女，高句丽王琏听人建议谎称其女已逝。作为北魏使者，程骏与王琏反复交涉，以大义批评与责问琏，琏因气忿而断绝程骏等人的酒饭，逼迫和羞辱他们，但终因惧怕北魏而不敢加害他们，至孝文帝崩，程骏才得以回。换言之，程骏原担任迎送使，入高句丽后因情况突变，转而履行责问的职责，可见责问使一般在魏丽关系发生矛盾时出现。

---

① 《魏书》卷四《世祖纪上》，第 86 页。

② 《魏书》卷三二《封轨传》，第 765 页。

③ 《魏书》卷四《世祖纪上》，第 86－87 页。

④ 《魏书》卷六〇《程骏传》，第 1346 页。

（二）奖惩措施

为保证外交遣使制度的正常运行，北魏实行严格的使节选拔，制定相应的使节奖惩制度。对出色完成任务的使节，北魏予以升迁官职、物质奖励等形式的嘉奖；对未能圆满完成使命者，多以降职方式进行处置。

1．奖励

对圆满完成任务的使节，北魏多升迁官职予以奖励，在孝文帝、明帝时期较为普遍。

一，孝文帝时期的李佐、程骏、封轨3位使节。孝文帝延兴元年（471），散骑常侍李佐奉命使高丽，“高祖初，兼散骑常侍，衔命使高丽。以奉使称旨，还，拜常山太守，赐爵真定子”①，李佐因此被授予常山太守，赐爵真定子。孝文帝延兴末，北魏遣程骏迎高句丽女，“骏至平壤城……琏遂谬言女丧。骏与琏往复经年，责琏以义方，琏不胜其忿，遂断骏从者酒食。琏欲逼辱之，惮而不敢害。会显祖崩，乃还，拜秘书令”，后高句丽王临时反悔，程骏滞留高句丽一年，且被多番留难。尽管如此，使者程骏仍与高句丽反复周旋，以保北魏国体，直至献文帝崩，程骏才得以回到北魏。由于程骏未辱国体，妥善完成使命，维护了国家尊严，北魏朝廷升任其为秘书令，掌管禁中文事，并参议国政。孝文帝太和年间，朝廷派使者封轨入高句丽接还北魏滞留边民，封轨成功完成任务，朝廷相关机构为其请功，史载：“有司奏轨远使绝域，不辱朝命，权宜晓慰，边民来苏，宜加爵赏。世宗诏曰：‘权宜征口，使人常体，但光扬有称，宜赏一阶。’转考功郎中，除本郡中正”②，奏请认为封轨不辱朝命，不但随机应变地晓慰藩国之主，还将被掳的边民全数救回，孝文帝称赞其光扬国威，应该赏升一级，封轨因而升任考功郎中，担任本郡中正。

二，孝明帝时期的崔庠、刘永、孙绍3位使者。孝明帝神龟中，给事中崔庠多次出使高丽，“初除侍御史、员外散骑侍郎、给事中。频使高丽，转步兵校尉，又转司空掾，领左右直长”③，北魏先后将其升任为步兵校尉、司空掾。同一时期，大鸿胪卿刘永持策拜高丽王，“神龟中，兼大鸿胪卿，持策拜高丽王安。还，除范阳太守”④，明帝授其范阳太守一职，成为掌地方军政实权的长官。孝明帝正光初，中书侍郎孙绍出使高丽，

① 《魏书》卷三九《李佐传》，第894页。
② 《魏书》卷三二《封轨传》，第765页。
③ 《魏书》卷六七《崔光传》，第1506页。
④ 《魏书》卷五五《刘芳传》，第1231页。

“正光初，兼中书侍郎，使高丽。还，为镇远将军、右军将军”①，进而升任镇远将军、右军将军，由文官转为武职。

2. 惩罚

对于未能完成使命或有失国体的使者，北魏朝廷亦有相应的惩罚措施。孝文帝太和中，房亮奉旨使高句丽，史云：“兼员外散骑侍郎，副中书侍郎宋弁使于萧赜。还，除尚书二千石郎中、济州中正。兼员外常侍，使高丽，高丽王托疾不拜。以亮辱命，坐白衣守郎中”②，房亮曾以员外散骑侍郎身份出使南齐，后任尚书二千石郎中、济州中正，其后又出使高句丽，高句丽王称病不拜。作为使者，房亮未能维护魏、丽间宗藩之礼，因而被贬为白衣守郎中③，即保留原官职，却不着官服、不领俸禄、不享受官员正常待遇。

三、北魏与高句丽首次往来的时间是公元435年

目前，学界对北魏与高句丽首次交往的时间关注不多，一般多以高句丽长寿王二十三年（435）为初次交往记录，但亦有学者认为魏、丽双方往来始于高句丽长寿王十三年（425）。结合公元425年前后北魏的对外交往形势、高句丽的对外交往重心、当时双方的对立关系等角度，《三国史记》所载425年高句丽首次遣使北魏的说法当记载有误，公元435年的记载更合乎情理与史实。

（一）北魏与高句丽首次往来时间的争议

长寿王十三年（435）高句丽第一次与魏交往，为国内外部分学者所肯定。韩国学者李成制较早持此观点，这与当时的政治形势日益恶化有关。高句丽之所以与北魏缔结朝贡关系，并非因为高句丽投降北魏，也非与北魏竞争，而是为遏制北魏扩张战略，则可能更为合适。④ 日本学者武田幸男指出，425年高句丽与北魏间并未有过遣使。⑤ 后又

---

① 《魏书》卷七八《孙绍传》，第1725页。

② 《魏书》卷七二《房亮传》，第1621页。

③ 关于白衣守郎中的相关研究，可参阅刘伟航、高茂兵：《两晋南北朝“白衣领职”初探》，《西南大学学报（社会科学版）》2007年第3期，文章系统研究两晋南北朝白衣领职的性质、实施情况、功能与作用；韩雪松：《试述北魏外交使臣派遣与管理体制》，《社会科学战线》2017年第8期。

④ 李成制：高句麗 長壽王의對北魏交涉과 그政治的의미—北燕를둘러싸고이루어진 對北魏關係의전개，歷史學報第181輯，2004年，第1-35页。

⑤ 武田幸男：《长寿王的东亚认识》，《高句丽史和东亚》，岩波书店，1989年，第219-222页。

有学者提出，自435年高句丽与北魏建立第一次朝贡关系以来，高句丽先后获得了包括东魏和北齐在内的北方各朝代的领护东夷中郎将、辽东郡开国公、高句丽王等头衔。①中国学者李凭认为，自延和元年（432）太武帝开始连续向北燕发动战争。在魏燕战争中，北魏处于绝对的优势。北魏对北燕的强大攻势，虽然没有触及高句丽，但起到了敲山震虎的作用。鉴于北燕的实力明显不足以抵挡强大的北魏军队，高句丽被迫重新考虑如何与北魏相处的问题。故而，太延元年（435）趁魏燕战争的间歇之机，高句丽首次向北魏派遣了使臣。② 由此来看，李凭先生不但赞同北魏与高句丽初次交往时间为公元435年，还揭示高句丽主动结好北魏的外部因素。其后，房奕强调，两国通使交往的展开是高句丽主动推动的，双方通使真正展开是在北魏太武帝太延元年（435）。③ 李爽指出，高句丽与北魏建立联系的时间较晚。从北魏建国到与高句丽真正建立联系，时隔将近半个世纪。其间高句丽经历了故国壤王、广开土王两代国王，然而他们与北魏基本上没有往来，直到长寿王执政的第23年（435）才与北魏建立联系。④ 除此之外，还有不少学者对此都持基本相同的意见。⑤

与此相反，有部分学者较为倾向魏丽双方交往始于高句丽长寿王十三年（425）。中国学者韩昇从当时东北亚紧张形势考虑，公元5世纪初高句丽刚和北燕建立起相对平稳的关系，北魏于418年征伐北燕，开始长达十余年的灭燕战争，东北地区的和平局面即将被打破，故而高句丽长寿王在公元425年遣使入魏。⑥ 张倩直接言及，高句丽与北魏的朝贡关系始于425年，即长寿王十三年，高句丽遣使如魏贡，但好景不长，双方关系因“冯弘事件”宣告破裂。⑦ 常乐基于《三国史记》卷18《高句丽本纪·长寿王》记载，仍认为早在高句丽长寿王十三年（425）就曾首次向北魏派出使者，但是这次派遣并未给两国关系带来实质性的影响。⑧ 此后，姜维东先生编著《高句丽历史编年》，其

---

① 이성제：高句麗와北朝의冊封朝貢關係—領護東夷中郎將·領護東夷校尉의授受와 그 의미，동양학제58호，2015年，第231－249页。

② 李凭：《魏燕战争前后北魏与高句丽的交往》，《上海师范大学学报》（哲学社会科学版）2002年第6期。

③ 房奕：《东亚国际秩序瓦解过程中的中古各国关系》，复旦大学博士学位论文，2007年，第95页。

④ 李爽：《长寿王时期高句丽与北魏的关系》，《社会科学战线》2018年第6期，第147页。

⑤ 姜维公：《南朝与北朝对高句丽政策的比较研究》，《中国边疆史地研究》2004年第4期，第18－19页；魏存成：《中原、南方政权对高句丽的管辖册封及高句丽改称高丽时间考》，《史学集刊》2004年第1期，第75页；等等。

⑥ 韩昇：《“魏伐百济”与南北朝时期东亚国际关系》，《历史研究》1995年第3期，第38页。

⑦ 张倩：《三到六世纪高句丽外交策略的变化》，厦门大学硕士学位论文，2000年，第27页。

⑧ 常乐：《高句丽与北魏交涉关系研究》，延边大学博士学位论文，2014年，第27页。

中亦收录《三国史记》中“十三年，遣使如魏贡”史料。陈俊达则统计《三国史记》中高句丽朝贡北魏时间，指出高句丽首次朝贡北魏为长寿王十三年（425）①，等等。

（二）北魏与高句丽首次交往始于公元435年

上述研究基本代表了目前国内外学界对北魏与高句丽首度往来时间的两种观点。综合分析，第一种意见主要基于《魏书》《北史》《资治通鉴》等中国史书记载，完整史料如下：

> 太延元年六月，丙午，高丽、鄯善国并遣使朝献。②
>
> 世祖时，钊曾孙琏始遣使者安东奉表贡方物，并请国讳，世祖嘉其诚款，诏下帝系外名讳于其国，遣员外散骑侍郎李敖拜琏为都督辽海诸军事、征东将军、领护东夷中郎将、辽东郡开国公、高句丽王。③
>
> 丙午，高句丽王琏遣使入贡于魏，且请国讳。魏主使录帝系及讳以与之；拜琏都督辽海诸军事、征东将军、辽东郡公、高句丽王。④
>
> 太延元年……丙午，高丽、鄯善国并遣使朝贡。⑤

第二种观点则依据《三国史记》卷18《高句丽本纪·长寿王》中“长寿王十三年，遣使如魏贡”⑥条目记载，从而默认高句丽与北魏交往始于公元425年。持此观点的学者们多从当时北燕、高句丽与北魏的关系着眼，韩昇将首次遣使时间与公元418年魏征北燕相联系，指出此时东北亚政权形势极其紧张，高句丽不得不调整战略，所以选择在长寿王十三年（425）朝贡北魏；常乐进一步强调，这次派遣并未给两国关系带来实质性的影响。

对此，笔者根据公元425年前后北魏与高句丽各自对外交往的形势，认为425年高句丽遣使北魏的说法无法成立，公元435年的记载更合乎情理与史实。

北魏泰常三年（418）五月，魏主拓跋嗣东巡，“遣征东将军长孙道生、给事黄门侍

① 陈俊达：《他者“中国”：〈三国史记〉中的“中国”观念》，《域外汉籍研究集刊》2017年第1期，第28页。

② 《魏书》卷四上《世祖纪上》，第85页。

③ 《魏书》卷一〇〇《高句丽传》，第2214－2215页。

④ （宋）司马光著，（元）胡三省注：《资治通鉴》卷一二二，宋文帝元嘉十二年（435）六月，中华书局，1956年，第3858页。

⑤ 《北史》卷二《魏世祖太武帝本纪》，第50页。

⑥ 金富轼著，杨军校勘：《三国史记》卷一八《长寿王本纪》，第225页。

郎奚观率精骑二袭冯跋，又命骁骑将军延普自幽州北趋辽西为声势，帝自突门岭待之。道生至龙城，徙其民万余家而还”①，北魏派精骑数万袭击北燕，进攻和龙（今辽宁朝阳），燕王冯跋闭城不出，北魏攻之不克，掠其民万余家而还。其后，泰常七年（422），北魏乘南朝宋武帝刘裕病逝，沿黄河流域进攻刘宋，“刘裕卒，子义符僭立。秋九月，诏假司空奚斤节，都督前锋诸军事，为晋兵大将军、行扬州刺史，交趾侯周几为宋兵将军、交州刺史，安固子公孙表为吴兵将军、广州刺史，前锋伐刘义符……奚斤伐滑台不克，帝怒，议亲南讨，为其声援。壬辰，车驾南巡，自出天门关，逾恒岭。四方蕃附大人各率所部从者五万余人”②，魏接连夺取黄河以南虎牢、洛阳等军事重镇，但因南朝宋军善于守城，拼死抵抗，北魏军队遭遇重创。北魏始光元年（424）八月，柔然可汗大檀趁魏明元帝拓跋嗣去世，率精骑攻入北魏云中，“蠕蠕率六万骑入云中，杀掠吏民，攻陷盛乐宫”③，攻占北魏故都盛乐，包围云中城，杀掠吏民。二年（425），北魏开始大举征讨柔然，分兵五道进击，越大漠击柔然。始光三年至四年（426—427），拓跋焘趁夏王赫连勃勃薨，诸子相残杀之机，再次率军进攻夏都统万城，“十有一月戊寅，帝率轻骑二万袭赫连昌。壬午，至其城下，徙万余家而还……虏昌君弟及其诸母、姊妹、妻妾、宫人万数，府库珍宝车旗器物不可胜计，擒昌尚书王买、薛超等及司马德宗将毛修之、秦雍人士数千人，获马三十余万匹，牛羊数千万”④，魏大败夏军，攻克统万城，俘夏王、公、卿、将、校及后妃、宫人等数以万计，获马匹 30 余万、牛羊千万头等物资。

从公元418 年至425 年前后北魏的对外策略看，先是开始大规模征伐北燕，后全面重点进攻南朝刘宋，又多次卷入与柔然的混战，并数度进军胡夏。换言之，北魏先后经历“征伐北燕”“与刘宋河南之战”“攻柔然之战”“攻夏统万城之战”等阶段，几乎长期陷入与南北诸政权的势力争夺，必然无暇顾及此时雄踞海东的高句丽。

反观这一时期，高句丽的对外交往重心在南朝刘宋，史云：

> 高祖践阼，诏曰：“使持节、都督营州诸军事、征东将军、高句骊王、乐浪公琏……持节、都督、王、公如故。”⑤
>
> 三年，加琏散骑常侍，增督平州诸军事。⑥

---

① 《魏书》卷三《太宗纪》，第 58－59 页。

② 《魏书》卷三《太宗纪第三》，第 62 页。

③ 《魏书》卷四上《世祖纪第四上》，第 69 页。

④ 《魏书》卷四上《世祖纪第四上》，第 72－73 页。

⑤ 《宋书》卷九七《高句丽传》，中华书局，1974 年，第 2392 页。

⑥ 《南史》卷七九《高句丽传》，中华书局，1975 年，第 1970 页。

景平元年……高丽国遣使朝贡。①

少帝景平二年，琏遣长史马娄等诣阙献方物，遣使慰劳之，曰："皇帝问使持节、散骑常侍、都督营平二州诸军事、征东大将军、高句骊王、乐浪公，纂戎东服，庸绩继轨，厥惠既彰，款诚亦著，逾辽越海，纳贡本朝。朕以不德，忝承鸿绪，永怀先踪，思覃遗泽。今遣谒者朱邵伯、副谒者王邵子等，宣旨慰劳。其茂康惠政，永隆厥功，式昭往命，称朕意焉。"②

从公元420年至424年，高句丽与刘宋关系日益亲厚，接受宋武帝的册封，永初三年（422）刘宋加封高句丽王琏散骑常侍、督平州诸军事的头衔，正如学者姜维东所言，"这一年五月，宋少帝即位，按照以往的惯例看，此次加封是宋少帝即位后举措，是重新确定彼此君臣关系的一种方式"③，高句丽亦欣然回应，景平元年（423）高句丽遣使朝贡刘宋。不仅如此，景平二年（424），高句丽再度遣使长史马娄等朝宋，宋少帝专门派谒者朱邵伯、副谒者王邵子宣旨慰劳，谕旨中高度褒扬高句丽，礼仪隆重程度在刘宋对外交往史上屈指可数。终宋少帝在位之年，高句丽与刘宋一度维持和谐友好的局面。

综合来看，北魏在南北方的系列军事活动，无疑对高句丽造成较大程度的警醒与威胁，这也成为高句丽选择结好刘宋的重要原因。另外，若单从当时北魏国力考虑，425年高句丽主动朝贡北魏似乎是合乎情理的。然而，这一时期，北魏虽然在与南北政权的较量中处于上风，泰常八年（423）北方除胡夏、北凉、西秦、北燕和柔然外，皆为北魏所占。但由于其军事战线跨越较大，尤其在公元422年至425年间，一度遭受北面柔然与南朝刘宋两面夹击的威胁，根本无法抽身对付盘踞海东数年的高句丽。若高句丽选择425年朝贡北魏，北魏应当欣然接受，借此安抚高句丽以防腹背受敌，对高句丽的主动朝贡行为予以回应，从而专心征伐胡夏赫连势力。但爬梳所有中国正史记载，未见公元435年之前北魏对高句丽回馈的任何蛛丝马迹。

此外，自登国十年（395）至始光二年（425），北魏开始施行其统一南北的军事措施，先是征服后燕，后征伐北燕，攻打南朝刘宋，大败夏国，大破柔然。面临周边北魏王朝的兴起，高句丽为维护自身政权的需要，相继与新兴的北燕政权、南方的东晋和刘宋王朝建立联系，史云：

广开土王十七年（408），春三月，遣使北燕，且叙宗族。北燕王云遣侍御史李

① 《南史》卷一《宋少帝本纪》，第30页。

② 《宋书》卷九七《高句丽传》，第2392页。

③ 姜维东：《高句丽历史编年》，科学出版社，2016年，第105页。

拔报之。①

长寿王元年（413），遣长史高翼入晋奉表，献赭白马。安帝封王高句丽王、乐浪郡公。②

宋武帝践阼，加琏征东大将军，余官并如故。③

从公元408年至424年，高句丽将对外重心转向南朝，可理解为其对北魏在南北方强权政治的一种自我保护。作为东北亚域内两大重要势力，北魏与高句丽之间无形具有潜在的敌对关系，尤其此时北魏正实施其统一南北的计划，双方关系剑拔弩张。故而，从这一时期双方的对立关系看，公元425年高句丽亦当未与北魏建立关系。

综上，《三国史记》所载425年高句丽遣使北魏的说法当属记载失误，双方首次官方往来应始于高句丽长寿王二十三年（435）。

四、结语

自太武帝太延元年（435）开始，北魏开始遣使入高句丽，多数使者或有世家大族、功勋门第等雄厚的家族背景，或具备杰出的学识才能，体现了北魏对使者选任的重视程度。使者们的官品等级各异，使命类型大相径庭，大体包括通好、册封、诏谕、送迎、责问等5个种类。同时，北魏制定了相应的使节奖惩制度，对出色完成任务的使节多以升迁官职的形式嘉奖，未能圆满完成使命者则以降职方式处置。需要指出的是，从公元425年前后北魏与高句丽各自对外交往的视角看，《三国史记》所载425年高句丽首度遣使北魏的说法无法成立，公元435年的记载当更合乎情理与史实。

作者简介：
严可，陕西师范大学历史文化学院博士研究生。

① 《三国史记》卷一八《广开土王本纪》，第224页。

② 《三国史记》卷一八《长寿王本纪》，第225页。

③ 《南史》卷七九《高句丽传》，第1970页。

“四民不分”：宋代士人的职业选择与流动[①]

贾灿灿

[提要] 职业流动是社会流动的形式之一，即社会成员在不同职业之间的转换。宋代士人选择授徒讲学、卖文佣书、躬耕为农、弃儒从商、行医济世、从释奉道等为业者不乏其人，呈现出多元化发展趋向。从纵向来看，相对前代，宋代士人的职业流动，不止于职业内部，职业间的流动也不胜枚举，如由士流向农、商、医、僧、道，乃至占卜、星相、伎术等。从横向来看，相对于农业、手工业者，宋代士人的职业流动带有一定的主动性，除以谋生为前提外，以实现人生价值为目的者更是屡见不鲜。总之，宋代士人职业流动的频繁景象，及由此催生的由“四民分”到“四民不分”的历史变迁，折射出两宋社会的自由和开放性发展倾向。

[关键词] 宋代；士人；职业流动；四民不分

唐宋之际是中国历史上的重要变革期。这一时期，中国传统社会在政治、经济、文化等领域发生诸多新变化、新气象，使得宋代呈现出与唐前期迥然不同的社会风貌，其中之一便是社会流动的频繁。1927 年，美国社会学家索罗金（Pitirim A. Sorokin）率先

① 本文系南通大学人文社科博士科研启动基金项目“南宋初年的社会流动研究”阶段性成果。

提出“社会流动”的概念。所谓社会流动即“人们在社会关系空间中从一个地位向另一地位的移动”①。它通常被看作社会变迁的指示器，合理的社会流动能够维持社会的良好运行。20 世纪中期，美国学者柯睿格（E. A. Kracke，Jr.）最早将“社会流动”的概念引入历史学领域，他以家庭为研究单位，强调科举的作用，认为宋代是一个流动性强、开放的社会。② 这为我们探索中国传统社会时提供了新的视角和方法。

职业流动是社会流动的形式之一，是指社会成员或群体在不同职业之间的身份转换，如由士而商、由农而兵等，都属于职业流动的范畴。近年来，国内外学者围绕宋代职业流动的研究成果如下。张邦炜指出，中唐以来商品经济的发展，促使宋代呈现出较为明显的社会流动倾向，这种倾向主要表现为政治地位、经济地位以及职业的变化。③ 冻国栋亦言，在唐宋历史变迁的过程中，社会职业结构的主要变化在于“四民分业”界限的相对模糊以至混杂。④ 林文勋、黎志刚也认为“从‘四民分’到‘四民不分’的转化，是宋代职业流动的主要特征”⑤。程民生指出宋代越来越多的士人将教师当作终生的乃至世袭的职业。⑥ 黄云鹤认为唐宋士人落第后为维持经济来源，主要有农商为业、教授为业、医卜为业和卖文佣书等选择。⑦ 张建东考察宋代民间士人群体的主要谋生手段有执教、经商、农耕和行医。⑧ 以此可见，学界对宋代士人不同职业选择与流动的探讨可谓见仁见智。而以社会流动的视角来系统分析宋代士人职业流动的专文却铢两分寸。故而笔者拟在由唐及宋的时代背景下，以社会流动为视角，来分析宋代士人的职业选择与流动情况，进一步揭示和重现宋代社会风貌的真实历史图景，以此来提供一种新的研究路径和实例。

“学而优则仕”是中国传统社会儒家的正统思想，也是士人读书的终极目标。随着唐中后期以来，商品经济的迅速发展以及门第观念的淡薄，新兴士人阶层在职业的选择上呈现出多元化的发展倾向。至宋代，士人越来越多地选择授徒讲学、卖文佣书、躬耕

---

① 郑杭生：《社会学概论新修》，中国人民大学出版社，1994 年，第 310 页。

② E. A. Kracke，Jr，“Family VS. Merit in Chinese Civil Service Examinations Under the Empire”，*Harvard Journal of Asiatic Studies*，Vol. 10，No. 2，1947，pp. 103 – 123.

③ 张邦炜：《两宋时期的社会流动》，《四川师范大学学报（社会科学版）》1980 年第 2 期。

④ 冻国栋：《唐宋历史变迁中的“四民分业”问题》，《中国中古经济与社会史论稿》，湖北教育出版社，2005 年，第 454 – 483 页。

⑤ 林文勋、黎志刚：《宋代的贫富分化及政府对策》，邓小南主编：《宋史研究论文集》，云南大学出版社，2009 年，第 174 页。

⑥ 程民生：《宋代民间教师的阵容与贡献》，《河北大学学报（哲学社会科学版）》2018 年第 43 卷第 6 期，第 1 页。

⑦ 黄云鹤：《唐宋下层士人研究》，河北人民出版社，2006 年。

⑧ 张建东：《民间的力量：宋代民间士人的教育活动研究》，华中科技大学出版社，2015 年。

为农、弃儒从商、行医济世、从释奉道等职业，现分别对此加以阐述。①

一、师者："聚徒教授"

宋代是中国古代教育发展的兴盛期。有宋一代，天子"尚文"，先后孕育出庆历、熙丰、崇宁三次大规模的兴学运动，以至于出现"内自京师，外至郡县，皆有学"② 的盛况。在"崇儒右文"政策的推行下，宋代教育逐渐呈现出平民化和普及化的特征。北宋晁冲之《夜行》中言："老去功名意转疏，独骑瘦马取长途。孤村到晓犹灯火，知有人家夜读书。"③ 宋代读书风气之盛，普及程度或已深入偏远的村庄。伴随着学校教育的发达和读书风气的日益兴盛，以及科举考试的吸引力，社会对师资力量的需求急剧增加，越来越多的知识分子投身教育行业，以至于出现"教师热"的现象。④

宋代士人以授徒讲学为业者，或是未中科举前，以教学自给；或是落第后，无意举业，以教授为谋生手段；或是无意仕进者，以教师为终身职业等，以下一一举例说明。

未中科举前，以教学自给者。如王十朋，字龟龄，温州乐清人。"资颖悟，日诵数千言。及长，有文行，聚徒梅溪，受业者以百数。"⑤ 绍兴二十七年（1157），擢进士第一。林光朝，字谦之，号艾轩，兴化军莆田县人。家富于书，通贯《六经》，"教授生徒，非礼不行，四方翕然响应，来学者亡虑数百人。道尊德盛，年五十擢第春官，不数年拜大司成"⑥。欧阳守道，字公权，吉州人。"少孤贫，无师，自力于学。""年未三十，翕然以德行为乡郡儒宗。"未举进士前，"里人聘为子弟师"。⑦ 王次翁，字庆曾，济南人。"聚徒授业，齐、鲁多从游者。入太学，贫甚，夜持书就旁舍借灯读之。"其后，"礼部别头试第一，授恩州司理参军，历婺州教授、辟雍博士，出知道州"。⑧ 此类

---

① 关于宋代"士人"的界定，梁庚尧、陶晋生、邓小南、包弼德等国内外学者都有过诸多阐释。结合前人成果，本文所讨论的士人就是指修习儒业的普通读书人。另外，因普通士人与官员阶层的转换涉及阶层间的垂直流动，本文暂不予讨论。

② 《文献通考》卷四二《学校考三·太学》，中华书局，2011 年，第 1234 页。

③ （宋）晁冲之：《晁具茨先生诗集》卷一二《夜行》，《丛书集成初编》本，中华书局，1985 年，第 52－53 页。

④ 王德明：《宋代士人教师身份与意识的凸显与诗歌理论的转型》，《河北师范大学学报（哲学社会科学版）》2009 年第 1 期。

⑤ 《宋史》卷三八七《王十朋传》，中华书局，1977 年，第 11882 页。

⑥ （宋）陈宓：《复斋先生龙图陈公文集》卷一〇《艾轩林先生集序》，《宋集珍本丛刊》第七十三册，线装书局，2004 年，第 473 页。

⑦ 《宋史》卷四一一《欧阳守道传》，第 12364 页。

⑧ 《宋史》卷三八〇《王次翁传》，第 11709 页。

事例，史料多有记载。

参加科考不幸落第后，无意举业，转而以教书为业。如李觏，字泰伯，号盱江先生，建昌军南城人。家世贫寒，“俊辩能文”，因“举茂才异等不中”，故“以教授自资，学者常数十百人”。① 李觏因在科举考试中失利，自觉仕途渺茫，遂弃举业，创办“盱江书院”，聚徒讲学，奉养亲老，一生以教学自给。除讲学外，也“尝著《周礼致太平论》《平土书》《礼论》”，及《退居类稿》《皇祐续稿》并《后集》。② 种放，字名逸，河南洛阳人。“沉默好学，七岁能属文，不与群儿戏。”其父曾令举进士未成，后“以讲习为业，从学者众，得束脩以养母，母亦乐道，薄滋味”。③ 田述古，字明之，安丘人，后徙居于河南，曾“游事安定先生，称高弟”。因“四荐于乡不中，遂隐居二十余年，穷经讲学”。④

无意仕进，以教师为终身职业者。有戚同文，宋州楚丘人。家世为儒，“勤励读书，累年不解带”，“筑室聚徒，请益之人不远千里而至”。更有“登第者五六十人，宗度、许骧、陈象舆、高象先、郭成范、王励、滕涉皆践台阁”，“好为诗，有《孟诸集》二十卷”。⑤ 同邑人杨悫，“力学勤志，不求闻达”，以“教授生徒”为业，戚同文从其“授《礼记》”。⑥ 王昭素，开封酸枣人。“少笃学不仕，有至行，为乡里所称。常聚徒教授以自给，李穆与弟肃及李恽皆常师事焉。”史称其“博通《九经》”，并著《易论》二十三篇。⑦ 田诰，历城人，“好著述，聚徒数百人，颇有进士举显达称其师，名闻于朝中。宋维翰、许衮皆其弟子，诰所著书百余篇，世亦传之，大率迂阔”。⑧

授徒讲学是士人心目中除“学而优则仕”外的首要职业选择。袁采《袁氏世范》卷二《子弟当习儒业》言：

> 士大夫之子弟，苟无世禄可守，无常产可依，而欲为仰事俯育之资，莫如为儒。其才质之美，能习进士业者，上可以取科第致富贵，次可以开门教授，以受束脩之奉。其不能习进士业者，上可以事笔札，代笺简之役，次可以习点读，为童蒙

---

① 《宋史》卷四三二《李觏传》，第 12839 页。

② 《宋史》卷四三二《李觏传》，第 12842 页。

③ 《宋史》卷四五七《种放传》，第 13422 页。

④ （清）黄宗羲著，（清）全祖望补修：《宋元学案》卷一《签判田先生述古》，中华书局，1986 年，第 56 页。

⑤ 《宋史》卷四五七《戚同文传》，第 13418 页。

⑥ 《宋史》卷四五七《戚同文传》，第 13419、13418 页。

⑦ 《宋史》卷四三一《王昭素传》，第 12808 页。

⑧ （宋）江少虞：《宋朝事实类苑》卷四二《韩丕荐三处士》，上海古籍出版社，1981 年，第 551 页。

之师。如不能为儒，则医卜、星相、农圃、商贾、伎术，凡可以养生而不至于辱先者，皆可为也。子弟之流荡，至于为乞丐、盗窃，此最辱先之甚。然世之不能为儒者，乃不肯为医人、星相、农圃、商贾、伎术等事，而甘心为乞丐、盗窃者，深可诛也。①

此段史料中提到士大夫子弟若是无世禄可守，首要的职业选择是习儒。上可登科为官，下可开门教授。黄榦也认为，培养子弟读书的目的，“不惟使之识义理，不为小人之归，亦望之使之多闻博识。进可以应举，退可以为书会，以不失其衣食之计”②。正如程民生所言，宋代越来越多的士人将教师当作安身立命、终生的乃至世袭的职业，也意味着这一职业社会地位的提高。③

二、卖文佣书：“事笔札，代笺简之役”

宋代士人从事与文化知识密切的职业不足为奇，如卖文佣书、鬻书。卖文多是指以自身知识撰写碑传、墓志铭及诗书等出售。唐宋时期是碑志盛行时代，撰写碑志成为社会风尚，上到达官显贵，下到布衣百姓，拥有很大的市场买卖空间。陆经，字子履，越州人。欧阳修怜其生活贫困，“每与人作碑志，必先约令陆子履书，欲以濡润助之也，自是子履书名亦自此而盛”④。陆经也因多与人写碑铭，“颇得濡润”⑤。除碑志外，有人以卖诗为生，《夷坚丁志》卷十八《卖诗秀才》载：“昔年有秀才，以卖诗为生，病终此室，岂其鬼乎。”⑥ 又有“吕吉甫知维扬日，有吕川者，卖诗于市，句有可采者”⑦。又有名林通者，以买地方志所得钱修庙学，史载“林通，长乐人，登乡荐。元祐间，庙学坏，通作《县图经》鬻之，得钱二十万，以倡乡人助修新庙学”⑧。

---

① （宋）袁采：《袁氏世范》卷二《子弟当习儒业》，黄山书社，2007年，第125页。

② （宋）黄榦：《勉斋先生黄文肃公文集》卷六《与胡伯量书》，《宋集珍本丛刊》第六十八册，线装书局，2004年，第343页。

③ 程民生：《宋代民间教师的阵容与贡献》，第3页。

④ （宋）魏泰：《东轩笔录·佚文》，《全宋笔记》第二编第八册，大象出版社，2006年，第121页。

⑤ （宋）孔平仲：《谈苑》卷二，《全宋笔记》第二编第五册，大象出版社，2006年，第314页。

⑥ （宋）洪迈：《夷坚丁志》卷一八《卖诗秀才》，《夷坚志》，中华书局，2006年，第689页。

⑦ （宋）马纯：《陶朱新录》，《全宋笔记》第五编第十册，大象出版社，2012年，第149页。

⑧ （明）喻政等：《福州府志（下）》卷六四《人文志十二·乡行》，海风出版社，2001年，第598页。

佣书，又称书工、佣笔、书记写字人、写字汉等，主要为大众提供抄书、写文的业务，包括各类官私文书，如司法文书、奏状、科举文书、民间契约、宗教文书等，广泛存在于社会各界，是宋代知识分子的主要职业之一。① 杜衍，字世昌，越州山阴人，其父早卒，母亲改嫁河阳钱氏，由祖父抚养长大，年十五六岁时，投奔母亲，但为继父所不容，“往来孟、洛间，贫甚，佣书以自资。尝至济源，富民相里氏奇之，妻以女，由是资用稍给”②。后举进士，殿试第四，官至宰相。仲简，字畏之，扬州江都人，少习明经，家贫佣书于杨亿门下。杨亿一见奇之曰：“子当进士及第，官至清显。”乃教以诗赋，遂于天禧中举进士第一甲及第，后官至正郎、天章阁待制以卒。③ 又有“戴之邵，字才美，吉州人。少涉猎书记，无所成名。贫不能自养，佣书于里中富家”④。

宋代科举的发展与教育的普及，促使书籍的需求量快速增长。加之雕版印刷术的普及与发展，图书出版业兴旺发达起来。许多知识分子选择设肆鬻书作为谋生手段。《道山清话》载：

> 张文潜尝言，近时印书盛行，而鬻书者往往皆士人，躬自负担。有一士人，尽掊其家所有，约百余千，买书，将以入京。至中涂，遇一士人取书目阅之，爱其书而贫不能得，家有数古铜器，将以货之。而鬻书者雅有好古器之癖，一见喜甚，乃曰：“毋庸货也，我将与汝估其直而两易之。”于是尽以随行之书换数十铜器，亟返其家。⑤

由史料中的“近时印书盛行，而鬻书者往往皆士人”可知，宋代鬻书士人应不在少数。此故事讲述一士人因家贫无米，只得将家中所藏书，负担往京师贩卖，途中遇到另一士人，酷爱其书，又无钱可付，愿拿家中古董换之，士人欣然同意。可想而知，返家后，因无米充饥，遭妻子责骂。穆修，字伯长，山东郓州人。晚年衣食不能给，“得《柳宗元集》，募工镂板，印数百帙，携入京相国寺，设肆鬻之。有儒生数辈至其肆，未评价直，先展揭披阅，修就手夺取，瞑目谓曰：‘汝辈能读一篇，不失句读，吾当以一

---

① 程民生：《宋代的佣书》，《中国史研究》2019 年第 3 期。

② （宋）司马光：《涑水记闻》卷一〇，《全宋笔记》第一编第七册，大象出版社，2003 年，第 121 页。

③ （宋）欧阳修：《归田录》卷一，《全宋笔记》第一编第五册，大象出版社，2003 年，第 239 页。

④ （宋）洪迈：《夷坚支甲》卷八《戴之邵》，《夷坚志》，第 770 页。

⑤ （宋）佚名：《道山清话》，《全宋笔记》第二编第一册，大象出版社，2006 年，第 93 页。

部赠汝。’其忤物如此，自是经年不售一部”①。又有“杜鼎升，字大举，形气清秀，雅有古人之风，鬻书自给。夫妇皆八十余，每遇芳时好景，出郊选胜偕行，人皆羡其高年逸乐如是”。夫妻二人的和睦相处、悠然自得，羡煞旁人。进士张及赠诗曰：“家本樊川老蜀都，世家冠剑岂寒儒。笔耕尚可储三载，酒战犹能敌百夫。僻爱舜琴湘水弄，每县孙画醉仙图。孟光笑语长相逐，唤作梁鸿得也无。”②

三、农圃：“躬耕以为养”

中国古代是以农为本的社会，农业在整个社会生产体系中占据主导地位。宋代士人除选择从事与文化教育相关的职业外，大部分人会回归到农业生活中。《孟子·滕文公上》说：“民之为道也，有恒产者有恒心，无恒产者无恒心，苟无恒心，放辟邪侈，无不为已。”③ 在以农耕经济为主的传统社会中，土地就是恒产，是最基本和最重要的生产资料。宋人周煇云：“人生不可无田，有则仕宦出处自如，可以行志。不仕则仰事俯育，粗了伏腊，不致丧失气节。有田方为福，盖福字从田、从衣。”④ 周煇把田产看作读书人生存和生活的保障，仕宦有田产可不受拘束，随意行事，不仕也能依靠田产维持生活基本所需，而不致丧失气节。

清人沈垚有言：

> 封建之世，计口授田，处四民各异其所，贫富无甚相悬。周末兼并，而货殖之术以兴。魏晋后，崇尚门第，九品士庶之分，而杂流不与清班并，仕者禄秩既厚，有功者又有封邑之租，以遗子孙，故可不与小民争利。唐时封邑始计邑给绢，而无实土。宋太宗乃尽收天下之利权归于官，于是士大夫始乃兼农桑之业，方得赡家，一切与古异矣。仕者既与小民争利，未仕者又必先有农桑之业，方得给朝夕，以专事进取。于是货殖之事益急，商贾之事益重，非父兄先营事业于前，子弟即无由读书，以致身通显。是故古者四民分，后世四民不分。古者士之子恒为士，后世商之子方能为士，此宋元明以来变迁之大较也。⑤

---

① （宋）魏泰：《东轩笔录》卷三，《全宋笔记》第二编第八册，第23页。

② （宋）黄休复：《茅亭客话》卷一〇《杜大举》，《全宋笔记》第二编第一册，第77页。

③ （战国）孟轲著，金良年译注：《孟子译注》，上海古籍出版社，2016年，第105页。

④ （宋）周煇：《清波杂志》卷一一，《全宋笔记》第五编第九册，大象出版社，2012年，第117页。

⑤ （清）沈垚：《落帆楼文集》卷二四《费席山先生七十双寿序》，《清代诗文集汇编》第五百九十八册，上海古籍出版社，2010年，第311-312页。

古者四民各司其业，贫富无甚悬殊。到宋代，太宗尽收天下之利权归于官，士大夫开始兼营农桑，未仕者同样也要有农桑之业才能维持生计，为子弟读书提供经济基础，一切与前代相比已经发生变化。宋人陈舜俞《说农》亦云："古者士则不稼，大夫不为园夫红女之利；今者公卿大夫兼并连阡陌。"① 在这种社会背景下，许多士人开始选择耕读结合的生活方式。耕是经济基础，读是升迁之道。耕田可以安身立命，读书可以进德修业。徐中行，台州临海人，"幼遗就学，乡校已有隽声。闻安定胡公讲道苏、湖间，其徒各以经转相传授；又使之远游，求师友渊源之学"，其父以疾卒，"垢面跣足，庐墓三年，甘露累降。躬耕以事母，母老齿发不衰。以其余力葬内外亲，及州里贫而无后者十余丧"②。孙恬，阆中人，"少力学，屏居阳翟，躬耕养母，往来嵩、少间。上皇闻其名，诏为秘书省正字，奉祠去，避地还蜀"③。邓名世，抚州临川人，"家素贫，不求仕进，躬耕以养母，博通经史，长于《春秋》"④。

躬耕自给，力田养家，吟咏赋诗，酬唱应答。既耕且读，耕与读的巧妙结合，不仅是读书人的谋生手段，也是修身养性的理想生活方式。譬如吴兴人张维，"少年学书，贫不能卒业，去而躬耕以为养。善教其子，至于有成。平居好诗，以吟咏自娱。浮游闾里，上下于溪湖山谷之间，遇物发兴，率然成章，不事雕琢之巧，采绘之华，而雅意自得。徜徉闲肆，往往与异时处士能诗者为辈"⑤。莆田人方审权，字立之，初与伯父宦游江湖。及归，罢举业，因"其先世积书甚富，环所居有田若干亩，曰：'吾耕读于此，足了一生矣。'逍遥物外，有以自乐。岁中不一再入城府。与王迈、方蒙仲、刘克庄友善。性好吟咏，平生志业率于诗发之"⑥。方审权之所以逍遥与自乐，是有田产若干亩，可免生活之忧。这也是读书人所追求和向往的自由、闲适的田园生活和最佳的人生状态。

---

① （宋）陈舜俞：《都官集》卷七《说农》，《宋集珍本丛刊》第十三册，线装书局，2004年，第125页。

② （宋）陈瓘：《赤城志》卷一六《有宋八行先生徐公事略》，曾枣庄、刘琳主编：《全宋文》第一百二十九册，上海辞书出版社、安徽教育出版社，2006年，第140－141页。

③ （宋）李心传著，胡坤点校：《建炎以来系年要录》卷二五，建炎三年七月辛丑，中华书局，2013年，第598页。

④ （宋）李心传著，胡坤点校：《建炎以来系年要录》卷六九，绍兴三年冬十月丁亥，第1346页。

⑤ （宋）周密：《齐东野语》卷一五《张氏十咏图》，《全宋笔记》第七编第十册，大象出版社，2015年，第258页。

⑥ （明）周瑛、黄仲昭等：《重刊兴化府志》卷四五《人物列传·隐逸》，福建人民出版社，2007年，第1148页。

四、商贾：“作商贾于世”

宋代商品经济的迅速发展，促使各行各业的人加入商业活动中，士人也不例外。《宋史·食货志》言：“江、淮间虽衣冠士人，狃于厚利，或以贩盐为事。”①《宋史·选举志》亦载：“凡廷试，唯蜀士到杭最迟，每展日以待。会有言：‘蜀士嗜利，多引商货押船，致留滞关津。’”② 绍兴年间，临安“士子多鬻酒醋为生”，有谚语云：“若要富，守定行在卖酒醋。”③ 梅尧臣《闻进士贩茶》诗，更是被史家多次引用，用以证明士人参与到经商风潮中，其云：“山园茶盛四五月，江南窃贩如豺狼，顽凶少壮冒岭险，夜行作队如刀枪。浮浪书生亦贪利，史笥经箱为盗囊，津头吏卒虽捕获，官司直惜儒衣裳。却来城中谈孔孟，言语便欲非尧汤，三日夏雨刺昏垫，五日炎热讥旱伤。百端得钱事酒卮，屋里饿妇无糇粮，一身沟壑乃自取，将相贤科何尔当。”④

宋代士人经商的原因有多种，或因厌习诗书，或因命运不偶，或因家中遭难，或因父母高龄，或因科举落第等，促使其放下诗书，专心治生营业，投身商业。如“徽州歙县士人李生，惰于讲习，淳熙乙巳，年二十六矣，不胜父母之责，舍家浪游。……西留汉川县，开米铺，历七年，生一男一女，贸运积数千缗，渐成富室”⑤。李生从商原因是读书怠慢，不堪父母的责骂，离家出走。之后开始经营米铺，并成为富甲一方的巨贾，实现职业的流动与经济地位的上升。

士人王耕与李生有相似经历，因读书不成而放弃儒业，成为市井牙人。牙人为买卖双方的中介人，活跃领域广泛，如田宅、土地、婢媪、书画、牲畜等民间交易，充当传递信息的桥梁，起着重要的媒介作用。据《夷坚支丁·清风桥妇人》载：“王耕，字乐道，宿预桃园人。读书不成，流而为驵侩，谙练世故，且长于谋画。乡人或有所款，则就而取法，颇著信闾里间。”⑥ 王耕成为牙人后，因善于谋划，为乡人所信服，称得上是一位成功的经纪人。

《铁围山丛谈》载：

① 《宋史》卷一八二《食货志下四》，第 4441 页。

② 《宋史》卷一五六《选举志二》，第 3638 页。

③ （宋）张知甫：《可书》，《全宋笔记》第四编第三册，大象出版社，2008 年，第 181 页。

④ （宋）梅尧臣著，朱润东校注：《梅尧臣集编年校注》卷二五《闻进士贩茶》，上海古籍出版社，1980 年，第 790 页。

⑤ （宋）洪迈：《夷坚志补》卷一六《蔡五十三姐》，《夷坚志》，第 1697－1698 页。

⑥ （宋）洪迈：《夷坚支丁》卷九《清风桥妇人》，《夷坚志》，第 1038 页。

斗秤诈欺，阴理至重。郁林有谢秀才者，衣冠后也。善以术笼人，上下颇爱之。于田井间为驵侩事，每以小量轻权贷与人，必用大器巨秤责偿，自喜其得计。刻深匪一日矣，人往往不觉。一旦从以仆，其手自捉升斗诸诳具，将入林野，才出城东门未数里，即雷雨骤兴，有黑云追逐。及霹雳一声，而谢秀才震死矣。①

谢秀才与王耕的相似处是放弃儒业后选择以牙人为职业，不同的是王耕以信服人，谢秀才却以诈欺人，最后落得被雷劈死的下场，这也反映出古人对“善恶到头终有报”的朴素信仰。故事虽有些离奇，但由士而商的职业流动却是不争的事实。

宋代因举业不成，弃儒从商的例子比比皆是。如“熙宁中，李秀才者邅迍场屋，乃泛大海与舶主交易”②。因科举不第，转而做起海外贸易。林自诚，福州闽清人，“虽尝业儒，久已捐弃笔砚，为商贾之事矣”③。《避暑录话》载，闽人崔唐臣在科举落第之后，自言后事曰：“初倒箧中，有钱百千，以其半买此舟。往来江湖间，意所欲往则从之，初不为定止，以其半居货，间取其赢以自给，粗足即已，不求有余，差愈于应举觅官时也。”④ 即以其囊中钱经营小买卖，但只能维持基本生活而已。

《夷坚丁志》卷十六《黄安道》载：

番阳士人黄安道，治诗，累试不第。议欲罢举为商，往来京洛关陕间，小有所赢，逐利之心遂固。方自京赍货且西，适科诏下，卿人在都者交责之曰：“君养亲，忍不自克而为贾客乎？”不得已，同寓一寺。……而以书应举。即预荐，到南省，第二道义题，问典谟、训诰、誓命之文，果登第。⑤

黄安道的职业发生过两次变动，先由士而商，再由商而士，这种“士—商—士”的职业流动模式，在宋人笔下逐渐普遍起来。出现这种现象的原因与宋代商业观念的改变有莫大的联系。张耒有诗《卖饼儿》云：“城头月落霜如雪，楼头五更声欲绝。捧盘出户歌一声，市楼东西人未行。北风吹衣射我饼，不忧衣单忧饼冷。业无高卑志当坚，男

---

① （宋）蔡绦：《铁围山丛谈》卷四，《全宋笔记》第三编第九册，大象出版社，2008 年，第 210 页。

② （宋）章炳文：《搜神秘览》卷中《蓬莱》，《全宋笔记》第三编第三册，大象出版社，2008 年，第 132 页。

③ （宋）洪迈：《夷坚支丁》卷四《林子元》，《夷坚志》，第 993 页。

④ （宋）叶梦得：《避暑录话》卷下，《全宋笔记》第二编第十册，大象出版社，2006 年，第 340 页。

⑤ （宋）洪迈：《夷坚丁志》卷一六《黄安道》，《夷坚志》，第 670 页。

儿有求安得闲。”① 这里的“业无高卑志当坚”反映出士人对于商人的看法，即职业无高低贵贱之分，人生关键是要有坚强的意志，有追求、有目标。

宋代士人向商业领域的流动，体现了士人在职业选择方面的开放性、自由性，反映出中国传统的“重农抑商”观念受到很大冲击，士人对“商”的看法有了不同的认识，如此种种，都表明了唐宋之际中国传统社会阶级结构正发生着重大的变化。

五、医者：“广得儒医”

随着科学技术的进步，中央医科学校的设立，统治者“教养上医”“广得儒医”②宗旨的确立，都标志着宋代医学获得了全面发展。有宋一代，名医辈出，如庞安常、朱肱、许叔微、钱乙等。以庞安常为例，《东坡志林》载：“黄州东南三十里为沙湖，亦曰螺师店，予买田其间，因往相田。得疾，闻麻桥人庞安常善医而聋，遂往求疗。安常虽聋，而颖悟绝人，以纸画字，书不数字，辄深了人意。”③《独醒杂志》载：“毛公弼守泗洲，病泄痢久不愈。及罢官归，遂谒庞安常求医。”④ 此外，《夷坚甲志》卷十《庞安常针》亦曾提及他在为难产孕妇接生时的神奇医术。⑤

两宋三百年间，政府颁布、校正、编修与刊行：不同社会阶层疾病的救治原则；医学教育、医疗机构、临时医院、慈善机构的设置及管理；不同医学人才的选拔、任用、考核与奖惩；改革风俗，决狱，控制和改造巫医等与行医相关的诏令共830多条。⑥ 统治者对医学的重视，使传统医学知识的闭塞局面得到改观，士人普遍参与到医学知识的学习之中，由此出现新的医者群体——儒医。《宋会要辑稿》言：“朝廷兴建医学，教养士类，使习儒术者通黄素，明诊疗，而施于疾病，谓之儒医，甚大惠也。”⑦ 宋代儒医的出现，“标示着当日部分尚医士人，对医学知识的掌握，已能到达圆熟的程度，并得

---

① （宋）张耒：《张耒集》卷一五《卖饼儿》，中华书局，1990年，第265页。

② （清）徐松辑，刘琳、刁忠民、舒大刚等点校：《宋会要辑稿》崇儒三《医学》，上海古籍出版社，2014年，第2793、2795页。

③ （宋）苏轼：《东坡志林》卷一《游沙湖》，《全宋笔记》第一编第九册，大象出版社，2003年，第13页。

④ （宋）曾敏行：《独醒杂志》卷四，《全宋笔记》第四编第五册，大象出版社，2008年，第147页。

⑤ （宋）洪迈：《夷坚甲志》卷一〇《庞安常针》，《夷坚志》，第83页。

⑥ 韩毅：《宋代医学诏令及其对宋代医学的影响》，《中医文献杂志》2008年第1期，第5页。

⑦ （清）徐松辑，刘琳、刁忠民、舒大刚等点校：《宋会要辑稿》崇儒三《医学》，第2800页。

到社会的认可”①。

学者谢观言：

中国医术，当以唐宋为一大界。自唐以前，医者多守专门授受之学，其人皆今草泽铃医之流。……自宋以后，医乃一变为士夫之业，非儒医不足见重于世。所谓草泽铃医者，其格日卑，其技亦日劣，盖此辈大都不通文义，罕能著书，仅恃师授，无复发明。②

宋代尚医之风盛行，“儒医”成为医者社群拼盘中的新板块。③ 叶梦得《避暑录话》言：

士大夫于天下事，苟聪明自信，无不可为，惟医不可强。本朝公卿能医者高文庄一人而已。尤长于伤寒。其所从得者不可知矣，而孙兆、杜壬之徒，始闻其绪余，犹足名一世。文庄，郓州人。至今郓多医，尤工伤寒，皆本高氏。余崇宁、大观间在京师，见董汲、刘寅辈，皆精晓张仲景方术，试之数验，非江淮以来俗工可比也。④

高文庄，即高若讷。“因母病，遂兼通医书，虽国医皆屈伏。张仲景《伤寒论诀》、孙思邈《方书》及《外台秘要》久不传，悉考校讹谬行之，世始知有是书。”这是士人学医的一个典型案例。《宋史》本传言：“名医多出卫州，皆本高氏学焉。”⑤

士人选择以医为业与科举落第有直接关联。上述引文中提及的董汲即是一例，他著有《小儿斑疹备急方论》与《旅舍备要方》两书。前书序言：“吾友董及之，少举进士不第，急于养亲，一日尽弃其学而从事于医。”⑥ 后书序曰：“董君及之，少服儒术，耆阅医经，洞彻其简切应用者百余方。”⑦ 崔与之父亲崔世明，因“试有司连黜，每曰

① 陈元明：《两宋的“尚医士人”与“儒医”——兼论其在金元的流变》，台湾大学出版委员会，1997年，第192页。

② 谢观：《中国医学源流论》，福建科学技术出版社，2003年，第101页。

③ 祝平一：《宋、明之际的医史与“儒医”》，《“中央研究院”历史语言研究所集刊》2006年第77本第3分，第418页。

④ （宋）叶梦得：《避暑录话》卷上，《全宋笔记》第二编第十册，第239页。

⑤ 《宋史》卷二八八《高若讷传》，第9686页。

⑥ （宋）董汲：《小儿斑疹备急方论》，《董汲医学论著三种》，商务印书馆，1958年，第1页。

⑦ （宋）董汲：《旅舍备要方》，《董汲医学论著三种》，第2页。

'不为宰相则为良医'，遂究心岐、黄之书，贫者疗之不受直"①。蜀人单骧者，举进士不第，从彭山隐者学医，"尽得其术，遂以医名于世"②，后"仁宗皇帝不豫，诏孙兆与骧入侍，有间，赏赉不赀"③。又有汴京人张拱，"举进士不第。家甚贫，母党龚氏世为医，故拱亦能方术。置药肆于宜春门后坊"④。张拱业医的其中原因之一是"举进士不第"，这与董汲是基本一致的。第二个原因是"家甚贫"，贫士、贫宦普遍存在于南宋社会，⑤ 贫困成为宋代士人转业的主要原因之一。第三个原因是母党龚氏世为医，张拱从其学医，继承了龚氏医术，故能在京师开药肆，治病医人。

相似事例还有名医许叔微，在诸多史料中都有记载，如《夷坚甲志》卷五《许叔微》载："许叔微，字知可，真州人。家素贫，梦人告之曰：'汝欲登科，须积阴德。'许度力不足，惟从事于医乃可，遂留意方书。久之，所活不可胜计。复梦前人来，持一诗赠之，其词曰：'药有阴功，陈楼闲处，堂上呼卢，唱六作五。'既觉，姑记之于牍。绍兴壬子，第六人登科，用升甲恩如第五，得职官，其上陈祖言，其下楼材也，梦已先定矣。呼卢者，胪传之义云。"⑥ 我们可以看出许叔微的基本人生轨迹是科举失意，转而习医，后又中第。宋代尚医风气为士人从医提供了良好的社会氛围，此外士人选择以医为业还有不容忽视的内在动因，即行医与入仕做官存在着共同点，都可以借此实现儒家学者济世救民的社会理想。⑦ 正如范仲淹所言，若不为良相，"愿为良医"⑧。

六、僧道：从释与奉道

（一）从释

自佛教传入后，中国传统社会的"四民"结构被打破，出现了以信奉佛法、弘扬教义为主的信徒——僧。宋代是佛教中国化、世俗化的重要时期。社会各色人等信仰佛教者，日益增多。朱熹言："老氏煞清高，佛氏乃为逋逃渊薮。今看何等人，不问大人小

① 《宋史》卷四〇六《崔与之传》，第12257页。

② （宋）苏辙：《龙川略志》卷二《医术论三焦》，《全宋笔记》第一编第九册，第261页。

③ （宋）苏轼：《东坡志林》卷三《单骧孙兆》，《全宋笔记》第一编第九册，第69页。

④ （宋）洪迈：《夷坚丙志》卷一八《张拱遇仙》，《夷坚志》，第520页。

⑤ 梁庚尧：《南宋的贫士与贫宦》，《宋代社会经济史论集》下册，允晨文化实业股份有限公司，1997年，第322－426页。

⑥ （宋）洪迈：《夷坚甲志》卷五《许叔微》，《夷坚志》，第38页。

⑦ 张建东：《民间的力量：宋代民间士人的教育活动研究》，第35页。

⑧ （宋）吴曾：《能改斋漫录》卷一三《文正公愿为良医》，上海古籍出版社，1979年，第381页。

儿、官员村人商贾、男子妇人，皆得入其门。”①

僧与士人之间的密切联系来源已久，早在佛教来华伊始，最先接受佛教的群体就是“士”。魏晋时期，玄学盛行，名士以清谈佛理为风尚。隋唐时期佛教臻于鼎盛，士人研佛者与日俱增。宋代释、道、儒三者，经过数百年的糅合，出现“三教归一”的局面，儒家学者对佛教采取兼容并蓄的态度，士、僧交流更加频繁，士人参禅学佛蔚然成风。张齐贤云：“儒道淡薄，一时圣贤尽归释氏。”② 孙升言：“京都士大夫顾不自信其学，乃卑身屈礼以求问于浮屠之门，其为愚惑甚矣。”③《梦粱录》载：“盖丛林中素有儒者之风，故与公卿大夫及学士气味相投，皆乐与之交，讲论道要，题词咏诗，靡不起敬。”④ 对高僧与公卿大夫及学士的讲经论道、诗歌唱和盛况作了描述。弃儒从释的事例，在史料中多有记载。《丛林盛事》卷上《木庵永禅师》载：“木庵永禅师，福州章圣者小师。弃儒从释，与法弟安分者为友，同参懒庵需于洋屿，皆有大发明。”⑤《枯崖漫录》卷上《本真书记》载：“本真书记，福唐朱氏子，弃儒，依资福山主，祝发。出岭遍参丛席，有特立操行，晚得天童慈航印记，即归里之杉溪卓庵居焉。”⑥ 潭州大沩泉山初禅师，字子愚，“泉州陈氏子，始业儒，称乡先生。后因看赵州语有省，剃发受具。遍参知识，为永木庵高弟”⑦。饶节，字德操，临川人，以文章著名。“政和间，裂儒衣，从释氏，名如璧。”⑧

佛教宣扬超脱世俗以及宁静的处世态度，士人或因对佛教教义的信仰，或因对佛教典籍的钻研，或因对高僧的仰慕崇拜，或因科举失意避世等，从而放弃世俗身份，裂儒削发为僧。伊岩玉禅师，严州人，“初称名儒，有笃行，中年厌习举业，专究洛学。忽曰：‘是不可以了吾事。’遂裂缝掖，剃须发。学出世法，登径山”⑨。宋人何薳言：“法

---

① （宋）朱熹：《朱子语类》卷一二六《释氏》，《朱子全书》第十册，上海古籍出版社，2002 年，第 3959 页。

② （宋）圆悟：《枯崖漫录》卷下《双杉元禅师》，《续藏经》第一百四十八册，新文丰出版公司，1995 年，第 181－182 页。

③ （宋）赵汝愚：《宋朝诸臣奏议》卷八四《上哲宗乞禁士大夫参请》，上海古籍出版社，1999 年，第 907 页。

④ （宋）吴自牧：《梦粱录》卷一七《历代方外僧》，三秦出版社，2004 年，第 262 页。

⑤ （宋）释道融：《丛林盛事》卷上《木庵永禅师》，《续藏经》第一百四十八册，第 58 页。

⑥ （宋）圆悟：《枯崖漫录》卷上《本真书记》，《续藏经》第一百四十八册，第 157 页。

⑦ （宋）圆悟：《枯崖漫录》卷下《潭州大沩泉山初禅师》，《续藏经》第一百四十八册，第 175 页。

⑧ （宋）释晓莹：《云卧纪谈》卷下，《全宋笔记》第五编第二册，大象出版社，2012 年，第 44 页。

⑨ （宋）圆悟：《枯崖漫录》卷下《伊岩玉禅师》，《续藏经》第一百四十八册，第 173 页。

空首座无相师，霅川人。与余为姻家，待制公沈纯成之季也。一举不第，遂祝发以求出世法，间亦留心锻事。”① 慈云长老姓袁，始名道，益州市人。“学成，求试于秋官，高捷乡书，得去于上都，待试南宫。俄染沉疴，既久，生意几亡，困卧客馆，装囊素薄，洎愈，已明省榜矣。道极叹惋。……翌日，道遂别都门西归，至益州，剃发披缁，居大慈寺。”②

佛教传入，中国传统社会出现“僧”这一特殊群体。佛教在中国发展的日益世俗化，为士人提供了新的出路。出家为僧成为士人职业流动的形式之一。

（二）奉道

道教，因以“道”为最高信仰，故称。它是土生土长的中国宗教，在漫长的历史长河中，经历了发展、成熟、高峰与转折的过程。真宗、徽宗对它的狂热，促使道教继唐之后又一次迎来了高峰期。《宋史》评价真宗曰：“封禅事作，祥瑞沓臻，天书屡降，导迎奠安，一国君臣如病狂然。”③ 在统治者的推崇下，道教得到快速传播，并开始走向普通民众，队伍迅速发展壮大。道教信奉者，习惯上称为道士或女冠。

宋代士人不仅与僧人之间有密切交往，也与道士之间存在着往来。俗话说，上行下效，统治者崇道、好道，广泛结交、优礼道士，学道、谈道的社会风气，悄然而行。士人作为知识分子，他们访谈有道之人，结交学道之士，诗歌唱和，颇为融洽。《避暑录话》载：“元丰间，道士陈景元博识多闻，藏书数万卷，士大夫乐从之游，身短小而伛。师孟尝从求《相鹤经》，得之，甚喜，作诗亲携往谢。”④ 苏轼曾与张方平讨论道教养生之事，言：“近来颇留意养生。读书，延纳方士多矣，其法数百，择其简而易行者，间或为之，辄有奇验。”⑤ 又何薳云：“丹灶之事，士大夫与山林学道之人喜于谈访者，十盖七八也，然不知皆是仙药丹头也。……但得之者，真龟毛兔角，而为之致祸者，十八九也。如东坡先生、杨元素内相，皆密受真诀，知而不为者。章申公、黄八座道夫皆访求毕世，费资巨万，而了无一遇者。”⑥ 这段话虽是提醒世人对道家丹药保持警戒，但从中可看出士大夫乐于同学道之人谈论炼丹，以期能够长生不老。

士人与道士的频繁交往，或为其高深奥义的道养所折服，或被烧炼黄白之术所吸

---

① （宋）何薳：《春渚纪闻》卷一〇《点铜成庚》，《全宋笔记》第三编第三册，第285页。

② （宋）刘斧：《青琐高议》前集卷二《慈云记》，《全宋笔记》第二编第二册，大象出版社，2006年，第24－26页。

③ 《宋史》卷八《真宗本纪三》，第172页。

④ （宋）叶梦得：《避暑录话》卷下，《全宋笔记》第二编第十册，第285页。

⑤ （宋）苏轼：《苏轼文集》卷七三《养生诀》，中华书局，1986年，第2335页。

⑥ （宋）何薳：《春渚纪闻》卷一〇《序丹灶》，《全宋笔记》第三编第三册，第282页。

引，或为清静无为的生活状态所感染。唐宋以来，道教追求物质与精神的合二为一，这种追求包含三个层次："以自然恬淡、少私寡欲为特征的生活情趣；以清静虚明、无思无虑为特征的心理境界；以这种生活情趣与心理境界为主，以养气守神等健身方法为辅赢得的良好的生理状态。"① 道教追求的改变与士人的追求产生共鸣，以上种种成为士人脱去儒服、转披道袍的诱因。

许多落第士人为寻求精神慰藉，除入佛门外，投身道教，也是一个不错的选择。如郭行，字思诚，不知何许人，"自云举进士不第，遂学道，不食唯饮酒"②。周煇言："高叔祖讳恪，字执礼，第四十五，治《易》甚精，早魁乡荐，一旦舍去。传道于徐神翁，自称赤局先生，灵异不可具述。乡人敬之，但曰周先生，家绘其像。……宣和诏，不起，锡守静处士之号。"③《春渚纪闻》载："道人王乐仙，或云潭州人。初为举子赴试礼部，一不中，即裂冠从太一宫王道录行胎养之术，岁余勤至不怠。"④《建炎以来朝野杂记》乙集卷十二《莎衣道人》："莎衣道人者，姓何氏，淮阳军朐山人也。祖执礼，仕至朝议大夫。道人避乱渡江，举进士不中。绍兴末，始来平江。……庆元六年，道人卒于平江。"⑤ 莎衣道人，淮阳军人，南渡居平江府，朝议大夫何执礼之后，曾举进士不中，出家为道。他的事迹在岳珂《桯史》中也有记载称："何本淮阳朐山人，书生也。祖执礼，仕至朝议大夫，世为鼎族，遭乱南来，寓于郡。尝授业于父，已能文，一旦焚书裂衣遁去，人莫之知。"⑥

士人从释或奉道，属于世俗与宗教间的流动，这种流动以寻求精神上的满足为主。士人向往世外之人的超脱、豁达、清静、无为的生活状态，大胆追求，并付诸实践行动，出家修行，或为僧，或为道。宗教是世俗生活中不可缺少的精神调剂，最高统治者望其能辅助教化，有益政治，士人通过出家修行来达到人生的理想状态。

七、结语

唐中叶以来，中国传统社会结构发生巨大演变，存在着严格等级差异的"四民"界限逐渐被打破，"士农工商"的职业身份不再是固化或一成不变的。"贫不必不富，贱不

---

① 葛兆光：《道教与中国文化》，上海人民出版社，1987 年，第 307 页。

② （宋）马纯：《陶朱新录》，《全宋笔记》第五编第十册，第 155 页。

③ （宋）周煇：《清波杂志》卷七《曹武惠下江南》，《全宋笔记》第五编第九册，第 75 页。

④ （宋）何薳：《春渚纪闻》卷三《王乐仙得道》，《全宋笔记》第三编第三册，第 203 页。

⑤ （宋）李心传：《建炎以来朝野杂记》乙集卷一二《莎衣道人》，《全宋笔记》第六编第八册，大象出版社，2013 年，第 171 页。

⑥ （宋）岳珂：《桯史》卷三《姑苏二异人》，中华书局，1981 年，第 33 页。

必不贵。”① 贫、富、贵、贱四者之间不再存在必然的联系。黄震曾言，“士、农、工、商，各有一业，元不相干……同是一等齐民”②。也就是说，“作为社会等级划分的四民概念逐渐向作为分工导致的职业差异的四民概念转化”③。随着社会生产力的发展，人们对“四民”职业的划分有了不同的看法。王禹偁言：“古者惟有四民，兵不在其数。……自秦以来，战士不服农业，是四民之外，又生一民，故农益困。……汉明之后，佛法流入中国，度人修寺，历代增加。不蚕而衣，不耕而食，是五民之外，又益一而为六矣。”④ 陈舜俞云：“古之民四，而农居其一；今之民，士、工、商、老、佛、兵、游手，合为八，而农居其一。”⑤ 不论是王禹偁的“六民说”，还是陈舜俞的“八民说”，都反映出宋代新的职业群体的出现，以及职业结构的历史变迁，究其根本原因则在于商品经济的发展⑥和职业价值观念的转变。

综上所言，宋代士人的职业选择与流向呈现多元化发展倾向，主要有教师、佣书、农圃、商贾、医者、僧道等，其中又以与文化知识相关的教育行业最受欢迎。从纵向来看，相对唐代，宋代士人的职业流动，不仅仅停留在职业内部，更多的是职业间的流动，如由士流向农、商、医、僧、道，乃至占卜、星相、伎术等。正如袁采所言：“如不能为儒，则医卜、星相、农圃、商贾、伎术，凡可以养生而不至于辱先者，皆可为也。”⑦ 从横向来看，相对于农业、手工业者等，宋代士人的职业流动带有一定的主动性，除以谋生为前提外，更多以实现人生价值为目的。总的来说，士人的流动空间较大，向上可通过参加科举考试，实现政治地位的上升；向下也可凭借学识，灵活选择各种职业作为谋生手段。当然，能够通过科举考试，实现政治地位上行的，只有少数，但不可否认，宋代科举制的改革与完善，使社会阶层间的垂直流动增加，相对固化的社会阶级结构也日益松弛，社会流动更加自由。

此外，宋代士人职业间的流动具有短暂性，一旦有足够的财力支撑起生活，他们便转而重修儒业，以达到“学而优则仕”的最终目标。如番阳士人黄安道就是典型的“士—商—士”的职业流动模式。故而，相对前代来说，宋代士人的职业流动虽有多元化的趋向，但在儒家文化占主体地位的中古社会，读书做官仍是中国传统社会文人的最

① （宋）刘跂：《学易集》卷六《马氏园亭记》，中华书局，1985 年，第 71 页。

② （宋）黄震：《黄氏日抄》卷七八《又晓谕假手代笔榜》，《影印文渊阁四库全书》第七百〇八册，商务印书馆，1986 年，第 786 – 787 页。

③ 韦兵：《佛教世俗化与宋代职业伦理建构——以俄藏黑水城文献〈慈觉禅师劝化集〉为中心》，《学术月刊》2008 年第 9 期，第 132 页。

④ 《宋史》卷二九三《王禹偁传》，第 9795 – 9797 页。

⑤ （宋）陈舜俞：《都官集》卷七《说农》，《宋集珍本丛刊》第十三册，第 125 页。

⑥ 张邦炜：《两宋时期的社会流动》，《四川师范大学学报（社会科学版）》1980 年第 2 期。

⑦ （宋）袁采：《袁氏世范》卷二《子弟当习儒业》，第 125 页。

高追求。总之，与魏晋、隋唐相比，宋代士人职业流动的频繁景象，侧面反映了两宋社会的自由和开放性发展倾向。诚然，中国传统社会职业结构的演变是一个漫长的历史过程，值得欣慰的是，在由唐入宋的历史演进过程中，我们看到清人沈垚口中的由“四民分”到“四民不分”的历史变迁，以及新的职业群体的出现。

作者简介：
贾灿灿，南通大学文学院历史系副教授。

西夏王朝国家经济统一体的形成轨迹①

王明前

［提要］ 西夏疆域内的五个经济地理单元：兴庆、灵州中心灌溉农耕经济区，平夏农耕畜牧混合经济区，河西走廊灌溉农耕经济区，河湟高寒畜牧农耕混合经济区，黑水城灌溉农耕经济区，共同为西夏国家经济统一体作出贡献。边塞城镇具有维护国家经济统一体的外部屏障功能。西夏与宋朝、辽朝、金朝的边境榷场贸易成为西夏王朝国家经济统一体的有益补充。

［关键词］ 西夏；国家经济统一体；兴、灵经济区；平夏经济区；《天盛律令》；俄藏黑水城西夏文书

史学界对西夏土朝经济史的研究已经取得一定成就。宏观层面，现有研究深入探讨了西夏经济在十一至十三世纪中国经济史的历史地位，客观评价了西夏王朝的宏观经济管理水平。微观层面，现有研究深入剖析了西夏各经济部门，如农业、畜牧业、手工业

① 本文系2019年度教育部高校示范马克思主义学院和优秀教学科研团队建设项目“‘中国近现代史纲要’课教学资源建设研究”（项目批准号：19JDSZK024）的阶段性成果。

等实况。① 但是，略显遗憾的是，由于西夏本王朝的史料严重缺失，使得依靠文献资料展开的西夏史研究，很难树立西夏王朝的主体意识，也就是说对西夏王朝经济表现的分析更多来自与同时期其他王朝的比较视角。其实，西夏王朝兴起于今陕北平夏地区，以今宁夏为政治中心，在此基础上逐渐扩展其疆域和生存空间，其王朝经济史理应有其主体意识意义上的研究视角。同时这一视角也理应建立在其自身特定历史空间范围的基础之上。为此，笔者引入“国家经济统一体”或“国家经济区域整合”概念，以强调这一主体意识。此外，尽管现有研究成果已对西夏各经济地理单元的经济表现和历史价值做出概述性评价②，但遗憾的是，尚缺乏从经济区域整合，抑或从国家经济统一体角度，即从经济地理空间角度探讨西夏经济史的尝试。

其实，如果说与西夏同时期的契丹辽朝，以“澶渊之盟”为契机设立的第四座都城中京，有效促进了国家各经济区域的整合，从而既成功巩固了既有的经济建设成果，又不至于因此损害各自经济区域内固有生产方式的比较经济优势的发挥；③ 那么，继辽朝而起的金朝，尽管具有变革经济制度和生产方式的超前意识，又事实上以迁都中都为契机开启了国家经济重心调整的进程，却由于不注重各经济地理单元的区域整合，不顾各民族自身的经济比较优势而强行推行女真族汉化政策，加之宏观经济政策如货币政策的失误，所以即便其版图内囊括了历史上北方所有的重要经济地理单元，最终并不能有效促进国家经济统一体的形成，各经济区域自身的建设也基本上不比前朝理想。④ 在对契丹辽朝和金朝国家经济一体化进程做出上述比较的基础上，国家经济一体化，或国家经济区域整合的研究思路，不仅可有效证明所谓“中心经济区”理论的地理决定论的局限，并可对作为统一多民族封建王朝的元朝国家经济统一体的建设成就加以证明。⑤ 上述辽、金、元三朝国家经济一体化进程的得失，使学术界对西夏王朝国家经济一体化，即国家经济统一体的形成的探索具有一定的学术合理性和迫切性。笔者注意到，西夏疆

① 相关研究参见：蔡美彪、周清澍、周德熙等：《中国通史》第六册，人民出版社，2005年；杜建录：《西夏经济史》，中国社会科学出版社，2002年；漆侠、乔幼梅：《辽夏金经济史》，河北大学出版社，1994年；吴天墀：《西夏史稿》，四川人民出版社，1980年；史金波：《西夏社会》，上海人民出版社，2007年；白振声：《西夏社会经济及其在中国经济史中的地位》，《宁夏社会科学》1984年第3期；前田正明：《西夏时代南北的交通路线》，《西北史地》1983年第1期，等等。

② 散见文内各章节注释。

③ 王明前：《契丹辽朝国家区域经济整合的历史轨迹》，《青海师范大学民族师范学院学报》2015年第1期。

④ 王明前：《金朝国家经济统一体的形成与解体》，《河北民族师范学院学报》2016年第2期。

⑤ 王明前：《地理决定论的局限——元朝经济区域整合研究》，《暨南史学》第十四辑，广西师范大学出版社，2017年。

域内的五个经济地理单元，无论是具有农耕经济基础的兴庆、灵州中心灌溉农耕经济区，平夏农耕畜牧混合经济区和河西走廊灌溉农耕经济区，还是农耕基础相对薄弱的河湟高寒畜牧农耕混合经济区，黑水城灌溉农耕经济区，都为西夏国家经济统一体作出了贡献。边塞城镇则具有维护国家经济统一体的外部屏障功能。西夏与宋朝、辽朝、金朝的边境榷场贸易成为西夏王朝国家经济统一体的有益补充。

笔者不揣浅陋，拟以上述思路为线索，在全面考察西夏王朝国家经济统一体的形成轨迹的过程中，寻找西夏王朝利用其有限地理空间，规划其国家经济一体化的主体意识，以期增加学术界对西夏经济史以及十一至十三世纪中国经济史的学术认知。

一、兴（庆）、灵（州）中心经济区的营造与国家宏观经济政策

（一）兴、灵中心灌溉农耕经济区的经营①

兴、灵经济区是西夏王朝的政治中心区域，具有绝对关键的战略意义。兴起于平夏的党项拓拔部，自太祖李继迁开始经略这一地区。1002 年，李继迁攻取灵州，改称西平府，次年将政治中心自夏州迁于此。1003 年，李德明继立，进表附宋，转攻回鹘、吐蕃。1020 年，李德明在灵州怀远镇兴建都城，迁都于此，称兴州。1031 年，李元昊继位。1033 年，李元昊升兴州为兴庆府。1038 年，李元昊称帝。1044 年，宋朝被迫册封李元昊为夏国主。同年，李元昊在贺兰山打败辽朝侵略，从此与宋、辽形成鼎足之势。1146 年，金朝割让德威城、定远军。兴、灵中心经济区最终形成。

1205 年，侥幸逃脱蒙古铁骑打击的夏桓宗李纯祐改兴庆府为中兴府。但是，在附蒙侵金和联金抗蒙之间反复摇摆的西夏终于没有逃脱灭亡的命运。1226 年 11 月，蒙古军队攻占灵州。1227 年 7 月，夏末主李睍率中兴府军民投降。随着兴、灵中心经济区的沦陷，西夏王朝灭亡。

兴、灵地区具有悠久的灌溉农耕传统。《宋史・夏国传》称："兴、灵则有古渠曰唐来，曰汉源，皆支引黄河。"②《旧唐书・地理志》载："丰州九原郡，下都督府。贞观四年以降突厥户置，不领县。十一年州废，地入灵州。二十三年复置。"九原县，"有陵阳渠，建中三年浚之以溉田，置屯，寻弃之。有感应、永清二渠，贞元中，刺史李景略

---

① 相关研究参见刘菊湘：《从天盛律令看西夏京畿地区的经济状况》，《宁夏社会科学》1998 年第 3 期。

② 《宋史》卷四八六《夏国传下》，韩荫晟编：《党项与西夏资料汇编》上卷，宁夏人民出版社，2000 年，第 94 页。

开溉田数百顷"。① 又见《新唐书·吐蕃传》：778年（唐大历十三年），"虏大酋马重英以四万骑寇灵州，塞汉族、御史、尚书三渠以扰屯田"②。

五代后晋时期，张希崇任灵武节度使。"灵武地接夷狄，戍兵饷道，常苦寇抄掠。希崇乃开屯田教士耕种，军以足食，而省转馈。"③ 冯晖继张希崇镇灵州。"党项拓跋彦超者，州界部族之大者，晖至来谒，厚加待遇，仍为治第，丰其服玩，因留之不令归部。河西羊马，由是易为交市。晖期年得马五千匹。"④ 这说明在五代时期，统治者一方面试图利用传统的农耕基础，另一方面也不放弃其地处农耕、游牧交界地带的商业便利。

宋朝统治灵州期间，继续五代时期的统治政策。淳化年间，郑文宝经略灵州，"至贺兰山下，见唐室营田旧制，建议兴复可得税稻万余斛，减岁运之费。清远据积石岭，在旱海中，去灵环皆三四百里，素无水泉。文宝发民负水数百里外，留屯数千人，又募民以榆槐杂树及犹狗鸦乌至者，厚给其直，地舄卤树皆立枯。西民甚苦其役，而城之不能守，卒为山水所环。又令宁、庆州为水硙，亦为山水漂去"⑤。可见，历史经验并不能保证现实实践的成功。但是，宋朝的经略仍然有所建树。郑文宝即指出：威（韦）州，"水甘土沃，有良木薪秸之利。约葫芦、临洮二河，压明沙、萧关两戍，东控五原，北固峡口，足以襟带西凉，咽喉灵武，城之便"⑥。至道年间，阳琼"导黄河溉民田数千顷"⑦。

由于统治成本过于高昂，放弃灵州的呼声日益强烈。这种意见以杨亿为代表，他认为："戎人但以攻剽为能，罔知耕稼之事……河陇之外，弃地甚多，延袤百城，提封万井，西汉屯田之所疆畔犹存，傥事力耕，可以积谷，何必独耕灵武，乃能足食。"⑧ 总之，他以轻视党项族的农耕技能作为立论根据，进而认为放弃兴、灵并不妨碍宋朝靠屯田西北钳制西夏。

但是，在西夏获得灵州，并选择其作为新的经济中心后，兴、灵地区在确立为西夏

---

① 《旧唐书》卷三八《地理志》，韩荫晟编：《党项与西夏资料汇编》上卷，第668－669页。

② 《新唐书》卷二一六下《吐蕃传》下，韩荫晟编：《党项与西夏资料汇编》上卷，第711页。

③ 《旧五代史》卷八八《晋书·张希崇传》，韩荫晟编：《党项与西夏资料汇编》上卷，第889页。

④ 《旧五代史》卷一二五《周书·冯晖传》，韩荫晟编：《党项与西夏资料汇编》上卷，第890－891页。

⑤ 《宋史》卷二七七《郑文宝传》，韩荫晟编：《党项与西夏资料汇编》中卷，宁夏人民出版社，2000年，第1091页。

⑥ 《宋史》卷二七七《郑文宝传》，韩荫晟编：《党项与西夏资料汇编》中卷，第1090页。

⑦ （宋）曾公亮：《武经总要》卷一八，韩荫晟编：《党项与西夏资料汇编》中卷，第1718页。

⑧ （宋）李焘：《续资治通鉴长编》卷五十，韩荫晟编：《党项与西夏资料汇编》中卷，第1269页。

政治中心的同时，因为仍然以充分利用这一地区的灌溉农业传统作为经济建设的主导方向，其经济表现还是取得了可观的成就，基本粉碎了宋朝当初的悲观预言。

李元昊“居兴州，阻河，依贺兰山为国”①，确立其政治中心地位。因此，西夏国家宏观经济管理职能机构基本集中于此。这些职能部门，《天盛律令》所列官署，列于中等司者有都转运司、群牧司、农田司、受纳司，下等司者有马院司、西院经治司、沙州经治司等。② 其中除西院经治司、沙洲经治司，几乎所有重要职能机构均集中于兴庆府。所谓李元昊“创十六司于兴州，以总众务”③ 即是。史言：“其官分文武班，曰中书，曰枢密，曰三司，曰御史台，曰开封府，曰翊卫司，曰官计司，曰受纳司，曰农田司，曰群牧司，曰飞龙院，曰磨勘司，曰文思院，曰蕃学，曰汉学。”④

为确保重农这一国家宏观战略的实现，元昊“得中国无艺者，使耕于河”⑤。兴、灵经济区的建设成就可以从宋朝方面的情报分析得到验证。1081 年，宋将高遵裕“攻围灵州十有八日，不能下，粮道且绝，贼决七级渠以灌我师”⑥，可见灌溉系统之一斑。1082 年，宋朝灵州前线报称：“兰会至灵州川原宽广，土脉膏腴”，“灵州以水溉田，四面泥潦”，以及“自兰会至天都，北入灵州，贼中畜积悉经官军开发”，⑦ 也可见其灌溉农耕经济概貌。即便是边境地带，也取得了一定的建设成绩。如 1097 年，宋知渭州章楶分析：“葫芦河川滨水路，乃寇出入道，东带兴、灵，西趣天都，可畜牧耕牧。”⑧ 1098 年，已任泾源路经略使的章楶分析天都山一带形势称：“天都畜牧耕稼之地，人力精强，出产良马，夏人得此则能为国。”⑨ 而 1099 年，宋臣陈师道上书枢密院认为：

---

① （宋）李焘：《续资治通鉴长编》卷一二〇，韩荫晟编：《党项与西夏资料汇编》中卷，第 1737 页。

② 史金波、白滨、聂鸿音译注：《天盛改旧新定律令》，法律出版社，1999 年，第 363 页。

③ （宋）李焘：《续资治通鉴长编》卷一二〇，韩荫晟编：《党项与西夏资料汇编》中卷，第 1737 页。

④ 《宋史》卷四八五《外国传夏国传上》，韩荫晟编：《党项与西夏资料汇编》上卷，第 60 页。

⑤ （宋）王偁：《东都事略》卷一二七、一二八《西夏传》，韩荫晟编：《党项与西夏资料汇编》上卷，第 106 页。

⑥ （宋）李焘：《续资治通鉴长编》卷三二〇，韩荫晟编：《党项与西夏资料汇编》中卷，第 4254 页。

⑦ 《宋会要辑稿·兵二八》，韩荫晟编：《党项与西夏资料汇编》中卷，第 4375 页。

⑧ （宋）李焘：《续资治通鉴长编》卷四八六，韩荫晟编：《党项与西夏资料汇编》中卷，第 5293 页。

⑨ （宋）李焘：《续资治通鉴长编》卷五〇四，韩荫晟编：《党项与西夏资料汇编》中卷，第 5450－5451 页。

“胡地惟灵夏如内郡，地才可使乔豆，且多碛沙，五月见青，七月而霜，岁才一收尔”①，则仅仅是比较内地水平而言。

但是，兴、灵中心经济区的农业生产条件较内地仍相距甚远，也限制了这一经济区的经济潜力。特别是南部毗邻宋朝的地区，条件尤其恶劣。宋朝方面报称：“自环抵灵，瀚海七百里，斥卤枯泽五溪润山谷。”② 地处宋朝环州、定边镇和西夏灵州之间的清远军，“深在瀚海不毛之地，素无泉井”③。也恰恰由于兴、灵地区农耕基础比内地薄弱，夏、宋边境时有越境掳掠双方人畜事件发生。宋德顺军静边寨主田璟报称：“边事之作，未有不由熟户者，平时入西界盗孳畜人户等，及夏人来理索，却反称有西人入汉界为盗。边臣或未晓彼情，或希功赏，增饰事状，更致掩杀无辜。且蕃部盗孳畜人户，未有酋首、邻族不知者，但上下蒙蔽，积久以成边隙。”④ 从中不仅可以看出西夏耕地资源的不足，也可看出边境地区尚保留大量畜牧业经济的事实。

尽管有上述不足，兴、灵经济区作为政治中心，其经济意义对西夏王朝的国祚仍具有举足轻重的地位。正如西夏皇族李氏后人追忆故地灵武辉煌时所称：“唐天宝时，灵武号要冲，后卒能以一旅之众兴复旧业，至李王有其地，天下易代凡九姓，独灵武以十余州相传至三百余年。其民沉鸷尚勇，土壤沃旷，毡酪驼马给足无凶歉。”⑤

（二）西夏国家宏观经济政策

西夏王朝的统治民族党项羌本是游牧民族。“自周氏灭宕昌、邓至之后，党项始强。……亘三千里”，其中“拓拔族最为强族”。⑥ 拓拔氏族以畜牧业作为主要生产方式，“畜犛牛、马、驴、羊，以供其食。不知稼穑，土无五谷。气候多风寒，五月草始生，八月霜雪降。求大麦于他界，酝以为酒”⑦。之后，“吐蕃强盛，拓拔氏渐为所逼，遂请内徙，始移其部落于庆州，置静边等州以处之”⑧。

---

① （宋）陈师道：《上曾枢密书》，（宋）吕祖谦：《宋文鉴》卷一一九，韩荫晟编：《党项与西夏资料汇编》中卷，第5665页。

② （宋）李焘：《续资治通鉴长编》卷三九，韩荫晟编：《党项与西夏资料汇编》中卷，第1126－1127页。

③ （宋）曾公亮：《武经总要》卷一八，韩荫晟编：《党项与西夏资料汇编》中卷，第1730页。

④ （宋）李焘：《续资治通鉴长编》卷二七三，韩荫晟编：《党项与西夏资料汇编》中卷，第4018页。

⑤ （元）袁桷：《清容居士集》卷一九《贺兰堂记》，韩荫晟编：《党项与西夏资料汇编》上卷，第573页。

⑥ 《旧唐书》卷一九八《党项羌传》，韩荫晟编：《党项与西夏资料汇编》上卷，第3－4页。

⑦ 《旧唐书》卷一九八《党项羌传》，韩荫晟编：《党项与西夏资料汇编》上卷，第4页。

⑧ 《旧唐书》卷一九八《党项羌传》，韩荫晟编：《党项与西夏资料汇编》上卷，第5页。

在逐渐兴起于平夏，立国于兴、灵后，尽管元昊公开反对李德明的汉化政策，坚称："衣皮毛，事畜牧，蕃性所便。英雄之生，当王霸耳，何锦绮为"①，但是为取得与辽朝和宋朝的鼎足之势，并能够进一步扩展疆域，西夏必须选择重农政策作为立国基础。而由于西夏所占有的西北地区，或干旱少雨，或农业灌溉受河流季节性支配，因此西夏统治者高度重视灌溉系统的利用和维护。② 史言："河之内外，州郡凡二十有二。河南之州九：曰灵、曰洪、曰宥、曰银、曰夏、曰石、曰盐、曰南威、曰会。河西之州九：曰兴、曰定、曰怀、曰永、曰凉、曰甘、曰肃、曰瓜、曰沙。熙、秦河外之州四：曰西宁、曰乐、曰廓、曰积石。其地饶五谷，尤宜稻麦。甘、凉之间，则以诸河为溉，兴、灵则有古渠曰唐来，曰汉源，皆支引黄河。故灌溉之利，岁无旱涝之虞。"③

西夏王朝层层落实对灌溉用渠的兴修和管理。《天盛律令》规定："事兴季节到来时当告中书，依所属地沿水渠干应有何事计量，至四十日期间依高低当予之期限，令完毕"；④"春挖渠事大兴者，二十人当抽派一'和众''支头'等职人"；⑤"大都督府至定远县沿诸渠干当为渠水巡检，渠主百五十人"；"沿渠干察水应派渠头者，节亲、议判大小臣僚、租户家主、诸寺庙所属及官农主等水户，当依次每年轮番派遣，不许不续派人"；"诸沿渠干察水渠头、渠主、渠水巡检、佚事小监等，于所属地界当沿线巡行，检视渠口等，当小心为之。渠口垫板、闸口等有不牢而需修治处，当依次由局分立即修治坚固"。⑥

特别是兴、灵中心经济区内干渠的维护，更是得到西夏王朝的高度重视。《天盛律令》规定："沿唐徕、汉延、新渠、诸大渠等至千步，当明其界，当置土堆，中立一碣，上书监者人之名字而埋之，两边附近租户、官私家主地方所应至处当遣之"⑦；"大渠中唐徕、汉延等上有大道、大桥，有所修治时，当告转运司，遣人计量所需笨工多少，依官修治，监者、诚信人中当遣十户人"⑧；"沿唐徕、汉延等诸大渠等，不许诸人沿其闸口、垛口、诸垫板等取土、取柴而抽损之"⑨。"畿内诸租户上，春开渠事大兴者，自一亩至十亩开五日，自十一亩至四十亩十五日……一顷二十亩以上至一顷五十亩可整幅四十日。当依顷亩数计日，先完毕当先遣之"⑩。

---

① 《宋史》卷四八五《夏国传上》，韩荫晟编：《党项与西夏资料汇编》上卷，第60页。
② 相关研究参见聂鸿音：《西夏水利制度》，《民族研究》1998年第6期。
③ 《宋史》卷四八六《夏国传下》，韩荫晟编：《党项与西夏资料汇编》上卷，第94页。
④ 史金波、白滨、聂鸿音译注：《天盛改旧新定律令》，第497页。
⑤ 史金波、白滨、聂鸿音译注：《天盛改旧新定律令》，第497页。
⑥ 史金波、白滨、聂鸿音译注：《天盛改旧新定律令》，第499页。
⑦ 史金波、白滨、聂鸿音译注：《天盛改旧新定律令》，第501页。
⑧ 史金波、白滨、聂鸿音译注：《天盛改旧新定律令》，第504页。
⑨ 史金波、白滨、聂鸿音译注：《天盛改旧新定律令》，第506页。
⑩ 史金波、白滨、聂鸿音译注：《天盛改旧新定律令》，第497页。

西夏王朝在灌溉期间，层层落实对灌溉用水的管理。《天盛律令》规定："每年春开渠大事开始时，有日期，先局分处提议，伕事大监者、诸司及转运司等大人、承指、合门、前宫侍等中及巡检前宫侍人等，于宰相面前定之，当派胜任人。自局分当好好开渠，修造垫板，使之坚固。事始自夏季，至于冬结冰，当管，依时节当置灌水之人"；"灌水时，诸人排水者未依番予水，曰未得时，当告所管事处，应派人则派人，应行则行"；① "大渠水已落时，附近官私家主当报，当立即劝护，协助修治"。②

西夏王朝本着节约耕地的原则，严格管理耕地的使用，尤其反对弃耕行为。《天盛律令》规定："诸人无力种租地而弃之，三年已过，无为租佣草者，及有不属官私之生地等，诸人有曰愿持而种之者，当告转运司，并当问邻界相接地之家主等，仔细推察审视，于弃地主人处明之，是实言则当予耕种论文，著之簿册而当种之。"③ 但是，西夏王朝也充分注意到开垦土地与现有灌溉系统的比例关系。《天盛律令》规定："诸人有开新地，须于官私合适处开渠，则当告转运司，须区分其于官私熟地有碍无碍。有碍则不可开渠，无碍则开之。"④

西夏对传统的畜牧业也有严格的管理制度。如《天盛律令》规定："诸牧场之官畜所至住处，昔未纳地册，官私交恶，此时官私地界当分离，当明其界划。官地之监标志者当与掌地记名，年年录于畜册之末，应纳地册，不许官私地相混。"⑤

由于西夏农业受地理环境限制，加之难以引进中原先进耕作技术，因此无法做到自给自足。史言："西北少五谷，军兴，粮馈止于大麦、荜豆、青麻子之类。其民则春食鼓子蔓、碱篷子，夏食苁蓉苗、小芜荑，秋食席鸡子、地黄叶、登厢草，冬则畜沙葱、野韭、拒霜、灰条子、白蒿、碱松子，以为岁计。"⑥ 西夏农产品，"土产大麦、荜豆、青稞、䴵子、古子蔓、碱地蓬实、苁蓉苗、小芜荑、席鸡草子、地黄叶、登厢草、沙葱、野韭、拒灰、白蒿、碱地松实"⑦，以高寒耐寒作物为主，产量自然不会很高。

西夏版图囊括整个河西走廊地区。西夏利用这一地理优势，对中转贸易征收重税。史言："（回鹘）善造宾铁刀剑、乌金银器，多为商贾于燕，载以橐它过夏地，夏人率十而指一，必得其最上品者，贾人苦之。"⑧ 由此可见西夏中转贸易之一斑。

---

① 史金波、白滨、聂鸿音译注：《天盛改旧新定律令》，第494页。

② 史金波、白滨、聂鸿音译注：《天盛改旧新定律令》，第496页。

③ 史金波、白滨、聂鸿音译注：《天盛改旧新定律令》，第492页。

④ 史金波、白滨、聂鸿音译注：《天盛改旧新定律令》，第502页。

⑤ 史金波、白滨、聂鸿音译注：《天盛改旧新定律令》，第598页。

⑥ （宋）曾巩：《隆平集》卷二十《赵保吉传》，韩荫晟编：《党项与西夏资料汇编》上卷，第115页。

⑦ 《辽史》卷一一五《西夏外记》，韩荫晟编：《党项与西夏资料汇编》上卷，第118页。

⑧ （宋）洪皓：《松漠纪闻》，韩荫晟编：《党项与西夏资料汇编》中卷，第6080页。

西夏商品经济难以达到内地的水平，可以从其货币经济的发展程度得到证明。① 虽然史料明确记载：1153 年（夏天盛五年、宋绍兴二十三年），西夏“始立通济监铸钱”②。但是，现有考古发掘和传世西夏钱币显示，西夏自第二代皇帝夏毅宗李谅祚时期开始铸钱。存世最早的钱种是夏毅宗时的福圣宝钱，最晚的是神宗李遵顼时的光定元宝。天庆四年银锭则说明西夏是中国使用白银货币最早的地区之一。③ 尽管表面看来西夏王朝颇重视货币的流通作用，体现出一定的宏观管理经济的水平，但是值得注意的是，“在西夏建国近200年中，主要流通的不是自己的钱币，而是北宋钱”④。这一点足以限制西夏拥有独立货币政策的能力。同时，西夏金属货币与实物货币并存也是值得注意的现象。如一件俄藏黑水城酒价钱账显示：“一石酒价石五斗”“四斗酒价六斗杂”，⑤ 价格显示为实物；而另一件酒价钱账：“斗酒价一贯钱现交”，⑥ 则显示为金属货币。这也客观证实了西夏货币经济乃至商品经济程度处于较低的水平。

二、平夏农耕畜牧混合经济区的长期经营⑦

平夏地区是西夏王朝的发祥地。唐代吐蕃“外四族”之一的党项族，于8 世纪初迁徙至今甘肃和陕西北部一带。其中迁至夏州的拓拔部落被称作平夏部。738 年（唐开元二十六年），唐朝“赦河西六州胡坐康待宾散隶诸州者，听还故土，于盐、夏之间，置宥州以处之”⑧。《新唐书》载：郭子仪“以党项、吐谷浑部落散处盐、庆等州，其地与吐蕃滨近，易相胁，即表徙静边州都督、夏州、乐容等六府党项于银州之北、夏州之东，宁朔州吐谷浑住夏西，以离沮之”⑨。799 年（唐贞元十五年）二月，“六州党项自

---

① 相关研究参见牛达生：《从出土西夏窖藏货币看西夏货币经济》，《宁夏社会科学》1986 年第 2 期；牛达生：《宁夏贺兰山发现西夏窖藏货币——兼论西夏货币经济的若干问题》，《考古与文物》1986 年第 6 期；顾吉辰：《西夏货币制度演变及其货币流通渠道》，《宁夏社会科学》1991 年第 3 期。

② 《宋史》卷四八五《夏国传下》，韩荫晟编：《党项与西夏资料汇编》上卷，第 91 页。

③ 史金波：《西夏社会》，第 171 页。

④ 杜建录：《西夏经济史》，第 232 页。

⑤ 俄藏黑水城文献 No. 4696－8 酒价钱账，史金波：《西夏经济文书研究》，社科文献出版社，2017 年，第 163 页。

⑥ 俄藏黑水城文献 No. 1366－7，史金波：《西夏经济文书研究》，第 166 页。

⑦ 相关研究参见陈旭：《宋夏沿边的侵耕问题》，《宁夏大学学报》2000 年第 4 期；杜建录：《西夏时期的横山地区》，《固原师专学报》1992 年第 3 期；等等。

⑧ 《资治通鉴》卷二一四，韩荫晟编：《党项与西夏资料汇编》上卷，第 662 页。

⑨ 《新唐书》卷二二一《党项传》，韩荫晟编：《党项与西夏资料汇编》上卷，第 12 页。

石州奔过河西。党项有六府部落，曰野利越诗、野利龙儿、野利厥律、儿黄、野海、野窣等。居庆州者号为东山部落，居夏州者号为平夏部落。永泰、大历已后，居石州，依水草”。① 唐宪宗元和年间，唐朝“复置宥州，护党项”②。

唐末，平夏部首领拓拔思恭参与镇压黄巢起义有功，晋爵夏国公兼夏州定难军节度使，赐李姓。史言：“天宝末，平夏部有战功，擢容州刺史、天柱军使。其裔孙拓拔思恭，咸通末窃据宥州，称刺史。黄巢入长安，与鄜州李孝昌坛而坎牲，誓讨贼，僖宗贤之，以为左武卫将军，权知夏绥银节度事。次王桥，为巢所败，更与郑畋四节度盟，屯渭桥。中和二年，诏为京城西面都统、检校司空、同中书门下平章事。俄进四面都统，权知京兆尹。贼平，兼太子太傅，封夏国公，赐姓李。”③ 从此党项据有银、夏、绥、静、宥五州之地。五代时，后周加拓拔氏平西王封号。962 年，李彝兴对宋朝称臣。982 年，李继捧内附，宋朝占领夏、银、绥、宥等州。李继迁据银州自立，985 年附辽抗宋，受辽封夏国王。991 年，占领银、绥二州，逐渐夺回五州之地。997 年，宋朝授李继迁夏州刺史、定难军节度使。1067 年，西夏绥州守将投降宋朝，西夏失绥州。1072 年，夏、宋议定以绥德城外二十里为界。1081 年，西夏米脂守将投降宋朝。1089 年，宋朝归还米脂等四寨，夏、宋停战。

1124 年，夏崇宗李乾顺奉表降金，金朝割让原辽朝西北地带阴山以南、吐禄泊以西土地。1126 年，西夏依约进占天德、云内、武州及河东八馆之地，之后攻占宋朝震威城，又攻占麟州建宁寨、平夏城怀德军。1127 年，金朝夺回天德、云内等州，割让陕西北部，以黄河为界，作为补偿。

1224 年 9 月，蒙古军队攻占银州，平夏经济区沦陷。

平夏地区素有灌溉农耕传统。791 年（唐贞元七年）八月，“夏州奏：‘开延化渠，引乌水入库狄泽，溉田二百顷’”④。但是，这一地区农业生产条件受限于干旱少雨，土质盐碱多沙，并不十分理想。史言：“夏之属土广几千里，皆流沙，属民皆杂勇，虏之多者曰党项，相聚为落于野曰部落。其所业五农桑事，畜马牛羊橐驼。”⑤ 994 年（宋淳化五年），宋臣宋琪奏称：“党项界东自河西银、夏，西至灵、盐，南距麟、延，北连丰、会。厥土多荒隙，是前汉呼韩邪所处河南之地，幅员千里。从银、夏至青、白两池，地惟沙碛，俗谓平夏。”⑥

---

① 《旧唐书》卷一九八《党项羌传》，韩荫晟编：《党项与西夏资料汇编》上卷，第 6 页。
② 《新唐书》卷二二一《党项传》，韩荫晟编：《党项与西夏资料汇编》上卷，第 12 页。
③ 《新唐书》卷二二一《党项传》，韩荫晟编：《党项与西夏资料汇编》上卷，第 13 页。
④ 《旧唐书》卷一三《德宗纪》，韩荫晟编：《党项与西夏资料汇编》上卷，第 724 页。
⑤ 《文苑英华》卷三七〇《沈亚之》，韩荫晟编：《党项与西夏资料汇编》上卷，第 739 页。
⑥ 《宋史》卷二六四《宋琪传》，韩荫晟编：《党项与西夏资料汇编》中卷，第 1069 页。

综览平夏地区，农业水平较好的是所谓横山地区，即西夏的洪、宥等州。史言：夏、宋边境“葭芦山已北一带，茶铁财用之饶，贼界所恃”①。1039年，宋臣刘平分析：“灵、夏、绥、银地不产五谷，人不习险阻，每岁资粮，取足洪、宥。”② 1081年，宋将种谔奏称：“自绥德城出横山至夏州，水草丰足。”③ 1082年，宋朝计划在收复西夏平夏地区后，在古乌延城建筑山城堡寨，认为：“此地膏美，去盐池不远，其北即是牧地，他日当为一都会，镇压山界，屏蔽鄜延。其银、夏州可置盐监、铁冶、钱监、马牧，因险控扼，候乌延工毕，渐次计置”，另外，“以盐州隶本路（鄜延路），就地盐课，应副缘边，兼籴买种草”。④ 可见其农耕畜牧的混合经济状况。种谔分析：“横山延袤千里，多马宜稼，人物劲悍善战，且有盐铁之利，夏人恃以为生。”⑤ 1082年，宋知太原府吕惠卿指出：“葭芦、米脂里外良田，不啻一二万顷，夏人名为‘真珠山’‘七宝山’，言其多出禾粟也。”⑥ 1084年七月，吕惠卿奏称：“横山一带两不耕地无不膏腴，过此即深入不测之敌境。”⑦ 1091年，宋秦凤路经略使吕大忠分析称：“夏国赖以为生者，河南膏腴之地，东则横山，西则天都马衔山一带，其余多不堪耕牧”。⑧ 1092年，宋环庆路经略使章楶分析横山形势指出：“其土饶衍，西贼所恃以为固，所仰以为生者，皆横山也。”⑨ 1098年，宋臣曾布分析横山形势称：“西人之来，虽已涉沙碛，乃在其境内，每于横山聚兵就粮，因以犯塞，稍入吾境，必有所获，此西人所以常获利。”⑩ 可是这一地区并非深处腹地，而是地处夏、宋边境对峙要冲，庆历、熙宁两次战争主要发生在这

---

① （宋）李焘：《续资治通鉴长编》卷二二〇，韩荫晟编：《党项与西夏资料汇编》中卷，第3672页。

② 《宋史》卷三二五《刘平传》，韩荫晟编：《党项与西夏资料汇编》中卷，第1866页。

③ （宋）李焘：《续资治通鉴长编》卷三一九，韩荫晟编：《党项与西夏资料汇编》中卷，第4227页。

④ （宋）李焘：《续资治通鉴长编》卷三二六，韩荫晟编：《党项与西夏资料汇编》中卷，第4361页。

⑤ 《宋史》卷三三五《种世衡附子谔传》，韩荫晟编：《党项与西夏资料汇编》中卷，第4382页。

⑥ 《宋史》卷一七六《食货志》上，韩荫晟编：《党项与西夏资料汇编》中卷，第4458页。

⑦ （宋）李焘：《续资治通鉴长编》卷三四七，韩荫晟编：《党项与西夏资料汇编》中卷，第4588页。

⑧ （宋）李焘：《续资治通鉴长编》卷四六六，韩荫晟编：《党项与西夏资料汇编》中卷，第5098页。

⑨ （宋）李焘：《续资治通鉴长编》卷四六九，韩荫晟编：《党项与西夏资料汇编》中卷，第5127页。

⑩ （宋）李焘：《续资治通鉴长编》卷五〇〇，韩荫晟编：《党项与西夏资料汇编》中卷，第5422页。

一地区，上述信息恰恰来自宋朝方面的前线分析。可见平夏地区的总体农业生产环境无法与兴、灵中心经济区相比，平夏经济区的农业生产因而很不稳定。如1003年，宋朝环州被俘军士逃回后反映："去岁伤旱，禾麦不登，又引河水溉田，功异而防决。"这至少说明其灌溉系统效率之不足。结果，"银、夏州民衣食稍丰者，并西徙。蕃落数年荐饥，道馑相望，下多咨怨"①。这样看来，李德明选择内迁灵州重新建立政治中心，而放弃经营百余年的祖居地平夏地区，从经济基础角度考量绝对是明智的。

平夏经济区耕地的不足不可避免地引起所谓西夏侵耕事件。为避免因侵耕事件引发战争，破坏才实现不久的和平，宋朝方面希望妥善处置这一棘手问题。1046年十月，宋仁宗诏令"以郑戬所奏画，一面令张子奭，候到彼，与西人商议，详誓诏内元初除去'诸处'二字，麟、府、丰州地界自合依旧全属汉界，别无分定。如西人坚意不肯，即将横阳河外昨因西人侵占耕种住坐处汉地三四十里定为禁地，两界各不居占。如更不肯，即说与西人，假如元初不曾除去'诸处'二字，只用所进誓书见今蕃官住坐中为界，亦只可将横阳河外三四十里地中心为界。再三商议不行，即依郑戬所请，以横阳河（为）界，此外更不得别许近南立界。近降附张子奭事节内，丰州地界立作禁地一节更不施行"②。1061年六月，宋朝最终划定屈野河西地界："麟州界人户更不耕屈野河西，其麟、府州不耕之地，亦作两界人就近樵牧即不得插立梢圈，起盖庵屋，违者并捉搦赴官及勒住和市。"③ 所谓"不耕之地，亦许两界人就近樵牧"，事实上默认所谓西夏侵耕的事实。

对于所谓侵耕事件的性质，宋朝方面资料反映了西夏方面的所谓侵耕性质。如《宋史》载："麟州西城枕睥睨曰红楼，下瞰屈野河，其外距夏境尚七十里，而田腴利厚，多人讹庞，岁东侵不已。"④《宋会要》载：1057年，"二月二十七日，庞籍言：'麟州屈野河西地土为西人侵耕，非等蹂践苗稼则无由止绝'"。⑤ 但仔细分析却也不尽然。如司马光指出："麟州窟野河西多良田，皆故汉地也，公私杂耕。天圣中，始禁田河西者，虏乃得稍蚕食其地，俯窥麟州，为河东忧。"⑥ 可见，所谓侵耕，事出有因，一者窟野河西土地"公私杂耕"，归属本就不明；二者宋朝方面"禁田河西"，才给西夏方面

---

① （宋）李焘：《续资治通鉴长编》卷五，韩荫晟编：《党项与西夏资料汇编》中卷，第1359－1360页。

② 《宋会要辑稿·党项传》，韩荫晟编：《党项与西夏资料汇编》上卷，第44－45页。

③ 《宋会要辑稿·兵二七》，韩荫晟编：《党项与西夏资料汇编》中卷，第3269页。

④ 《宋史》卷四八五《夏国传上》，韩荫晟编：《党项与西夏资料汇编》上卷，第68页。

⑤ 《宋会要辑稿·党项传》，韩荫晟编：《党项与西夏资料汇编》上卷，第38页。

⑥ （宋）司马光：《司马文正公集》卷首《司马温公行状》，韩荫晟编：《党项与西夏资料汇编》中卷，第3233页。

“蚕食其地”以机会。另据宋臣梁适分析：“折氏累世承袭知府州，本族仅三百余口，其部缘边蕃族甚众，凡犒劳皆以俸钱，而所用不给，于蕃部借牛莳闲田以收获之利，岁赡公费。”① 可见，边境地区耕地并无明显归属界限。

但是，侵耕事件又在绥德城外发生。1071年，宋朝方面许“除绥德城界至欲令赵卨商量外，余依从来蕃汉界至重立封堠，掘壕堑，封侯界壕内，蕃汉任便樵牧耕种，彼此更无所禁。于界首择蕃汉稳便处置立和市，许蕃汉交易，汉收汉税，番收番税”②，试图以默许了事。1076年（夏大安二年、宋熙宁九年）四月，“鳞延路经略司言：‘西人侵耕绥德城生地。’诏：‘绥德城本以界堠与西人分定疆至，今所耕地既在本界堠之外，自不合争，仍具因何有两不耕生地以闻’”③。宋朝方面继续以默认处之。

之后，1090年七月，夏崇宗李乾顺“乞保安军依绥州，打量二十里，于内十里筑堡铺耕牧，于外十里立封堠，空作草地”④。这应该是西夏借宋朝归还米脂等四寨而顺势进行的侵耕，是西夏的政府行为。

平夏地区素有畜牧业传统。如白居易《城盐州》诗云：“昼牧牛羊夜捉生，长去新城百里外。”⑤ 833年（唐太和七年），“度支盐铁使言：‘银州水甘草丰，请诏刺史刘源市马三千’”⑥。同时，夏州“东七十里有铁冶务，即是贼界出铁制造兵器之处”⑦。

西夏利用金朝攻灭辽朝和北宋之机扩张疆土。“夏国因契丹为金人所败，遂率众取其八馆之地。八馆者，膏腴产稻，夏国得之殊喜。”不久，“金人怙强，逐遣使求之，谓他日以陕西奉偿，夏国惧，不敢违”。⑧ 尽管如此，西夏仍然夺取了原辽朝的天德军及云内州部分疆土。金、夏对峙时期平夏地区的经济状况史载缺乏，但是西夏至少通过扩张领土舒展了原本局促的经济生存空间。

---

① 《宋会要辑稿·党项传》，韩荫晟编：《党项与西夏资料汇编》上卷，第39页。

② （宋）文彦博：《潞公文集》卷一九《奏西夏誓诏事》，韩荫晟编：《党项与西夏资料汇编》补遗卷，宁夏人民出版社，2000年，第7328页。

③ （宋）李焘：《续资治通鉴长编》卷二七四，韩荫晟编：《党项与西夏资料汇编》中卷，第4019页。

④ （宋）李植：《皇宋十朝纲要》卷一三，韩荫晟编：《党项与西夏资料汇编》中卷，第5027－5028页。

⑤ （唐）白居易：《白氏长庆集》卷三《城盐州》，韩荫晟编：《党项与西夏资料汇编》上卷，第725页。

⑥ （宋）欧阳修：《新唐书》卷五〇《兵志》，韩荫晟编：《党项与西夏资料汇编》上卷，第771页。

⑦ （宋）范仲淹：《范文正公集》附《年谱补遗》，韩荫晟编：《党项与西夏资料汇编》中卷，第2103页。

⑧ （宋）熊克：《中兴小记》卷四，韩荫晟、韩述陟：《党项与西夏资料汇编》下卷，宁夏人民出版社，2000年，第6150页。

三、西夏国家经济统一体的形成

（一）河西走廊灌溉农耕经济区[①]

1003 年，李继迁攻取西凉府。1028 年，李元昊向西进攻回鹘，先后攻取甘州、西凉府。1036 年，李元昊攻取瓜州、沙州、肃州，占领河西走廊。

1226 年 3 月，蒙古军队攻占沙州，5 月攻占肃州、甘州。7 月，西凉府投降。河西走廊经济区沦陷。

河西走廊素有灌溉农耕经济传统，所谓："甘、凉之间，则以诸河为溉。"[②] 因此，夺取河西走廊，使西夏获得广阔的腹地，扩展了经济地理空间，对西夏国家经济统一体的形成与巩固具有重要的战略意义。史言："其地初有夏、绥、银、宥、灵、盐等州，其后遂取武威、张掖、酒泉、敦煌郡地，南界横山，东距西河，土宜三种，善水草，宜畜牧，所谓凉州畜牧甲天下者是也。土坚腴，水清冽，风气广莫，民俗强梗尚气，重然诺，敢战斗。自汉、唐以水利积谷食边兵，兴州有汉、唐二渠，甘、凉亦各有灌溉，土境虽小，能以富强，地势然也。"[③]

西夏西凉州，即古凉州，五代时期即是汉族、蕃族混合聚居的农耕区。史言："五代汉高祖命申师厚为之帅，迄今州郭外数十里尚有汉民陷浸者耕作，余皆土蕃。"[④] 现存乾定申年（1224）贷粮契："没水隐藏犬，今于讹国师处已借一石糜本，一石有八斗利"[⑤]，显示河西武威有农产品糜。一件莫高窟藏西夏文书显示西夏沙州地区灌溉农业状况："今将袒直泉水……使水细渠高倍陇……"[⑥] "泉水" 和 "细渠" 可证敦煌在西夏时灌溉农业之一斑。另据祁连山，"在张掖、酒泉二界之上，东西二百余里，南北百

---

① 相关研究参见史金波：《西夏时期的武威》，《西夏学》第七辑，上海古籍出版社，2011 年；李并成：《西夏时期河西走廊的农牧业开发》，《中国经济史研究》2001 年第 4 期；陈炳应：《西夏的丝路贸易与钱币法》，《中国钱币》1991 年第 3 期；钱伯泉：《西夏对丝绸之路的经营及其强盛》，《西北民族研究》1993 年第 2 期；刘建丽：《西夏河西经济的开发与历史局限》，《宁夏社会科学》2002 年第 4 期；等等。

② 《宋史》卷四八六《夏国传下》，韩荫晟编：《党项与西夏资料汇编》上卷 ，第 94 页。

③ 《金史》卷一三四《西夏传》，韩荫晟编：《党项与西夏资料汇编》上卷 ，第 137 页。

④ （宋）曾公亮：《武经总要》卷一八，韩荫晟编：《党项与西夏资料汇编》中卷，第 1718 页。

⑤ 《乾定申年贷粮契》，史金波：《西夏经济文书研究》，第 215 页。

⑥ 《嵬名法宝达卖地契》，史金波：《西夏经济文书研究》，第 420 页。

余里。山中冬温夏凉，美水草畜牧”①，则说明河西走廊地区素有畜牧业传统。

尽管史料缺乏，但是仍然依稀可辨河西走廊经济区灌溉农耕经济概貌，从而可证明西夏在有效利用传统灌溉农耕经验的基础上，于此地的经营取得了一定的成就。

（二）河湟高寒畜牧农耕混合经济区

1033 年，李元昊击败吐蕃唃斯啰部，攻占犛牛城。1063 年，西使城吐蕃首领归降西夏，西夏获得西使城和兰州。夏毅宗李谅祚升西使城为保泰军。1066 年，河州吐蕃首领归降西夏。但是，由于西夏对河湟流域的统治主要采取对吐蕃部落的羁縻方式，其统治并不稳定。1073 年，河州被宋朝夺取。1081 年，宋朝乘西夏内乱之机夺取西使城和兰州。1086 年，西夏攻取定西城。

1126 年，西夏攻占宋朝西安州，1136 年，攻占宋朝乐州、西宁州。1137 年，金朝割让乐州、积石州、廓州。河湟经济区最终形成。

1227 年 3 月，蒙古攻占西宁州。河湟经济区沦陷。

自宋神宗时期开始，宋朝开始经略河湟地区。1071 年，宋朝设置洮河安抚司，“自古渭寨接青唐、武胜军一带地方，应招纳蕃部市易、募人管田等事”②。1090 年，知熙州范育分析一度为西夏统治区的兰州定西城一带形势称：“定西一带，川原广阔，昔啰木所居西市，夏人置仓以积谷，质孤、胜如川伪号‘御庄’。自归本路，其土人皆走天都山及会州之境，地瘠人贫，未尝一日不回思其地。”③ 1099 年，环庆路经略司分析定边城一带形势称：“本城所据川原广阔，土脉饶沃，是旧日西夏储蓄之地。”④ 折可适于宋哲宗时期经略天都山一带。“公以接连秋苇川、南牟会地适熙河、秦凤形胜相控制，皆贼牧养要害处，若不乘利势据之，异时不能无患，遂以秋苇为塞，南牟为州。”⑤ 西安州，“有池产颗盐”，周边“自熙、河、兰、鄯以西仰给于此”。⑥

---

① （宋）曾公亮：《武经总要》卷一八，韩荫晟编：《党项与西夏资料汇编》中卷，第 1719－1720 页。

② 《宋会要辑稿·职官四一》，韩荫晟编：《党项与西夏资料汇编》中卷，第 3715 页。

③ （宋）李焘：《续资治通鉴长编》卷四四四，韩荫晟编：《党项与西夏资料汇编》中卷，第 5006 页。

④ （宋）李焘：《续资治通鉴长编》卷五〇九，韩荫晟编：《党项与西夏资料汇编》中卷，第 5534 页。

⑤ （宋）李之仪：《姑溪居士后集》卷二〇《折渭州墓志铭》，韩荫晟编：《党项与西夏资料汇编》上卷，第 209 页。

⑥ （宋）方勺：《泊宅编》卷三，韩荫晟编：《党项与西夏资料汇编》中卷，第 6079 页。

湟水流域青唐城地区畜牧经济发达。宋臣王襄评价："青唐之马最良。"① 蕃官讷芝临占"世居古渭州，密迩夏境，夏人牧牛羊于境上，临占掠取之"。临占向宋朝求助，称其"先世跨有九谷，后寖衰，仅保三谷，余悉为他族所据。青唐族最强，据其盐井，日获利可市马八百匹"。宋朝方面于1054年七月"诏古渭寨修城卒权给保捷请受。仍以蕃官左班殿直讷芝临占为本地分巡检"。宋朝对临占的偏袒引起西夏的干预。"夏人来言：'古渭州本我地，今朝廷置州于彼，违誓诏。'"② 可见，西夏与宋朝对青唐地区的统治权均依赖对当地蕃人的羁縻。而从"誓诏"观察，西夏对古渭州即青唐地区的宗主权似已获得宋朝方面的默许。据"夏人牧牛羊于境上""据其盐井，日获利可市马八百匹"，可证其以游牧经济为主体，同时以盐为主要贸易商品的经济特点。1099年，章楶分析青唐城一带形势称："议者谓既收复青唐之后，来春便可种青稞、大麦，足以赡军。陛下闻此言乎？此乃欺陛下之说。臣不敢远引他事为证，只乞陛下试询问左右亲信之人，昔年先帝初诏熙河招置弓箭手，假钱粮牛具，几年后方获耕种之利，便见此言是非。"③ 可证湟水流域农耕条件存在先天不足。1106年，宋臣赵挺之分析湟水流域形势称："鄯、湟乃西蕃之二小国，湟州谓之邈川，鄯州谓之青唐……多沃壤。"④ 政和年间，宋臣何灌知岷州，"引邈川水溉闲田千顷，湟人号广利渠"⑤。

1164年，南宋攻破洮州，吐蕃部落首领结什角逃入乔家族避难，被乔家族等四族拥立为木波四族长。"其地北接洮州、积石军"，"地高寒无丝枲五谷惟产青稞与野菜合酥酪食之。其疆境共八千里合四万余户。其居随水草畜牧迁徙不常"。金天会年间，金朝"诏以旧积石地与夏人，夏人谓之祈安城"。其地原有庄浪四族，其中二族于1166年被西夏吞并，另二族投附结什角。1169年，西夏袭杀结什角。结什角"遗言请命朝廷（金朝）复立乔家族首领"。金朝以"杀结什角之地本在夏境，筑祈安城已毕工，皆罢归，不得宋、夏交通之状，乃于熙秦迫近宋、夏冲要量添戍兵。及问乔家等族民户，愿以结什角侄赵师为首领，于是诏以赵师为木波乔家、丙离、陇逋、庞拜四族都钤辖，加

① 王襄：《上饶宗论彗星》，（宋）赵汝愚：《诸臣奏议》卷四五，韩荫晟编：《党项与西夏资料汇编》中卷，第6029页。

② （宋）李焘：《续资治通鉴长编》卷一七五，韩荫晟编：《党项与西夏资料汇编》中卷，第3192页。

③ （宋）李焘：《续资治通鉴长编》卷五一八，韩荫晟编：《党项与西夏资料汇编》中卷，第5643页。

④ （元）脱脱：《宋史》卷一九〇《兵志》，韩荫晟编：《党项与西夏资料汇编》中卷，第5814页。

⑤ （元）脱脱：《宋史》卷三五七《何灌传》，韩荫晟编：《党项与西夏资料汇编》中卷，第5887页。

宣武将军”。① 金朝的处置事实上默认了西夏对黄河、湟水流域的实际控制。

河湟经济区的获得不仅彻底破除了宋朝经略这一地区对西夏西南战线的长期牵制，而且有效扩展了西夏王朝的经济生存空间。

（三）黑水城灌溉农耕经济区

俄藏黑水城西夏文书有力证明了黑水城经济区灌溉农耕经济的特点。一件俄藏黑水城户籍文书显示：“地，一块接新渠撒七石处，一块接律移渠撒六石处，一块接习判渠撒七石处。”另该户家畜有“骆驼三，二大一小；牛大小十，四大六小；羊大小八十”②，可证明其畜力状况。又一件文书反映一位中级军官的财产状况，其中“地四块，一块接阳渠撒二十石处……一块接道砾渠撒十五石处……畜三马中，一公马有二齿。一母马骡四齿；一幼马；骆驼三十二，大二十六小六”③。一件耕地水税账显示：“一处山穴渠灌四石……一处山穴渠灌九石……”④ 一件天庆寅年（1194）的卖地舍契：“立契人梁老房酉等，将自属渠尾左渠灌溉十五石种子地…西与普刀渠上接……”⑤ 一件天庆寅年卖地契显示：“恧恧显令盛等，将自属渠尾左渠灌撒八石种子地一块……”⑥ 另两件天庆寅年卖地契，分别标示：“西与灌渠为界”⑦；“东与官渠为界”⑧。天庆丙辰年（1196）卖地契显示：“今将自属地四井坡渠灌熟生地十石撒处七十亩……”⑨ 天庆庚申年（1200）卖地官契显示：“今将自属地四井坡渠灌浑女木城边上熟生一百石撒处地一块……”⑩ 天庆寅年包租地契显示：“立契者苏老房子等今普渡寺属渠尾左渠接熟生二十石撒处地一块……”⑪。以上文书均说明黑水城农业具有灌溉农耕经济的特点。其中，如“官渠”可见国家对水利进行宏观管理之一斑，而“普渡寺属渠尾左渠”则说明西夏灌渠有下放给基层经济单位管理的迹象。一件酒价钱账显示：“四斗酒价六斗大麦”

---

① （元）脱脱：《金史》卷九十一《结什角传》，韩荫晟、韩述陟：《党项与西夏资料汇编》下卷，宁夏人民出版社，2000 年，第 6745－6746 页。

② 俄藏黑水城文献 No. 8203 手实，史金波：《西夏经济文书研究》，第 74－75 页。

③ 俄藏黑水城文献 No. 7893－9，史金波：《西夏经济文书研究》，第 76 页。

④ 俄藏黑水城文献 No. 1781－1，史金波：《西夏经济文书研究》，第 119 页。

⑤ 《天庆寅年正月二十九日梁老房酉等卖地舍契》，史金波：《西夏经济文书研究》，第 255 页。

⑥ 《天庆寅年正月二十九日恧恧显令盛卖地契》，史金波：《西夏经济文书研究》，第 256 页。

⑦ 《天庆寅年二月二日梁势东娱卖地契》，史金波：《西夏经济文书研究》，第 261 页。

⑧ 《天庆寅年二月六日平尚岁岁有卖地契》，史金波：《西夏经济文书研究》，第 263 页。

⑨ 《天庆丙辰年六月十六日梁善因熊鸣卖地契》，史金波：《西夏经济文书研究》，第 264 页。

⑩ 《天庆庚申年小石通判卖地官契》，史金波：《西夏经济文书研究》，第 267 页。

⑪ 《天庆寅年正月二十四日苏老房子包租地契》，史金波：《西夏经济文书研究》，第 332 页。

“三斗酒价四斗五升大麦”,① 说明黑水城经济区以大麦作为主要农产品。

黑水城经济区不仅始终作为西夏北部边防屏障发挥作用，而且进一步有效扩展了西夏的经济地理空间，成为西夏经济统一体的重要组成部分。

1226 年 2 月，蒙古军队攻破黑水城，黑水城经济区沦陷。

（四）国家经济统一体的外部屏障②

西夏边塞城镇具有维护国家经济统一体的外部屏障功能。

西夏在沿辽、宋边境设置监军司，所谓：“有左右厢十二监军司：曰左厢神勇，曰石州祥祐，曰宥州嘉宁，曰韦州静塞，曰西寿保泰，曰卓啰和南，曰右厢朝顺，曰甘州甘肃，曰瓜州西平，曰黑水镇燕，曰白马强镇，曰黑山威福。”③

这些边塞城镇的主要经济职能是储备军粮。1040 年九月，宋朝攻破西夏边塞城镇白豹城，“悉焚其伪署、李太尉衙署、酒税务、粮仓、草场及民居室，四十里内禾稼聚积”④。从“粮仓、草场”“四十里内禾稼聚积”，可证边塞城镇的主要经济职能是储藏军粮，同时从“酒税务”也可看出其具备一定的经济管理职能。

其他相关资料也可证明这一特点。1068 年，宋将韩琦奏称：“近年西人复将西市城修葺，建为保泰军，于其中修盖行衙。”⑤ 1081 年，宋朝攻破西夏米脂寨。鄜延路经略司报称：“米脂寨收窖藏谷万九千五百余石。”⑥ 种谔也奏称：横山夏、宋边境地区，“官私窖谷，军粮充备”⑦。种谔另奏称：“有投降蕃部牛儿指引桃堆平粟窖，称是国官窖，密密相排，远近约可走马一直。”⑧

---

① 俄藏黑水城文献 No. 4696－8 酒价钱账，史金波：《西夏经济文书研究》，第 163 页。

② 相关研究参见杜建录：《西夏沿边堡寨述论》，《宁夏社会科学》1993 年第 5 期。

③ 《宋史》卷四八六《夏国传下》，韩荫晟编：《党项与西夏资料汇编》上卷，第 95 页。

④ （宋）司马光：《涑水记闻》卷一二，韩荫晟编：《党项与西夏资料汇编》中卷，第 2092 页。

⑤ （宋）韩琦：《安阳集》家传卷七，韩荫晟编：《党项与西夏资料汇编》中卷，第 3486 页。

⑥ （宋）李焘：《续资治通鉴长编》卷三一八，韩荫晟编：《党项与西夏资料汇编》中卷，第 4222 页。

⑦ （宋）李焘：《续资治通鉴长编》卷三一九，韩荫晟编：《党项与西夏资料汇编》中卷，第 4227 页。

⑧ （宋）李焘：《续资治通鉴长编》卷三一九，韩荫晟编：《党项与西夏资料汇编》中卷，第 4248 页。

四、沿边榷场贸易——西夏国家经济统一体的有益补充[①]

元代历史学家马端临如是评价西夏经济："唐天宝以后，河西、陇右没于吐蕃……及于宋，而河陇为西夏所据，元昊倔强构逆，兵势甚锐，竭天下之力，不能稍挫其锋；然至绝其岁赐、互市，则不免衣皮食酪，几不能以为国，是以亟亟屈服。盖河西之地，自唐中叶以后，一沦异域，顿化为龙荒沙漠之区，无复昔之殷富繁华矣。……虽骁悍如元昊，所有土地过于五凉，然不过与诸蕃部落，杂处于旱海不毛之地，兵革之犀利，财货之殷富，俱不能如曩时。是以北事辽，南事宋，仅足以自存。"②

这一分析固然严重低估了西夏的经济建设成就，但是西夏因先天条件不足导致对宋朝经济存在一定程度的依附性，这一点还是相对客观的。这一特点决定了西夏经济对边境贸易的较强依赖性。西夏农业条件较差，缺粮成为国民经济痼疾。但是特产青盐味甘价贱，胜过宋朝官卖解盐，加之所产党项良马自唐代以来即为重要的与中原地区的交换物资，因此宋朝以粮食作为经济要挟武器，而西夏凭借其特产青盐和良马，双方依靠各自经济比较优势商品，展开军事斗争之外的经济博弈。西夏与宋朝、辽朝、金朝的边境榷场贸易，成为西夏国家经济统一体的有益补充。

西夏建国前，由于李德明奉表称臣，宋朝对党项羌采取较宽松的贸易政策。只是这一政策并不稳定，常常取决于党项羌对宋朝的政治态度。1007 年（宋景德四年）秋七月，"赵德明请许蕃民赴保安军榷场贸易，从之"③。可是是年冬十月，"麟州言，赵德明于州西置榷场，请行互市。上以延州已置，不许"④。然而，当 1008 年（宋大中祥符元年）夏州发生饥馑时，宋真宗却无意借机讨伐。"俄（西夏）境内旱，诏榷场勿禁西人市粮，以振其乏。"⑤ 宋真宗表示："朕知其旱歉，已令榷场勿禁西蕃市粒食者。"李德明乘机向宋朝乞粮，真宗咨询王旦意见。"旦曰：'臣欲降诏与德明，言尔土灾馑，朝廷抚御荒远，固当赈救，然极塞刍粟，屯戍者多，不可辍易。已敕三司在京积粟百万，

---

① 相关研究参见马淑琴：《西夏与北宋的青白盐贸易》，《宁夏社会科学》1989 年第 2 期，等等。

② （元）马端临：《文献通考》卷三二二《舆地考八·古雍州》，中华书局，1986 年，第 2537 页。

③ （宋）李焘：《续资治通鉴长编》卷六，韩荫晟编：《党项与西夏资料汇编》中卷，第 1465 页。

④ （宋）李焘：《续资治通鉴长编》卷六，韩荫晟编：《党项与西夏资料汇编》中卷，第 1467 页。

⑤ 《宋史》卷四八五《夏国传上》，韩荫晟编：《党项与西夏资料汇编》上卷，第 57 页。

令德明自遣众来取。’”① 也就是说宋朝只不过希望西夏降低其政治姿态而已。

1038 年，李元昊称帝。宋仁宗“即诏陕西、河东绝其互市，废保安军榷场；后又禁陕西并边主兵官与属羌交易”②。宋朝在战争中失败，被迫在政治上承认西夏的独立地位。元昊称臣，请求互市，边境贸易随之恢复。1044 年，宋朝“置榷场于保安军及高平砦，第不通青盐”③。1046 年，“复为置场于保安、镇戎二军。继言驱马羊至，无放牧之地，为徙保安军榷场于顺宁砦”④。嘉祐年间，宋朝又借口侵耕屈野河西事而绝互市。史言：“嘉祐初，西人侵耕屈野河地。知并州庞籍谓：‘非绝其互市 则内侵不已。且闻出兀臧讹庞之谋，若互市不通，其国必归罪讹庞，年岁间，然后可与计议’。从之。”⑤ 1067 年八月，宋朝恢复了与西夏的和市，诏称：“夏国已上表谢罪及差人进奉，所有和市，依旧放行。”⑥

宋神宗熙宁变法期间，宋朝重新加强对边境贸易的限制。1071 年，宋神宗诏令严禁与西夏和市：“近累降指挥，陕西、河东诸路止绝汉蕃民毋得与西人交市。闻去冬今春出兵之际，稍能断绝，自后无复禁止。近方令回使议立和市，苟私贩不绝，必无成就之理；及未通和间，使敌有以窥测我意。可申明指挥下逐路经略司。”⑦ 1073 年，宋朝“增置市易于兰州”⑧。1077 年十二月，宋朝诏令“熙河、岷州、通远军各置榷场，贸易百货，以来远人，获利助边”⑨。

宋朝伐夏战争失败，1083 年十二月，更加严厉禁止边境贸易。史言：“枢密院言：‘夏国尚未以时入贡，虑缘边不能禁止边人私与西界交易。’诏陕西、河东经略司申饬法令，毋得私纵。”⑩ 1084 年十二月，“枢密院言：‘西贼近寇诸路，方戒严时，虑边私博

---

① （宋）李焘：《续资治通鉴长编》卷六八，韩荫晟编：《党项与西夏资料汇编》中卷，第 1471 页。

② 《宋史》卷一八六《食货志下》，韩荫晟编：《党项与西夏资料汇编》中卷，第 1762 页。

③ 《宋史》卷四八五《夏国传上》，韩荫晟编：《党项与西夏资料汇编》上卷，第 66 页。

④ 《宋史》卷一八六《食货志下》，韩荫晟编：《党项与西夏资料汇编》中卷，第 3092 页。

⑤ 《宋史》卷一八六《食货志下》，韩荫晟编：《党项与西夏资料汇编》中卷，第 3244 页。

⑥ 《宋会要辑稿·食货三八》，韩荫晟编：《党项与西夏资料汇编》中卷，第 3431 页。

⑦ （宋）李焘：《续资治通鉴长编》卷二二七，韩荫晟编：《党项与西夏资料汇编》中卷，第 3724 页。

⑧ （元）脱脱：《宋史》卷一八六《食货志下》，韩荫晟编：《党项与西夏资料汇编》中卷，第 3912 页。

⑨ （宋）李焘：《续资治通鉴长编》卷三一八，韩荫晟编：《党项与西夏资料汇编》中卷，第 4053 页。

⑩ （宋）李焘：《续资治通鉴长编》卷三四一，韩荫晟编：《党项与西夏资料汇编》中卷，第 4542 页。

易，或漏边机。’诏陕西、河东经略司严加约束”。① 1086 年二月，宋朝“禁边民与夏人为市”②。

但是，官方垄断的边境贸易不断受到边境走私贸易的冲击。1017 年三月，“禁延州民与夏州牙将互市违禁物者。先是，言事者言夏州鬻马于延州，所得价直悉市物归，蕃商多违禁者，请载行条制故也”③。即便官方榷场关闭，边境市场也难以完全禁绝。熙宁年间，“既而河东转运司请罢吴堡，于宁星和市如旧。而麟州复奏夏人之请，乃令鬻铜、锡以市马，而织缟与急须之物皆禁”④。

总之，北宋通过禁绝榷场贸易，要挟西夏在政治上作出让步的图谋并不奏效，因此榷场贸易成为西夏王朝国家经济一体化的有益补充。

西夏与辽朝、金朝也存在榷场贸易。起初，1033 年十二月，辽朝“禁夏国使沿路私市金、铁”⑤。但是，1041 年正月，“夏国请置榷场，许之”⑥。西夏与金朝的榷场贸易关系同样变幻无常，而且主要取决于金朝的好恶。1150 年春，金朝“除故卢马镇夏国，鞑靼沿边招讨，提点两国市场”⑦。1172 年，金世宗“谓宰臣曰：‘夏国以珠玉易我丝帛，是以无用易有用也。’令罢两处（兰州、保安）榷场”。1177 年二月，金世宗诏令“陕西沿边榷场可止留一处，余悉罢之”⑧。1181 年，夏仁宗李仁孝“上表乞复置（榷场）”。金世宗“以保安、兰州无所产，而且税少，惟于绥德为要地，可复设互市，命省臣议之”，最终“于绥德复置一场”。⑨ 但史载秦州西马城榷场，“大定间，岁获三万三千六百五十六贯，承安元年，岁获十二万二千九十九贯”。1197 年，金朝终于“复置兰州、保安榷场”⑩。

---

① （宋）李焘：《续资治通鉴长编》卷三五〇，韩荫晟编：《党项与西夏资料汇编》中卷，第 4613 页。

② 《宋史》卷一七《哲宗纪一》，韩荫晟编：《党项与西夏资料汇编》中卷，第 4671 页。

③ 《宋会要辑稿·食货三八》，韩荫晟编：《党项与西夏资料汇编》中卷，第 1581 页。

④ 《宋史》卷一八六《食货志下》，韩荫晟编：《党项与西夏资料汇编》中卷，第 3735 页。

⑤ 《辽史》卷一八《兴宗纪》，韩荫晟编：《党项与西夏资料汇编》中卷，第 1697 页。

⑥ （元）脱脱：《金史》卷四《熙宗纪》，韩荫晟、韩述陟编：《党项与西夏资料汇编》下卷，第 6537 页。

⑦ （元）宇文懋昭：《大金国志》卷一三，韩荫晟、韩述陟编：《党项与西夏资料汇编》下卷，第 6721 页。

⑧ 《金史》卷五〇《食货志五》，韩荫晟、韩述陟：《党项与西夏资料汇编》下卷，第 6762 页。

⑨ 《金史》卷五〇《食货志五》，韩荫晟、韩述陟：《党项与西夏资料汇编》下卷，第 6772 - 6773 页。

⑩ 《金史》卷一三四《西夏传》，韩荫晟编：《党项与西夏资料汇编》上卷，第 130 页。

综上所述，西夏疆域内的五个经济地理单元：兴、灵中心灌溉农耕经济区，平夏农耕畜牧混合经济区，河西走廊灌溉农耕经济区，河湟高寒畜牧农耕混合经济区，黑水城灌溉农耕经济区，共同为西夏国家经济统一体作出贡献。边塞城镇具有维护国家经济统一体的外部屏障功能。西夏与宋朝、辽朝、金朝的边境榷场贸易成为西夏王朝国家经济统一体的有益补充。

作者简介：
王明前，厦门大学马克思主义学院副教授。

西夏文献中的大食[①]

——兼议丝绸之路背景下的西夏“回回”

李晓明

[**提要**] 西夏时期，陆上丝绸之路不仅依旧繁荣，而且还是中原与西域文化交流的重要时代。西夏文献中记载的大食应为喀喇汗王朝，依《天盛律令》《亥年新法》《文海》等可知西夏与大食不仅有使节往来、商团贸易，且河西沙州等地还有大食居民与大食寺院。西夏为此设有专司贸易的回鹘通译和管理伊斯兰教事务的回夷务。西夏与大食的交流不仅繁荣了河西社会经济，还为西夏文化带来了西域元素。

[**关键词**] 大食；西夏；丝绸之路

北宋宝元元年（1038），控制河西走廊的西夏称号建国，宋夏交恶，宋政府规定：“（西域商旅）自广州路入贡，更不得于西蕃出入。”[②]由此，世人过去多认为自宋代起海上丝绸之路愈发兴盛，陆上丝绸之路趋于衰落。近年来，随着对西夏文献的陆续解读与研究，可知西夏时期丝绸之路依旧繁荣活跃，学界对此已有充分的肯定。[③] 关于西夏

---

① 本文系国家社科基金青年项目“甘肃河西出土西夏文献研究”（项目批准号：18CMZ010）的阶段性成果。

② 《宋会要辑稿》第一九八册《蕃夷四》，中华书局影印本，1957年，第7850页。

③ 孙伯君：《西夏文献与“丝绸之路”文化传统》，《西南民族大学学报（人文社科版）》2017年第8期；杨蕤：《西夏时期的陆上丝绸之路》，《光明日报》，2019年2月13日第11版。

与丝绸之路各民族的交流，近年来诸前贤研究多侧重于宋夏、辽夏、金夏乃至西夏与吐蕃关系领域，对于西夏与西域诸国交流，尤其西夏与大食关系研究则略显不足。笔者不揣谫陋，结合出土西夏文献就此问题试作探讨，以求教于方家。

一、前言

西夏（1038—1227），是我国历史上由党项人在西北地区建立的一个政权，自称“邦泥定国”或“白高大夏国”“西朝”。史载其疆域“东尽黄河，西界玉门，南接萧关，北控大漠，地方万余里”①。因其在中原西北，宋人称之为西夏。西夏前期和辽、北宋对峙，后期与金朝并立，末主李睍保义二年（1227）亡于蒙古，历经十帝，享国189年。由于元代官修《宋史》《辽史》《金史》三史后，未对西夏修史，囿于史料的缺乏，后世对西夏王朝的历史与文化亦所知甚少。幸于20世纪末黑水城文献等出土材料的公布与解读，为学界研究西夏历史打开了一扇窗口。

河西走廊由于西接西域，东连中原，历来就是“丝绸之路”上的咽喉通道，西夏控制河西后，沙州（今甘肃敦煌）、瓜州（今甘肃瓜州）、肃州（今甘肃酒泉）、甘州（今甘肃张掖）、黑水城（今内蒙古额济纳旗）、凉州（今甘肃武威）、会州（今甘肃靖远）、灵州（今宁夏灵武）等地依旧是西夏右厢地区重要治所。西夏在瓜州设西平军司、黑水城设黑水镇燕军司、甘州设甘肃军司与镇夷郡、凉州设西部经略司，陇右缘边地区设置南边榷场使，静塞军司、卓啰和南军司、西寿保泰军司等系列机构着力经营丝路沿线。从出土文献来看，西夏时期西域的大食国商人继续沿着河西丝绸之路到中原地区进行贸易，西夏与大食有广泛与频繁的交流，并未因宋夏、金夏对峙而隔断丝绸之路的贸易。

二

11—13世纪西夏与大食陆上丝绸之路的来往，其交流内容、交往方式等内容学界尚有进一步关注整理的必要。结合史籍来看，西夏文献中的大食史料大致可爬梳如下：

（一）西夏文献所见“大食”记载

西夏文文献中大食写作“[illegible][illegible]”，两字均为音译字“[illegible]（Thej音［袋大］）[illegible]（Śji音［食石失］）”，考其词源当系汉地传入，应是党项人根据汉语称呼而沿袭。

---

①（清）吴广成撰，龚世俊、胡玉冰、陈广恩等校：《西夏书事校证》，甘肃文化出版社，1995年，第145页。

西夏法典《天盛律令》中与大食有来往的条例可辑得两处，其释文节选移录如下：

西夏文录文：

“……[illegible]……”①

“……[illegible]…”②

汉文译释：

（卷七·敕禁门）：“……向他国使人及商人等已出者出卖敕禁物时，其中属大食、西州国等为使人、商人，已卖敕禁物，已过敌界，则按去敌界卖敕禁物法判断。已起行，他人捕举告者当减一等，未起行则当减二等，举告赏亦按已起行、未起行得举告赏法获得。大食、西州国等使人、商人，是客人给予罚罪，按不等已给价□当还给。此外其余国使人、商人来者，买物已转交，则与已过敌界同样判断。若按买卖法价格已言定，物现未转交者，当比未起行罪减一等。一等大食，西州国等买卖者，骑驮载时死亡，及所卖物甚多，驮不足，说需守护用弓箭时，当告局分处，按前文所载法比较，当买多少，不归时此方所需粮食当允许卖，起行则所需粮食多少当取，不允超额运走。若违律无有论文，随意买卖，超额运走时，按卖敕禁法判断……”③

“（卷九·每案文字过去条）……谍案：汉、契丹、西番、西州、大食等中使……写转传谍诏……”④

---

① 文献俄藏编号 ИНВ. No. 161，图版参见俄罗斯科学院东方文献研究所圣彼得堡分所、中国社会科学院民族研究所、上海古籍出版社编：《俄藏黑水城文献》第 8 册，上海古籍出版社，1998 年，第 163 页上栏左面，下栏左右面。

② 文献俄藏编号 ИНВ. No. 168，图版参见俄罗斯科学院东方文献研究所圣彼得堡分所、中国社会科学院民族研究所、上海古籍出版社编：《俄藏黑水城文献》第 8 册，第 188 页上栏左面。

③ 史金波、聂鸿音、白滨译注：《天盛改旧新定律令》，法律出版社，2000 年，第 284－285 页。

④ 史金波、聂鸿音、白滨译注：《天盛改旧新定律令》，第 320 页。

上述西夏法典中提及大食的内容分别为：约束大食商人遵守西夏法律，禁止敕禁物品交易；允许商人以实际需求采购旅途守卫弓箭与粮食给养；甄别审验往来他国使臣通关文牒等内容。由此可见西夏时期大食往来西夏的既有从事商业活动的丝路商旅，也有政治往来的使节。

黑水城出土西夏汉文文献中，有一件俄藏编号 TK298 的信函残叶，内容有“不敢暂离，更有大石悉古海使人专请至房下……凭道我至西凉府”① 文书中提到大食国王悉古海曾派遣使者涉足西凉府（今甘肃武威）一带。②

需要关注的是：对于大食人在西夏的活动，除上述广为人知的《天盛律令》文献外，另有文献证实至迟到西夏后期已有许多大食商人在河西居住生活，为此颁于西夏神宗光定乙亥年（1215）的《亥年新法》中专门陈设对境内大食居民管理规定的条文。兹将其内容节选移录如下：

西夏文录文：“……[illegible]……”

汉文译释：“……肃、沙、瓜州大食商人住所，当认真禁止，家畜兽类不得混合，敕禁买卖等不许营做……”③

（二）西夏与喀喇汗王朝

喀喇汗王朝（Qara Khanid）又称“黑汗”，是 9 世纪末自漠北西迁的回鹘人与葛逻禄部族在葱岭以西联合建立的伊斯兰化封建政权，11 世纪初喀喇汗王朝东进兼并于阗国，并曾以于阗名义通使宋朝。

---

① 图版参见俄罗斯科学院东方文献研究所圣彼得堡分所、中国社会科学院民族研究所、上海古籍出版社编：《俄藏黑水城文献》第 4 册，上海古籍出版社，1997 年，第 386 页下栏。

② 此观点出自杨富学、陈爱峰：《黑水城出土夏金榷场贸易文书研究》，《中国史研究》2009 年第 2 期；《俄藏黑水城文献·叙录》曾介绍此文书为宋写本，《叙录》参见俄罗斯科学院东方文献研究所圣彼得堡分所、中国社会科学院民族研究所、上海古籍出版社编：《俄藏黑水城文献》第 6 册，上海古籍出版社，2000 年，第 35 页；陈瑞青又判断此文书残叶为西夏写本，参见陈瑞青：《开创黑水城宋代文献研究的新局面》，《中国史研究》2008 年第 4 期。

③ 此文书残叶俄藏编号 ИНВ. No. 2549，图版刊布于参见俄罗斯科学院东方文献研究所圣彼得堡分所、中国社会科学院民族研究所、上海古籍出版社编：《俄藏黑水城文献》第 9 册，上海古籍出版社，1999 年，第 165 页；文志勇曾有释录，此处录文释读稍有更补。参见文志勇：《俄藏黑水城文献〈亥年新法〉第 2549、5369 号残卷译释》，《宁夏师范学院学报》2009 年第 1 期。

西夏立国并据有河西后与喀喇汗国势力接壤，缘于丝路贸易的交流，双方曾有较长时间的和好往来。如宋夏战事期间，元丰五年（1082）西夏西南都统昂星嵬名济给宋将泾原总管刘昌祚的信中说："夏国提封一万里，带甲数十万，南有于阗作我欢邻……"①

除政治因素外，两国交往更多情况下为商旅往来以及文化交流。

1984—1986年，宁夏灵武磁窑堡遗址曾出土大量西夏时刻官制瓷器，其中就伴随出土一枚喀喇汗王朝的铜币，据称此铜币系喀喇汗王朝穆罕默德·本·伊卜拉欣（1158—?）时期，于喀什噶尔等地铸造。② 此铜币出现在灵武西夏磁窑遗址，证实了当时曾有使用喀喇汗王朝货币的大食商人抵达西夏腹地采购瓷器等物资。

20世纪末21世纪初新疆考古工作者曾在和田地区的墨玉县、洛浦县等地发现大量西夏文"天盛元宝""皇建元宝""光定元宝"等西夏钱币以及"乾祐元宝"铁范。③ 20世纪初德国、日本所获吐鲁番文书中还发现有一些涉及西夏人的回鹘文契约文书和西夏文佛经残叶。④ 由此可见当时不仅有西夏商旅在喀喇汗国境内活动，西夏人也一度在西域诸城生活定居。

从西夏与喀喇汗王朝故地分别发现对方货币以及双方商民相互生活在对方境内的史实来看，西夏与喀喇汗王朝的交往时期，丝绸之路上不仅有大食商人进入西夏，还有西夏商旅活跃在喀喇汗王朝。两者虽宗教信仰不同，但保持了长期而频繁的交流互动。

西夏与喀喇汗国之间除和平交往外，也曾偶有战事发生。元丰六年（1083）"西贼犯兰州、破西关，虏略和雇运粮于阗人并橐驼。诏虏略于阗人畜，令制置司优恤之"⑤。元祐八年（1093），于阗"请讨夏国，不许。绍圣中，其王阿忽都董娥密竭笃又言，缅药家（即西夏）作过，别无报效，已遣兵攻甘、沙、肃三州"⑥。西夏与黑汗王朝的战事在《突厥语大辞典》中也曾有记载，汉译本节选如下：

"趁严寒袭击唐古特人，他们的妻女蒙受耻辱，俘获他们的马匹和男丁，阶下囚只

---

① 《宋史》卷四八六《夏国传下》，中华书局点校本，1977年，第14013页。

② 张连喜、马文宽：《宁夏灵武磁窑堡出土钱币及墨书"吊"字瓷片》，《考古》1991年第12期。

③ 陇夫：《新疆墨玉县窖藏铜钱》，《中国钱币》1998年第4期；李吟屏：《关于古于阗自铸和仿铸的中央王朝钱币》，《新疆钱币》2005年第1期；李吟屏：《简论发现于和田的西夏钱范和钱币》，《新疆钱币》2005年第4期。

④ 杨富学：《论回鹘文化对西夏的影响》，姜锡东、李华瑞主编：《宋史研究论丛》第五辑，河北大学出版社，2003年，第279－294页；孙伯君：《德藏吐鲁番所出西夏文〈郁伽长者问经〉残片考》，《宁夏社会科学》2005年第5期。

⑤ 《宋会要辑稿》第一九八册《蕃夷四》，第7722页。

⑥ 《宋史》卷四九〇《夏国传下》，第14109页。

好俯首听命……”①

“哈通尼斯人喧响不停，与唐古特人为敌，鲜血如注哗哗流淌，能从脖子上挤出水来……”②

“唐古特王行骗了，死亡撞击他的脑壳，同胞们都在指责，见到死神他脸面失色……”③

值得注意的是，虽然喀喇汗王朝是西夏的重要西部邻国，但出土西夏文献中并没有发现提及喀喇汗或黑汗王朝的记录。究其原因，是因为西夏文献中的“大食”并非两河流域阿拉伯人建立的阿拔斯王朝，而应是指河中地区的喀喇汗王朝，两者可以勘同。宋辽时期，中原习惯上泛称中亚信仰伊斯兰教的国家（如喀喇汗王朝等）为大食，④ 西夏学界也因此认为西夏文《天盛律令》中的“大食”是指喀喇汗王朝。⑤ 又兼西夏文中的周边部族称呼大多借自汉语译音，“[illegible]（Thej 音［袋大］）[illegible]（Śji 音［食石失］）”也借自汉语“大食”译音，因党项人深受中原文化影响，根据宋辽用语将与之交往的喀喇汗国泛称为大食应当是可信的。

三

西夏与大食陆上丝绸之路的商业活动不仅活跃了双方的贸易往来，更广泛的人员流动与文化交流还使西夏社会生活更富于多样性，使得西夏不仅是“行中原礼法、尊孔孟之道”的华夏国家，更是兼容并蓄的丝路多文化政权。

西夏与西域的交流不仅为西夏社会、文化、经济活动等方面带来佛教文化、回鹘文化，还使西夏早于中原王朝受到伊斯兰文化的影响。从出土西夏文献中可发现，缘于丝绸之路的商旅活动与文化传播，大食商人还为西夏传入了西域物产和伊斯兰信仰。

（一）大食与西夏的贸易往来

从出土文献来看，西夏社会中出现的西域大食物产记录涉及职官、畜牧、饮食、医

① 麻赫默德·喀什噶里编，《突厥语大辞典》课题组译：《突厥语大词典》第 1 卷，民族出版社，2002 年，第 328 页。

② 麻赫默德·喀什噶里编，《突厥语大辞典》课题组译：《突厥语大词典》第 3 卷，第 314 页。

③ 麻赫默德·喀什噶里编，《突厥语大辞典》课题组译：《突厥语大词典》第 3 卷，第 317 页。

④ 钱伯泉：《大石、黑衣大石、喀喇汗王朝考实》，《民族研究》1995 年第 1 期；钱伯泉：《大食与辽朝的交往和耶律大石的西征——辽朝与喀喇汗王朝关系史探微》，《社会科学战线》1995 年第 2 期；胡小鹏：《辽可老公主出嫁“大食”史实考辩》，《西北师大学报（社会科学版）》1995 年第 6 期。

⑤ 彭向前：《立足西夏文献研究推动丝路文化交流》，《民主与科学》2018 年第 1 期。

药等多方面。现简要陈列如下：

西夏职官中的回鹘通译。与西夏往来的民族中，大食（喀喇汗）与西州、回鹘等均为西迁回纥的不同分支，因而语言相通，西夏为之专设回鹘通译。西夏文《天盛律令·卷五·军持兵器供给门》与《天盛律令·卷十一·矫误门》都出现有“回鹘通译”：“[illegible]：……[illegible]、[illegible]、[illegible]、[illegible]……”（各个部类有战具者：……向导、渠主、商人、回鹘通译……），① “[illegible]：……[illegible]、[illegible]、[illegible]……”（一等任重职中以外任轻职一类条下：……向导、回鹘通译、商人……）。② 值得一提的是，在西夏与周边诸民族交往中，出于丝路贸易以及国使往来的需要，“回鹘通译”似乎是西夏设置的唯一一种通译和外事官职。这也阐释了操回鹘语的大食商人在当时应该属于西域丝绸之路比较活跃的势力。且由出土文献可知，西夏与西域的交往中回鹘商旅是出现最多的西域来客。

西夏牲畜中的西域物产。西夏畜牧业中来自大食的畜类就有骆驼等种类，《天盛律令》中对此记载有：

西夏文录文：“[illegible]……[illegible]……”③

汉文译释：“（卷十九·畜利限门）大食之骆驼数依所成幼仔交纳……大食之骆驼毛绒、酥不须交纳，牧者持之。”④

可见，《天盛律令》颁布之时贩至西夏的大食骆驼已经成为西夏畜牧的品种之一，并且大食骆驼为西夏牧民蓄养，并依骆驼只数抽税。

---

① 参见俄藏 ИНВ. No. 158 号文书，图版参见俄罗斯科学院东方文献研究所圣彼得堡分所、中国社会科学院民族研究所、上海古籍出版社编：《俄藏黑水城文献》第 8 册，第 119 页下栏左面，第 120 页上栏右面。

② 参见俄藏 ИНВ. No. 178 号文书，图版参见俄罗斯科学院东方文献研究所圣彼得堡分所、中国社会科学院民族研究所、上海古籍出版社编：《俄藏黑水城文献》第 8 册，第 231 页上栏左面，下栏右面。

③ 文书参见俄藏 ИНВ. No. 200，图版参见俄罗斯科学院东方文献研究所圣彼得堡分所、中国社会科学院民族研究所、上海古籍出版社编：《俄藏黑水城文献》第 8 册，第 351 页上栏左面，第 352 页上栏右面。

④ 史金波、聂鸿音、白滨译注：《天盛改旧新定律令》，第 577－578 页。

西夏饮食中的西域舶来品。与西域大食的交流贸易不仅活跃了西夏商业经济，还丰富了西夏的饮食文化。俄藏 Дх－2822 汉文《杂字·果子部第五》中记载了西夏的 38 种果蔬，其中就有“回纥瓜”与“大石瓜”,① 可知最早在西夏时期，西北地区就已经引入种植包括“回纥瓜”“大石瓜”在内的许多西域果蔬。

此外，西夏仁宗乾祐二十一年（1190）刊行的《番汉合时掌中珠》（下文简称《掌中珠》）另记有原产地为波斯的“葫萝蔔”,② 可知 12 世纪西北地区就已引入胡萝卜种植和食用，而非《本草纲目》记载的中原胡萝卜系由元代传入。在《掌中珠》中还出现了一种“胡饼”｛对应的西夏文写作：[illegible]（ŋur 音［吾］饼也）[illegible]（ŋia 音［遏］饼也）｝,③《文海》中恰好也记载了对“胡饼”的描述：“[illegible]：[illegible]，[illegible]，[illegible]”（饼：烙上烧烤，饼者谷物先经烧，饼已熟之名是也）,④ 另外，在《音同》中“[illegible]”又作“煎饼”。可见西夏人描述的“胡饼”是使用某种器物烙或煎的一种面食。而宋代的“胡饼”则属于以烧烤方式制作的面食,⑤ 西夏文献中的“胡饼”与宋朝的“胡饼”制作方法不同，加之其冠以“胡”字，当指其并非源自汉地。因而《掌中珠》中出现的西夏“胡饼”应当也是由西域传入的一种面食。

西夏医药中的西域物产。通过丝绸之路传入西夏的物品除果蔬食物外，还有许多由西域大食（喀喇汗）商人传入的药物品种，如俄藏 Дх－2822 汉文《杂字·药物部第十》中的“没石子”。⑥“没石子”在中原最早记载见于《酉阳杂俎》：“无石子，出波斯国，波斯呼为摩贼，树长六七丈，围八九尺，叶似桃叶而长，三月开花，白色，花心微红。子似如弹丸，初青，熟乃黄白。虫食成孔者正熟，皮无孔者入药用。其树一年产无石子，一年生跋屡子，大如指，长三寸，上有壳，中仁如栗黄，可啖。”⑦ 俄藏 Дх－2822 汉文《杂字·药物部第十》中同样来自西域的西夏药物还有“槟榔”“贼鱼骨”

---

① 文书图版参见俄罗斯科学院东方文献研究所圣彼得堡分所、中国社会科学院民族研究所、上海古籍出版社编：《俄藏黑水城文献》第 6 册，第 140 页上栏右面。

② 文书图版参见俄罗斯科学院东方文献研究所圣彼得堡分所、中国社会科学院民族研究所、上海古籍出版社编：《俄藏黑水城文献》第 10 册，上海古籍出版社，1999 年，第 26 页下栏右面。

③ 文书图版参见俄罗斯科学院东方文献研究所圣彼得堡分所、中国社会科学院民族研究所、上海古籍出版社编：《俄藏黑水城文献》第 10 册，第 17 页下栏右面。

④ 史金波、白滨、黄振华：《文海研究》，中国社会科学出版社，1983 年，第 514 页。

⑤ 黄清敏：《宋代的胡饼》，《长江大学学报（社会科学版）》2012 年第 12 期。

⑥ 文书图版参见俄罗斯科学院东方文献研究所圣彼得堡分所、中国社会科学院民族研究所、上海古籍出版社编：《俄藏黑水城文献》第 6 册，第 142 页上栏左面。

⑦（唐）段成式：《酉阳杂俎》卷一八《广动植之三》，中华书局，1981 年，第 177 页。

“胡椒”“安息香”等。①

西夏珠宝与金属中的西域舶来品。通过丝绸之路进入西夏的域外物产，最为知名的当属西域奢侈品。《掌中珠》与俄藏Дx-2822汉文《杂字·衣物部第三》中分别记有“璎珞”“琥珀”“玻璃”“砗磲”“珊瑚”“玛瑙”“鍮石”等物品。② 这些物产应当也是由大食商旅自西域转入西夏的商品。

这里值得一谈的是，西夏文献中多次出现“鍮石”，《掌中珠》中与“宝物、金银”篇同列，写作“铜鍮”，俄藏Дx-2822汉文《杂字》中与“珊瑚、砗磲、琥珀、玻璃”同列，写作“鍮石”。鍮石由于其金黄的色泽与铜精材质，在我国古代一直是彰显皇家尊贵威仪的重要宝物，自唐代开始就成为朝廷礼仪的必需品，广泛用于官员朝服装饰、皇家车具马饰、宫廷仪卫，印章制币等众多领域。由于原产地在大食、波斯、天竺等地，丝绸之路贸易中鍮石制品一直是重要的入华物品。据考证北宋大中祥符二年（1009）中原开始出现自行提炼鍮石的技术，但由于唐宋以来始终敕禁鍮石私铸，需求不菲的鍮石就成为缘边榷场查禁的重要商品。③ 在敦煌文书中就曾多次出现粟特人从事鍮石买卖的记录，又兼西域喀喇汗、于阗也是鍮石的重要集散地和使用地，④ 可推测西夏文献中的鍮石原料也是来自喀喇汗等地。

更重要的是，作为西夏文献中很少记载的冶金技术，西夏文辞书《文海》中还出现了对鍮石提炼的描述：“[illegible]：[illegible]，[illegible]”（鍮：铜上做全，鍮者熔铜撒药为鍮也）。⑤ 可见西夏人当时也已经掌握冶铜熔锌的鍮石提炼技术，虽然西夏时期的鍮石提炼和贸易从未被学界关注过，但考虑到鍮石材料的产地和中原的旺盛需求，铜鍮应当也是丝路贸易上价值独特的商品，其鍮石来源与炼鍮之术亦必与回鹘有关。

借助丝绸之路地缘优势，以及与喀喇汗等大食诸国的互通往来，整合西北一隅的西夏政权使得唐末以来战乱凋零的河西诸州再度城市繁荣，商业发达，商旅络绎于道，中西经济文化交流甚盛。以俄藏黑水城文献K298号文书中“大石悉古海”遣人到达的凉州为例，西夏崇宗天祐民安五年（1094）所立的《凉州重修护国寺感通塔碑》就曾描

① 文书图版参见俄罗斯科学院东方文献研究所圣彼得堡分所、中国社会科学院民族研究所、上海古籍出版社编：《俄藏黑水城文献》第6册，第141页上栏左面、下栏左面，第142页上栏左面、下栏右面。

② 文书图版参见俄罗斯科学院东方文献研究所圣彼得堡分所、中国社会科学院民族研究所、上海古籍出版社编：《俄藏黑水城文献》第6册，第139页上栏左面；《俄藏黑水城文献》第10册，第25页下栏右面。

③ 王银田：《论鍮石》，《敦煌研究》2009年第4期。

④ 林梅村：《鍮石入华考》，《考古与文物》1999年第2期。

⑤ 史金波、白滨、黄振华：《文海研究》，第514页。

述："况武威当四冲地，车辙马迹，辐凑交会，日有千数。"① 丝绸之路繁华的商业活动因而为西夏带来了大量的贸易收入，史载："（西夏）虽不获岁赐之物，公私无乏，所以得偃蹇自肆，数年之间，似恭似慢，示不汲汲于事中国，由资用饶足……"② 由于占据河西，扼丝路要津的地理优势，西夏既有西域物品的大量流入，也有中原王朝的例行岁赐，收入不菲的中转贸易还因此引起其宗主国金世宗的不满，"（大定）十二年，上谓宰臣曰：'夏国以珠玉易我丝帛，是以无用易我有用也。'乃减罢保安、兰州榷场"③。

（二）西夏社会的"回回"

西夏王朝素以崇佛而著称，现存西夏文献也大部分以佛经为主，间杂道教文献，现今翻阅史料又可知西夏社会非止于释老信仰。对于西夏伊斯兰教的传入，早期西夏史前贤吴天墀与李蔚曾根据《马可波罗游记》的记载，认为至迟在西夏末期，伊斯兰教可能已传入河西，但囿于传统史料的缺乏，对此未再论证。④ 近年来，陈广恩依照《天盛律令》汉译本中大食商人在西夏的出现，认为西夏中等司中的"回夷务"职司与穆斯林有关。⑤ 姜歆结合元曲中涉及宋代杂剧有回回军的故事反溯西夏时期可能已有伊斯兰教信仰。⑥

已故著名学者季羡林先生曾曰："世界上历史悠久、地域广阔、自成体系、影响深远的文化体系只有四个：中国、印度、希腊、伊斯兰，再没有第五个；而这四个文化体系汇流的地方只有一个，就是中国的敦煌和新疆地区，再没有第二个。"⑦ 但学界对河西尤其敦煌地区历史时期是否有伊斯兰教传播的史实仍旧抱有怀疑观点，杨富学对敦煌地区伊斯兰教活动的历史，也仅判断为元代豳王家族驻扎河西时期，敦煌地区曾有昙花一现的伊斯兰教文化。⑧

随着西夏文文献的陆续解读，现今看来，学界前人依据汉文史料的研究或可得到进一步补证与完善。即元代之前的西夏河西地区不仅已有许多穆斯林居住，并且还有伊斯兰教寺院出现。经剖析对勘，可知《天盛律令》中的西夏中等司"回夷务"应是管理

---

① 陈炳应：《西夏文物研究》，宁夏人民出版社，1985 年，第 108 页。

② （宋）司马光：《温国文正司马公集》卷五十《论西夏札子》，《四部丛刊》初编本，商务印书馆重印本，1929 年，第 380 页。

③ 《金史》卷一三四《西夏传》，中华书局，1975 年，第 2870 页。

④ 吴天墀：《西夏史稿》（增订本），四川人民出版社，1983 年，第 226 页；李蔚：《简明西夏史》，人民出版社，1997 年，第 329－330 页。

⑤ 陈广恩：《西夏史论稿》，天马出版有限公司，2010 年，第 186－192 页。

⑥ 姜歆：《西夏时期伊斯兰教在西北传播及发展初探》，《固原师专学报（社会科学版）》2005 年第 5 期。

⑦ 季羡林：《敦煌学、吐鲁番学在中国文化史上的地位和作用》，《红旗》1986 年第 3 期。

⑧ 杨富学：《元代敦煌伊斯兰文化觅踪》，《敦煌研究》2018 年第 2 期。

穆斯林的机构。

正如前文所述，俄藏编号 ИHB. No. 2549 的西夏文《亥年新法·卷七》残叶中有一段“肃、沙、瓜州大食商人住所，当认真禁止，家畜兽类不得混合，敕禁买卖等不许营做”① 的记载。分析《亥年新法》中这段条文，可以判断生活在西夏沙州（今甘肃敦煌）、瓜州（今甘肃瓜州）、肃州（今甘肃酒泉）这些大食商人应该不在少数，且经年日久形成定居生活状态，故而西夏政府才会在《亥年新法》中专门颁布为他们而设的管理律令。由此可见，西夏后期境内至少已经有大量以营商持业的穆斯林生活定居。

此外，俄藏编号 ИHB. No. 748 的西夏文《亥年新法·卷十五》（租地夫役）残卷中还曾出现西夏后期的一批寺院名称。② 现将其移录并译释如下：

西夏文录文：“[illegible]”

汉文译释：“诸寺/大德敬天庙 旺溪庙 褚州庙 帝师修/大觉普度庙 五月永显庙 夏城普贤庙/吉祥安庚庙 民亥伽蓝庙 保静金刚座庙/救敕佛道 五台观音普贤殿庙/遍净计纲庙 五台文殊殿 弥勒延寿庙/祐国宝塔庙 番汉五台福盛庙/税郭拍生庙 三鹅庙 洒来公主庙/大安寺 番汉宝塔 大法天庙/番汉大天安 皇天延寿伽蓝庙/野遇国师庙 皇汉庙 延寿羌寺/圣寿慈恩庙 普明悲集庙 普明寺/麻三苍庙 神向羌庙 酒观音庙/罗萨弥勒庙 讹留人庙 大觉庙/承天寺 法具庙 文殊殿 芽笆庙/侧便庙 大德寺 大菩提金刚座庙/度国宝塔 王母娘娘庙 神向寺/大上师寺 五智菩提庙 金大食寺/灵州宫画庙 延寿寺 程人庙/完善圣祐庙 牛郎谷子庙/诸臣民 南王 路赞讹法师”③

---

① 文书图版参见俄罗斯科学院东方文献研究所圣彼得堡分所、中国社会科学院民族研究所、上海古籍出版社编：《俄藏黑水城文献》第 9 册，第 165 页上栏左面。

② 文书图版参见俄罗斯科学院东方文献研究所圣彼得堡分所、中国社会科学院民族研究所、上海古籍出版社编：《俄藏黑水城文献》第 9 册，第 197 页下栏左面，198 页上栏左右面、下栏右面。

③ 此处参照赵焕震译文底本释补。参见赵焕震：《西夏文〈亥年新法〉卷十五“租地夫役”条文释读与研究》，宁夏大学硕士学位论文，2014 年，第 29－33 页。

以往涉及西夏佛教寺院的研究中，学界对西夏寺院的了解大多参照史金波解读西夏兴庆府、凉州、甘州、黑水城等地的诸多寺庙。① 但《亥年新法》卷十五中出现的这一大批西夏后期的诸多佛教、道教等宗教寺院却是此前学界闻所未闻的。

值得注意的是，文中“[Tangut]”在赵焕震一文中原译“金太史庙”，似亦有他解。

“[Tangut]”三字均为音译，“[Tangut]（牙音 Kji [Tangut]计林切，音［金］）、[Tangut]（Thej 音［袋大］）、[Tangut]（Śji 音［食石失］）”。“[Tangut]”字，《文海》曰：“[Tangut]：[Tangut]金：王左令右，金者族姓、地名［泥斤］之谓”，又“[Tangut]”（唐者地名<u>金唐</u>之谓，族姓亦是）。② 可见“[Tangut]”字既作族姓，亦作地名。考史籍与西夏文献（如《杂字》《天盛律令》《官阶封号表》等）未见西夏设有太史一职。汉文“史”字，西夏文《孙子》中译音作“史思明”（[Tangut]）、《类林》中译音作“史记”（[Tangut]）、《掌中珠》中译作“御史”（[Tangut]），皆与“[Tangut]”字不同。又若“太师”一职，《德行集》与《西夏陵墓出土残碑粹编》中汉文“太师”西夏文译音对应“[Tangut]”（thiẹj 音［太］śiə 音［使史师］）。因此，赵文中“[Tangut]”译作“太史”尚可商榷，又因存世西夏文文书中未见有“[Tangut]”二字的其他译法，故此处参照西夏法典《天盛律令》将“[Tangut]”译作“大食”，“[Tangut]”或可译作“金大食寺”。

考虑到西夏境内已有大食人居住，《亥年新法》卷十一残卷中出现的大食寺或许正是被官方所认可的大食人寺庙，即西夏境内穆斯林的礼拜寺。

颁行于《亥年新法》之前的西夏文法典《天盛律令》卷十《司序行文门》中还曾出现有一种西夏中等司职官“回夷务”（[Tangut]），③ 过去学界大多将这一职务理解为西夏时期管理河西回鹘人的某种机构。现今以西夏语重新对勘，这一看法亦值得再推敲，《天盛律令》中出现的“回夷务”可能正是管理西夏境内“回回”，即伊斯兰教徒的机构，与西夏境内回鹘人当无太大关系。

“回回”一词，最早见于宋代沈括的《梦溪笔谈》。对于宋金时期的“回回”族属问题，清代学者顾炎武认为“回回”系“回鹘”的汉语转音，“回回”就是宋金时期的回鹘人，在此基础上当代学者杨志玖也赞同此论。④ 与此相反的是清代学者钱大昕认为“回回”与“回鹘”并非一族，台湾学者刘义棠进而据此判断“回回”一词一开始就是

---

① 史金波：《西夏佛教史略》，宁夏人民出版社，1988 年，第 117 – 126 页。

② 史金波、白滨、黄振华：《文海研究》，第 423、483 页。

③ 文献俄藏编号 ИНВ. No. 171，图版参见俄罗斯科学院东方文献研究所圣彼得堡分所、中国社会科学院民族研究所、上海古籍出版社编：《俄藏黑水城文献》第 8 册，第 219 页上栏右面，第 222 页上栏左面，第 224 页下栏右面，第 225 页下栏右面。

④ 杨志玖：《回回一词的起源和演变》，《回族研究》1992 年第 4 期。

指伊斯兰教国家与其信徒，“回回”与“回纥”“回鹘”不可混为一谈。①

20世纪末，胡小鹏在认可“回回”一词起源于“回鹘”的基础上，进而判断《梦溪笔谈》中的“银装背嵬打回回”系宋人抄自西夏战歌，“打回回”源自西夏与喀喇汗王朝的战争。其认为宋代的“回回”是指喀喇汗王朝，汉语“回回”一词可能源于西夏语转译，也有可能是河西瓜州、沙州汉人对喀喇汗回鹘的称呼传入宋朝演绎而来。②近年来，汤开建又提出新观点，推测西夏时期境内已有信仰伊斯兰教的大食人生活居住，宋代的“回回”称呼即起源于此。③

上述学界对“回回”一词的起源争论虽然是各抒己见，但众人都比较一致地忽略了西夏人对“回回”的认识，也未关注西夏文文献中的史料。虽然西夏文文献中尚无直接阐述“回回”的文书，但西夏法典《亥年新法》中有阐释常居于西夏的大食商人，《天盛律令》中不仅出现了活动于西夏的大食商人，还产生了一个管理此族群的“回夷务”。对“回夷务”再解读可以在诠释其职能的同时进而了解西夏的“回回”与伊斯兰教状况。

《天盛律令》中的“回夷务”（[illegible]）三字均为音译。“[illegible]”（xwej音［回］汉语借词，也做族姓（同音45A6）），西夏文《论语》中有“颜回”（[illegible]），西夏文辞书《文海》曰：“[illegible]，[illegible]”（知者闻知做“回”，与汉语音相同）。④“[illegible]”（ji音［乙］），《文海》中：“[illegible]”（僧者和尚也，和尚也，是梵语），又曰：“[illegible]”（和者和尚也，和尚也，僧侣也，僧也）。⑤ 西夏文《孙子》中译音作“周易”（[illegible]）、《类林》中译音作“张裔”（[illegible]）。“[illegible]”（u音［务］），《天盛律令》中有：“养贤务”（[illegible]），“资善务”（[illegible]）。

由上可知，西夏文“回夷务”中的“回”是来源于汉语称谓，又或用于人名音译，当时西夏境内的汉人可能就已经有称呼“回回”的俚语。“夷”也是来源于汉语译音，西夏文中既可以用作人名音译，又可以指从事宗教活动的僧人。“务”字则表示职官或机构。

此外，西夏文献中对“回鹘”的称呼则为“[illegible]（ɣwej音［回］族姓）[illegible]（ɣwə音［鹘］族姓）”，两字来源于“回鹘”音译字。《文海》中曰：“[illegible]：[illegible]”（回：鹘左拔右，回者族姓，回鹘之谓），“[illegible]：[illegible]”（鹘：回脚取

---

① 刘义棠：《维吾尔研究》，（台湾）正中书局，1975年，第41页。

② 胡小鹏：《“回回”一词起源新探》，《西北师大学报（社会科学版）》1997年第5期。

③ 汤开建：《〈梦溪笔谈〉中“回回”一词再释——兼论辽宋夏金时代的“回回”》，《北方民族大学学报（哲学社会科学版）》2014年第1期。

④ 史金波、白滨、黄振华：《文海研究》，第414页。

⑤ 史金波、白滨、黄振华：《文海研究》，第422、429页。

全，鹘者族姓，回鹘之谓）。①

从“回夷务”中的音译“回”字不使用西夏文“回鹘”之“回”，而借用汉语“回回”之“回”来看，很明显西夏人已经将“回鹘”与“回回”识别为不同族群。

蠡测西夏“回夷务”与西夏毗邻的西州回鹘以及境内回鹘居民无关还缘于西夏文献中对“夷”的称呼为“[illegible]”字（ụ音［坞］），西夏辞书《文海》中有：“[illegible]：[illegible]”（夷：夷者夷九姓回鹘、契丹等之谓也），② 西夏“回夷务”中的“夷”未使用“四夷”之“夷”，而使用在西夏文献中常用于僧人的音译字“[illegible]”，由此推测西夏“回夷务”中的“夷”所指代的对象与“契丹”“回鹘”无关。西夏文音译字“[illegible]”（夷）如上文所述，《文海》中用作“和尚”“僧人”等教职人员，用于“回夷务”中应当阐释为“回回”的教职机构。此外，可以佐证西夏文音译字“[illegible]”（夷）与伊斯兰教有关的史料还见于《金史》：“大定中，回纥移习览三人至西南招讨司贸易，自言：本国回纥邹括番部，所居城名骨斯讹鲁朵，俗无兵器，以田为业，所获十分之一输官”。③ 魏良弢认为《金史》中出现的“回纥移习览三人”就是喀喇汗国的居民，“骨斯讹鲁朵”就是其首都“巴拉沙衮”（西辽时期又称“虎思翰耳朵”）。④ 可知，金代自称“移习览”的喀喇汗国（大食）“回回”已经进入金国境内，毗邻西域的西夏应当也对“伊斯兰”不会陌生，兼之西夏已有喀喇汗（大食）人居住和活动，西夏文“[illegible]”可能当时就已经被西夏人用于伊斯兰信众的音译称呼。

把《天盛律令》中出现的“回夷务”理解为管理西夏境内回鹘人的机构，这一观点值得商榷，不仅仅在于西夏语对“回回”与“回鹘”两者的描述区别，还在于两者信仰宗教的差异性。众所周知，西夏时期西域的“回回”信奉伊斯兰教，西州回鹘与西夏境内的回鹘则信奉佛教。

西夏虽然崇信佛教，但对其他宗教也兼容并包，持开放态度，因而《天盛律令》中的宗教职官不仅有“僧人功德司”，还有“道士功德司”。另兼西夏境内虽然生活有党项、汉、西番（藏）、回鹘等诸多民族，但未闻西夏因某一民族而专设管理机构。由此可见，西夏时期除佛教、道教外，为新出现的“回回”设立专门的宗教机构亦属正常。从《天盛律令》卷十《司序行文门》来看，“回夷务”为中等司，“僧人功德司”与“道士功德司”为“中等司”之上的“次等司”，这种职级次序与机构命名方式，可能是因为西夏境内的伊斯兰教信徒相对于佛教和道教而言规模与信众都比较少，又因为伊

① 史金波、白滨、黄振华：《文海研究》，第461、198页。

② 史金波、白滨、黄振华：《文海研究》，第489页。

③ 《金史》卷一二一《粘割韩奴传》，第2637页。

④ 魏良弢：《喀喇汗王朝起源回鹘说补证》，《历史研究》1983年第2期；魏良弢：《维吾尔族起源、形成和发展问题再思考》，《民族研究》1999年第4期。

斯兰教发展初期多具有政教合一的性质，西夏政府并没有将“回回”或来自西域的“大食人”单纯以“功德司”这一寺院模式来管理，而是将其设置为专属机构“务”。由此可见，西夏后期出现的“回夷务”并非学界过去所认为的属于管理回鹘人的西夏职属，而是管理西夏境内伊斯兰信众与大食人的机构。

综上所述，西夏境内不仅有来自西域的大食人居住，还出现了大食人的礼拜寺，并且西夏政府还为此设立了管理“回回”事务的“回夷务”职司。搁置学界对宋代沈括《梦溪笔谈》中“回回”身份的争议不言，仅从毗邻西域的西夏视角来看，至少党项人对“回回”和“回鹘”的区别是有清晰认识的。宋夏时期汉语“回回”一词，为居住在西夏河西的汉人对大食人或穆斯林的俚语称呼，此后这一俗称遂被沿用为对西域入华的穆斯林称谓，并为西夏语所借鉴。因此从西夏文文献中出现西夏“大食”居民，伊斯兰教管理机构，西夏文《文海》对“回”字的阐释，以及党项人对“回鹘”“回回”区分明晰的认识来看，汤开建、胡小鹏与陈广恩对“回回”一词来源于汉人俚称、西夏境内生活有“回回”群体以及西夏出现伊斯兰教的推断应当是值得信服的。

四、结语

11—13世纪的河西地区依然扮演着中原与西域丝路文化交汇要津的角色。当时西域的主要势力为伊斯兰化的喀喇汗国，中原王朝因其信奉伊斯兰教而泛称中亚伊斯兰化部族为大食。西夏境内居民则大多为信奉佛教的番（党项）、汉、西番（藏）、回鹘、羌等诸民族。处于西域伊斯兰化和蒙古西征前的时代，西域与西夏之间并没有因为政权林立与宗教区别而彼此隔阂，而是存在广泛的商旅往来、文化传播、宗教流传。西夏对西北地区的局部统一，不仅保障了作为丝路通衢的河西与西域交流畅通，还以传统中原政权的风格保持与西域诸国的互动交流。对丝路贸易、文化交流与宗教传播持开放态度的西夏不仅崇佛信道，对于西域传入的大食伊斯兰教也并未排斥，而是因时制宜地设立了相应的管理机构。从出土文献中可见，“回回”入华不只是源自元代西域人东来，而是早在大食人入居河西的西夏时期就已开始。

作者简介：
李晓明，暨南大学中国文化史籍研究所博士研究生。

见微知著：忽必烈经略漠南的财政思想及其影响①

孙朋朋

［提要］元代财政体制虽沿袭中原政权的财政体制传统，但又呈现多元化的独特性。忽必烈创建元朝各项财政体制之时，以中原政权的统治经验和管理模式为蓝本，结合蒙古国草原旧制杂糅而成。其中，忽必烈经略漠南时期形成的财政思想及其实践经验，成为其建构元朝财政体制的重要借鉴经验和财政思想来源，如元代财政体制中蕴含的蒙汉杂糅成分，以及忽必烈实行的钩考、理算地方财务，对五户丝投下主的财权进行调整等举措的执政思想，便根源于此。元代财政体制大多创制于忽必烈时期，其后虽有所损益但基本延续至元代灭亡。

［关键词］忽必烈；漠南；财政思想；财政体制

蒙哥汗继位不久后，便诏令“凡军民在赤老温山南者（即漠南）”②，皆听忽必烈节制，而蒙哥汗在任命忽必烈总领漠南事务的同时，还赋予了忽必烈可便宜经略漠南之

① 本文系国家社科基金中国历史研究院重大招标项目“历代国家治理的历史底蕴与当代价值”（项目批准号：LSYZD21003）、河南省哲学社会科学规划项目“元代中央财政分权与合作关系研究”（项目批准号：2021CLS024）的阶段性成果；得到河南省高等学校哲学社会科学创新团队建设计划资助。

② 《元史》卷一五八《姚枢传》，中华书局点校本，1976年，第3712页。

权。此外，因忽必烈受封的京兆封地封户仅三万三千户，蒙哥汗为弥补京兆地区户口的不足，又在怀孟加封忽必烈约一万一千户，此举使得忽必烈获取京兆封地后，又得以主治邢州、河南与关中等地。忽必烈经略漠南时期秉行的财政思想以及施行的财政举措，对于建元后其所建构的财政体制与运行模式，有着不可忽视的影响力。在忽必烈建元后实行的诸多财政措施中，我们可从中发现其经略漠南时留下的根深蒂固的财政思想。目前学界有关忽必烈秉承的财政理念虽偶有论及，① 但尚未有专文对忽必烈经略漠南的财政思想与财政举措及其影响进行系统性的讨论。基于此，本文对此论题进行考察，以期对元代财政体制建构与演变的相关研究有所裨益。

一、忽必烈经略漠南秉承的财政思想

蒙哥汗时期，以忽必烈与旭烈兀二人分领南部中国（漠南）与波斯的军国政事，如《史集》中记载“大汗明确地而且直截了当地让两位王子作为他的左膀右臂”②。但忽必烈在经略漠南之时以汉法为依托，并时常有越权之举，忽必烈和蒙哥汗之间甚至发生了几次冲突，而逐渐引起蒙哥汗的猜忌。蒙哥汗“自谓遵祖宗之法，不蹈袭他国所为”③。而忽必烈所遵奉的施政理念，在其即位诏书中可管窥一二，如“朕惟祖宗肇造区宇，奄有四方，武功迭兴，文治多缺，五十余年于此矣。……爰当临御之始，宜新弘远之规，祖述变通，正在今日，务施实德，不尚虚文，虽承平未易遽臻，而饥渴所当先务”④。可见忽必烈与蒙哥汗采取的治国方略的差异。

随着蒙古政权不断对外扩张，其对征服区域所施行的统治和治理模式，也从成吉思汗时期单纯掠夺财物、人口的行为，逐渐过渡到需要进行良好治理的层面。因此忽必烈经略漠南，就亟须招揽一批治世能臣，由此其身边聚集了“金莲川”幕府精英谋士群体，⑤ 而这一群体对忽必烈经略漠南的施政理念与财政思想，都产生了不可忽视的影响。忽必烈总领漠南时期，注重对各族优秀文化的吸纳与利用，并成功建立了引据“唐宋之故典”，同时注重吸收“国朝之成法”的多元化统治模式。促使忽必烈形成此为政理念

---

① 如陈高华、史卫民：《元代经济史》，中国社会科学出版社，2020 年；萧功秦：《元代儒臣的反功利思潮》，《上海师范大学学报》1994 年第 1 期；罗贤佑：《许衡、阿合马与元初汉法、回回法之争》，《民族研究》2005 年第 5 期；等等。

② 拉施德撰，余大均、周建奇译：《史集》第二卷，商务印书馆，1986 年，第 685 页。

③ 《元史》卷三《宪宗纪》，第 54 页。

④ 《元史》卷四《世祖纪一》，第 64 页。

⑤ 李治安曾将忽必烈潜邸的谋士群体，按照该群体的地域种族、技能职业、学术派别、志趣与政治主张等分为邢州书家群、理学家群、金源文学群、经邦理财群、宗教僧侣群、王府宿卫群等，李治安：《忽必烈传》，人民出版社，2004 年，第 36－43 页。

的原因是多方面的，但其中最为重要且在行动上能够协助他的，则是在其“潜邸”聚集的幕僚群体。“世祖皇帝始居潜邸，召集天下英俊，一时贤士大夫云合辐辏，争进所闻，……论定大业厥有成宪”，忽必烈当时身边笼络了一批“亡金诸儒学士及一时豪杰知经术者”。① 忽必烈潜邸时期在询问幕僚张德辉儒家治世之学时曾言：

> “孔子没已久，今其性安在？”（张德辉）对曰：“圣人与天地终始，无所往而不在。王能行圣人之道，即为圣人，性固在此帐殿中矣。”王曰：“或云辽以释废，金以儒亡，有诸？”对曰：“辽事臣未周知，金季乃所亲睹。宰执中虽用一二儒臣，余则武弁世爵，若论军国大计，又皆不预，其内外杂职，以儒进者三十之一，不过阅簿书，听讼理财而已。国之存亡，自有任其责者，儒何咎焉！”王悦。②

此外，忽必烈在与张德辉的对话中，又凸显出忽必烈对蒙古草原旧俗的遵循，如忽必烈曾询问张德辉，“祖宗法度具在，而未设施者甚多，将若之何？”德辉以桌上银盘为喻，言道：“创业之主，如制此器，精选白金、良匠规而成之，畀付后人，传之无穷，今当求谨厚者司掌，乃永为宝用。否则不惟缺坏，恐有窃之而去者。”忽必烈深思良久曰：“此正吾心所不忘也。”③ 上述忽必烈与张德辉的对话，也是忽必烈推行蒙汉杂糅政治体制与财政体制的思想来源。忽必烈以“祖述变通”为口号，主动吸收中原政权模式的统治经验，与士人群体沟通、合作，取得他们的认同与支持。同时我们应该注意到，忽必烈在具体问题上征求儒士群体的意见，也会和他们讨论儒家学说与治世理念。“但是忽必烈并不会也不可能把自己的眼光完全局限于作为幕僚和行政官员的儒士群体之中。而部分汉族官僚与士人群体，因其自身属性的因素，他们并不可能会完全辅佐忽必烈来完成他所有的既定目标。尽管忽必烈不是第一位从被征服民族中寻找幕僚和帮手的蒙古人，但是他却是唯一一位拥有如此多志同道合者的蒙古人。”④ 忽必烈对汉法所表现出的认可和推崇，使其受到了儒家士人群体的普遍赞誉与支持。如儒士群体认为忽必烈“能用士而能行中国之道，则中国之主”⑤。

---

① （元）苏天爵编：《元文类》卷四一《礼典总序》，商务印书馆，1958 年，第 548 页。

② （元）苏天爵撰，姚景安点校：《元朝名臣事略》卷一〇《宣慰张公》，中华书局，1996 年，第 206 页。

③ （元）苏天爵撰，姚景安点校：《元朝名臣事略》卷一〇《宣慰张公》，第 206 页。

④ 傅海波、崔瑞德编，史卫民等译：《剑桥中国辽西夏金元史》，中国社会科学出版社，1998 年，第 429 页。

⑤ （元）郝经：《陵川集》卷三七《与宋国两淮制置使书》，《景印文渊阁四库全书》第 1192 册，（台湾）商务印书馆，1986 年，第 432 页。

忽必烈在经略漠南时期总领漠南军国政事，而潜邸谋臣以此权过重，恐惹非议，便谏言道："今天下土地之广，人民之殷，财赋之阜，有加汉地者乎？军民吾尽有之，天子何为？异时廷臣间之，必悔见夺，不若惟手兵权，供亿之须，取之有司，则势顺理安。"① 忽必烈因此自请削民事之权，而唯掌辖区内的军事权，由此也避免了过早与蒙哥汗产生直接冲突。而后，朝廷为加强对地方财政事务决策与运行的管控，"宪宗令断事官牙鲁瓦赤与不只儿等总天下财赋于燕，视事一日，杀二十八人"。忽必烈质问其曰："凡死罪必详谳而后行刑，今一日杀二十八人，必多非辜，既杖复斩，此何刑也？不只儿愕不能对。"② 由此也可见得，忽必烈与部分蒙古贵族等群体之间为政方式的差异。忽必烈以中原汉地的统治经验来治理其封地，并大量任用士人群体，此举也致使忽必烈与蒙哥汗二者之间存在执政方式上的分歧。

因忽必烈在其辖区内体恤民众疾苦，赢得封地内臣民的普遍认可，但忽必烈的此番行径，也日益引起蒙哥汗的猜忌，部分蒙古贵族也与忽必烈产生严重分歧，他们以"中土诸侯民庶翕然归心"③，"收召贤杰悉洽人望，子育黎庶率土归心"④ 等为由，来告发、指责忽必烈怀有不臣之心。如"阿蓝答儿当国，惮世祖英武，谗于宪宗。遂以阿蓝答儿为陕西省左丞相，刘太平参知政事，钩校京兆钱谷，煅炼群狱，死者二十余人"⑤。宪宗七年（1257），蒙哥汗解除了忽必烈的兵权，随后便派遣亲信阿蓝答儿、刘太平、脱因、囊加台等人，前往忽必烈封地京兆、河南等地区，进行"钩考"当地钱谷事宜的举措。在到达陕、甘等地区之后，阿蓝答儿等人便"大集汴、蜀兵民之官，下及管库、征商之吏，皆入计局"⑥，阿蓝答儿等人此时采取的举措，已经不是简单的钩考、理算漠南钱谷事宜的问题了，此举大有追究忽必烈在经略漠南之时，擅权乱法之事的迹象。

阿蓝答儿等人在河南、京兆等地区，钩考、理算地方钱谷事宜，同时罗织各种罪名勒索钱财，并大肆将该辖区内的各级官员下诏入狱，进行大规模问责。其目的就是要查证与核实忽必烈经略漠南时期，其潜邸官员在掌管陕西、河南等地区的财赋时，"多擅权为奸利事"的行为，从而达到打击忽必烈势力的目的。而阿蓝答儿等人此次所进行的钩考、理算举措，同时也彰显出蒙哥汗对忽必烈经略漠南擅权之举猜忌的升级。然此次阿蓝答儿等人的钩考地方财政事务的行为，也使得忽必烈认识到钩考地方财政事务能够

① （元）苏天爵编：《元文类》卷六〇《中书左丞姚文献公神道碑》，第875页。

② 《元史》卷四《世祖纪一》，第58页。

③ （元）苏天爵撰、姚景安点校：《元朝名臣事略》卷一一《参政商文定公》，第219页。

④ （元）苏天爵撰、姚景安点校：《元朝名臣事略》卷七《平章廉文正王》，第127页。

⑤ 《元史》卷一五九《赵良弼传》，第3743页。

⑥ （元）姚燧：《牧庵集》卷二四《谭公神道碑》，《景印文渊阁四库全书》第1201册，第655页。

为中央带来财政收入，建元后元廷定期或不定期地派遣使臣，前往地方钩考、理算当地财政事务决策与运行，其财政思想的根源便产生于此。

忽必烈中统建元后，因元廷所面临巨额的财政压力，曾启用阿合马、桑哥等一批敛财之臣，并给予他们极大支持，由其施行一系列敛财之策，以满足元廷巨额财政支出的需求。有关忽必烈在经略漠南时期对于回回（色目）官员群体的理财之策所秉承的态度，《元史・赵璧传》中有所记载：

> 一日，断事官牙老瓦赤持其印，请于帝曰："此先朝赐臣印也，今陛下登极，将仍用此旧印，抑易以新者耶？"时（赵）璧侍旁，质之曰："用汝与否，取自圣裁，汝乃敢以印为请耶！"夺其印，置帝前，帝为默然久之。既而曰："朕亦不能为此也。"自是牙老瓦赤不复用。①

崔瑞德等人认为，这则史料所反映的信息是"回回人（牙老瓦赤）及其所施行的理财方式，与忽必烈潜邸旧臣赵璧等人所采取的管理模式之间存在着巨大的矛盾与分歧，然而其实质却是蒙哥汗与忽必烈之间的冲突不断激化"②。笔者以为此言有一定道理，因蒙哥汗与忽必烈之间必然存在不可消解的矛盾与冲突，但其中所蕴含的信息仍值得进一步推敲。如早在成吉思汗、窝阔台汗统治时期，就曾有回回人在蒙古国朝廷中为官，贵由汗时期回回人群体更是大批融入蒙古政权之中。回回人群体因善于经营商业而逐渐参与到朝政中去，这也是回回人群体在元朝能够崭露头角的主要原因。回回人群体既有理财之能，又很适合蒙古贵族维持统治的需要，在蒙古国统治初期尤为如此。忽必烈经略漠南时期，秉承"务施实德，不尚虚文"③ 的务实主义，而回回人群体的经商富国之策，也成为建元后忽必烈财政思想的重要来源。④ 而此时忽必烈对于回回理财派所采取的态度，亦如上文所言其实质是因蒙哥汗与忽必烈之间产生管理方式的冲突，致使二者之间紧张关系更为加剧。然而对于回回理财群体施行的理财之策而言，忽必烈始终未曾明确表露过反对和打压的态势。

---

① 《元史》卷一五九《赵璧传》，第 3747 页。

② 傅海波、崔瑞德编，史卫民等译：《剑桥中国辽西夏金元史》，第 433 页。

③ 《元史》卷四《世祖纪一》，第 64 页。

④ 关于元代时期的回回商人及其在蒙元政局中所发挥的影响，学界对此已有较为详尽的论述，如杨志娟：《回回人与蒙古宫廷政变——兼论元朝回回商人与回回法的盛衰》，《西北民族研究》2012 年第 1 期；杨志娟：《元代时期活跃于北方城市的回商》，《西北民族大学学报》2012 年第 1 期；等等。

忽必烈在经略漠南时期积累的治理经验，以及他在整合蒙古政权的统治模式与新征服地区原有的治理模式之时，所产生的财政思想与执政理念，成为其后元代财政体制形成、沿革与演变的重要影响因素。于此之外，忽必烈经略漠南实行的财政举措，以及治理封地时积累的经验，亦成为其财政思想中不可或缺的成分。如忽必烈建元后既利用儒士群体来制定元朝的各项财政制度以及维持国家财政法令的正常运行。同时元廷又会不定期地向地方派遣使臣，施行钩考、理算地方钱谷事宜之策，由此来监督与管控地方财政事务的决策与运行等。

二、忽必烈经略漠南实行的财政举措

宪宗元年（1251）六月，蒙哥汗任命忽必烈总领漠南事务，忽必烈听从姚枢等人的建议，在漠南相继设立了安抚司、从宜所以及行部等行政机构。此后又在宣抚司之外，设立了交钞提举司、劝农司、榷课所等一批财政机构，以此来专门负责京兆、陕西等地区的赋税征收事宜，然此举却大大超出了朝廷赋予五户丝投下主的权限。如朝廷实行“丙申分封”之时便规定：“各位止设达鲁花赤，朝廷置官吏收其租而颁之。”① 然而在五户丝封地内仍然存在着诸多蒙元宗王、贵族等五户丝投下主，行使兀鲁思分封特权的现象，忽必烈在封地内便频频出现越权之举。因为在五户丝分封制施行之初，朝廷对五户丝封地以及诸五户丝投下主的特权，没有进行有效的监督与管控，故而致使五户丝封地内出现了严重的非食邑化倾向。而忽必烈在其京兆等地的五户丝封地内，大规模地设立机构以及自行委任官吏，自主负责五户丝封地内的事务决策与运行等现象，便是属于朝廷对五户丝投下的管制中，非食邑化现象的典型案例。下文以忽必烈在其五户丝封地内行使兀鲁思封地权限为例，来考察忽必烈经略漠南实行的相关财政举措。

忽必烈在京兆等五户丝封地内自行设立投下官署与官员，并自主制定和征收赋税以及主持摊派劳役等事宜的决策与运行，而其所自行征缴的赋税，亦未如数上交给朝廷。如《元史·马亨传》记载，马亨长期任职于榷课所，其主要负责京兆封地内的榷课征集，而其所征集的课税一概输入王赋，并不缴纳朝廷。其后，在蒙哥汗派遣官员钩考、理算忽必烈京兆等封地内的财政事务之时，马亨等人为避免课税所征集的赋税为汗廷所

---

① 《元史》卷二《太宗纪》，第 35 页。蒙古太宗八年（1236）丙申春正月，窝阔台汗还听从了耶律楚材等人加强中央集权的建议，施行“丙申分封”。“始行丝料之法，每二户出丝一斤，并随路丝线颜色输于官。五户出丝一斤，并随路丝线颜色输于本位。”即改元太祖时期施行的草原兀鲁思分封之制为五户丝分封制，并下令由朝廷对诸投下主五户丝封地内的民众的赋税与丝料，进行统一的征收。（明）王圻：《续文献通考》卷一九《户口考》，台湾文海出版社，1984 年，第 1155－1156 页。

没收，宁可自身获罪。① 此外，忽必烈设立了宣抚司等机构，对京兆、怀孟等地进行管辖，总理川陕地区的政务决策与运行，同时用于筹集粮食、布帛以及器械等以供军需，②并总揽其五户丝封地内财政事务的决策与运行。忽必烈还派遣李德辉等人执掌从宜所等机构，负责调集与转运封地内的钱谷物资。而忽必烈实行的从宜使在凤翔施行屯田，以及招募富户入粟于汉中等举措，使得“钱粟充栋于军中”③。忽必烈对陕西境内的军政事务，也行使总领、监督之权，如其曾令万户夹谷龙谷带，节制兴元地区的军民政务。④

忽必烈在其封地内行使的权限，以及对辖区内财政事务的节制，远远超出了中央所规定的诸投下主五户丝分封领地内所能行使的权力。蒙哥汗虽然曾赋予忽必烈节制漠南的便宜行事之权，但是忽必烈自请只掌军政，于财政、民政等地方事务，并无干预之权。忽必烈所采取的擅权之举，日益引起蒙哥汗等蒙古贵族的猜忌与抵制。首先是因元朝诸王、贵族等内部的守旧势力，对于忽必烈在经略汉地之事所采取的倾向和实行汉法的做法甚是不满，此外，蒙哥汗亦曾言：“自谓遵祖宗之法，不蹈袭他国所为。”⑤ 二者的为政理念产生分歧。也有学者认为：蒙哥汗派遣亲信大臣到陕西、河南等中原汉地钩考、理算当地财政事务的举措，钩考的对象表面上看是针对陕西宣抚司、河南经略司等机构的大小官员，实际上矛头却指向了忽必烈，此事件不仅暴露了蒙哥汗与忽必烈争夺汉地的矛盾，而且也反映了蒙古统治者在如何统治中原汉地问题上两种态度、两种政策的分歧。⑥

然本文认为蒙哥汗与忽必烈之间产生的最根本冲突，并非仅仅是因忽必烈施行汉法而产生分歧，而是因忽必烈在其五户丝封地内过分行使其权限而逐步与蒙哥汗之间产生隔阂。如忽必烈在五户丝封地内，行使草原兀鲁思投下主的权力，其一方面收拢漠南民心，另一方面过分攫取财权，由此而导致了蒙哥汗的猜忌日深。如上文所言窝阔台汗在“丙申分封”之时，曾颁布诏令规定五户丝投下主在封地内的赋税征收财权，即“各位下止设达鲁花赤……非奉诏不得征兵赋”⑦。然而忽必烈在其五户丝封地内，陆续设立宣抚司、从宜所、榷课所等财政机构，并自行委任官员，包揽封地内的一切军、政、财事，此举并不符合五户丝分封组织内事务的正常运行秩序。此外，忽必烈被蒙古诸王、

① 《元史》卷一六三《马亨传》，第 3827 页。

② （元）苏天爵编：《元文类》卷六五《平章政事廉文正王神道碑》，第 938 页。

③ （元）苏天爵撰，姚景安点校：《元朝名臣事略》卷一一《左丞李忠宣公》，第 213 页。

④ （元）苏天爵编：《元文类》卷六二《兴源兴盛夹谷公神道碑》，第 903 页。

⑤ 《元史》卷三《宪宗纪》，第 54 页。

⑥ 陈得芝、王颋：《忽必烈与蒙哥的一场斗争——试论阿蓝答儿钩考的前因后果》，元史研究会主编：《元史论丛》第一辑，中华书局，1982 年，第 47 页。

⑦ 《元史》卷二《太宗纪》，第 35 页。

贵族等告发、举报的两条主要罪状，一是“中土诸侯民庶翕然归心”，另一条是“王府诸臣多擅权为奸利事”。① 可见忽必烈在封地内的越权之举，才是蒙哥汗与忽必烈之间产生争端的根本所在。

宪宗七年（1257），蒙哥汗对忽必烈在五户丝封地内行使的财权进行调整与限制，如其派遣阿蓝答儿、刘太平等人前往漠南，钩考京兆、河南等地的财赋出入盈亏，实质是对忽必烈经略漠南的军、政、财等政务进行整顿，其中对当地的财政事务尤为关注。阿蓝答儿等人此次的钩考举措，主要集中在忽必烈主政地区的财政事务决策与运行上，如阿蓝答儿等人在关中地区设钩考局，召集当地经略司、都转运司、宣抚司、从宜府等机构的相关官吏，并列举上述官署官员所犯的一百四十二条罪状，包括征商细务等，皆被包罗在内，此次钩考致使忽必烈辖区内的大多数官吏遭到审查。② 因忽必烈此时无法与蒙哥汗相抗衡，故而采取姚枢之计，主动前往汗廷求和以缓解二者之间的矛盾，化解其所面临的危机。

忽必烈自请解除总领漠南军国政事的权力，同时在漠南设立的河南经略司、都转运司、宣抚司、从宜所等行政机构，也全部被朝廷撤销，此举意味着忽必烈在其五户丝封地内，便宜经略河南、关中等地的权力被蒙哥汗取缔，③ 即忽必烈以汉法治理河南、关中等地的财政政策，被蒙哥汗废除。此现象并不仅仅只是蒙哥汗排斥汉法的表现，同时也彰显出中央对诸投下主在五户丝封地内的越权举措，逐渐开始采取强硬的态度。而蒙哥汗的此次钩考行为，同时也维护了中央在五户丝封地内的统治秩序。此案例也说明在蒙哥汗时期，中央并未制定与颁行明确加强中央财权的诏令，中央也未曾对诸五户丝投下主举荐与任命的投下官员进行制度化与正规化的管理，而投下主在五户丝封地内，自行设立财政机构与委派官员，进行征缴赋税与摊派劳役的现象，亦是较多存在。然而不可否认的是，随着中央集权的不断加强，朝廷在五户丝封地内与诸投下主的财权分配中，占据一定的优势。

一般情况下，中央制定与颁行的财政政策，与地方政府的实际执行状况之间难免会产生一定的偏离，即中央财政政令的颁行，与地方政府的便宜解读后实行的政令，会具有一定的差距，有时来自中央的财政政令，甚至会成为一纸具文。蒙古国时期五户丝分封制的施行便是名不副实的典型案例，在诸五户丝投下主的食邑封地内，其所施行的政令与行使的特权往往会存在越权的现象。然元朝五户丝分封制的实行状况，又与元廷的中央集权的发展息息相关。自忽心烈建元以降，随着中央集权的趋势加强，忽必烈政府

① （元）苏天爵撰、姚景安点校：《元朝名臣事略》卷一一《参政商文定公》，第 219 页。

② （元）姚燧：《牧庵集》卷一五《中书左丞姚文献公神道碑》，《景印文渊阁四库全书》，第 1201 册，第 546 页。

③ 拉施德撰，余大均、周建奇译：《史集》第二卷，第 268 页。

五户丝分封制及其封地内户民的赋税缴纳与劳役摊派等管理问题，也是日益趋向于正常化与制度化。蒙古国时期因为草原兀鲁思分封制度的影响过重，诸投下主不遵循窝阔台汗“丙申分封”，所以颁行“各位下止设达鲁花赤，……非奉诏不得征兵赋”① 诏令。五户丝封地内仍行蒙古草原兀鲁思分封之旧制，此现象至忽必烈建元后，随着中央集权的加强才有所改善。

三、忽必烈经略漠南的经验对元代财政体制的影响

蒙元政权在平定江南后，“疆理天下，四表之间，横目穷发”②，“北逾阴山，西极流沙，东尽辽左，南越海表”，其疆土“东南所至不下汉、唐，而西北则过之，有难以里数限者矣”。③ 元朝虽然立国仅百余年，然因其统治疆域之广袤、民族之繁多、种群之复杂，可谓空前绝后，加之元王朝是由蒙古族建立的统一多民族政权，针对如此广袤的疆土与复杂繁多的民族与种群的管理模式，及其所需制定与施行的财政制度等诸多方面，亦是无先例可循。忽必烈经略漠南秉承的财政思想与积累的统治经验，成为其调整元代财政体制与加强中央财权的重要借鉴依据。

元代财政体制虽多沿袭于前代，但又有所损益，其更显著的特征是蒙汉杂糅的特色。元代的财政体制草创于元太祖时期，随着元朝政治体制与经济体制的不断调整而逐渐完善。忽必烈中统建元后，元廷在吸纳宋、金等各项体制的基础上，结合蒙古国草原旧制，建立了“内立都省，以总宏纲；外设总司，以平庶政”④ 的政务决策与运行体制。元朝一统全国后，经济得到迅速恢复和发展，此时中央的财用也相对充足，元廷的财政收支也能够保持平衡。元朝的各项财政制度设计，也在忽必烈时期基本完成，忽必烈在位时期初步建构了元朝的各项财政制度，奠定了元代财政体制及其正常运行的基础，可谓“一代之制始备，百年之间，子孙有所凭借矣”⑤。自元成宗以降，元朝的财政体制虽有所损益，但忽必烈建构的财政体制，大多被奉为圭臬而得到遵循，且基本沿用到元朝的统治结束。

中统建元初期，忽必烈在“金莲川”幕僚群体的建议下主张推行汉法，如姚枢针对蒙古国时期汗廷施行的各项政策中存在的弊政，总结中原政权的统治经验，在1250年上言忽必烈《论救时之弊三十条》，为其绘制出一个由蒙古人统治的中原传统郡县制国

---

① 《元史》卷二《太宗纪》，第35页。

② （元）苏天爵撰，姚景安点校：《元朝名臣事略》卷四三《平章鲁国文贞公》，第65页。

③ 《元史》卷五八《地理志一》，第1345页。

④ 《元史》卷四《世祖纪一》，第65页。

⑤ 《元史》卷八五《百官志一》，第2120页。

家的行政体制架构，此奏疏也成为忽必烈建元后，对蒙元政权各项典章制度进行建构之时的重要参考依据。但忽必烈此时的主要目的，却是利用中原政权的制度来改造蒙古草原旧俗，同时对元朝占领的广袤疆域进行有效管理，以适应蒙元政权多元化统治的需要。自忽必烈建元伊始，其建构的各项政治体制，便彰显着中原汉地体制和草原游牧制度相结合的制度设计理念。诸如中原汉地的君主制与蒙古草原的汗位继承制；朝会制与忽里勒台大会制；又如汉地的三省六部制、地方上的路府州县制、监察制等与蒙古草原的怯薛制、千户制以及达鲁花赤等制度并行；再如宗王出镇制、投下分封制与地方行省制分而治之等等，元朝的各项政治体制都能够体现出浓厚的蒙汉杂糅特色。忽必烈对汉法的推行，只是维护政权统治的手段之一。忽必烈虽以中原政权的财政体制为蓝本，对元朝财政体制进行建构，但忽必烈经略漠南时期所形成的财政思想，仍是元朝财政体制调整与演变过程中需要考量的因素。

元代财政体制的形成并初步确立，是在元世祖忽必烈统治时期（1260—1294）。而中统建元之前，蒙元政权通过东征西讨的对外军事征服战争，使得版图不断扩大。在其统辖疆域内，也逐渐出现了大规模的民众迁徙与不同的文化形式传播。忽必烈经略漠南时期所形成的财政思想及其所施行的财政举措，对其建元后的各项财政体制架构影响深远。如忽必烈潜邸的儒士群体，曾积极向忽必烈进言献策，也使得忽必烈形成了若要长久控御中原汉地，维持元朝的统治，则“必行汉法乃可长久”① 的为政理念。而在此理念影响下，忽必烈建元后所建构的元廷各项政治体制，即是以中原汉地政权模式为蓝本，在吸纳各种文化因素的基础上形成的。此外，忽必烈还吸纳了一大批儒士群体，进入其“金莲川”幕府，积极吸取士人群体参与到其辖区内的政务决策与运行体系之中。在忽必烈成功应对来自蒙哥汗等元朝贵族群体的威胁与攻讦之时，儒士群体也确实曾发挥过积极作用。忽必烈在经略中原汉地以及统治初期，虽然曾经对汉法派的主张有过积极的回应，但其深受蒙古草原习俗的影响，忽必烈依据儒士群体谏言所制定的各项财政体制，终究摆脱不了以草原文化与草原势力的利益为核心的根本出发点。

忽必烈附会汉法的同时，结合蒙古国独有的草原旧制，形成了结合中原政权而独具特色的中书省总管全国政务的新的政务运行体制。蒙汉杂糅的特点贯穿有元一代之始终，蒙古草原本位的思想，根深蒂固地蕴涵于元朝的各项体制之内。如世祖朝所创建的蒙汉杂糅体制，在大多数情况下表现为“内蒙外汉”的形式，蒙古草原旧俗以及蒙元贵族的利益，很大程度上是元朝制定和施行财政政策的根本出发点。② 这也使得元代的财政体制，由上而下、由内而外地彰显出较为明显的蒙汉杂糅特性。虽然忽必烈自建元伊始便以行汉法自居，但其所推行汉法从开始就不彻底。因蒙古贵族的特殊身份，需要依

---

① 《元史》卷一五八《许衡传》，第3718页。

② 参见李治安：《元代“内蒙外汉”二元政策简论》，《史学集刊》2016年第3期。

靠政府颁行特权政策来保证和维护，若汉法彻底执行，那么其特权地位就会受到冲击，这与自成吉思汗时期便形成的“黄金家族”共享帝国财产的理念不符，会受到蒙元诸王、贵族普遍反对。而在爆发汗位（帝位）争夺之时，蒙古诸王、贵族的支持可谓重要因素。依据中原政权模式对“蒙古旧制”进行改制，是为达到元王朝中央集权的目的，但此举会损害到蒙元诸王、贵族特权利益，从而以汉法改置蒙古旧俗，也仅是流于表面罢了，不会彻底贯彻施行。

上文言道忽必烈中统建元之前，中央对于五户丝民户的劳役摊派和赋税征收事宜，并没有建立起较为完善的征税与监管体制，对投下官员的考核、迁调制度等也不完善，诸五户丝投下主的越权行为时常出现。尤其是在中原五户丝封地内，地方汉人世侯虽然并不归属于五户丝投下主所直接管辖，然而诸投下主在封地内越权行使草原兀鲁思权限，以至于在中原五户丝封地内普遍出现了投下“官吏随地所属”① 的现象，致使地方汉人世侯与投下主保持着某种隶属关系。而五户丝户民与一般民户在赋税缴纳方面，均属于朝廷征收赋税与摊派劳役的“大数目”民户，即朝廷的户部钱粮户（纳税户）。五户丝民户与投下主之间仅存在某种贡赋关系，而只接受地方路府州县政府的直接管理，即五户丝民户仅向投下主缴纳五户丝。② 基于经略漠南时期在五户丝封地内施行草原兀鲁思权力的经历，建元后忽必烈开始逐步完善五户丝分封组织内所施行的税制与系官达鲁花赤选任制度等各项管理体制，各五户丝投下主所能行使的权力，也基本上被限制在封地之内，尤其是东道诸王在地方上也并没有出现类似于西道诸王独立化，以及威胁元朝统一的现象。

元代投下主五户丝封地内的民户，大多是来自中央的直接封授。蒙古国时期因朝廷的管制松懈，而逐渐产生投下主越权的现象。忽必烈建元后，中央开始对诸投下主的五户丝封地进行改封与调整。其中最为显著的措施，便是忽必烈对中原五户丝封地分置路

---

① 《元史》卷二《太宗纪》，第 36 页。

② 详参村上正二：《元朝投下的意义》，《蒙古学报》1940 年 1 号；罗贤佑：《元代“投下”是农奴组织吗?》，《中国社会科学院研究生院学报》1985 年第 6 期，上述二文都持此观点。李治安《元代分封制度研究》（天津古籍出版社，1992 年）一书，均对元代五户丝民户的身份属性持此观点。

州的行政建置进行调整①，元廷经过此次对中原投下封地置路州的改制，打击了中央汉人世侯在地方权重的局面，并将地方财权收归于中央。此外，元廷对于其他区域的五户丝封地，也进行了大规模的调整。如至元二年（1265），元廷诏令："分四亲王南京属州，郑州隶合丹，钧州隶明里，睢州隶孛罗赤，蔡州隶海都，他属县复还朝廷。"②"南京属州"，即汴梁路一带，据《元史·岁赐》记载：在宪宗丁巳年（1257），汗廷施行五户丝分封之际，将汴梁路（南京属州）民户分封给了太宗窝阔台汗的诸子，即诸王合丹、灭里、合失、阔出四人，令归德府和延、许、郑、钧、睢、蔡等二十余州③等。忽必烈为防范投下主越权现象再次出现，便大规模地对五户丝封地进行调整与划分，加强了中央对五户丝封地的监督与管控，最终实现了中央在五户丝封地内财权分配中占据主导地位。

综上所述，忽必烈经略漠南时期秉承的财政思想与实行的财政举措，成为建元后其建构与调整元代财政体制的重要影响因素。诸如忽必烈在潜邸幕僚群体的影响下，建构元朝各项财政制度之时，在沿袭前代各项财政体制的基础上，结合草原旧制，创建了一套异于中原政权而独具特色的蒙汉杂糅财政体制。此外，忽必烈在中原政权模式原有的地方管民官之上，又设立各级达鲁花赤之职，将其作为元廷"镇守"地方的代表，并且规定了地方财政事务决策与运行采用圆议联署制度，此举给地方财政事务的决策与运行带来了较大转变，同时也凸显出元朝建构的财政体制所具有的二元性。建元后忽必烈对五户丝投下主权限的调整与限制，更是依据其自身经略漠南存在越权行为的经历。在蒙古国时期，朝廷便施行了草原兀鲁思分封制、五户丝分封制等各种形式的分封组织，然而因此时朝廷并未严格执行所制定的中央与各投下主之间财权分配的各项规定，诸投下主在其封地内出现了越权行为。忽必烈对于各分封组织内诸投下主的财权普遍进行了调整，较大力度地限制了投下主的各项权限，并逐步将地方财权收归由中央掌控。

---

① 学界有关汉人世侯与五户丝投下主的关系已有所论述，李治安《元代中原投下封地置路州发微》一文言道，中原五户丝分置路州的行政建置变动一直未被人们注意。而这个变动却是五户丝食邑分封中比较重要的组成部分。蒙古国时期中原投下食邑封户散于七八个汉世侯辖区，且彼此混存交错。建元后忽必烈立即对中原投下食邑的行政建置作了显著的调整和变动。具体做法是：以较重要的诸王勋贵封地为单位，众建路州，划一食邑，尽可能使拥有较多封户的诸王贵族独占一路一州。原五户丝食邑投下不仅享有五户丝和委派达鲁花赤的权力，其行政建置也带有了投下属性。换言之，元朝也存在较多颇具特色的投下路州。投下食邑分置路州，是元廷怀柔诸王贵族和铲除汉世侯势力的措施。参见李治安：《元代中原投下封地置路州发微》，中国蒙古史学会主编：《蒙古史研究》第三辑，内蒙古大学出版社，1989 年，第 31 页。

② 《元史》卷六《世祖纪三》，第 107 页。

③ 《元史》卷九五《食货志三》，第 2415－2416 页。

四、结语

忽必烈对元朝各项财政体制的架构，是在沿袭宋、金财政体制的基础上又有所损益，其结合蒙古草原游牧旧制与中原汉地传统的中央集权体制等因素，建立起了蒙汉杂糅的政府结构与各项职能。元代财政体制的形成并最终确立，是在元世祖忽必烈统治时期，尽管有元一代政府的财政体制与运行模式一直处于不断调整与变动之中，但忽必烈时期创置的财政体制的基本框架和机构的职能，却得以延续至元朝结束。元朝政府财政体制的形成、沿革与演变，其中还夹杂着历史的惯性作用、多元文化结构、多层政府的框架、区域间差役悬殊、非均衡的人力资源分布，以及众多的人口与幅员辽阔的疆域等多重复杂因素的影响。综合上述多种影响因素，我们对元朝所建构的财政制度与运行模式的理解，则有必要从社会各种因素（即社会诸层面）的综合视角进行观察。于此之外，忽必烈所建构的元代财政体制，从表面上看其凸显出一个近乎“纯汉化”的财政体制形式，但实际上此体制却是由中原政权模式与草原文化旧俗因素，在相互博弈与妥协之后而形成的。在这个所谓的近乎“纯汉化”的财政体制之中，既可以从中发现其沿袭中原政权模式的成分，也可以从中追溯到辽、金等政权的财政管理因素，同时又能够从元代财政体制的沿革与演变中，发现忽必烈经略漠南时期的财政思想与财政管理举措。

作者简介：
孙朋朋，河南大学黄河文明省部共建协同创新中心副教授。

蒙元“黑军”考[①]

张文明　张金铣

［提要］“黑军”是蒙元时期木华黎麾下的一支神秘之师，关于它的些许记载散落在《元史》和一些碑铭当中，而且有些记载彼此还相互抵牾，造成了很多学者各持己见的情况。本文旨在去伪存真、探明真相，尽可能地综合有关“黑军”的相关信息，重点考查当时国家兵志变革的总体状况，并适当参照和比对蒙元时期与“黑军”类似的其他形制的军队，力图揭示：诞生于木华黎时的“黑军”实质上是由金元辽东、河北区域降卒中的矫健者组成的司职攻坚的先锋军，它经历了作为最高蒙古统帅直属的辉煌、设立总管搜罗旧部的变革和成为宿卫亲军一部的演变过程。

［关键词］黑军；木华黎；先锋军；总管

① 本文系国家社科基金项目“元代路总管府长官通考”（项目批准号：17BZS050）、安徽省高校人文社科研究项目“中国小说插图叙事的语图互文机制研究”（项目批准号：SK2020A0132）的阶段性成果。

一、蒙元“黑军”概述及前人述评

木华黎承制统领的伐金军队，除了蒙古本部“弘吉剌、亦乞烈思、兀鲁兀、忙兀等十军”，还有“契丹、蕃汉等军”①，这其中就包括吾也而的女真军和契丹军、史天倪的汉人军队以及斫答的糺军②等，他们在金地款附，进而为蒙古人开疆拓土，对外统称汉地军。在窝阔台汗时，置汉军三万户，分由刘黑马、札剌儿、史天泽统领，隶耶律秃花麾下，后又增立七万户，以刘黑马为首。③ 这其中的汉军万户既有夹谷龙古带、奥屯世英这样的女真人，也有田雄等汉人，还有札剌儿等契丹人。④ 可以说汉军囊括了汉人、女真人、契丹人，是和蒙古军等量齐观的军队建制。

毋庸置疑，在蒙古灭金、灭宋、平乱等一系列的军事行动中，汉军一直都起着举足轻重的作用。不过论究战力，有一支被称作“黑军”的部队同样不容小觑。他们协同蒙古军和汉军征伐，每战必冲锋在前、奋力拼杀。根据史籍，“黑军”最早出现在木华黎用兵于河北、北京之时，后又参与攻打中都、汴梁、襄阳的战役，并且功勋卓著。

通过对“黑军”记录的简单梳理，可见其从元太祖一直延续到元世祖时期。但关于其来历，史书语焉不详，只有寥寥数语。《元史·兵志》中更是只字不提，以致长期以来学界无法厘清“黑军”的来龙去脉，而且有些信息还相互龃龉，对此学界只能或大胆揣测，或避之不谈，下文将会引述一些学者对于“黑军”的看法，并稍加评述。

关于“黑军”的来历，元人许谦在其所撰《总管黑军石抹公行状》一文中给出了他对“黑军”的认识。其文说，“太祖皇帝龙兴，（石抹也先）挺身而归，出奇计，单骑掩取金东京。……先是，大夫（御史大夫石抹也先）募豪勇士为前行，号‘黑军’，所向无敌，常自将之。至是，仍受查剌公御史大夫，领黑军”⑤。按照许谦（1269—1337）的说法，该部“黑军”是也先统帅，招募的都是敢死之士，在也先军中已成定制。不过围绕“黑军”依然还有很多问题没得到解答。比如“黑军”究竟是一个常备组织还是也先军中的特例？“黑军”是否隶属于汉军？所以要想了解和界定“黑军”还需参照更多史料。

论及“黑军”的由来，《剑桥中国辽西夏金元史》认为，“由于围城和封锁对蒙古

---

① 《元史》卷一一九《木华黎传》，中华书局，1976年，第2932页。

② 关于金朝的“糺军”情况，可参见陈尼娜：《金朝西北部契丹等游牧民族的部族、糺制度研究》，《吉林大学社会科学学报》2007年第3期。

③ 《元史》卷一四九《刘黑马传》，第3517页。

④ 赵文坦：《〈元史·刘黑马传〉“七万户”蠡测》，《历史研究》2000年第6期。

⑤ 李修生主编：《全元文》卷七八三《总管黑军石抹公行状》，凤凰出版社，2004年，第64页。

人来说是新生事物而且需要大量的人力，所以汉人军队被迅速征集起来以完成这项任务。这些汉人军队，有些是在他们的长官率领下投靠蒙古人而成，而其他则是由在新政权下保留原职的金朝官员从平民中新征募来的。到1213年，已有汉人军队被用来对金作战，他们被称为汉军或黑军”①。傅海波这里提到汉军和黑军同属于早先成建制归降蒙古的汉人军队，但对于黑军的界定依然不够清晰。

目前对于“黑军”论述最多的当属陈述先生所撰的《哈喇契丹说——兼论拓拔改姓和元代清代的国号》一文。陈先生认为，契丹人有尚黑的传统，在辽亡之后，许多契丹人不肯降金，成吉思汗时期，有一支曾投附蒙古，并组成黑军。② 陈先生主要依据的是从许谦的《总管黑军石抹公行状》和黄溍的《石抹公神道碑》中所获得的推论：①脱罗华察（石抹也先的父亲）的招徕怀辑，使得更多的契丹人北移，是契丹散落族众的集合；②集募豪勇而成的“黑军”，始终在也先父子祖孙的统领下，暗示着由于族系相同的条件；③在辽时由于本族尊崇青色，紏用青旗；契丹遗人，入元以后组成本族军队，仍称“黑军”。陈先生有关“黑军”的推论较为合理，但也有些许疏漏，其中“‘黑军’始终在石抹氏治下”这一条显然就和元帅史天祥、邸浃等人属下也有“黑军”不符。另外《元史·石抹也先传》中说“闻太祖起朔方，匹马来归”③；黄溍《石抹公神道碑》也说“太祖皇帝龙兴朔漠，乃杖策来归”④，足见当初石抹也先是单枪匹马独自归顺蒙古，因而一开始手下不可能有一支强大的“黑军”。并且《元史》也交代了也先的兄长奚人族长赡德纳起先依附金国，“后亦弃金官来归，为别失八里达鲁花赤”⑤，不过尚无证据表明石抹族人为“黑军”⑥。这和陈先生所说的“也先以一只号称‘黑军’的契丹军归顺”有较大出入，这一问题黄时鉴先生早已注意到了。⑦ 而且新的史料已经证明真

---

① 傅海波、崔瑞德编，史卫民等译：《剑桥中国辽西夏金元史》，中国社会科学出版社，1998年，第423页。

② 陈述：《哈喇契丹说——兼论拓拔改姓和元代清代的国号》，《历史研究》1956年第2期。

③ 《元史》卷一五〇《石抹也先传》，第3541页。

④ 李修生主编：《全元文》卷九七一《沿海上副万户石抹公神道碑》，第224页。

⑤ 《元史》卷一五〇《石抹也先传》，第3542页。

⑥ 有关赡德纳、石抹也先的事迹可参照《元史》卷一五〇《石抹也先传》，第3541–3543页；《元史》卷一一九《木华黎传》，第2930–2931页；《元史》卷一五二《石抹阿辛传》，第3603页；李修生主编：《全元文》卷七八三《总管黑军石抹公行状》，第64–65页；李修生主编：《全元文》卷九七一《沿海上副万户石抹公神道碑》，第224–227页；李修生主编：《全元文》卷一五六《舒穆噜氏神道碑》，第406–408页。仅凭以上现有史料还无法得出“黑军”初由石抹族人构成的推论。

⑦ 黄时鉴：《木华黎麾下诸军考》，《元史论丛》1982年第1期。黄时鉴认为陈述在《军史实论证》一文中所作“‘黑军’当即库烈儿所率部落与脱罗毕所招来之徒众”的推断缺乏史实依据。

正拥有契丹军的汉军万户札剌儿和石抹也先的儿子查（札）剌并非一人①，这也说明“黑军”并非等同于契丹军。综上，前人对于“黑军”的研究颇具价值，但也有一些欠缺之处，比如史料并不充分、综合分析较少、推测过于武断、定义外延过大等。因此有必要围绕“黑军”重新探讨，希冀对以后的相关研究有所裨益。

二、与“黑军”相关的将领

通过史料可以发现，与“黑军”联系密切的重要将领和下级军官有史天祥、邸浃、石抹也先、石抹孛迭儿、赵伟等，其中既有汉人，也有契丹人，可见“黑军”并不完全是契丹将领掌控的军队。

（1）史天祥，燕京永清人，是史天倪、史天泽的从兄，是木华黎麾下著名的汉人将领。在《元史·史天祥传》中“黑军”出现有两处：一为“岁癸酉（1213），天祥随（伯父）秉直迎降于涿。木华黎命怀德（天祥父）就领其黑军隶帐下”；二为“甲戌（1214）合众攻其城（大宁），怀德先登，擒其二将，为流矢所中，殁于军。乃以所统黑军命天祥领之”②。这里的“黑军”显然指的是史怀德所统领的金末河北地方汉人武装，怀德死后由其子史天祥接管。关于这支“黑军”的主要来源，《元史·史天倪传》记载“史伦（曾祖）卒时，河朔诸郡结清乐社四十余，社近千人，岁时像伦而祠之。至是，天倪选其壮勇万人为义兵，号清乐军，以从兄天祥为先锋，所向无敌”③。由此可见，这万余拣选出的清乐军应该就是天祥“黑军”的最初主要来源，同时也是史家开基立业的资本，其组建应该是在木华黎授意和严格监督下进行的，是为蒙古人继续攻伐金国服务的。其抽取比例也十分符合郭宝玉给元太祖提出的针对汉人设置的“三丁选一”的征兵条格。④ 可惜《元史》并没有给出怀德军称之为“黑军”的理由，不过怀德、天祥所

---

① 胡小鹏：《窝阔台汗己丑年汉军万户萧札剌考辨》，《西北师大学报》2011 年第 6 期。胡小鹏根据《嘉靖鲁山县志》卷九保存的《石抹公（札剌儿）墓志铭》得知，窝阔台汗己丑年始置的汉军三万户中之萧札剌，不是萧也先之子萧札（查）剌，而是于甲戌年投降蒙古的金中都乣军首领札剌儿。

② 《元史》卷一四七《史天祥传》，第 3486 页。

③ 《元史》卷一四七《史天倪传》，第 3478 页。

④ 有关元太祖时“三丁选一”的兵制可参照《元史》卷一四九《郭宝玉传》，第 3521 页。其中提到“木华黎引见太祖，问取中原之策，宝玉对曰：‘汉人有田四顷、人三丁者签一军。’”如果对比《元史·史天倪传》中的记载“史伦（曾祖）卒时，河朔诸郡结清乐社四十余，社近千人，岁时像伦而祠之。至是，天倪选其壮勇万人为义兵，号清乐军，以从兄天祥为先锋，所向无敌”，这里河朔诸郡结成的清乐社数量是四十，每一社近千人，总数应该是四万人，在战乱频仍的年代，民众结社保家，应该是家中的人丁悉数参加，四取一也较接近郭宝玉提出的征兵条格。

部军士为“黑军”中的一支已确证无误。

另外从《元史·史天祥传》来看，后来史天祥由于箭伤恶化，不再掌控“黑军”，转而为海滨和众利州等处总管，兼领霸州御衣局人匠都达鲁花赤，行北京七路兵马都元帅府事。儿子史彬为江东提刑按察副使，史槐袭霸州御衣局人匠都达鲁花赤，都已退出行伍，不再提领“黑军”。

(2) 石抹也先、查剌父子，辽人，“以‘黑军’助太祖皇帝开国灭金”①，是了解“黑军”的极为关键的人物。他们是金末主动投靠蒙古的契丹人，属于述律氏，是辽国萧后的后人，在史书中也称作萧阿先、萧查剌，他们归附的时间和史家相仿。《元史·石抹也先传》记载：辽东割据势力张鲸、张致兄弟败亡后，“石抹也先籍其私养敢死之士万二千人号黑军者，上于朝”②。由此可见，一部分“黑军”是源于张氏兄弟的部属，为一群死士，而且仅从姓氏来看，他们应该主要都是汉人。张鲸、张致暂且不论，其属下杨伯杰、杜秀、高益等无一不是汉人，这和陈述先生所说的“黑军”为契丹军的说法有较大出入。

如果说“黑军”在也先手中已初具规模，那么在他的儿子查剌治下得以壮大。胡祗遹《舒穆噜氏神道碑》记载，查剌为也先长子，母为蒙古氏，“刚直有父风，发矢无不中，尝一日射飞雉三十。岁戊寅，袭父贵，从太师西征，取平阳、太原、隰、吉、岢岚诸城。岁丁亥，从博罗国王攻益都……岁辛丑，太宗皇帝以查剌功臣子，能继立战功，授真定路达鲁花赤，兼北京路达鲁花赤”③。《元史·查剌传》提到：“查剌，亦善射，袭御史大夫，领黑军。……己卯，诏以黑军分屯真定、固安、太原、平阳、隰、吉、岢岚诸郡。及南征，尽以黑军为前列，败金将白撒、官奴于河。渡河再战，尽杀之，长驱破汴京，入自仁和门，收图籍而还。帝悉以诸军俘获赐黑军。癸巳，从国王塔思征金帅宣抚万奴于辽东之南京，先登，众军乘之而进，遂克之，王解锦衣以赐。……子库禄满，袭职。中统三年，从征李璮，中流矢卒。子良辅，袭黑军总管。”④ 对于库禄满袭职为“黑军”总管，《舒穆噜氏神道碑》中记载：“中统二年，先帝思念先朝重臣，有勋于我家，授黑军总管。三年平李璮乱，以疾卒于渔阳。”⑤

从上述史料中可知石抹家族几代执掌“黑军”，而且规模很大、战力惊人，常常驻守在河北、山西的和金军犬牙交错的战略要地，另外从作战形制来看，其防守固若金

① 刘基：《刘基集》卷一三《处州分元帅府同知副都元帅石抹公德政碑颂》，浙江古籍出版社，1999年，第190页。

② 《元史》卷一五〇《石抹也先传》，第3452页。

③ 李修生主编：《全元文》卷一五六《舒穆噜氏神道碑》，第408页。

④ 《元史》卷一五〇《石抹也先传》，第3543页。

⑤ 李修生主编：《全元文》卷一五六《舒穆噜氏神道碑》，第408页。

汤，堪称拱卫蒙古军的屏障；而攻伐时又能先拔头筹，堪称急先锋。

不过随着“黑军”式微，石抹良辅至元二十一年（1284）转任沿海上副万户，其子石抹继祖袭职镇戍台州、婺州、处州等处。①其孙石抹宜孙据刘基《处州分元帅府同知副都元帅石抹公德政碑颂》袭职为沿海上万户府副万户，继续镇守处州。② 由此“黑军”不再出现在石抹家族的相关记载当中。

（3）石抹孛迭儿，籍贯河北霸州，契丹人，曾统领“黑军”一部。《元史·木华黎传》中提到“遂次霸州，天倪、萧勃迭率众来降，并奏为万户”③，“父桃叶儿，徙霸州。孛迭儿仕金，为霸州平曲水寨管民官……木华黎率师至霸州，孛迭儿迎降……擢为千户。岁甲戌，……佩以银符，充汉军都统。……辛巳木华黎承制升孛迭儿为龙虎卫上将军、霸州等路元帅，佩金虎符，以黑军镇守固安水寨。既至，令兵士屯田，且耕且战，披荆棘，立庐舍，数年之间，城市悉完，为燕京外蔽”④。石抹孛迭儿自父辈徙居霸州多年，汉化程度很深，他和“誓不食金粟，率部落远徙穷朔”⑤ 的石抹也先家族有着本质区别。《石抹孛迭儿传》中提到的“以黑军镇守固安水寨”和《查剌传》中“诏以黑军分屯真定、固安、太原、平阳、隰、吉、岢岚诸郡”十分吻合，可见孛迭儿所率应为“黑军”一部，黄时鉴认为该部“可能是糺军组成的”⑥。孛迭儿所部长期追随石抹查剌出征，“辛卯，（该部）从国王塔思征河南。癸巳，从讨万奴于辽东……”⑦。这显然和前文提到的石抹查剌的行迹完全吻合。至于他的儿子糺查剌、查茶剌的情况，只有“世祖中统元年四月，谕随路管军万户，有旧从万户三哥（张柔）西征军人，悉遣至京师充防城军……糺查剌军一百四十五人”⑧ 这一条线索，还无从知晓“黑军”在石抹孛迭儿家族中的承袭情况以及糺查剌军和“黑军”的关系，不过按照元朝子承父职来看，糺查剌军依然为“黑军”一部的可能性极大。

（4）石天应，兴中府（今辽宁朝阳）人，降附后为木华黎帐下虎将，1221 年战殁于河中。史书记载：“太祖时，太师、国王木华黎南下，天应率众迎谒军门。木华黎即承制授兴中府尹、兵马都提控，俾从南征。……戍燕。天应旌旗色用黑，人目之曰‘黑军’。屡从木华黎，大小二百余战，常以身先士卒，累功迁右副元帅。”⑨ 石天应投靠木

---

① 李修生主编：《全元文》卷九七一《沿海上副万户石抹公神道碑》，第 224 页。

② 刘基：《刘基集》卷一三《处州分元帅府同知副都元帅石抹公德政碑颂》，第 192 页。

③ 《元史》卷一一九《木华黎传》，第 2930 页。

④ 《元史》卷一五一《石抹孛迭儿传》，第 3576 页。

⑤ 李修生主编：《全元文》卷七八三《总管黑军石抹公行状》，第 108 页。

⑥ 黄时鉴：《木华黎麾下诸军考》，《元史论丛》第一辑，中华书局，1982 年。

⑦ 《元史》卷一五一《石抹孛迭儿传》，第 3576 页。

⑧ 《元史》卷九九《志四七·兵志二》，第 2530 页。

⑨ 《元史》卷一四九《石天应传》，第 3526 页。

华黎略晚于史天祥、石抹也先，当时东京、北京已定，“石天应与豪酋数十据兴中府，也先分兵降之”①，这里身为豪酋的石天应十分符合“黑军”的取材条件，而且招降他的人正是统帅“黑军”的石抹也先。《元史·石天应传》中还提到“时兵烬后，守具未完，新附者争缒而去”②，说明天应所统“黑军”也多由降顺的金军官兵组成。天应三子，焕中，知兴中府事；执中，行军千户；受中，兴中府相副官，不再与“黑军”有任何瓜葛。

（5）刘议，真定人，苏天爵外曾祖父，“元帅史天倪辟署权黑军万户。会副将武仙杀元帅叛，即从元帅弟丞相天泽击走仙，转战两河，平金有功”。不过其子刘成与兄某并未承袭父职，“岁壬子，国家初籍民屯田襄邓间，君与其兄俱在行中，兄弟勤穑事，每代兄作劳，田官称之”。后从伐襄阳、略武当、循湖广、薄静江。③ 从刘议父子的情况来看，他们并没有遵循父死子继、兄终弟及的元朝武官承袭制，而是籍籍无名、勤于稼穑，这就解释了“黑军”为何过早地淹没于历史的长河当中。

（6）赵伟、赵伯成父子，史书记载是和“黑军”相关的汉人低级将领。苏天爵《赵公神道碑铭》中言：“考府君伟（赵伟），国初以才勇从丞相史忠武王（史天泽）平金，擢黑军百户，岁庚申，公（赵伯成）始袭职，隶万户邸公，移兵戍守归德。己未，从邸公济江攻鄂。中统三年，李璮反，公与贼战有功，邸公旌币三端。改隶招讨使野德迷失麾下，别将拔都军百人。至元十有一年，天兵渡江，从攻沙阳、新城、阳罗堡，因戍黄州，进攻隆兴、抚州、建昌，皆下之。”④ 从该碑铭可以看出，此时黑军百户世袭罔替，但绝非一直固定隶属于某一汉军万户的麾下，会随时根据战争需要进行调拨，赵伯成从史天泽军迁至邸浃军就是最好的例证。另外从汉军百户到蒙古军百户，赵伯成属于平级调动，调入的“拔都军”和调出的“黑军”性质极有可能类似，从常理上讲这样更有利于发挥军士原有专长。“拔都”在蒙古语中是勇士的意思，与拔突、霸都鲁所指相同。《元史·兵志二》说：“忠勇之士，曰霸都鲁。”《黑鞑事略》云：“八都鲁军，犹汉之死士”⑤，即担任摧坚攻垒的敢死军。而作为和拔都军建制类似的武装，“黑军”应该也是一支由汉人勇猛者组成的冲锋陷阵的部队。

上文所说的这些与“黑军”相关的人物，从籍贯来看，主要涉及金元时期的辽东和

---

① 《元史》卷一五〇《石抹也先传》，第3542页。

② 《元史》卷一四九《石天应传》，第3527页。

③ 马祖常：《石田文集》卷十三《征行百户刘君墓碣铭》，四库全书本，第339页。

④ 苏天爵：《滋溪文稿》卷十五《赵公神道碑铭》（全称为《元故武义府郎漳州新军万户府副万户赵公神道碑铭并序》），四库全书本，第335页。这里的邸公是邸顺的儿子邸浃，《元史》记载“丙辰春，顺卒，年七十四。子浃，袭职。己未，从世祖渡江，围鄂州，有战功”。

⑤ （宋）彭大雅：《黑鞑事略》，中华书局，1985年，第12页。

河北地区。而在今山东等地，蒙古势力虽有所介入，但从对张荣、严实等人的调查中并未发现有关“黑军”的任何记载。在对这些将领的研究中，不难发现这些“黑军”将领多是地方豪强，通过组建“黑军”，蒙古方面不仅增加了兵力，也削弱了地方豪强的势力。史氏家族当时应属地方豪强中的实力派，拥有万余兵力，石抹也先也一样，随着张致的兵卒置其麾下之后，也很快成为当时蒙古人极力扶持而又十分忌惮的汉军势力集团，所以抽调强健降卒组成“黑军”无疑可以进一步削弱地方豪强的实力，避免类似锦州的反叛再次发生，同时也可以提升蒙古人的战力。因而在蒙金战争初期从降附的史家军和锦州军中抽调出的勇猛之士应该是“黑军”的一个重要来源。

三、“黑军”的来历

“黑军”的出现有其历史原因。蒙古国建立之后，一直积极地对外扩张，但有限的军队显然无法保证其大规模的兵力投入，同时在面对坚固城防的时候，蒙古人不仅损兵折将，而且往往久攻不下，木华黎在攻打东平时就遇到了这种情况，为此还要斩杀主将吾也而。在这种情况下，金军降卒以及地方势力中的矫健壮勇者恰恰成了蒙古人开疆扩土的利器，从而实现保存自己实力、打击敌人的目的。对此，《元史》中的一些记载可以作为佐证：一为蒙古人“选降卒长身武勇者二百人，使（史天祥）领之”；二为史天祥“得锦州旧将杜节，并‘黑军’五百人，即令统之”①；三为“也先籍其私养敢死之士万两千人号黑军者，上于朝”②。蒙古人把这些健勇的降兵编成“黑军”之后，主要用他们来攻城拔寨，“黑军”的两位首领史怀德、石抹也先就是先后殒命在攻打宁城、蠡州的战役中。《元史》中载有“黑军”攻坚克难的事迹：“（武）仙兄贵以万人壁于山上，负固不下，天祥携完颜胡速及黑军百人，由鸟道扳援而上，尽掩捕之。”③

既然史天祥、石抹也先二人是《元史》中提到的最早和“黑军”相关的人物，那么“黑军”是始于他们，还是可以继续往前追溯？本文认为，“黑军”应是木华黎麾下一军称号，并非肇始于天祥、也先归顺之时。这是源于对于“木华黎命怀德就领其‘黑军’隶帐下”这句话的解读，“黑军”既可以解读为“怀德军队的名号是‘黑军’”；也可以理解为“木华黎帐下已有一支军队号称‘黑军’，而怀德、天祥所领降卒符合该军选人标准，因而被充实其中”。从史料来看，史家军的名号“清乐军”和“黑军”没有任何联系，这就排除了前者的可能性，增大了“黑军”作为木华黎麾下某支军队名号的可能性。

---

① 《元史》卷一四七《史天祥传》，第3496页。
② 《元史》卷一五〇《石抹也先传》，第3452页。
③ 《元史》卷一四七《史天祥传》，第3496页。

按前所述，先于天祥就有“黑军”的存在，可事实是此段历史未能载入元朝史籍，原因可能是多方面的：其一，当时“黑军”的规模应该不是很大，还处在初步建制当中；其二，蒙古军还未遇到特别棘手的攻坚战，“黑军”只是被当作普通军队对待，并不具有高的“显示度”，先前蒙古人多是靠骑兵突击取胜，北京、蠡州这样的攻坚战还未出现；其三，当初那些“黑军”中并未出现像天祥、也先这样的著名人物，因而未能在《元史》的本纪和传记中体现出来。

“黑军”如此称呼，其实得名于旗帜和衣服的颜色。《元史》中的一些相关细节或许可以印证这一说法。《元史·石抹阿辛传》中说“阿辛所将军，皆猛士，衣黑为号，故曰‘黑军’”①。另外《元史·石天应传》中提到石天应“旌旗色用黑，人目之曰黑军”②。

四、“黑军”的沿革

随着战争局势的变化以及蒙元募兵政策的改变，“黑军”的地位和形制也一直不断地发生着变化，最初处在和蒙古军、汉军并称的尊崇地位，后来其声势和光芒逐步为拔都军所掩盖，乃至到了需要设立总管搜罗旧部的尴尬境地。

1. 独立建制、直属于蒙古统帅的军队

在元太祖时期，“黑军”脱离了原有的军队序列，直接听命于蒙古统帅，并不隶属于任一汉军。在木华黎征战时期，“黑军”始终处于木华黎帐下，其统帅史天祥、石抹也先也一直扈从左右，木华黎甚至评价史天祥说：“天下未定，智勇士可离左右乎?”③史、石抹二人长期率“黑军”协同蒙古军作战，这与长期驻守真定藁城的董俊和保定行唐的邸顺等人有很大的区别。在《元史》中可以看到“黑军”和汉军、蒙古军并置的状况：“己卯，权兵马都元帅，蒙古、汉军、‘黑军’并听节制”④。另外，分管“黑军”的将领级别都很高，史天祥是权兵马都元帅，其从父北京行六部尚书史秉直是木华黎的岳丈，⑤石抹也先、查剌父子为御史大夫，这样做分明是要将骁勇的“黑军”置于蒙古汗庭的掌控之中，“也先籍其私养敢死之士万两千人号‘黑军’者上于朝”⑥也恰恰说明了这一点。谈及其统帅层的变化，先是天祥、也先二人分领“黑军”，但在也先1217

---

① 《元史》卷一五二《石抹阿辛传》，第3603页。据钱大昕《廿二史考异》卷九七《元史十二》言“阿辛即也先，译音偶异，史家遂分为二人，各立一传矣”。

② 《元史》卷一四九《石天应传》，第3526页。

③ 《元史》卷一四七《史天祥传》，第3486页。

④ 《元史》卷一四七《史天祥传》，第3486页。

⑤ 李修生主编：《全元文》卷一三八《史氏庆源之碑》，第76页。

⑥ 《元史》卷一五〇《石抹也先传》，第3542页。

年阵亡于蠡州、其子查剌承袭父职之后，史天祥暂且成为“黑军”的统帅。在此阶段，“黑军”的职能也发生了巨大的转变，战争初期主要司职冲锋陷阵、攻坚克难，后期在与金国的战略相持时，兼有了攻城拔寨和屯田戍守两项职能。《元史·石抹也先传》记载：“己卯，诏以黑军分屯真定、固安、太原、平阳、隰、吉、岢岚诸郡。”① 可见1219年时，随着蒙古军在河北、山西一带大局已定，“黑军”的使命兼有攻城和屯田。元太宗时期，蒙古汗庭在中原民户中大规模签发士兵，补充汉军兵员②，使得从各地征发的府州军成为汉军的主要来源③。而过度依赖降卒的“黑军”的重要性开始不断降低，在《元史》中除了石抹氏家传以外再难觅到它的踪迹。《元史·石抹查剌传》记载“（1231年）南征，尽以‘黑军’为前列，败金将白撒、官奴于河。渡河再战，尽杀之，长驱破汴京，入自仁和门，收图籍而还。帝悉以诸军俘获赐‘黑军’。癸巳（1233），从国王塔思征金帅宣抚万奴于辽东之南京，先登，众军乘之而进，遂克之，王解锦衣以赐”④。在围攻汴梁时“黑军”直接隶属于元太宗所领的中路军⑤，在灭金和东夏的过程中曾经发挥过重大的作用，“帝悉以诸军俘获赐‘黑军’”恰恰就体现出了“黑军”的巨大价值和有别于他军的独特地位。随后不久，“黑军”再次出现在1235年的蒙宋襄樊之战中，黄溍《沿海上副万户石抹公神道碑》一文记载“祖讳库禄满，以‘黑军’与从弟度剌攻襄阳樊城”⑥。在此阶段，由于旧疾复发，史天祥已不再掌控“黑军”，指挥权完全落在了石抹查剌一人身上。不过此时的“黑军”无论是规模还是战力已不如往昔，随着元金之间大规模战役的缺乏，从降卒中去补充兵员已变得困难，“黑军”的存在空间受到了进一步挤压。

2. 设立总管掌控“黑军”

1235年蒙宋襄樊之战后的二十多年，史籍对“黑军”并无记载。直到中统三年

---

① 《元史》卷一五〇《石抹也先传》，第3542页。

② 陈得芝主编：《中国通史》第8卷《中古时代元时期上》，上海人民出版社，1999年，第306页。

③ 《元史》卷一二一《抄思传》：“丁酉秋七月，奉旨调军，得西京、大名、滨、棣、怀、孟、真定、河间、邢、名、磁、威、新、卫、保等府州军四千六十余人统之。”（第2994页），由此可见早在丁酉年（1237）府州军就开始成为主要兵源。

④ 《元史》卷一五〇《石抹查剌传》，第3543页。

⑤ 《元朝史》：“一二三一年夏，窝阔台避暑于官山九十九泉（今内蒙古资北灰腾梁）大会诸侯王，商议攻金之策。……窝阔台采纳了托雷的意见，决定分兵三道进征：窝阔台自统中军，渡河，由洛阳进；斡赤斤以左军由济南进；拖雷总右军，由宝鸡南下，通过宋境，沿汉水达唐邓，以成包抄之势，期于次年正月会师汴京。”（韩儒林主编：《元朝史》，人民出版社，2008年，第147页）

⑥ 李修生主编：《全元文》卷九七一《沿海上副万户石抹公神道碑》，第224页。

(1262)，“黑军”再次出现，《元史·石抹也先传》记载“（石抹查剌）子库禄满，袭职。中统三年，从征李璮，中流矢卒。子良辅，袭‘黑军’总管”①。这里“黑军”总管的出现应该源于元世祖时期对于兵制所做的重大变革，中统、至元年间，各类总管府、达鲁花赤、都指挥使司相继建立，如中统三年，世祖以五投下探马赤立蒙古探马赤总管府，至元九年（1272），初立阿速拔都达鲁花赤②等。虽然《兵志》的记载较为粗略，并没有提及“黑军”的相关变革，但在蒙古军、汉军、唐兀军、阿速卫等各类军队普遍改制的情况下，设立总管管控“黑军”势在必行，黄溍《沿海上副万户石抹公神道碑》中提到“世祖皇帝念其（库禄满）祖父（石抹也先）之功，降制褒谕赐金符为总管，与叛将战于济南，死焉”③，由此可见“黑军”总管职位的设立应在中统或至元初。究其改制的原因，本文认为它和建立探马赤军的初衷很类似，即“金亡之后，散居牧地，多有入民籍者。国家土宇未一，宜加招集，以备驱策”④。

3. 拱卫京师、司职侍卫、南下灭宋

中统三年九月，阿里不哥、李璮叛乱平定之后，元世祖便着手削弱汉族世侯的权力，实行“兵民分治”“罢诸侯世守，立迁转法”，不断加强中央集权，加快了按照中原封建王朝传统模式进一步完善新政权的步伐。⑤ 在宿卫军制度上，元世祖效仿汉人禁卫军，在传统怯薛之外又组建了侍卫亲军，加强京城周边的防护。《元史·世祖纪三》记载“中统三年，敕武卫军及‘黑军’会于京师”⑥。可见这一阶段的“黑军”依然是元世祖十分信任和依赖的军事力量，并曾在总管库禄满率领下参与了对李璮的平叛。此后，在世祖南下灭宋、一统华夏的过程中，石抹良辅以“黑军”攻五河及湖南诸部⑦，在平宋中发挥了一定的作用。

4. “黑军”的消亡

在成宗时，“诏以公（继祖，良辅之子）嗣其职，方是时承平日久，‘黑军’散落之余，多已它属。武宗即皇帝位，仁宗为皇太子，上命悉括‘黑军’以卫东宫宗戚贵

---

① 《元史》卷一五〇《石抹也先传》，第3542页。

② 《元史》卷九九《兵志二》，第2530页。

③ 李修生主编：《全元文》卷九七一《沿海上副万户石抹公神道碑》，第224页。

④ 《元史》卷一六六《石高山传》：“中统三年，高山因平章塔察儿入见世祖，因奏曰：‘在昔太祖皇帝所集按察儿、孛罗、窟里台、孛罗海拔都、阔阔不花五部探马赤军，金亡之后，散居牧地，多有入民籍者。国家土宇未一，宜加招集，以备驱策。’帝大悦，曰：‘闻卿此言，犹寐而觉。即命与诸路同招集之。既籍其数，仍命高山佩银符领之。’”（第3897页）

⑤ 张金铣：《中国历代内乱问题》，泰山出版社，2009年，第175页。

⑥ 《元史》卷五《世祖纪二》，第87页。

⑦ 李修生主编：《全元文》卷九七一《沿海上副万户石抹公神道碑》，第224页。

臣，弗便，事遂寝”①。至此，石抹家族已不再袭领“黑军”，历史对于“黑军”的书写似乎戛然而止。

五、结语

“黑军”是在元太祖时期由降附金军中的矫健者组成的专门司职攻城拔寨、屯田戍守的军队。在战争中他们被视为死士，冲锋陷阵、攻坚克难、九死一生，或戍守襟喉扼要、固守待援，历经了北京、汴梁、辽东、襄樊等大大小小无数次的战役。在战争间歇，他们还屯聚牧养，拱卫京师，以备再战。世祖时，“黑军”设立总管，和武卫军一起戍卫京师、平定叛乱。成宗时，“黑军”原本应被纳入侍卫亲军来增强宿卫力量，但由于人员失散，从而作罢。在存续的整个过程中，“黑军”取得了丰硕的战果，但随着降卒兵源的匮乏、正规募兵制的实行以及汉人万户势力的崛起，“黑军”的规模不断缩小，重要性也不断降低，直至逐步消亡。

作者简介：

张文明，安徽大学历史学院博士研究生，安徽农业大学外国语学院讲师；张金铣，安徽大学历史学院教授，博士生导师。

① 李修生主编：《全元文》卷九七一《沿海上副万户石抹公神道碑》，第224页。

元代武备寺考论

张晟峰

［提要］武备寺是元朝廷设立的兵器管理兼制造机构，其经历了军器局、军器监、武备监以及武备寺四个发展阶段。寺内官吏有武备寺卿、同判、少卿、武备寺丞、经历、知事、照磨兼提控案牍、承发架阁库管勾、辨验弓官、辨验筋角翎毛（官）以及译使等。寺内官吏包括蒙古人、色目人和汉人，但提调武备寺的官员都为蒙古人、色目人，且这些官员都为怯薛出身，多任职于枢密院、中书省等朝廷军政机构。寺内汉人多任寺丞、首领官和吏员等。在长期发展过程中，元朝枢密院将其在中书腹里地区管理兵器的职能逐渐转交给了武备寺。

［关键词］军器局；军器监；武备寺；枢密院

武备寺是元朝中央兵器管理兼制造机构。然而，对这一重要的朝廷军需机构，史料中的记载却非常简略。① 前人诸研究成果虽有所涉及，但多是关于其职能和内部官员设

① 《元史》卷九〇《百官志六》，中华书局点校本，1976 年，第 2284 页。

置的论述，且非常简单，① 未能对武备寺的发展演变过程加以深入探究。不仅如此，前人诸成果还未能深入探讨武备寺内官员的族群构成及其政治背景，以及武备寺与枢密院和中书省之间的联系。笔者将立足史料，结合宋金元时期的政治、社会状况以及相关机构的历史背景，对武备寺前身各阶段的发展演变过程、特点及寺内官员构成情况做深入考述。并考察金代朝廷兵器管理机构与政务机构之间的联系，以期发现元代此类机构新的历史特点和变化。这将有助于我们了解元代军事后勤体系的发展状况、新的历史特点以及当时复杂的民族关系。

一、武备寺溯源

1. 大蒙古国时期的军匠到元初的军器局

在大蒙古国时期，承担蒙古军兵器制造和管理重任的是被掳的各地工匠。据《元史·朵罗台传》记载："朵罗台，唐兀氏。祖小丑，太祖既定西夏，括诸色人匠，小丑以业弓进，赐名怯延兀兰，命为怯怜口行营工匠百户。"② 再如，金朝孙氏家族善于制造护甲，曾"贮储戎具为亟，挟所业投献，上赏其能应时需，赐名也可兀兰，锡佩金符，充诸路甲匠总管"③。

随着战争规模不断扩大，为维持征战，蒙古统治者在吸纳人才的同时还将工匠编军以集中管理。例如，金元之际的清州人张荣曾"领军匠，从太祖征西域诸国"④。女真人高闹儿"事太祖，从征西域，复从阔出太子、察罕那演……管领山前十路匠军"⑤。

忽必烈称帝后，仿照中原传统军政制度，建立了专门性的兵器管理机构。据《元史·百官志》载："至元五年（1268），始立军器监……二十年（1283），立卫尉院。改军器监为武备监……隶卫尉院。二十一年（1284），改监为寺，与卫尉并立。"⑥ 从上述

---

① 参见蔡美彪等：《中国历史大辞典·辽夏金元史卷》，上海辞书出版社，1984 年，第 289 页；史卫民：《中国军事通史》卷一四《元代军事史》，军事科学出版社，1998 年，第 356－359 页；廖德清：《中国军事后勤史》，金盾出版社，1999 年，第 520 页；胡小鹏、程利英：《元代的军器生产》，《西北师大学报（社会科学版）》2004 年第 2 期；杨印民：《元代环渤海地区的军事工业》，《社会科学辑刊》2004 年第 4 期；丛海平：《元代军事后勤制度研究》，南开大学博士学位论文，2010 年，第 43 页。

② 《元史》卷一三四《朵罗台传》，第 3264－3265 页。

③ （元）王恽著，杨亮等点校：《秋涧集》卷五八《大元故正议大夫浙西道宣慰使行工部尚书孙公神道碑铭》，《王恽全集汇校》，第 6 册，中华书局，2013 年，第 2586 页。

④ 《元史》卷一五一《张荣传》，第 3581 页。

⑤ 《元史》卷一五一《高闹儿传》，第 3564 页。

⑥ 《元史》卷九〇《百官志六》，第 2284 页。

内容来看，我们追溯武备寺的发展历程，要从至元五年元廷设立军器监说起。而《元史·世祖纪三》又提到："至元五年二月，改军器局为军器监。"① 自此看来，我们若要考察元代军器监，又必须先探究元代军器局。

元代理学家吴澄在给元军将领岳元镇所撰的《故右位亲军千户武略岳将军墓碑》中写道："（至元）五年，充右卫总把。天朝方有事于南方，从攻安庆，从攻淮安五河口。十二年（1275），受忠翊校尉。十三年（1276），又战于淮安而胜，帅府以功上，升忠显。江南平，军使知其娴习军务，令督军器局。"② 资料中提到岳元镇在至元十三年时曾"督军器局"，而前文提到在至元五年二月时"改军器局为军器监"，从以上内容来看，两处记载似相矛盾。

关于元代法令制度的文献《元典章》中的一处记载给我们提供了更多的参考："职品：内外文武职品：正七品：匠职：军器局大使：彰德路、汴梁、许州、平湾（滦）等处、怀孟河南等处。"③ 资料中提到的彰德路、汴梁、许州、平湾（滦）、怀孟河南等处的军器局均为武备寺的下属机构。④ 由此可知，虽然军器局其后经历了多次机构升级，最终发展为武备寺，但地方上依然存在诸多军器局。

通过以上论述，笔者推测，在至元五年时，元廷或将一地区军器局升级为中央军器监。

另一点值得注意的是，元代军器局继承了金代的制度，但其内部人员则仍沿用了大蒙古国时期蒙古军所获的各类军匠。金代地方上也设有军器局。据元代文学家袁桷所撰的《奉训大夫昌平等处屯田总管赠亚中大夫永平路总管轻车都尉宣宁郡侯刘公墓志铭》记载："故昌平屯田总管刘侯（刘伯杰）之祖仁，时为金军器局副使，治于汴。"⑤ 上文中曾提到元代汴梁地区设有军器局，从这里来看，其沿用自金朝。

《元史·世祖纪三》中记载："中统四年（1263）二月诏：诸路置局造军器。"上引《元典章》中提到了汴梁地区军器局大使。结合以上论述可推知：元代汴梁地区的军器局传承自金代。其制度亦来源于金代。蒙古伐金后将所俘掠的工匠在北方地区就地括厉

---

① 《元史》卷六《世祖纪三》，第 117 页。

② （元）吴澄：《吴文正公集》卷三三《故右位亲军千户武略岳将军墓碑》，（台湾）新文丰出版公司，1985 年，第 553 页。

③ 陈高华等点校：《元典章》卷七《吏部一·职品·内外文武职品·正七品》，中华书局、天津古籍出版社，2011 年，第 211 页。此处的"平湾"可能为"平滦"之误。参见《元典章》卷七《吏部一·职品·内外文武职品》，第 226 页。

④ 参见《元史》卷九〇《百官志六》，第 2285－2288 页。

⑤ （元）袁桷著，李军等校点：《清容居士集》卷二八《奉训大夫昌平等处屯田总管赠亚中大夫永平路总管轻车都尉宣宁郡侯刘公墓志铭》，《袁桷集》，吉林文史出版社，2010 年，第 421 页。

设局。至金灭亡时，蒙古所立局院已遍布北方各地。① 结合笔者在上文关于小丑-朵罗台家族以及金元之际孙氏家族的论述来看，这类军匠组织在元世祖时期已转化为军器局之类的地方兵器制造机构。

2. 元初的军器监

前引资料提到："至元五年二月，改军器局为军器监。"② 在至元四年（1267）时，宋蒙（元）之间已经拉开了襄阳战役的序幕。③ 由此看来，至元五年二月蒙（元）廷设立军器监或许是为了给在襄阳前线的伐宋军队统一供应各类兵器。

到至元十年六月时，元廷"以各路弓矢甲匠并隶军器监"④。这明确表明了在至元十年六月时元代军器监开始统一管理各地工匠。进而可知，军器监此时也开始统一管理各地的兵器生产，元代中央兵器管理机构正式确立。在至元十年二月时，宋元襄阳战役结束，元军取得了决定性胜利。⑤ 四月，元世祖曾诏姚枢、许衡和徒单公履问计。⑥ 由此看来，元廷此举可能是为了集中军工生产，统一调动各种资源以加快平宋。不仅如此，在至元十年春正月时，元廷还曾"置军器、永盈二库，分典弓矢、甲胄"⑦。而《元史·百官志》中提到："至元五年，始立军器库。十年，通掌随路军器，改利器库。"⑧ 利器库后为武备寺的下属机构。⑨ 由此看来，至元十年六月时，军器库（利器库）和永盈库也已成为军器监的下属机构。元代中央兵器管理机构不仅正式确立，也已事实成形。

不仅如此，有迹象表明，军器监也曾制造兵器。据《元典章》记载："至元十三年正月，中书户部都堂议得：各路人匠内，除军器监成造军器，少府监、金玉人匠总管府监收，护国仁王寺总管府、异样总管府等管人匠，依旧充元管官司管领催办，其余常课造作人匠，仰都转运使司催办，管领词讼。其余一切横造，令总管府管领。"⑩

此外，元代军器监还负责兵器的调运。例如，《元史·世祖纪三》曾提到："（至元

① 宋濂等：《元史》卷五《世祖纪二》，第91页。
② 《元史》卷六《世祖纪三》，第117页。
③ 《元史》卷六《世祖纪三》，第115页。
④ 《元史》卷八《世祖纪五》，第150页。
⑤ 《元史》卷八《世祖纪五》，第148页。
⑥ 《元史》卷八《世祖纪五》，第149页。
⑦ 《元史》卷八《世祖纪五》，第147页。
⑧ 《元史》卷九〇《百官志六》，第2285页。
⑨ 《元史》卷九〇《百官志六》，第2285页。
⑩ 陈高华等点校：《元典章》卷二二《户部八·课程·运司合行事理》，第799页。

十八年）十一月，敕军器监给兵仗付高丽沿海等郡。”①

3. 武备监、武备寺时期

据《元史·百官志》记载：“（至元）二十年，立卫尉院。改军器监为武备监，秩正四品，隶卫尉院。”② 资料中提到了卫尉院，因此，我们有必要对元代卫尉院做一大致了解。史载：“太仆寺，秩从二品，掌阿塔思马匹，受给造作鞍辔之事。中统四年（1263），设群牧所。至元十六年（1279），改尚牧监。十九年（1282），又改太仆院。二十年，改卫尉院。二十四年（1287），罢院，立太仆寺。又别置尚乘寺以管鞍辔，而本寺只管阿塔思马匹。”③ 又“世祖中统四年，设群牧所，隶太府监。寻升尚牧监，又升太仆院，改卫尉院。院废，立太仆寺，属之宣徽院”④。通过这些记载来看，元代卫尉院最初是由元中央马政机构发展而成的。

前文提到，同样是在至元二十年，元廷“改军器监为武备监……隶卫尉院”⑤。笔者在上文已述，元代军器监是中央兵器管理机构。由此来看，在至元二十年时，卫尉院已具备了管理马政和兵器的职能。

至元二十一年时，武备监“改监为寺，与卫尉并立”⑥。由此可知，元朝统治者这一举措正是利用机构的升级，与原管辖机构相并立，以达到防止原管辖机构完全把持住兵器管理和制造的目的，也再次反映出了元朝统治者对兵器控制权的高度重视。

自此，武备寺在其后虽经历了多次级别升降，但最终作为中央兵器管理机构保持了其自身的独立性。

综上所述，武备寺的发展历程经历了地方军器局、朝廷军器监、武备监、武备寺四个历史阶段。从以上论述也可看出，其发展过程是由一地区兵器制造机构升级为朝廷兵器管理机构，并仍兼造、运输兵器。武备寺发展过程中的机构调整、变化和时局以及元朝统治者的需要紧密相关。

二、武备寺职司及内部官员构成

上引资料提到，《元史·百官志》中对武备寺有如下记载：

---

① 《元史》卷一一《世祖纪八》，第235页。
② 《元史》卷九〇《百官志六》，第2284页。
③ 《元史》卷九〇《百官志六》，第2288页。
④ 《元史》卷一〇〇《兵志三》，第2553页。
⑤ 《元史》卷九〇《百官志六》，第2284页。
⑥ 《元史》卷九〇《百官志六》，第2284页。

武备寺，秩正三品。掌缮治戎器，兼典受给。卿四员，正三品；同判六员，从三品；少卿四员，从四品；丞四员，从五品；经历、知事各一员，照磨兼提控案牍一员。承发架阁库管勾一员，辨验弓官二员，辨验筋角翎毛二员，令史十有三人。①

通过资料内容来看，武备寺的职能在于“掌缮治戎器，兼典受给”②。也就是说，武备寺的职能在于修补、整理兵器，且负责兵器的调拨与供应。这基本与上述元代军器监时期的职能是一脉相承。因而，武备寺是元代管理军工的最高机构。③ 此外，武备寺还负责军需物资（主要是兵器等）的储备。由元代政治家赵世延、文学家虞集等编撰的《经世大典序录·军器》篇记载：“至元初，命统军司造兵，坏则诸万户行营选匠自修之。今则内有武备寺积贮，列郡设杂造局，岁以铠仗上供，其精者有西域砲、折叠弩，皆前世所未闻。”④

不仅如此，通过上文论述我们还应看到，其下属的地方兵器制造机构如杂造局、军器局、提举司等不仅和武备寺之间存在隶属关系和职能分担，而且还形成了一种特定的兵器供应链。

上引资料中提到的武备寺官吏有武备寺卿、同判、少卿、寺丞、经历、知事、照磨兼提控案牍、承发架阁库管勾、辨验弓官和辨验筋角翎毛（官）。⑤ 其中，武备寺卿、同判、少卿和丞是正官。经历、知事、照磨兼提控案牍、承发架阁库管勾属于首领官。令史是吏员。辨验弓官和辨验筋角翎毛（官）则属于匠官，武备寺中的技术人员。这两种匠官可能来源于系官匠户或军匠。资料记载也反映出了武备寺对弓箭管理的高度重视。笔者在此补充一点：除以上官吏外，武备寺吏员还包括武备寺译使。据元代文人蔡文渊所撰《北海刘氏昭先碑》记载：“（刘）守约今为武备寺译使。”⑥ 译使的设置反映

---

① 《元史》卷九〇《百官志六》，第2284－2285页。

② 参见史卫民：《中国军事通史》卷一四《元代军事史》，第356页；廖德清：《中国军事后勤史》，第520页；胡小鹏、程利英：《元代的军器生产》，《西北师大学报（社会科学版）》2004年第2期；杨印民：《元代环渤海地区的军事工业》，《社会科学辑刊》2004年第4期；丛海平：《元代军事后勤制度研究》，第43页。

③ 杨印民：《元代环渤海地区的军事工业》，《社会科学辑刊》2004年第4期。

④ （元）赵世延、虞集等撰，周少川等辑校：《经世大典辑校》卷八《政典·军器》，中华书局，2020年，第371页。

⑤ 参见史卫民：《中国军事通史》卷一四《元代军事史》，第356页；杨印民：《元代环渤海地区的军事工业》，《社会科学辑刊》2004年第4期。

⑥ （元）蔡文渊：《北海刘氏昭先碑》，王金岳：《民国昌乐县续志》卷一七《金石志》，《中国地方志集成·山东府县志辑》，第35册，凤凰出版社，2008年，第383页。

了武备寺内部多族群的特征。

笔者将史料中关于元代武备寺内各官员的记载列出了两份表格（见表1、表2）：

表1　提调武备寺官员

姓名	本职	之前职务	其后职务	族属	史料来源
马札儿台	知枢密院事、提调武备寺	陕西行台治书侍御史、太府卿、功德使、宣政使、高丽女真汉军万户府达鲁花赤、御史大夫、阿速亲军都指挥使司达鲁花赤、提调承徽寺、怯薛	领钦察闯闯帖木儿千户所、海口侍卫亲军屯储都指挥使司达鲁花赤、中书右丞相、兼领群牧监	蒙古	《元史》卷一三八《马札儿台传》，第3339－3340页
亦怜真班	知枢密院事、提调武备寺	怯薛、翰林侍讲学士、同知通政院事、唐兀亲军都指挥使、典瑞院使、同知枢密院事、御史大夫、翰林学士承旨、功德使、陕西行省平章政事、江南行台御史大夫、江浙行省平章、甘肃行省平章政事、斡罗斯护卫亲军指挥使	江西行省左丞相	唐兀（色目）	《元史》卷四二《顺帝五》，第887页。《元史》卷一四五《亦怜真班传》，第3445－3447页
也速	中书右丞相、提调武备寺	怯薛、尚乘寺提点、宣政院参议、将作院使、淮南行枢密院副使、同知枢密院事、中书平章政事、辽阳行省左丞相、知行枢密院事、中书左丞相		蒙古	《元史》卷一四二《也速传》，第3400－3403页。《元史》卷四七《顺帝十》，第979页

表2　武备寺内官员构成

姓名	武备寺内职位	之前职务	其后职务	族属	史料来源
铁木儿不花	武备寺卿	通政使	知枢密院事、左丞相、加录军国重事、宗正札鲁忽赤、御史大夫、中书平章	蒙古	《元史》卷二二《武宗一》，第481页
答失蛮	武备寺卿（兼江浙行省丞相）		知枢密院事	蒙古	（元）李谷：《稼亭集》卷一二《有元故亚中大夫河南府路总管兼本路诸军奥鲁总管管内劝农事知河防事赠集贤直学士轻车都尉高阳侯谥正惠韩公行状》，《韩国文集中的蒙元史料》，广西师范大学出版社，2004年，第268页。 《元史》卷二三《武宗二》，第526页。 《元史》卷二四《仁宗一》，第554页
孛罗	武备寺卿	监东阿县、会通馆使、礼部郎中、佥太常礼仪院事、殿中侍御史、江北淮东道肃政廉访使、西台治书	兵部尚书	蒙古	《东平郡桓肃公祠堂碑铭》，《南开大学历史学院元代碑刻项目》

（续上表）

姓名	武备寺内职位	之前职务	其后职务	族属	史料来源
阿昔儿	武备寺卿	怯薛	御史大夫、中书平章政事	蒙古	《元史》卷三〇《泰定帝二》，第678页
谭振宗	武备寺卿	崇文馆大学士	秘书卿	汉	（元）王士点、商企翁著，高荣盛校点：《秘书监志》卷一《设官》，浙江古籍出版社，1992年，第22页
狗儿	武备寺少卿	怯薛、中书省直省舍人、尚乘寺丞、尚乘寺少卿、万亿库源库都提举、真定路冀州达鲁花赤		畏吾儿	（元）张铉：《至正金陵新志》卷一〇《兵防志》，第1909页
脱欢不花	武备寺少卿			蒙古	（元）陈肯堂：《抱阳山祈雨感应记》，李培祜：《光绪保定府志》卷一八《舆地略二》，《中国地方志集成·山东府县志辑》，第30册，第330页
孙撒	武备寺丞			汉	（元）王恽著，杨亮等点校：《秋涧集》卷五八《大元故正议大夫浙西道宣慰使行工部尚书孙公神道碑铭》，《王恽全集汇校》，第6册，第2589页
张杲	武备寺丞			汉	（元）李谦：《中书左丞张公神道碑》，《元文类》卷五八《神道碑》，商务印书馆，1958年，第844页

（续上表）

姓名	武备寺内职位	之前职务	其后职务	族属	史料来源
孙谐	武备寺丞		宝源库提举	汉	（元）韩国理：《重修庙学记》，桂敬顺：《乾隆浑源州志》卷九《艺文》，《中国地方志集成·山西府县志辑》，第7册，上海书店、巴蜀书社、凤凰出版社，2005年，第363页
勃罗帖穆尔	武备寺丞	承务郎、直省舍人	太府监提点	蒙古	（元）杨慧：《至正昆山郡志》卷二《名宦》，《宋元方志丛刊》，第1册，中华书局，1989年，第1121页
周之翰	武备寺经历	法物库直长、大司农司照磨、侍仪通事舍人	淮安路推官、冠州知州	汉	（元）苏天爵：《滋溪文稿》卷一七《元故奉训大夫冠州知州周府君墓碑铭》，中华书局，1997年，第286页
宋通頫	武备寺经历			汉	（元）宋本：《元故中顺大夫刑部员外郎崔君墓志铭》，《永乐大典》卷二七四四《崔姓氏》，中华书局，1986年，第1389页
元利甫	武备寺史、武备寺承发架阁库管勾、寿武库副使、利器库大使、武备寺经历	将仕郎、中书省史、中书省架阁库管勾	彰德路判官、江西等处榷茶都转运使判官、铅山州知州兼劝农事	汉	（元）许友壬：《至正集》卷五四《故奉政大夫铅山州知州兼劝农事元公神道碑》，《元人文集珍本丛刊》，第7册，（台湾）新文丰出版公司，1985年，第257页
王仁	武备寺知事			汉	（元）苏天爵：《滋溪文稿》卷一七《元故太中大夫大名路总管王公神道碑》，第276页

（续上表）

姓名	武备寺内职位	之前职务	其后职务	族属	史料来源
宋思齐	武备寺知事	儒吏	潞州判官、阳城县尹	汉	（元）李维祯：《成化山西通志》卷九《人物》，齐鲁书社，1996年，第337页
克昌	武备寺知事	太常礼仪院照磨	承事郎、曲阜县尹	汉	（明）陈镐：《阙里志》卷二《历代授官恩泽》，《北京图书馆古籍珍本丛刊》，第23册，书目文献出版社，2000年，第488页
邓彦文	武备寺知事	京东安抚司照磨		汉	（元）李继本：《一山文集》卷九《书武备寺知事邓彦文房陵使还诗卷后》，文津阁《四库全书》本
崔世荣	武备寺照磨	刑部令史、宗正府尚书省掾	云南奉使首领官、徽州路推官、刑部主事、枢密院经历、断事官、大都兵马都指挥使、山东东西道肃政廉访司事、监察御史、刑部为员外郎	汉	（元）宋本：《元故中顺大夫刑部员外郎崔君墓志铭》，《永乐大典》卷二七四四《崔姓氏》，第1389－1390页
罗吉	武备寺兼照磨提控案牍	淮东宣慰司照磨、秋官、西台掾	掾中书、河南行省检校	汉	（元）许有壬：《至正集》卷六二《故奉议大夫广平路总管府事致仕罗公神道碑》，《北京图书馆古籍珍本丛刊》，第95册，第285页

（续上表）

姓名	武备寺内职位	之前职务	其后职务	族属	史料来源
赵宽	武备寺管勾	饶阳尉、真定尉、灵寿县主簿	郓城知县、真定路判官	汉	（元）苏天爵：《滋溪文稿》卷一八《元故承德郎真定路总管府判官赵公墓志碑铭》，第301页
韩永	武备寺寿武库使、利器库使、资武库提点	怯薛	锦州知州、高州知州、河西陇右道肃政廉访司事、陕西行省员外郎、河南府路总管兼本路诸军奥鲁总管管内劝农事知河防事	高丽	（元）苏天爵：《滋溪文稿》卷一七《元故亚中大夫河南府路总管韩公神道碑铭》，第281页
仇锷	武备寺寿武库使		威州知州、巩昌路总管府治中、福建闽海道提刑按察副使、福建闽海道廉访司副使	汉	（元）赵孟頫：《福建廉访副使仇公神道碑》，《元文类》卷六六《神道碑》，第955页
孙旭	武备寺掾		杞、梁二县主簿	汉	（元）林过：《柘城县尹孙公德政碑》，《全元文》，第35册，凤凰出版社，2004年，第156页。史料来源于《康熙柘城县志》卷4、《嘉靖柘城县志》卷9

（续上表）

姓名	武备寺内职位	之前职务	其后职务	族属	史料来源
脱颖溥化	武备寺使	宣徽院提点	江南诸道行御史台监察御史、河南廉访副使、江浙财赋都总管出纳、郴州路达鲁花赤	蒙古	（元）陈元明：《重修义帝庙记》，陆增祥：《八琼室金石补正》卷一三〇《元金石偶存》，文物出版社，1985 年，第 966 页
刘守约	武备寺译使			汉	（元）蔡文渊：《北海刘氏昭先碑》，王金岳：《民国昌乐县续志》卷一七《金石志》，《中国地方志集成·山东府县志辑》，第 35 册，第 383 页

以上资料为我们窥测武备寺内的官员构成提供了极大的参考：

从表 1 内容可以看出，提调武备寺的官员均为蒙古、色目人。这些官员多为前代功臣或权臣子弟，如亦怜真班“父俺伯，以忠勤事世祖，为知枢密院事”①。再如马札儿台，其兄为蔑儿乞氏伯颜。② 此外，这类官员均为怯薛出身，是皇帝的心腹重臣。如马札儿台，其“蚤扈从武宗，后侍仁宗于潜邸”③。以功臣、权臣子弟、心腹重臣管理武备寺，这体现了元朝皇室对武备寺的高度重视。

不仅如此，武备寺和怯薛之间亦存在着紧密联系，除皇帝任命怯薛出身的官员提调武备寺外，一些有造弓技艺的怯薛甚至为武备寺制造弓箭或征集造弓材料。如朵罗台之弟阔阔出“亦贡弓，曾献所造弓……遂命为近侍。明年，武备寺臣复以其弓献，且奏用之”④。再如博罗欢其“年十六为断事官，世祖正宸极，以从攻叛王阿里不哥……寻诏

① 《元史》卷一四五《亦怜真班传》，第 3445 页。

② 《元史》卷一三八《马札儿台传》，第 3339 页。

③ 《元史》卷一三八《马札儿台传》，第 3339 页。

④ 《元史》卷一三四《阔阔出传》，第 3265 页。

入宿卫……武备寺奏：今入筋角，惟忙兀以时，夥于常岁”①。由此，笔者推测，这类怯薛或许发挥着武备寺内匠官的作用。

此外，上述马札儿台、亦怜真班和也速三人有着丰富的政治和军事阅历。且三人都曾在枢密院及地方行枢密院担任过要员，这透露了武备寺和枢密院之间亦有着紧密的联系。

通过表2的内容，我们还可以看到：第一，武备寺内正官中，蒙古、色目官员要稍多于汉官。武备寺卿、少卿中，除谭振宗外，其余均为蒙古、色目人。不仅如此，武备寺卿与皇帝保持着紧密联系，多为朝廷重臣，个别为怯薛出身或功臣后代。

汉人官员多任武备寺丞，且这些官员祖上或与蒙古贵族保持着紧密的联系。例如孙撤其“大父讳庆文……方太祖圣武皇帝经略中夏，总揽豪杰，贮储戎具为亟，乃挟所业投献，上赏其能应时需，赐名‘也可乌兰’，锡佩金符，充诸路甲匠总管”②。武备寺的正官或来源于朝廷内各重要机构，其后或也调任朝廷内其他机构。

第二，武备寺首领官均为汉官。首领官的来源比较多样，有中央部门的官吏，也有地方官吏。且这些官吏从武备寺调任后，多在地方上担任军政职务。

第三，武备寺令使构成也多样化。有汉人吏员，也有蒙古和高丽吏员，但汉人居多，其中部分令史任职于武备寺下属机构。令史来源也比较复杂。武备寺令史调任后均在各地担任行政官员。

总的来说，武备寺的官吏由蒙古人、色目人和汉人构成，未见南人担任武备寺官吏。武备寺内多数官吏背景较为丰富，多有从事过朝廷或各地军、政及后勤事务的经历。还有少数官员由地方官吏选拔而来。武备寺内不同阶层的官吏调任后去向也不一样。高层官员调任后多任职于中央其他机构，而首领官或吏员调任后则多担任地方官员，这暗示了武备寺内官吏的阶层分化。

综上所述：武备寺要负责兵器的管理、储备。武备寺内的官吏设置较为系统、全面，囊括了行政官吏和技术人员两类。官吏有武备寺卿、同判、少卿、武备寺丞、经历、知事、照磨兼提控案牍、承发架阁库管勾、辨验弓官和辨验筋角翎毛（官）以及译使等。武备寺内的官吏均为蒙古人、色目人和汉人，且这些官吏具有丰富的阅历。提调武备寺的主管官员均为怯薛出身、功臣或权臣子弟的蒙古、色目重臣。寺内居于权力核心的官员也多为蒙古人、色目人以及与蒙古统治者关系密切的汉人官员。寺内汉人多担任首领官和吏员，虽然寺内汉人数量多，但职权无足轻重。这种人事安排不仅体现了蒙古统治者对兵器管理的高度重视，也反映了其对汉人的提防。

---

①（元）苏天爵编：《元文类》卷五九《平章政事忙兀公神道碑》，商务印书馆，1958年，第198－199页。

②（元）王恽著，杨亮等点校：《秋涧集》卷五八《大元故正议大夫浙西道宣慰使行工部尚书孙公神道碑铭》，《王恽全集汇校》，第6册，第2586页。

三、金元时期兵器管理机构和朝廷政务机构之间的关系

在上文中，笔者已述，元代武备寺和枢密院之间具有紧密的联系。元代官制承接于金代。因此，我们有必要先探讨金朝中央兵器管理机构和金朝尚书省、枢密院之间的联系。金朝中央兵器管理机构为军器监。对此，《金史》中有如下记载：

> 军器监，承安二年设，泰和四年罢，复并甲坊、利器两署为军器署，置令、丞、直长，直隶兵部。至宁元年复为军器监，军器库、利器署隶焉。监，从五品。少监，从六品。丞，从七品。掌修治邦国戎器之事。直长，正八品。①

文中提到金朝军器监"直隶兵部"，而金代兵部又隶属于尚书省所辖的右司之下。②就此来看，金朝军器监实际是由金朝尚书省间接管领。

然而，《金史·百官志》写道："枢密院，天辅七年，始置于广宁府……掌凡武备枢密之事。"③ 资料中提到金朝枢密院的职责在于"掌凡武备枢密之事"，也就是说，金代枢密院亦曾负责过金朝军务。金朝枢密院与军器监之间有联系吗？《金史》中的两处记载给我们提供了极为重要的参考。《金史·白华传》说："金制，枢密院虽主兵，而节制在尚书省。"④《金史·陈规传》中则写道："（金朝）尚书省提控枢密院，如大定、明昌故事。"⑤ 通过以上两处资料内容可知，金代枢密院虽名义上为一独立的军政机构，但实际上某些职权一度受制于尚书省。或许，金朝枢密院也一度为尚书省所管辖。至于金朝兵部与枢密院的具体关系尚不甚清楚。兵部属尚书省管辖，枢密院受尚书省"提控""节制"，两个机构既非平级，又非上下级。⑥ 但就以上材料及论述来看，金朝中期，枢密院管理军器监事务似不大可能。

到了金朝后期，由于时局影响，金朝尚书省"提控""节制"枢密院的制度发生了极大改变。史载："兵兴以来，兹制渐改，凡在军事，省官不得预，院官独任专见，往往败事。"⑦ 且有迹象表明，金朝后期枢密院官员或曾负责管理过兵器。例如，《金史·

---

① 《金史》卷五六《百官志二》，中华书局点校本，1975 年，第 1275 – 1276 页。
② 《金史》卷五五《百官志一》，第 1217 – 1218 页。
③ 《金史》卷五五《百官志一》，第 1239 页。
④ 《金史》卷一一四《白华传》，第 2510 页。
⑤ 《金史》卷一〇九《陈规传》，第 2410 页。
⑥ 相关研究可参见王曾瑜：《辽金军制》，河北大学出版社，2010 年，第 145 页。
⑦ 《金史》卷一一四《白华传》，第 2510 页。

白华传》又提到："（正大七年，1230）五月，华真授枢密判官，上（金哀宗）遣近侍局副使七斤传旨云：'朕用汝为院官，非责汝将兵对垒，第欲汝立军中纲纪、发遣文移、和睦将帅、究察非违，至于军伍之阅习、器仗之修整，皆汝所职。'"① 贞祐四年（1216）七月时，金人陈规上书金宣宗写道："伏原特出睿断，若军伍器械、常程文牍即听枢府专行，至于战守大计、征讨密谋皆须盛源同议可否，则为大臣者知有所责，而天下可为矣。"② 自此看来，金朝后期，枢密院管理军器监事务倒是存在一定可能性。

元代枢密院设立于中统四年五月。③ 其职责在于"掌天下兵甲机密之务。凡宫禁宿卫，边庭军翼，征讨戍守，简阅差遣，举功转官，节制调度，无不由之"④。关于元代枢密院，丹羽友三郎、李涵、杨果、韩儒林、陈高华、史卫民、张帆、崔树华、周良霄、李治安、陈东林等学者都已有丰硕成果和详细论证。⑤ 但笔者在此要强调的是：在元代，枢密院还负责过兵器管理的各类相关事务。例如，《元史·世祖纪三》提到：至元十年九月"襄阳生券军至大都……俾征日本，仍敕枢密院具铠仗"⑥。又"（至元）二十七年，命枢密院括江南兵器及将士习武，如戊子岁诏"⑦。《通制条格》是关于元代法律制度的重要历史文献，其中也收录了有关元代政治和经济方面的相关资料，其中一处记载写道：

> 皇庆二年十一月十六日，枢密院奏："弓箭军器的勾当专与军人者，么道，世祖皇帝好生记心有来。如今无问远近内外去的使臣每根底，又大小衙门里行的首领官、令史每，春秋上下往来，索要弓箭的多有。似这般索要呵，用的时分短少了去

---

① 《金史》卷一一四《白华传》，第2506页。

② 《金史》卷一〇九《白华传》，第2404页。

③ 《元史》卷五《世祖纪二》，第92页。

④ 《元史》卷八六《百官志二》，第2155页。

⑤ 参见丹羽友三郎：《元代的枢密院与行枢密院》，《名古屋商科大学论集》1967年第12期；李涵、杨果：《元代枢密院制度述略》，蔡美彪主编：《蒙古史研究》第三辑，内蒙古大学出版社，1989年，第43-64页；韩儒林：《元朝史》（修订本），人民出版社，2008年，第298页；陈高华、史卫民：《中国政治制度通史》卷八《元代政治制度》，人民出版社，1996年，第211-217页；张帆：《元代宰相制度研究》，北京大学出版社，1997年，第173-180页；史卫民：《中国军事通史》卷一四《元代军事史》，第147-151页；崔树华、杰轩：《试论元代军事制度的民族特征》，《蒙古学信息》2000年第3期；周良霄、顾菊英：《元史》，上海人民出版社，2003年，第270页；李治安：《忽必烈传》，人民出版社，2004年，第137-141页；陈东林：《元代枢密院制度研究》，暨南大学硕士学位论文，2013年。

⑥ 《元史》卷八《世祖纪五》，第151页。

⑦ 《元史》卷一六《世祖纪十三》，第342页。

也。今后除与军前去的使臣每外，其余使臣每根底并各衙门首领官、令史每根底，休教与呵，怎生？奏呵，奉圣旨：您说的是有。那般者。院里行文字物料造作来的军器，各衙门首领官、令史、汉人、蛮子、高丽人每根底休与者。钦此。”①

《元典章》里亦有类似记载：

皇庆二年七月，江西行省准枢密院咨：皇庆元年十一月二十七日，本院官奏：点军官札忽儿台副枢题说的事内一件：“新附军官、军人，有衣甲、枪刀、弓箭的有。如今交他每军官将军器，其余新附军人每军器都拘收了，本万户府里封放着。调遣时节，交他每执把呵，怎生?”奏呵，奉圣旨：“那般者。”钦此。咨请钦依拘收施行。②

此外，上文提到，元代枢密院早在中统四年时就已设立。从时间上来说也早于武备寺的各历史阶段。笔者在上文已述：武备寺是元代中央兵器管理机构，且武备寺负责中书腹里地区的兵器管理及制造。就此，笔者推测：出于对兵器管理和制造的高度重视，元廷将枢密院管理兵器的职能部分转交给了武备寺负责，但仅负责统筹中书腹里地区的兵器管理和制造。

不仅如此，有迹象表明，枢密院官员曾负责管领或提调过武备寺的前身机构——元代军器监。据姚燧所撰《董文忠神道碑》记载：“（至元）十八年，升局为典瑞监，郎为卿，官以正义大夫，俄授资德大夫，佥枢密院事……凡宫籞、城门、直舍、徼道、环卫、营屯、禁兵、太府、少府、军器、尚乘等监，皆领焉。”③

至此，笔者推测，武备寺虽名义上是一独立的中央兵器管理机构，但自其前身军器监时期起，在事实上或一直为元代皇帝的心腹重臣所提调。且上文已述，提调武备寺的官员均为怯薛出身的蒙古、色目重臣；这类官员多任职于枢密院、中书省等朝廷军政机构。

元代中书省和武备寺之间没有任何直接联系。元代中书省分为左右两司，右司管辖兵、刑、工三部。④ 元代兵部职责在于“掌天下郡邑邮驿屯牧之政令。凡城池废置之故，山川险易之图，兵站屯田之籍，远方归化之人，官私刍牧之地，驼马、牛羊、鹰

---

① 方龄贵：《通制条格校注》卷二七《杂令》，中华书局，2001 年，第 610－611 页。

② 陈高华等点校：《元典章》卷三五《军器·拘收》，第 1226 页。

③ （元）姚燧：《牧庵集》卷一五《董文忠神道碑》，北京图书馆古籍出版编辑组编：《北京图书馆古籍珍本丛刊》，第 92 册，书目文献出版社，1980 年，第 90 页。

④ 《元史》卷八五《百官志一》，第 2123 页。

隼、羽毛、皮革之征，驿承、邮运、祗应、公庙、皂隶之制，悉以任之”①。就此来看，兵器事务不在其管理范围之内。

相比金代由中央军政机构间接管领朝廷兵器管理机构，元代皇帝利用怯薛出身的蒙古、色目重臣提调中央兵器管理机构。这一安排则更便于直接控制朝廷兵器管理部门，不仅有其时代特色，也体现出了元朝统治者对兵器制造、管理机构的高度重视，亦凸显了元中央集权在军事领域内的强化。

四、小结

综合以上观点，可知元代武备寺的发展过程经历了军器局、军器监、武备监再到武备寺四个历史阶段。元代军器局制度传承自宋金地方都作院、杂造局制度。元廷后将一地区军器局升级为朝廷军器监。

此外，军器监也是宋元战争的产物，其设立意图是为了给襄阳战役时的伐宋军队提供各类兵器。襄阳战役之后，元廷曾令各路工匠归军器监统领，目的是加快平宋进程。

军器监升级为武备监之后，隶属于卫尉院。一年之后，元朝统治者为了控制兵器的管理和制造，将武备监升级为武备寺，并与卫尉院并立。自此，武备寺不再隶属于其他机构。

武备寺需要负责兵器管理、储备和制造。寺内官吏有武备寺卿、同判、少卿、武备寺丞、经历、知事、照磨兼提控案牍、承发架阁库管勾、辨验弓官和辨验筋角翎毛（官）以及译使等。官吏包括蒙古人、色目人和汉人。寺内汉人多任首领官和吏员，且寺内官吏均有丰富的政治阅历。

金朝军器监直接隶属于金朝兵部，间接归尚书省管领。金朝枢密院在金代中期也受制于尚书省。因此，金朝中期时，枢密院管理军器监事务似不大可能。但到了金代后期，受局势影响，枢密院不再受制于金代尚书省，且有迹象表明枢密院官员负责过兵器管理。自此来看，金朝枢密院在金朝后期管理军器监事务确实存在一定可能性。

元代枢密院也负责管理过兵器。其后，枢密院将兵器管理的职能或许逐渐转交给了武备寺负责，但仅限于中书腹里地区。元代武备寺自其前身军器监时期起或一直为皇帝的心腹重臣所提调。军器监升级为武备寺后，提调武备寺的官员均为怯薛出身的蒙古、色目权臣、功臣子弟。且多任职于枢密院、中书省等朝廷军政机构。

通过前文的分析，我们还能看到此时期其他的一些历史特点和问题。第一，在大蒙古国时期，蒙古军的兵器生产和管理主要依靠各投下内被掳掠的工匠。后为集中管理，

---

① 《元史》卷八五《百官志一》，第 2140－2141 页。

蒙古军将工匠编军。入元后则参照中原传统制度建立了专门性的军工机构。这一过程已是一大历史进步。

第二，元代兵器管理和制造体系分为两大部分。在中书腹里地区，武备寺主要负责管理兵器。其下属机构则具体制造某类兵器。这一格局与元朝所驻扎军队的布局相适应。①

第三，为了保持对兵器管理的单独控制，元朝统治者还采用了将机构升级并与原管领机构并立的策略，这再次反映了元朝统治者对兵器控制的高度重视。

此外，任用蒙古、色目重臣提调武备寺，且将大量非汉人官员安置于武备寺内的核心位置，不仅再次体现了对武器管理的重视，亦是对汉人的一种防范。

第四，虽然军器局、军器监制度借鉴了宋金时期的政治经验。在元代特殊的历史背景下，武备寺及其前身机构内的官员构成也有其不同于以往的时代特点。最为明显的是机构内的部分官员都曾有出任过怯薛的经历。由此可见，任何机构的设立和政策的实施，均有其特殊的历史背景。

元代武备寺及其各时期内的前身机构在不同的历史阶段内发挥着独特的作用。武备寺在元朝的内外战争中是如何具体供应军队各类兵器的？这又是值得探究的问题。

作者简介：

张晟峰，南开大学历史学院博士研究生。

① 杨印民：《元代环渤海地区的军事工业》，《社会科学辑刊》2004 年第 4 期。

“明文之争”影响下的元末政局[①]

温　旭

［提要］元武宗海山生前赋予嫡长子和世㻋皇位继承权。在元朝激烈的皇位斗争中，和世㻋太子却两次与皇位失之交臂。元武宗的嫡幼子图帖睦尔在王忽察都毒杀皇兄元明宗和世㻋，夺取了皇位。他不断迫害和世㻋的孤儿寡妻与潜邸旧臣。这导致了元朝后期政局的长期动荡，消极的政治影响一直波及元惠宗妥欢帖睦尔朝。妥欢帖睦尔亲政后，开始清算皇叔图帖睦尔的罪行，为其生父和世㻋追上尊号，设置神御殿，并且为冤死在元文宗朝的元武宗旧臣平冤昭雪，加赠追封。

［关键词］和世㻋；王忽察都；神御殿

有元一代，元明宗和世㻋（Qosila，1300—1329）的历史记载比较少见，这与和世㻋太子的人生经历密切相关。作为元武宗海山的嫡长子，和世㻋太子完全有资格继承皇位，但在争夺皇位的激烈斗争中不幸失败，被迫流亡金山（Altan，今阿尔泰山）地区，远离汉地史官的视野，在史籍中难以留下太多记载。天历二年（1329），元明宗和世㻋继承元朝皇位不足八个月，便被同父异母的兄弟元文宗图帖睦尔（Tuγ Temür）毒杀，

---

① 本文系2020年山西省高校哲学社会科学项目“元惠宗时期山西地区察罕帖木儿军政集团研究”（项目批准号：2020W059）阶段性研究成果。

事迹不显。《元史·明宗纪》本于《元明宗实录》，主要记载了和世瑓出生、流亡以及即位前后一年迁徙、任命官员等史事，内容简略。党宝海《元朝延祐年间北方边将脱忽赤叛乱考——读〈大元赠岭北行省右丞忠愍公庙碑〉》①、赤坂恒明《和世瑓西行与察合台后裔拜答儿家族》② 等国内外前人成果侧重研究元明宗和世瑓与察合台（Čaγatai）家族的历史联系，以及与之有关的"关陕之变"、脱火赤（Toγači）叛乱等历史事件。乔志勇《元至顺元年只儿哈郎等"谋变"案探微》结合"明文之争"的历史背景，揭示出元明宗系旧臣通政使只儿哈郎和中政使尚家奴在元文宗朝冤死的历史真相。③ 本文旨在梳理散见于地方志、元人文集中有关元明宗的零星记载，在元代皇位之争的历史背景下，深入探究元明宗和世瑓殒命王忽察都（Ongγučatu，"下陷的有坎儿洼地"之义，今河北张北县北）与元惠宗朝政局变革的历史联系。不当之处，敬请方家批评。

一、光山县《崇寿寺圣旨碑》所见"忽失剌太子"

1936年铅印本《民国光山县志约稿·金石录》收录了一通《崇寿寺圣旨碑》（蒙汉合璧），仅录汉字部分碑文。据记载，在元代，崇寿寺位于光山仙居店（今河南光山县仙居店），寺内有蒙古字碑。崇寿寺荒废后，《崇寿寺圣旨碑》被移入仙居店附近的东岳祠。明代赵子函出于对蒙古字的好奇，将碑文收入《石墨镌华》。当许希之、彦兆平修纂《民国光山县志约稿》之际，《崇寿寺圣旨碑》尚存，碑文与《石墨镌华》所载相类。

兹将《民国光山县志约稿·金石录》所收汉文碑文移录如下：

长生天年的、皇帝圣旨：

□□□年□子每根底，军人每根底，管城子达鲁花赤、官人每根底，往来使臣每根底宣谕的圣旨：

成吉思皇帝、月阔歹皇帝、薛禅皇帝、完泽笃皇帝、曲律皇帝圣旨里："和尚、也里可温、先生每，不拣甚么差发休着，当告天祝寿者。"么道。

大都路里有的文殊寺、东文殊寺、福圣寺、观音寺等寺里主持提点通义大师、

---

① 党宝海：《元朝延祐年间北方边将脱忽赤叛乱考——读〈大元赠岭北行省右丞忠愍公庙碑〉》，《西域研究》2007年第2期。

② 赤坂恒明：《ホシラの西行とバイダル裔チャガタイ家》，《东洋史研究》2009年第67卷第4号。

③ 乔志勇：《元至顺元年只儿哈郎等"谋变"案探微》，刘迎胜主编：《元史及民族与边疆研究集刊》第二十三辑，上海古籍出版社，2011年，第46－53页。

才吉祥、林吉祥、贵吉祥为头儿和尚每。

更，属这的每寺院玉华寺、千佛寺、宝塔寺、净居寺、宝相寺、观音寺、周押寺、永安寺、兴国寺、钟山寺、金山寺、崇寿寺、子寺、丑寺、福昌寺、□□伽寺，这寺每所属忽失剌太子者么道。提点通义大师、才吉祥、林吉祥、贵吉祥每根底，执把着圣旨与了也。

这的每寺院里，房舍里，使臣休安下者。铺马祗应休要者。商税地税休纳者。每所属寺的水土、园林、碾磨、店舍、铺席、典库、浴堂、人口、头匹，不拣甚么是谁等休拽夺者。这和尚每倚着有圣旨么道，无体例的勾当休做者。做呵，他每不怕那甚么。

圣旨俺的。

虎儿年八月十七日，大都有的时分写来。①

《民国光山县志约稿·金石录》的录文有明显的脱讹。按照元代护持寺庙圣旨碑的书写体例，首先，圣旨多以起首语“长生天气力里、大福荫护助里皇帝圣旨”开篇，下接圣旨宣谕的具体对象；其次，依次罗列先朝皇帝的蒙古庙号，直接引录先帝圣旨内容，作为颁布本次圣旨的法理依据；再次，以现任皇帝圣旨的形式明确保护寺庙财产，禁止往来使臣抢占寺产，否则，以抗旨严惩；最后，署明颁发圣旨的时间、地点。

元朝皇帝死后，一般会有蒙古语、汉语两个庙号。“曲律皇帝”正是元武宗海山（Qaisan）的蒙古语庙号。由此可知，这道护持光山县崇寿寺的圣旨颁发于元武宗的继任者元仁宗爱育黎拔力八达（Ayurbarwada）在位时期。元仁宗先后行用皇庆（1312—1313）、延祐（1314—1320）两个年号，其间“虎儿年”只有一个，即延祐元年（1314）甲寅。元仁宗在这年八月初七结束了每年一次的两都巡行活动，回到元大都（今北京）。② 护持崇寿寺的圣旨颁发于延祐元年八月十七日，其中提到的“忽失剌太子”应是元武宗嫡长子和世㻋太子，只是“忽失剌”“和世㻋”二者的汉语音译用字不同。在元代历史文献中，这种译写方式并不是孤例。检核《元典章》卷一《诏令一·赦罪诏》、卷三《圣政二·霈恩宥》，和世㻋皆作“忽失剌”③。钱大昕在《十驾斋养新录》“延祐四年正月肆赦诏”条，已揭示出《元典章》所载“忽失剌”，即《元史》中

① 许希之、晏兆平修纂：《民国光山县志约稿·金石录》，《中国地方志集成》本，上海书店、巴蜀书社、江苏古籍出版社，2016年，第163页。

② 《元史》卷二五《仁宗二》，中华书局，1976年，第566页。

③ 陈高华等点校：《元典章》，中华书局、天津古籍出版社，2011年，第24、124页。

的元明宗和世㻋。① 和世㻋生于大德四年（1300）十一月壬子（十一日），② 在延祐元年正是15岁。

元武宗海山生前遵循"兄终弟及"的蒙古汗位继承传统，立胞弟爱育黎拔力八达为皇太子，并定下盟约，爱育黎拔力八达死后应将皇位传给侄儿——元武宗嫡长子和世㻋太子。因此，和世㻋太子的皇位继承权是其父元武宗赋予的。至大四年（1311）三月庚寅（十二日），元仁宗爱育黎拔力八达在元大都（今北京）继承皇兄海山的皇位。延祐二年（1315）十一月，元仁宗爱育黎拔力八达封和世㻋为周王，延祐三年（1316）十二月又立自己的嫡长子14岁的硕德八剌（Sitibala）为皇太子，并命时年17岁的周王和世㻋出镇云南。和世㻋太子尽管有资格继承皇位，一旦出镇云南，便远离了皇权中心，日后很可能失去继承皇位的机会。客观的历史实际是，元仁宗违背了盟约，死后果然将皇位传给自己的嫡子硕德八剌。

在这样的历史大背景下考察崇寿寺圣旨碑的史料价值，我们不难发现，该碑是记载元明宗和世㻋早年事迹的珍贵史料。延祐元年，大都路的文殊寺、东文殊寺、福圣寺、观音寺，以及这些寺院所属的玉华寺、千佛寺、宝塔寺、净居寺、宝相寺、观音寺、周押寺、永安寺、兴国寺、钟山寺、金山寺、崇寿寺、子寺、丑寺、福昌寺、□□伽寺等20处寺院都在和世㻋太子名下，由寺里的主持提点通义大师、才吉祥、林吉祥、贵吉祥管理。"告天祝寿"正是这些寺院的职责，通过告天，用佛法护佑元朝国祚，为皇帝、太子祈福祝寿。元仁宗爱育黎拔力八达之所以颁发圣旨护持和世㻋太子名下的寺院，是由和世㻋太子的政治地位决定的。当时，和世㻋太子是唯一有资格继承元仁宗皇位的人选，而硕德八剌只有12岁，尚未成年，还没有被立为皇太子。

二、翊戴和世㻋继承皇位的元武宗旧臣

在太皇太后答己（Dagi）、中书右丞相铁木迭儿（Temüder）的支持下，硕德八剌得立皇太子，周王和世㻋则以宗王身份出镇云南。就镇的大致行程路线是"大都—大同—延安—云南"，因途经陕西行省、四川行省，所以，延祐三年二月，元仁宗"敕萧拜住及陕西、四川省臣各一员，护送周王之云南"。另，为了保障周王出镇，元仁宗专门设置周王常侍府（正二品），官属包括常侍7员、中尉4员、咨议2员、记室2员。常侍府的下属机构有打捕鹰坊民匠总管府，设官6员、断事官10员，延福司、饮膳署官各6

① （清）钱大昕：《十驾斋养新录》卷九《延祐四年正月肆赦诏》，上海书店，1983年，第201-202页。

② 《元史》卷三一《明宗纪》，第693页。

员。此外，还有一部分卫士。①

周王常侍府的7员常侍在《元史·明宗纪》中记载了5人，即中书左丞相秃忽鲁（Tugulug）、大司徒斡耳朵（Ordu）、中政使尚家奴、山北辽阳等路蒙古军万户孛罗（Bolu）、翰林侍讲学士教化（Giyalqa）。② 中政使尚家奴出身“大根脚”木华黎家族，是周王的怯薛歹（Kesigtai，“护卫”之义）。③ 元武宗的藩邸旧臣伯颜（Bayan）也是周王常侍府常侍之一。④ 另一位常侍当是铁柱。⑤ 斡耳朵是和世㻋乳母之夫，大司徒名爵封自元武宗。⑥ 周王常侍府的4员中尉有2人可考，即中卫亲军都指挥使唐兀（Tangγu）、兵部尚书赛罕八都鲁（Saihan Baγatur）。

秃忽鲁、尚家奴、教化并未与和世㻋一同出发，他们直到延祐三年十一月才和元武宗的旧臣厘日、沙不丁（Sab－ed－din）、哈八儿秃（Qabartu）等一起在陕西行省延安与和世㻋相会。教化认为周王出镇云南是右丞相铁木迭儿、徽政使识烈门（Silemün）挑拨离间的结果，并非元仁宗本意，建议周王和世㻋通过陕西行省向元仁宗辩解，希望元仁宗收回成命。陕西行省丞相阿思罕（Asqan）反而联合平章政事塔察儿（Tuγačar）、西台御史大夫脱里伯（Türe Beg）、西台御史中丞脱欢（Toγan）与教化一同起兵。结果，阿思罕、教化、徹里哥思（Čeriges）兵败被杀，周王和世㻋、尚家奴、哈八儿秃一行改道西行，至金山避难。党宝海推断和世㻋到金山的原因是，“关陕之变”波及甘肃行省和岭北地区，统军金山的武宗旧部威宁郡王脱火赤时任岭北行省丞相，也起兵拥戴和世㻋，攻掠岭北行省，军事行动失败后重新回到金山地区，与元朝敌对的察合台汗国和解。⑦ 这一说法是可信的。

延祐四年（1317）正月初十，元仁宗颁布赦罪诏，对发动关陕之变的同谋者与胁从者予以赦免。该诏书的内容有“比者忽失剌年属幼弱，听信憸人阿思罕等，谋为不轨，构乱我家。已为行省、行台、管军官等，将叛贼阿思罕、教化、彻里哥思等斩以徇。其

---

① 《元史》卷二五《仁宗二》，第572－574页。

② 《元史》卷三一《明宗纪》，第693页。

③ 乔志勇：《元至顺元年只儿哈郎等“谋变”案探微》，刘迎胜主编：《元史及民族与边疆研究集刊》第二十三辑，第50页。

④ （元）马祖常：《马石田文集》卷一四《敕赐太师秦王佐命元勋之碑》，《元人文集珍本丛刊》本，（台湾）新文丰出版公司，1985年，第668页；《元史》卷一三八《伯颜传》，第3335页。

⑤ 天历二年正月，“皇兄遣常侍孛罗及铁柱讫先至京师，赏以金、币、宅居，仍遣内侍秃教化如皇兄行在所”。参见《元史》卷三三《文宗二》，第729页。

⑥ 《元史》卷三三《文宗二》，第744页。

⑦ 党宝海：《元朝延祐年间北方边将脱忽赤叛乱考——读〈大元赠岭北行省右丞忠愍公庙碑〉》，《西域研究》2007年第2期。

同谋及胁从者，欲尽加诛，有所不忍。宜推旷荡之恩，开以自新之路。可大赦天下"①云云。显然，元仁宗没有深入追究周王和世㻋的责任，而是将谋不轨的罪名扣到了阿思罕等人身上，希望通过赦免来恢复元朝关陕、岭北地区政局的稳定局面。关陕之变后，和世㻋与西北诸王察阿台（Čaγatai）② 在扎颜、斡罗斡察山、春泥一带四季游牧。从此，和世㻋与元仁宗和元英宗父子断绝了联系。延祐七年（1320）三月，元英宗硕德八剌继承皇位，六月"罢章庆司、延福司、群牧监、宫正监、辽阳万户府"③。元英宗此举有可能是针对周王和世㻋进行的。如前文，延福司隶属于周王常侍府，常侍府常侍孛罗曾任山北辽阳等路蒙古军万户。

当泰定帝也孙铁木儿（Yesün Temür）继承皇位之后，周王和世㻋才开始主动向元朝皇帝遣使通贡，而遣使的首要目的是迎回八卜沙（Babuša）皇后。泰定元年（1324）五月，八卜沙皇后从元大都抵达金山。④ 护送八卜沙皇后的人正是周王常侍府常侍尚家奴。⑤ 八卜沙是元成宗铁穆耳（Temür）的外甥女寿宁公主之女，"侍明宗潜邸"⑥，当和世㻋出镇云南时，她并没有相随，其年龄估计与和世㻋相仿，在 17 岁左右。时隔九年，二人终于团聚。也孙铁木儿皇帝在位时期（1323—1328 年），周王和世㻋同皇叔也孙铁木儿皇帝相互遣使比较频繁。泰定二年（1325）五月，也孙铁木儿皇帝"遣察乃使于周王和世㻋"；十一月，"周王和世㻋遣使以豹来献"⑦。泰定四年（1327）七月，"周王和世㻋及诸王燕只哥台等来贡，赐金、银、钞、币有差"⑧。

致和元年（1328）七月，泰定帝病故。元武宗的嫡幼子怀王图帖睦尔通过军事政变夺取了泰定帝嫡长子阿里吉八的皇位。依照"兄终弟及"的汗位继承传统，元武宗的嫡长子周王和世㻋应当继承皇位。但是，元武宗旧臣分化出两派，以中书右丞相燕帖木儿（El Temür）为代表的一派主张翊戴怀王图帖睦尔，以察合台次子拜答儿（Baidar）家

---

① 陈高华等点校：《元典章》卷一《诏令一·赦罪诏》，第 24 页。

② 刘迎胜研究认为，《元史·明宗纪》所载"察阿台"泛指察合台汗国的诸王，而非具体指代某人。参见刘迎胜：《皇庆、至治年间元朝与察合台汗国和战始末》，中国元史研究会编：《元史论丛》第五辑，中国社会科学出版社，1993 年，第 42 页。

③ 《元史》卷二七《英宗一》，第 603 页。

④ 《元史》卷三一《明宗纪》，第 694 页。

⑤ 乔志勇：《元至顺元年只儿哈郎等"谋变"案探微》，刘迎胜主编：《元史及民族与边疆研究集刊》第二十三辑，第 50 页。

⑥ 《元史》卷一一四《后妃一》，第 2877 页。

⑦ 《元史》卷二九《泰定帝一》，第 656、661 页。

⑧ 《元史》卷三〇《泰定帝二》，第 680 页。

族①、蒙哥（Müngke）家族等西北蒙古宗王为代表的一派主张翊戴周王和世㻋。据危素所撰《夏侯尚玄传》记载，元明宗暴崩后，夏侯尚玄"徒步将言其事于海都，为武平王铁忽思不花留之。王薨，其兄嘉王晃火帖木儿又留之，郯王彻彻秃闻其名，召见，待之有加"②。礼遇夏侯尚玄的三位西北蒙古宗王都出自元宪宗蒙哥家族。铁忽思不花（Tegüs Buqa）是蒙哥第四子河平王昔里吉（Sirqi）之子，泰定三年（1326）封武平王，其兄晃火帖木儿（Qongqu Temür）于延祐四年封嘉王，泰定二年由嘉王徙封并王。彻彻秃（Čečegtü）是蒙哥第三子玉龙答失（Ürüng Taš）之孙，至顺二年（1331）由武宁王进封郯王。通过他们对夏侯尚玄的态度不难发现，蒙哥家族的宗王是拥护元明宗和世㻋的。在元惠宗朝，郯王彻彻秃依然是妥欢帖睦尔（Toγan Temür）皇帝倚重的蒙古宗王，统军48万，镇守北边。③

元明宗在西北诸王察阿台、武宁王彻彻秃、沿边元帅朵烈捏（Dürein）、万户买驴等人的扈从下，在和宁（今蒙古国前杭爱省）之北即皇帝位。在《元史》中，和世㻋即位的历史年月有抵牾之处。考《元史·明宗纪》《元史·文宗纪》，皆系于天历二年正月。④ 然而，《元史·诸王表》记载周王"禾失剌"在天历元年立为皇帝，⑤ 恐误。苏天爵所撰《元故浙佥东海右道肃政廉访司事甄君墓碑铭》亦云："天历元年，文宗入正宸极，下诏固让。明年，明宗皇帝立于朔方，敕省、台分官奉宝玺北迓。"⑥ 天历二年应当可信。

和世㻋即位后，选用潜邸旧臣以及扈从士，委以中书省、枢密院、御史台及地方行省等机构要职。据《元史·明宗纪》记载，"受制命者八十有五人，六品以下二十有六人"⑦。翰林学士承旨唐兀为太尉。伯颜为中书左丞相（从一品）。哈八儿秃为中书平章政事（从一品）。阔里吉思⑧（Körgis）为中书右丞（正二品）。万户买驴为同知行枢密院事（正二品）。常侍孛罗为御史大夫（正二品）。中政使（从二品）尚家奴与孛罗并特授开府仪同三司，掌管四番宿卫。只儿哈郎（jirγalang）原为元武宗侍卫，迎立和世

---

① 赤坂恒明：《ホシラの西行とバイダル裔ャガタイ家》，《东洋史研究》2009年第67卷第4号。

② （元）危素：《危太朴集》续卷八《夏侯尚玄传》，《元人文集珍本丛刊》本，第578页。

③ （元）危素：《危太朴集》续卷八《夏侯尚玄传》，《元人文集珍本丛刊》本，第579页。

④ 《元史》卷三一《明宗纪》，第696页；《元史》卷三三《文宗二》，第729－730页。

⑤ 《元史》卷一〇八《诸王表》，第2741页。

⑥ （元）苏天爵撰，陈高华、孟繁清点校：《滋溪文稿》卷一五《元故浙佥东海右道肃政廉访司事甄君墓碑铭》，中华书局，1997年，第247页。

⑦ 《元史》卷三一《明宗纪》，第698－699页。

⑧ （元）许有壬：《至正集》卷三四《晋宁忠襄王碑序》，《元人文集珍本丛刊》本，第176页。

琜有功，和世琜委任他为甘肃行省平章政事（从一品）。① 元明宗和世琜遵循祖制，不但立胞弟图帖睦尔为皇太子，留居大都摄政，还诏谕中书省臣，让他们在向皇帝奏闻钱粮、铨选等重大国家政事之前，必须先向图帖睦尔皇太子启禀。他没有改变图帖睦尔皇太子原有的人事任命，对图帖睦尔皇太子拟定上报的人事任命也不加反对。尽管如此，元明宗所做的人事安排还是与皇太子图帖睦尔、中书右丞相燕帖木儿的权力发生矛盾，最终导致元明宗被图帖睦尔、燕帖木儿二人合谋毒杀。②

三、元明宗殒命王忽察都的政治余波

元文宗图帖睦尔先后派遣哈散（Qasan）、撒迪（Sati）、中书左丞跃里帖木儿、中书右丞相燕帖木儿、玄教宗师吴全节等“北迎明宗皇帝”③，显示出了极大的让位诚意和热情。《元史·明宗纪》详细记载了元明宗南下的行程线路与捺钵地，兹不赘言。另，《经世大典》记载，天历二年三月初六，元文宗图帖睦尔下旨，“为明皇帝送二象轿有损，速修，油染车包裹之。……修染必，用物包护，差人送至沙井、静州听候”④。这说明元明宗和世琜从金山地区启程，先在和林北即皇帝位，然后向元上都方向游牧前行，经汪古部沙井（今内蒙古四子王旗红格尔苏木希拉莫仁庙西南古城）、静州（今内蒙古四子王旗吉生太乡城卜子村），进入漠南元中都（今河北张北县）地区，准备在上都召开忽里勒台（Quraltai，“会议”之义），燕享宗亲，接受百官朝贺。不料，八月初六，图帖睦尔皇太子在王忽察都毒杀了皇兄和世琜皇帝，八月十五日，重新即皇帝位于元上都（今内蒙古正蓝旗五一种畜场）。八月十七日，“立宁徽寺，掌明宗宫分事”。八月十八日，“以钞万锭、币帛二千匹，供明宗后八卜沙费用”⑤。“十二月，玉列赤头目亦剌合承奉寺札，造八卜沙皇后位下粧驼花氈七十五副。”⑥

元明宗殒命王忽察都对元朝后期政治的影响十分深远。元明宗的拥护者遭到元文宗

---

① 乔志勇：《元至顺元年只儿哈郎等“谋变”案探微》，刘迎胜主编：《元史及民族与边疆研究集刊》第二十三辑，第49页。

② 韩儒林：《略论“天历之变”》，尹达等主编：《纪念顾颉刚学术论文集》上册，巴蜀书社，1990年，第451－453页。

③ （元）虞集：《道园学古录》卷二五《河图仙坛之碑》，《四部丛刊》本，第10页。

④ （元）赵世延、（元）虞集等撰，周少川、魏训田、谢辉辑校：《经世大典辑校》第十《工典·杂用》，中华书局，2020年，第837页。

⑤ 《元史》卷三三《文宗二》，第738－739页。

⑥ （元）赵世延、（元）虞集等撰，周少川、魏训田、谢辉辑校：《经世大典辑校》第十《工典·杂用》，第839页。

的迫害或冷遇。“凡往明宗所送宝官吏，越次超升者皆从黜降。”① 通政使只儿哈郎、中政使尚家奴“以谋变有罪，并弃市，籍其家”②。原本被元文宗赦免的元明宗翊戴者四川行省平章政事囊家台（Nangγiyatai）也以指斥元文宗乘舆的罪名被弃市。③ 哈八儿秃由中书平章政事改任岭北行省平章政事。④ 御史大夫孛罗任元明宗皇帝山陵官，护送灵柩归葬起辇谷。翰林侍讲学士欧阳玄对元明宗的评价是“明宗皇帝凝情经史，爱礼儒士”⑤。元明宗即位后擢用了一批儒士，得到儒家士大夫的拥护。例如，处州（今浙江丽水市）儒士包容德陪同蒙古宗王“谒见周王于和林，语称旨，面授翰林直学士，行至上都之鱼儿泊而周王遇害，命遂寝”⑥。可见，元明宗生前所做的人事任命被元文宗否定了。除改变元明宗的成命外，元文宗还迫害元明宗嫡幼子懿璘质班（Irinčinbal）的生母皇后八卜沙，炮制出妥欢帖睦尔太子不是元明宗嫡长子的政治谣言，剥夺了妥欢帖睦尔的皇位继承权。元明宗子嗣所遭受的种种不幸是“明文之争”的历史延续，其根源在于皇位争夺。元文宗生前想册立自己的嫡子为皇太子，将皇位保留在自己的家族，这为元朝后期政局动荡留下了隐患。

元文宗图帖睦尔临死时，立储思想发生变化，欲将皇位交还给皇兄元明宗的嫡子。卜答失里（Buda Siri）皇后牢牢掌握着元朝中央的最高决策权，不受中书右丞相燕帖木儿的左右。她忠实地执行了元文宗的遗命，先后立元明宗和世㻋的嫡幼子懿璘质班、嫡长子妥欢帖睦尔为皇帝，并按蒙古人的汗位继承传统指定元文宗嫡次子燕帖古思（El Tegüs）为元惠宗妥欢帖睦尔的皇位继承人。毋庸置疑，燕帖古思有“皇太子”⑦ 身份，只是《元史》失载。妥欢帖睦尔皇帝继位时尚未成年，虽然可以参与政务决策，但他的政治决策只有在监护人婶母卜答失里皇太后的懿旨许可下方能生效。

元明宗殒命王忽察都的政治余波一直持续到元惠宗朝。重纪至元六年（1340），成

---

① 《元史》卷三三《文宗二》，第 740 页。

② 《元史》卷三四《文宗三》，第 759 页。

③ 曹金成：《元代四川行省平章囊家台生平事迹考》，《内蒙古大学学报（哲学社会科学版）》2017 年第 6 期。

④ 乔志勇：《元至顺元年只儿哈郎等“谋变”案探微》，刘迎胜主编：《元史及民族与边疆研究集刊》第二十三辑，第 48 页。

⑤ （元）欧阳玄：《圭斋集》卷九《曲阜重修宣圣庙碑》，《四部丛刊》本，第 36 页。

⑥ （明）苏伯衡：《苏平仲集》卷一三《故元朝请大夫佥太医院事包公墓志铭》，《四部丛刊》本，第 4 页。

⑦ 重纪至元六年，吴直方协助脱脱罢黜中书大丞相秦王伯颜，“久之未敢动，适秦王侍皇太子出猎柳林，丞相欲发。公曰：‘皇太子在军中，脱挟之以生他变，何以处之?’”参见（明）宋濂：《宋濂全集·潜溪后集》卷九《元故集贤大学士荣禄大夫致仕吴公行状》，浙江古籍出版社，2004 年，第 427 页。

年的妥欢帖睦尔皇帝在政治上已经成熟，依靠身边近侍的力量，罢黜中书右丞相伯颜，废黜婶母卜答失里太皇太后，贬杀堂弟燕帖古思皇太子，走上了亲政之路。此时，妥欢帖睦尔皇帝终于有机会追究元文宗毒杀元明宗和世瑓的罪责，对皇叔元文宗图帖睦尔展开彻底的政治清算。下诏撤除元文宗的庙祖就是妥欢帖睦尔否定元文宗的重要举措之一。这是从宗族祭祀的层面彻底抹杀元文宗皇位合法性的政治表现。在重纪至元六年六月之后的圣旨中，元文宗的蒙古文庙号"札牙笃皇帝"① 自然也被避讳掉了。与此形成强烈反差的是，妥欢帖睦尔皇帝迅速抬高其父元明宗的政治地位。

在和世瑓皇帝死后，元文宗为皇兄上汉文谥号"翼献景孝皇帝"、蒙古文谥号"护都笃皇帝"，庙号明宗，升祔太庙。考诸《经世大典》，"谥以易名，所以定论平生也"。和世瑓皇帝谥号的内涵如下："翼，思虑深远""献，聪明睿智""景，耆意大图""孝，协时肇享"。②《明宗皇帝附庙祝文》③ 出自翰林承旨学士欧阳玄之手。奎章阁侍书学士虞集奉元文宗之命，撰《明宗皇帝祔庙册文》，册文内容有"礼严升祔，诚备显扬。谨遣摄太尉某官某，奉玉册玉宝，上尊谥曰翼献景孝皇帝，庙号明宗。伏冀睿灵，俯回歆格。克绥丕祚，垂裕无疆"④ 云云。《明宗皇帝升祔乐章》⑤ 也由虞集制作。元文宗将元明宗庙祖置于太庙第九室，庙室排在元太祖成吉思汗（Činggis Qaγan）、元睿宗拖雷（Tolui）、元世祖忽必烈（Qubilai）、元裕宗真金（Jimkin）、元顺宗答剌麻八剌（Darmabala）、元武宗海山、元仁宗爱育黎拔力八达之后，但在元英宗硕德八剌之前，太庙乐章奏《永成曲》。⑥

然而，元文宗在位期间一直没有为元明宗加尊号。妥欢帖睦尔亲政后，开始为其父上尊号。应奉翰林文字陈旅作《明宗皇帝加尊号宝册破玉祝文》，祝文云："天子仁孝，追宗先皇，诞扬鸿名，载以宝册，次玉伊始，有严厥躬，神其鉴兹，用锡灵贶。"⑦ 欧阳玄撰《明宗皇帝尊号册文》，其中有"爰征古训，追上徽称。钦惟皇考皇帝陛下禀纯乾之刚，居洊震之长。当世祖之丕构，接武皇之正传。……谨遣摄大尉臣某奉玉册玉

① 蔡美彪编著：《元代白话碑集录》86《周至重阳万寿宫碑——顺帝圣旨（1341）》，中国社会科学出版社，2017 年，第 232 页。

② （元）赵世延、（元）虞集等撰，周少川、魏训田、谢辉辑校：《经世大典辑校》第七《礼典》，第 203－213 页。

③ （元）欧阳玄：《圭斋集》卷一五，《四部丛刊》本，第 13 页。

④ （元）虞集：《道园学古录》卷二一《明宗皇帝祔庙册文》，《四部丛刊》本，第 2 页。

⑤ （元）虞集：《道园学古录》卷二一《明宗皇帝升祔乐章》，《四部丛刊》本，第 2 页。

⑥ （元）苏天爵：《国朝文类》卷二《太庙乐章》，《四部丛刊》本，第 6 页。

⑦ （元）陈旅：《安雅堂集》卷一三《明宗皇帝加尊号宝册破玉祝文》，《元代珍本文集汇刊》本，"国立中央"图书馆，1970 年，第 584 页。

宝，追上尊号曰明宗顺天立道叡文知武大圣皇帝"① 之语。据张翥所作七言律诗《庚辰十月朔奉迎明宗册宝至石佛寺明日壬辰迎至太庙清祀礼成赋以纪事》② 可知，重纪至元六年十月初一，元明宗的尊号册宝被迎入石佛寺，十月初二被迎回太庙。十月初四，妥欢帖睦尔皇帝"奉玉册、玉宝尊皇考为顺天立道睿文智武大圣孝皇帝，亲祼太室"③ 在元代宗庙祭享礼中，从元武宗海山开始亲享，从元英宗硕德八剌开始行祼献。④

在元代，除太庙祭祀先帝金祖外，还在神御殿供奉先帝御容。至正二年（1342）二月，妥欢帖睦尔皇帝命"织造明宗御容"⑤。至正四年（1344），翰林侍讲学士揭傒斯奉妥欢帖睦尔皇帝谕旨还朝，"撰明宗皇帝神御殿碑文"⑥。国子助教危素又作《恭跋明宗皇帝神御殿碑》，其文云："臣惟仁宗皇帝入平内难，恭迓武宗皇帝于北庭，□□□位，及武宗顾命，不传之子而传之弟，谦德之盛，皆近古所未有□□，后权臣构乱，而明宗皇帝播越域外十有七年，有臣子所不忍言者。今皇帝孝思罔极，乃诏词臣撰神御殿碑，勒在穹碑，式垂永世。"⑦ 元明宗神御殿始作于元惠宗朝，营造时间应早于至正四年。王士点在《禁扁》"殿"条下罗列了11座祖宗神御殿的匾额名，其中元明宗神御殿的匾名为"永庆"⑧。元明宗神御殿应当在大都永庆殿。妥欢帖睦尔特授翰林学士承旨买奴（Mainu）为"太禧宗禋使，都典制神御殿事"⑨。神御殿事务由买奴全权负责。买奴是宣徽使答失蛮（Dašiman）的嫡长子，怯薛出身，执事宝儿赤（蒙古语 Borči，义为厨子），父子二人拥戴元武宗海山有功。

元武宗旧臣中政使尚家奴、通政使只儿哈郎等有翊戴元明宗和世㻋之功，他们在元

---

① （元）欧阳玄：《圭斋集》卷一三《明宗皇帝尊号册文》，《四部丛刊》本，第8-9页。

② （元）张翥：《张蜕庵诗集》卷四《庚辰十月朔奉迎明宗册宝至石佛寺明日壬辰迎至太庙清祀礼成赋以纪事》，《四部丛刊》本，第1页。

③ 《元史》卷四〇《顺帝三》，第858页。

④ （元）赵世延、（元）虞集等撰，周少川、魏训田、谢辉辑校：《经世大典辑校》第七《礼典》，第198页。

⑤ 《元史》卷四〇《顺帝三》，第863页。

⑥ （元）欧阳玄：《圭斋文集》卷一〇《元翰林侍讲学士中奉大夫知制诰同国史同知经筵事豫章揭公墓志铭》，《四部丛刊》本，第28页；（元）黄溍《金华黄先生文集》卷二六《翰林侍讲学士中奉大夫知制诰同修国史同知经筵事追封豫章郡公谥文安揭公神道碑》，《四部丛刊》本，第18页。

⑦ （元）危素：《危太仆集》续卷九《恭跋明宗皇帝神御殿碑》，《元人文集珍本丛刊》本，第590页。

⑧ （元）王士点：《禁扁》卷二，文渊阁《四库全书》本，上海古籍出版社，2003年，第67页。

⑨ （元）黄溍：《金华黄先生文集》卷二四《宣徽使太保定国忠亮公神道第二碑》，《四部丛刊》本，第21页。

文宗朝蒙冤而死，在元惠宗朝终于得以平冤昭雪。① 妥欢帖睦尔封赠只儿哈郎、只儿哈郎妻申台、尚家奴、尚家奴妻也先忽都（Esen Qutug）的诏书皆出自翰林直学士黄溍之手。《尚家奴封东平王制》赠尚家奴“竭忠宣力守义著节功臣、太师、开府仪同三司、上柱国，追封东平王，谥贞愍”②。尚家奴妻也先忽都追赠为东平王夫人。③《只儿哈郎封威宁王制》赠只儿哈郎“输忠保卫守正效节功臣、太傅、开府仪同三司、上柱国，追封威宁王，谥襄愍”④。《只儿哈郎妻申台封威宁王夫人制》还追述了只儿哈郎之妻申台精心保育妥欢帖睦尔太子的功劳。⑤

在元惠宗朝，元明宗的潜邸旧臣也得到妥欢帖睦尔的信任和重用。别儿怯不花（Berke Buqa）作为和世㻋的藩邸旧臣，追随周王和世㻋出镇，行至大同时被召回。⑥ 至正七年（1347），他由中书左丞相进右丞相（从一品）。元武宗朝中书右丞相康里氏亦纳脱脱（Inatuγtu）之子铁木儿达识（Temür Tas）“以大臣子事明宗于潜邸”⑦。至正七年，铁木儿达识由御史大夫升中书左丞相。浦阳吴直方（1275—1356）是中书右丞相脱脱（Togtaqu）的家塾老师，“尝用说书事明宗于潜邸”⑧。对于元代宗王府中的说书，傅若金解释道：“今诸王府说书，非官也，大归掌侍王游处，日诵古圣贤之训，祖宗之成法，谈说礼乐，规讽道义，陈古今兴衰之由，忠邪得失之迹，以朝夕左右王，其职要非轻矣。”⑨ 吴直方在和世㻋府邸供职说书的时间是元仁宗“延祐初”⑩，当时和世㻋尚未出镇外藩。重纪至元六年，吴直方协助妥欢帖睦尔皇帝罢黜中书大丞相伯颜有功，拜集贤

---

① 乔志勇：《元至顺元年只儿哈郎等“谋变”案探微》，刘迎胜主编：《元史及民族与边疆研究集刊》第二十三辑，第 52 页。

② （元）黄溍：《金华黄先生文集》卷七《尚家奴封东平王制》，《四部丛刊》本，第 8 页。

③ （元）黄溍：《金华黄先生文集》卷七《尚家奴妻也先忽都封东平王夫人制》，《四部丛刊》本，第 9 页。

④ （元）黄溍：《金华黄先生文集》卷七《只儿哈郎封威宁王制》，《四部丛刊》本，第 9 页。

⑤ （元）黄溍：《金华黄先生文集》卷七《只儿哈郎妻申台封威宁王夫人制》，《四部丛刊》本，第 9 页。

⑥ 《元史》卷一四〇《别儿怯不花传》，第 3365 页。

⑦ （元）黄溍：《金华黄先生文集》卷二八《敕赐康里氏先茔碑》，《四部丛刊》本，第 5 页。

⑧ （明）宋濂：《宋濂全集·潜溪前集》卷一〇《故集贤大学士荣禄大夫致仕吴公圹记》，第 243 页。

⑨ （元）傅若金：《傅与砺文集》卷四《送李思齐诗序》，《北京图书馆古籍珍本丛刊》第 92 册，第 701 页。

⑩ （明）宋濂：《宋濂全集·潜溪后集》卷九《元故集贤大学士荣禄大夫致仕吴公行状》，第 426 页。

大学士（正三品）。高昌人老章也曾“从明宗皇帝北狩，间关虎口，调护圣躬，亲幸无与为比”①。“明宗皇帝北狩”正是指周王和世㻋避难金山一事。老章对和世㻋照顾有加，至正十一年（1351），已官居知枢密院事（正二品）。

四、小结

元明宗和世㻋作为元武宗海山的嫡长子，拥有皇位继承权。由于元仁宗爱育黎拔力八达背弃盟约，择立己子硕德八剌为皇位继承人，皇太子和世㻋的命运被彻底改变，沦为流亡金山的蒙古宗王。当皇位再次转入元武宗家族时，元明宗和世㻋却惨遭胞弟元文宗毒杀，殒命王忽察都。这反映出元朝皇位争夺的残酷性，但这并不意味着“明文之争”的结束，反而是个开始。该历史事件上承“武仁授受”，下接元文宗即位立储，它的历史影响深远，政治余波却一直持续到元惠宗朝。元文宗皇后卜答失里杀害元明宗皇后八卜沙，中政使尚家奴含冤而死，元文宗炮制“妥欢帖睦尔非元明宗嫡子”谣言，中书右丞相燕帖木儿阻挠妥欢帖睦尔继承皇位，妥欢帖睦尔皇帝否定皇叔元文宗、废黜婶母卜答失里太皇太后、贬杀堂弟燕帖古思皇太子，这一系列重大历史事件无一不与“明文之争”有密切关系。元廷内部激烈的政治斗争加剧了元朝内部矛盾，影响了元末政局的稳定。

作者简介：
温旭，山西师范大学历史与旅游文化学院讲师。

---

①（元）黄溍：《金华黄先生文集》卷二四《辽阳等处行中书省左丞亦辇真公神道碑》，《四部丛刊》本，第16页。

明代朝贡国“鲁密”考

马　一　谢梓锴

[提要] 明代遣使来华入贡的鲁密，中外史地撰述对其语焉不详，其所在何处，遣自何时，说法不一。前人及今人多据对音相近，将明代进贡的鲁密、鲁迷并为一谈，实则二者各有所指。根据明清有关边疆史地的文字、舆图资料和回回后裔家乘谱牒，可推知鲁密地处今阿拉伯半岛东南角的阿曼境内，经郑和第六次下西洋招徕，于永乐二十一年（1423）随返航船队抵京朝贡，因七下西洋废止而不复再贡。鲁密虽仅入贡一次即不见踪影，却在明代中外关系史上留下了自己痕迹，在中国与阿曼友好关系史上留下了浓厚一笔。

[关键词] 明代；鲁密；阿曼；朝贡

宋元明清文献常见的阿拉伯文“al-Rum”一词，① 源自拉丁文“Roma”或“Romanus”，都是阿拉伯世界对地中海东岸希腊、罗马人居留地的指称，占据这一地区的拜占庭帝国、塞尔柱王朝、奥斯曼土耳其帝国皆曾袭用此名。“al－Rum”这一称谓使

① “al-Rum”一词，宋元明清文献汉译作“芦眉目”“鲁木”“鲁穆”“鲁姆”“罗姆”“鲁迷”“鲁密”“噜密”“噜嘧”“罗密”等，皆是这一词汇的转音异译，明代典籍则以“鲁迷”“鲁密”的音译最为常见。

用时间长、流传范围广、涉及地域大，前后沿用长达千年，① 地理上囊括小亚细亚、亚美尼亚、叙利亚、巴勒斯坦等广大国家和地区，因而，对于宋元明清不同历史时期出现的“al - Rum”一词所代表的国家、所来自的地域，考究起来颇加困难，明代分别遣使来华入贡的鲁迷、鲁密即是此一例。② 尤其鲁密入贡，前史未载，前考所缺，且进贡一次竟不复再贡，文字记载仅寥寥数语，其所指何国、遣自何时，虽有学者对此进行了考证，③ 然争议尚大。目前一般研究中西交通史的学者大多根据对音相近，牵强附会，将鲁密与鲁迷并为一谈，导致了较大的混乱。实则明人反而对鲁密、鲁迷分得很清，鲁迷属于西域之国，始贡于嘉靖年间，贡道自陆路；鲁密则属于西南夷、东南夷岛夷之国，始贡于永乐年间，贡道走海路。本文基于汉籍异域史料，辅以外文文献，拟就明代鲁密入贡的诸种细节做进一步的探讨，以就教于方家学者。

一、明清典籍有关鲁密的记载

鲁密不见于明代之前的史书，明清有关鲁密的文字记载，除《明会典》外，《明史》《明实录》等官修正史对此只字未提，其他边疆史地撰述对于鲁密的记载，亦属片言只语，语焉不详，大多只列其名而无后话，这给考证鲁密的地理位置、进贡时间等带

① 现今的穆斯林依然统称欧亚两洲土耳其壤土为鲁迷。参见张星烺：《中西交通史料汇编》第一册，中华书局，1977 年，第 150 页。

② 关于鲁迷的地理方位，E. Bretschneider、F. Hirth、W. W. Rockhill、李约瑟、和田博德、海野一隆、张星烺、冯承钧、马建春、杨兆钧、王兆春、李国祥等甚多中外学者均主鲁迷为昔日奥斯曼帝国今土耳其之地，此说广受采信，仅有少数学者如沈福伟、刘广定等对此持有异议，另立新说。对于鲁迷的对音“Rum”的考释，可参见 E. Bretschneider, *Mediaeval Researches from Eastern Asiatic Sources: Geography and History of Central and Western Asia from the 13th to the 17th century*, London, K. Paul, Trench, Trübner & Co., ltd, 1910; F. Hirth, W. W. Rockhill, *Chau Ju - Kua: His Work on the Chinese and Arab Trade in the Twelfth and Thirteenth Centuries*, St. Petersburg, Printing office of the Imperial Academy of Sciences, 1911；和田博德：《明代的火器传入与奥斯曼帝国：神器谱与西域土地人物略》，《史学》1958 年第 31 卷第 114 号；冯承钧：《诸蕃志校注》，中华书局，1956 年。

③ 厦门大学廖大珂、江苏师范大学沈福伟、香港冯锦荣、台湾刘广定等教授都对鲁密的地理方位做过考证。廖氏主其乃位于欧洲的罗马教皇国，沈氏认为其是位于今西班牙的地区性穆斯林政权奈斯尔王朝，冯氏则推测其可能位于今也门东北部和阿曼西北部接壤的地域，刘氏则主张其地处今阿曼境内。参见廖大珂：《“日落国”考证——兼论明代中国与罗马教廷的交往》，《厦门大学学报（哲学社会科学版）》2005 年第 4 期；沈福伟：《中西文化交流史》，上海人民出版社，2014 年，第 270 - 271 页；《法国汉学》丛书编辑委员会编：《法国汉学》第六辑，中华书局，2002 年，第 237 页；刘广定：《中国科学史论集》，台湾大学出版中心，2002 年，第 373 页。

来较大不便。现按各书撰成、绘制和刊刻的先后顺序，将明清有关鲁密的图文资料摘录如下：

《明会典》卷一〇六《礼部六十四·朝贡二·东南夷下》：“加异勒国、祖法儿国（又云左法儿）、溜山国、阿哇国、南巫里国、急兰丹国、奇剌尼国、夏剌比国、窟察尼国、乌涉剌踢国、阿丹国、鲁密国、彭加那国、舍剌齐国、八可意国、坎巴夷替国、黑葛达国［又有白葛达，宣德七年（1432）至］、剌撒不喇哇、木骨都束、喃渤利、千里达、沙里湾泥（以上俱永乐中遣使朝贡）。”①

元朱思本撰，明罗洪先、胡松增补《广舆图》之《四夷图二》，置鲁密于西南夷之列。②

张天复《皇舆考》卷一二《四夷·四夷图叙》：“又永乐中来朝十六国，曰韃靼，曰兀良哈，曰拂麻，曰南巫里，曰急兰丹，曰奇剌尼，曰夏剌比，曰窟察尼，曰乌涉剌踢，曰鲁密，曰彭加那，曰舍剌齐，曰八可意，曰坎巴夷替，曰左法儿，曰黑达，曰八答黑商，曰日落……自后入贡靡常。”③《皇舆考》卷一二《四夷·东南滨海诸夷图》绘有鲁密，位于阿丹、急兰丹、彭加那附近。④

章潢《图书编》卷五一《东南海滨诸国图》绘有鲁密。⑤

何镗《修攘通考》卷三《四夷图纪》：“急兰丹、阿丹、合猫里、黑葛达、鲁密、吕宋、彭加那、忽鲁思恩、古里班卒……柯枝……南巫里、祖法儿、打回、左法尔、麻林……已上三十三国，其地莫详所在，俱洪武、永乐、宣德年间奉贡，嗣后鲜至，考其所贡，多系方物，意亦西南海中小国也。”⑥《修攘通考》卷三之《四夷方位之图》，按方位绘鲁密于西南向。⑦

程百二等撰《方舆胜略》中的世界地图，绘鲁密于今阿拉伯半岛东北。⑧

茅瑞征《皇明象胥录》卷五《顺哈传》：“《会典》载永乐中朝贡又有：急兰丹国、奇剌尼国、夏剌比国、窟察尼国、乌涉剌踢国、鲁密国、彭加那国、舍剌齐国、八可意

① 《明会典》卷一〇六《礼部六十四·朝贡二·东南夷下》，中华书局，1989年，第577页。

② （元）朱思本撰，（明）罗洪先、胡松增补：《广舆图》之《四夷图二》，《续修四库全书》第五八六册，上海古籍出版社，2002年，第526页。

③ （明）张天复：《皇舆考》卷一二《四夷·四夷图叙》，《北京图书馆古籍珍本丛刊》第二十三册，书目文献出版社，1998年，第364页。

④ （明）张天复：《皇舆考》卷一二《四夷·东南滨海诸夷图》，第372页。

⑤ （明）章潢：《图书编》卷五一《东南海滨诸国图》，书目文献出版社，1988年，第586页。

⑥ （明）何镗：《修攘通考》卷三《四夷图纪》，学生书局，1987年，第387－388页。

⑦ （明）何镗：《修攘通考》卷三《四夷图纪》，第376页。

⑧ （明）程百二等撰：《方舆胜略》外夷卷，《四库禁毁书丛刊补编》，北京出版社，2005年，第361页。

国、坎巴夷替国、剌撒、喃渤利、千里达、沙里湾泥。”①

陈祖绶《皇明职方地图》卷下《皇明贡夷年表》，置鲁密于西南夷之列。②

何乔远《名山藏》卷一〇七《王享记三·东南夷三》：“阿丹国……鲁密国……以上海外小夷，永乐中遣使朝贡……此其载之《会典》，入我王会者尔。”③

查继佐《罪惟录》卷三六《外国列传·急兰丹（王会诸国）》：“急兰丹国与奇剌泥国、夏剌比国、窟察泥国、乌涉剌踢国、鲁密国、彭加那国、舍剌齐国、八可意国、坎巴夷替国，喃渤利国、千里达国、沙里湾尼国，以上共十三国，皆海外小彝，不详风土。永乐中，皆遣使朝贡。”④

此外，高岱《皇明鸿猷录》、慎懋赏《海国广记》、佚名《外夷朝贡考》等书对鲁密的记载与此大同小异，不再赘录。

查书所载永乐年间来华进贡、明人对其认识极其有限的十三小国，其他十二国在明清另外的史地撰述如郑晓《皇明四夷考》，严从简《殊域周咨录》，陈仁锡《皇明世法录》，罗洪先、胡松《外夷朝贡考》等书中亦多有提及，唯独鲁密出现的频率极低，丘浚等《寰宇通志》、李贤《天下一统志》、罗日褧《咸宾录》、杨一葵《裔乘》、严从简《殊域周咨录》、龙文彬《明会要》、傅维麟《明书》甚至《明实录》等官私典籍均不见鲁密踪迹，以致清初张廷玉等人编修《明史》时，对溜山、南巫里、加异勒、甘巴里、急兰丹、沙里湾泥、千里达等国均有专条介绍，却直接将鲁密剔除于十三小国之外。⑤

以上诸书，以始纂于弘治十年（1497）、刊刻于正德六年（1511）的《大明会典》成书最早。《大明会典》对如期朝贡的朝鲜、琉球、安南、暹罗、三佛齐、满剌加、撒马尔罕等二十五个传统朝贡国的始贡时间、贡品记载颇详；对不守贡期、入贡靡常的拂林、天方、默德那、祖法儿、忽鲁谟斯等二十二国只载始贡时间，不载贡品；而对进贡一两次即销声匿迹的阿丹、鲁密、彭加邦、日落国等十六国，仅载国名，对其始贡时间、贡品等并无任何叙述。

《大明会典》取材于累朝典制、百司职掌、官修史志等，其有关外藩朝贡的资料主

---

① （明）茅瑞征：《皇明象胥录》卷五《顺哈传》，华文书局，1968年，第318页。

② （明）陈祖绶辑：《皇明职方地图》卷下《皇明贡夷年表》，《四库禁毁书丛刊补编》第二十六册，北京出版社，2005年，第391页。

③ （明）何乔远：《名山藏》卷一〇七《王享记三·东南夷三》，北京大学出版社，1993年，第6171－6173页。

④ （明）查继佐：《罪惟录》卷三六《外国列传·急兰丹（王会诸国）》，浙江古籍出版社，1986年，第2887页。

⑤ 《明史》记载：“剌泥而外，有数国，曰夏剌比，曰奇剌泥，曰窟察泥，曰舍剌齐，曰彭加那，曰八可意，曰乌沙剌踢，曰坎巴，曰阿哇，曰打回，永乐中，尝遣使朝贡。其国之风土物产，无可稽。”参见《明史》卷三二六《剌泥传》，中华书局点校本，1974年，第8457页。

要来自礼部主客司、会同馆、四夷馆、鸿胪寺等与朝贡事宜密切相关的机构，且历经参校、增补、修订等，史料价值极高，其中关于鲁密的记载应该真实、可靠，可惜略而不详，有文无图，根据多略，难窥全豹。《大明会典》流传广、影响大，受此影响，成书于正德以后的上文何乔远诸人的著作，对于鲁密的记载与《会典》具有高度的一致性，国名、内容基本雷同，无非互相抄录，前后沿袭，不出《会典》窠臼。后出的书虽说对先出的书，“间按历代史牒及耳目近事，稍为增定”①，但关于鲁密的地望、事迹等依属言之不详，模糊不清。

以上有关鲁密的舆图，以绘制于嘉靖二十年（1541）罗洪先《广舆图》成图最早。《广舆图》在元朱思本《舆地图》的基础上增广而成，绘鲁密于西南夷的位置，标示出了鲁密的大概方位。罗氏考图观史，靡不精究，② 曾受命参与撰史，接触大量四夷外国的档案，其增编《舆地图》的目的即在于纠正天下舆图“疏密失准，远近错误”的弊病，为此周游各方，考核地理，博采群言，遍观图籍，竭十年之力而始绘就，可以说《广舆图》中诸藩异域地望的准确度是比较高的，正是由此而数次刊印，传布甚广。嘉靖三十六年（1557），张天复在参酌桂萼《舆地图志》、许论《九边图论》、罗洪先《广舆图》的基础上撰成《皇舆考》，由于桂、许二书并无涉及鲁密，张书对鲁密方位的标注以《广舆图》为蓝本，但比其绘制精细，且不仅有图，还配有文字，图文结合，鲁密的地理位置更显清晰。受《广舆图》影响，不仅《舆地图志》，明清衍生出来的其他有关鲁密的图籍皆与其大同小异，校订修补，各有增损，似应具有前后承袭的关系。

由上可见，《大明会典》除外，明代有关鲁密的图文史地典籍，皆成书于嘉隆以降的明中晚期，虽说不乏皇皇巨著，但受闭关、禁海的影响，所记鲁密之事和所绘鲁密之图多依往年记录，相沿相承，基本没有更正、更新，新意不大，以致鲁密的地望自明至清历时二百余年，依属含混不清，甚或张冠李戴，错漏百出。

二、鲁密的地理方位

明清典籍关于鲁密的文字记载虽嫌过于简略，但结合标示其地理方位的舆图资料，仍可勾勒出其大致所在。

对于鲁密的具体地望，明清典籍也提供了一大概方位。《明会典》《名山藏》置鲁密于东南夷之列，《修攘通考》置鲁密于西南夷之列，其与祖法儿、阿丹、木骨都束、柯枝、苏门答剌、吕宋等西南夷、东南夷诸国俱自海道入华进贡。《修攘通考》《名山藏》《罪惟录》视鲁密为“海中小国”“海外小夷”“海外小彝”，可见其位置濒海，疆

① （明）茅瑞征：《皇明象胥录》，序。

② 《明史》卷二八三《罗洪先传》，第7279页。

域狭小，国势卑弱，属于一海中弱小的岛国，在时人心目中的地位非常低下。以上诸书载录的西南夷、东南夷诸国当中地理位置已经考证无异的有爪哇、吕宋、三佛齐、满剌加、榜葛剌、阿丹、祖法儿、急兰丹、彭加那、忽鲁谟斯、木骨都束等国，其主要位于东南亚、南亚、西亚、东非等地沿海。明清域外史地撰述基本是按地理方位排列这些朝贡国的顺序的，位列鲁密前后、今地已详的几个国家——阿丹（今也门亚丁）、祖法儿（今阿曼佐法尔），皆来自阿拉伯半岛，从中可以推知，鲁密亦大致来自此处，但具体所指何地，尚难下一定论。

下面再结合明清舆图继续考订。舆地著作的译著和传播是明末清初耶稣会士在华传教的一重要途径，其中以《坤舆万国全图》《职方外纪》影响尤大。万历二十九年（1601），意大利传教士利玛窦到京进献《坤舆万国全图》，该图主要以奥尔蒂利等人绘制的西洋世界地图为蓝本编绘而成，可谓中国最早的世界地图，是图在今阿拉伯半岛南端、麦加、麦地那以西绘有鲁密。初刊于天启三年（1623）的传教士艾儒略《职方外纪》全面而系统地介绍了17世纪欧洲人最新的世界地理知识，在书中所绘《万国全图》之亚细亚图中，可见鲁密三面环海，东、南、北三面被阿曼湾、阿拉伯海所环绕，①相比《坤舆万国全图》，对鲁密地理位置的标注更加精准。

由以上二图可见，鲁密应位于阿拉伯半岛东部、麦加东南端，且属三面环海的岛国。揆诸明代典籍，明人对阿曼佐法尔的记载即“东南皆海，西北重山”②，与上图标示的方位比较接近，对照阿拉伯半岛各国地理情况，鲁密符合阿曼的地理条件。阿曼位于阿拉伯半岛东南角，东北和东南分别濒临阿曼湾和阿拉伯海，“鲁密”位于此地的可能性极大，地理上与佐法尔相去不远。

当然，明代无论国人还是外国人绘制的世界地图，都比较粗线条，并未严格按实际比例绘制，难以精准标注某一国家或地区的地理位置，故而，对鲁密确切方位的考证尚需其他材料的辅证，如世居我国的阿拉伯回族后裔编修的家乘谱牒资料，或可留下些许蛛丝马迹。据扬州回民五大姓氏之一的哈迁之先生所录《家谱》记载：“哈氏来自西域回族，入居中国，始于隋开皇年间，始祖讳申，西域鲁密国人”③；安徽《怀宁马氏宗谱》记载：“吾族系出西域鲁穆，始祖名系鲁穆文字，汉译马依泽公，遂以马为姓。宋太祖建极，初召修历，公精历学，建隆二年，应召入中国，修天文。”④以上哈、马两姓先祖入华可追溯至隋、宋时期，时过境迁，沧海桑田，加之后裔汉化很深，此处的鲁

① 艾儒略著，谢方校释：《职方外纪》卷一《万国全图》，中华书局，1996年，第10页。

② （明）何乔远：《名山藏》卷一〇七《王享记三·东南夷三》，第6171页。

③ 朱江：《犹太人在扬州的踪迹》，沙博理编著：《中国古代犹太人——中国学者研究文集点评》，新世界出版社，2008年，第162页。

④ 罗香林：《中国族谱研究》，香港中国学社，1971年，第104页。

密、鲁穆究竟与明代鲁密有何关联，缺失资料，难以确知。

比较有关联的则是洪武年间，曾有鲁密学者马德鲁丁来华。① 民国十七年（1928），其后裔马良等编的《聚真堂马氏宗谱》谈及鲁密的具体位置，且记载颇详，文曰："我马氏者，原系阿拉伯清真嫡派……（明太祖）派钦使到阿拉伯满凯政府，聘请精于历学专家，乃聘到准带地方古来氏族学者，即我来华始祖德鲁丁公。阿拉伯准带地方，在满凯南百二十里。洪武五年（1372），（马德鲁丁）偕哈沙公（马德鲁丁第三子）乞假回祖国，朝天房，七年始返。"② 此处的"满凯"即今沙特阿拉伯首都麦加，明人典籍多译作默伽、天方，香港冯锦荣教授据此推测鲁密所在的阿拉伯半岛回教圣城麦加以南一百二十里的准带，大有可能位于今也门东北部和阿曼西北部的接壤地带。③ 据《郑和航海图》所示，船队过忽鲁谟斯海峡，沿阿曼湾而东，是为阿拉伯半岛，有佐法儿、阿丹诸国，"佐法儿与阿丹之间，有罗法、失里儿、剌撒三地，罗法、失里儿二地无考……佐法儿与阿丹之间以 Ras 开头的地名有十来个"④。"Ras" 的发音与鲁密的发音 "Rum" 非常接近，鲁密似应位列其中。

清末回族著名学者马德新，字复初，曾周游也门、沙特、土耳其等西亚各国，遍访圣迹，在其天文历法著作《天方历源》一书中记有："余于道光二十六年（1846）由噜母还满克。"⑤ 此处的"噜母"和"满克"，即马德鲁丁的故乡鲁密和满凯，根据马德新游历线路的距离比例推算，冯锦荣教授关于鲁密地望的推测可靠。若再结合以上明清文字记载和域外舆图研判，鲁密位于今阿曼境内的可能性更大，清人丁谦《〈明史·西域传〉地理考证》经考证艾儒略、汤若望绘制的地图，即明确指出鲁密"在阿剌伯东南波斯湾海滨，今为俄曼（阿曼）部地"⑥。

历史上的阿曼屡遭外族侵略，北宋治平元年（1064）塞尔柱人入侵阿曼，占据阿曼

---

① 马德鲁丁及其子马沙亦黑、马哈麻、马哈沙四人精通天文历数，长期任职钦天监，编译了《回回天文书》《回回历法》等著作，对中国天文学的发展作出了重要贡献。

② 关于马德鲁丁的故乡究竟何在，《马氏宗谱》、马德鲁丁后裔收藏的"大测堂马"中堂挂轴等说法不一，有撒马尔罕、小亚细亚、阿曼、吉达诸说，相较而言，宗谱对其故乡地址的推究极详，比较可靠。

③ 冯锦荣：《宋代皇家天文学与民间天文学》，《法国汉学》丛书编辑委员会编：《法国汉学》第六辑，中华书局，2002 年，第 237 页。

④ 向达整理：《郑和航海图》，中华书局，2000 年，第 11 页。

⑤ 马德新在其著作中称土耳其为鲁穆，如"予至鲁穆国，在天方西北四十五度"。参见马复初撰：《天方历源》，《中国宗教历史文献集成·清真大典》第二十一册，黄山书社，2005 年，第 880 页。

⑥ （清）丁谦：《蓬莱轩地理学丛书》第二册，北京图书馆出版社，2008 年，第 30 页。

海岸约八十年，此后直至明初的三百年间，阿曼陷入一片混乱，详情无法确知。① 诸此种种，导致阿曼在很长一段时期内都不是一独立国家，现代意义上的阿曼国名并不见于汉籍文献抑或外国文献。阿曼与中国发生直接联系的都是其某一地区，如苏哈尔、佐法尔等重要港口、香料产地。正是如此，大量阿曼地名见诸中外文献，庞杂而琐碎，给后人考证其演变沿革造成极大困难，而且阿曼的历史记载非常简略，与汉籍史料较难相互印证。

实际上，明代入华进贡的鲁密没有资格称得上是国家，或许只是遣自阿曼的某一地区、部族、聚落，而明政府则不予鉴别，一概以国视之，制造大小诸国稽颡称臣、通使不绝的假象，以满足自己“万邦来朝，四夷宾服”的骄虚心理，“全世界都在向中国朝贡”的盛世形象。② 不仅鲁密，与鲁密同在永乐朝遣使入贡的其他译音拗口碍舌、前朝无载的小国基本都是如此，名为国家，实为一城一地者众多，明人对其山川地理、风俗物产一无所知，因而仅具其名，其他一概附诸阙如。

三、鲁密的进贡时间

细检《明史》及《明实录》与鲁密相关的时间，《明史》载：“日落国，永乐中来贡。弘治元年其王亦思罕答儿、鲁密帖里牙复贡，使臣奏求纻丝、夏布、瓷器，诏皆予之”③；《明孝宗实录》弘治元年五月辛巳载：“事迤西阿黑麻曲儿干王、迤西日落国亦思刊答儿、鲁密帖里牙王纻丝、磁器、夏布等物，从其请也。”④ 此二书谈及的弘治元年（1488）鲁密进贡，并不见它书所载，此处“鲁密”似可理解为人名，而非地名、国名，“鲁密帖里牙”与“亦思罕答儿”同为日落国王名。

《明会典》《皇舆考》等官私典籍皆未言明鲁密进贡的具体年份，仅笼统提及永乐中遣使来贡，永乐以后有无再贡，均未言明。鲁密、急兰丹等十三小国都是在永乐年间遣使入贡的，但并非结伴同来一道扣关，因而不能以急兰丹进贡的时间当作鲁密进贡的时间。鲁密来华入贡究竟始于何时，不见它书记载，仅有明末清初学人谈迁《国榷》载有永乐二十一年（1423）二月辛酉，“鲁迷入贡”⑤。然鲁迷进贡始于明世宗嘉靖三年（1524）殆无疑议，谈书此处所述鲁迷，颇疑为鲁密转音异译之误。

---

① 黄培昭、苏丽雅：《当代阿曼苏丹国社会与文化》，上海外语教育出版社，2003 年，第 30 页。

② 利玛窦、金尼阁著，何高济等译：《利玛窦中国札记》，中华书局，1983 年，第 561 页。

③ 《明史》卷三三二《西域传四》，第 8619 页。

④ 《明孝宗实录》卷十四，弘治元年五月辛巳，“中央研究院”历史语言研究所校印本，1962 年，第 11 页。

⑤ （清）谈迁：《国榷》卷一七，成祖永乐二十一年，中华书局，1958 年，第 1200 页。

明初永乐皇帝怀柔远人，遣使四出，郑和七下西洋更是将明帝国的朝贡贸易推向极致，① 经海路来朝国家为数大增，交往范围远至非洲、阿拉伯半岛及波斯湾一带。鲁密入贡应与郑和七下西洋、广为招徕密切相关。郑和所立《娄东刘家港天妃宫石刻通蕃事迹记》碑铭曰：“永乐十二年（1414）统率舟师往忽鲁谟斯等国。……永乐十五年（1417），统领舟师往西域。其忽鲁谟斯国进狮子、金钱豹、西马，阿丹国进麒麟，番名祖剌法，并长角马哈兽。……永乐十九年（1421），统领舟师遣忽鲁谟斯等各国使臣久侍京师者悉还本国。”② 由碑文并揆诸其他史实可知，永乐十二年，郑和船队驶抵波斯湾忽鲁谟斯，并在此建立了海外基地，便利了明与海湾诸国的联系，在此过程中，郑和船队曾四次造访阿曼沿海地区，阿曼的麻里实吉（今马斯喀特）、迭微（今提维）、佐法尔等都在造访之列，③ 这为明与鲁密发生政治联系创造了很好的条件。而15世纪，也恰是阿曼历史上航海和商业活动的黄金时期，中国与阿曼的友好往来进入极其繁荣的阶段。④

随同郑和出使的马欢、费信、巩珍等人，精通阿拉伯语，其著述《瀛涯胜览》《星槎胜览》《西洋番国志》等皆足履目击之作，获得了有关阿曼等阿拉伯国家的第一手材料，对商贸繁盛的阿曼沿海大港佐法尔有准确、翔实的专条记述，遗憾的是他们可能没有深入阿曼腹地，报聘鲁密，不然似不应在著作中对鲁密不着一字。而正因郑和船队未亲临鲁密地境，马欢诸人亦没有留下有关鲁密的可信记载，且宣德以后明政府大规模航海之举最终废止，以致明中晚期成书的各类史地撰述对鲁密的记录无据可写，异常简略，入贡时间等不得其详。黄省曾《西洋朝贡典录》曰：“西洋诸国，永乐间初来朝贡者四十有二。其阿鲁虽琐细岛夷，因中使临顾其地，故得牵联而载之。若娑罗至日落等二十九国，皆未尝至焉，不得诬而书也。”⑤ 这里所谓的二十九国，就应包括鲁密在内。

永乐十九年，佐法尔偕阿丹、剌撒、不剌哇等阿拉伯半岛诸国遣使来华朝贡，明成祖敕令郑和护送十六国使臣回国，并携国书、礼品回访，此即郑和第六次下西洋。在随行人员中，有一李姓太监奉敕前往阿丹“赐王衣冠”⑥，此次远航郑和对波斯湾诸国的回访相比以往更加广泛、深入，鲁密、佐法尔等阿曼境内之国亦应在郑和报聘、招徕之

---

① 明清两代学者史地撰述所载郑和使团所经海外诸邦多寡不一，而以成书于万历年间的慎懋赏《海国广记》所记国家为最多，总计九十八国，鲁密位列其中。慎懋赏系明朝首辅王锡爵门人，有条件接触明代四夷馆、会同馆文档，资料来源可信，史料价值颇高。

② 范金民：《郑和〈娄东刘家港天妃宫石刻通蕃事迹记〉校读》，朱诚如、王天有编：《明清论丛》第十辑，紫禁城出版社，2010年，第337页。

③ 陈佳荣、谢方、陆峻岭：《古代南海地名汇释》，中华书局，1986年，第519、743页。

④ 阿卜杜拉·侯萨尼·李：《中国与阿曼苏丹国的历史关系》，《阿拉伯世界》2002年第1期。

⑤ （明）黄省曾：《西洋朝贡典录》之《阿鲁国第十一》，中华书局，1982年，第64页。

⑥ （明）查继佐：《罪惟录》卷三六《外国传·阿丹国》，第2882页。

列。① 据《明史》记载，佐法尔国王亚里派出特使随同郑和返航船队前往明廷回报，并于永乐二十一年（1423）抵达北京。② 与佐法尔同属阿曼、近在咫尺的鲁密，在这一年随同佐法尔一道前往明朝入贡是极有可能的，所以说谈迁所记永乐二十一年鲁迷（即鲁密）入贡可信度很高。③

宣德五年（1430），“海外诸蕃久缺贡”④，郑和率队赍敕前往阿拉伯半岛的佐法尔、阿丹等地宣谕，两国旋即遣使来朝，但鲁密并未一道前来，鲁密与明朝的政治往来随着郑和下西洋的结束而彻底告终，在汉文史料中再难寻觅到鲁密入贡的踪迹。鲁密入贡，昙花一现，究其原因，一或鲁密与明关系疏远，朝贡无常，属于纯粹的贡赐贸易关系，遣使来华，不过是借朝贡之名，行贸易之实罢了，明代典籍所载一百多个朝贡国中，像鲁密这样朝贡次数仅有一两次的国家占总数的一半还多；二或宣德十年（1435），阿曼推举阿卜杜拉·哈桑担任教长，建立伊斯兰教长国，⑤ 获得局部统一，鲁密、佐法尔等“国”合为一体，来华进贡自然不再严格区分你我，事实上鲁密断贡后，阿曼境内的佐法尔仍和明朝保有往来，直到16世纪明世宗闭关绝贡，严申海禁，中国商船已无法出海远航，几乎消失在马六甲海峡西面，⑥ 而且葡萄牙、英国、土耳其扩张至阿拉伯半岛，占领、控制阿曼等地，中国与阿曼等阿拉伯国家的政治往来基本中断。

综上而言，明朝声教远被，各邦献琛恐后，入华进贡的鲁密、鲁迷各有所指，不可混作一谈。鲁密地处今阿拉伯半岛东南角的阿曼境内，经郑和第六次下西洋招徕，于永乐二十一年抵京朝贡，因七下西洋告终而不复再贡。习近平总书记指出：“文明因交流而多彩，文明因互鉴而丰富”，明代鲁密使臣不避风险，远涉重洋，随同佐法尔、阿丹等国沿着海上丝路入华进贡，带动了我国与海湾地区诸国的政治往来、经济贸易、文化交流、技术传播。虽说终明之世，鲁密仅入贡一次即不见踪影，却也在明代中外关系史上留下了自己痕迹，在中国与阿曼友好关系史上写下了浓厚一笔。

作者简介：

马一，广东第二师范学院马克思主义学院副教授；谢梓锴，暨南大学中外关系研究所硕士研究生。

---

① 郑和七下西洋即有四次到达阿曼沿海地区。

② 《明史》卷三二六《外国传七·祖法尔》，第8448页。

③ 谈书广征博采，六易其稿，始得撰成，内容颇为可信。

④ 《明史》卷三二六《外国传七·阿丹》，第8450页。

⑤ 黄培昭、苏丽雅：《当代阿曼苏丹国社会与文化》，第30页。

⑥ 林梅村：《观沧海——大航海时代诸文明的冲突与交流》，上海古籍出版社，2018年，第16页。

明代“夷夏之辨”的演进与广东崖山忠义景观的形成①

吴泽文

［提要］ 明中叶，宋元决战之地崖山突然进入时人视线。成化、弘治年间，在陶鲁、刘大夏、陈献章等仕宦的推动下，大忠祠、全节庙等崖山忠义景观迅速形成。通过对崖山忠义景观话语的解读可以发现，崖山景观的忠义意涵不仅在君臣纲常的维度中展开，其背后更有浓厚的“夷夏之辨”的意识形态，论说的目的在于整合广东境内不同人群及重构社会秩序。这种“夷夏之辨”的兴起正与明代中叶广东日趋严重的边疆危机相一致，寄托着当地仕宦平定动乱、劝忠教化的诉求。嘉靖末年开始，西方殖民者不断窥伺崖山，引起了当地士绅的担忧，传统的“夷夏之辨”又有了新的发展动向。崖山忠义景观所展示的“夷夏之辨”是一个动态的意识形态体系，折射出彼时广东地域社会的对内治理与对外交往进程。

［关键词］ 崖山；夷夏之辨；忠义景观；动乱

“夷夏之辨”的构建事关本朝统治的正统性，中国历代王朝十分重视此意识形态的形塑，这一历程远自先秦便已开启，在中原政权受制于少数民族之威胁时尤其盛行，如

① 本文系“广州市哲学社科规划 2021 年度项目”（项目批准号：2021GZLW02）的阶段性成果。

魏晋南北朝、南宋与明代格外强调“夷夏对立”。① 实质上，正是不断加深的边疆危机构建并强化了这种意识形态，当世的社会发展对此又有相应的因应与演绎。因此，对社会的某一方面进行研探有助于把握“夷夏之辨”的演进脉络，忠义景观②的营建与发展便是极佳的切入点。

1278 年，抗元将领文天祥于惠州海丰县五坡岭为元将张弘范所俘。1279 年，张世杰、陆秀夫苦苦支撑的南宋流亡朝廷与张弘范所率领的元军在广东新会县崖山展开决战，以陆秀夫负帝昺投海而死、张世杰溺海而亡告终，南宋抗元的军事力量被摧毁殆尽，崖山海战标志着南宋彻底灭亡，元朝统一中国。此后，崖山在宋亡到明代成化年间这约莫百年中在时人的记忆之中逐渐隐匿，鲜被提及：“崖山在大块丹海中，直墺陼耳，奇谢飞来，胜无浮附，断莽荒烟，人迹稀至。”③ 然而在成化、弘治年间，关于崖山的历史记忆被突然唤起，迅速进入时人的视线之中，崖山出现大忠祠与全节庙等忠义景观并被载入国家祀典，明中叶士绅亦借崖山忠义景观阐发“夷夏之辨”，建构出一套关于“正统论”的景观话语。值得追问的是，崖山忠义景观为何在明代中叶突然形成？崖山

① 参见李治安：《华夷秩序、大一统与文化多元》，《史学集刊》2014 年第 1 期；饶宗颐：《中国史学上之正统论》，中华书局，2015 年；刘东升：《祖述华夏：五胡王朝的合理性建构》，《中央民族大学学报（哲学社会科学版）》2017 年第 2 期；胡鸿：《能夏则大与渐慕华风：政治体视角下的华夏与华夏化》，北京师范大学出版社，2017 年；李大龙：《农耕王朝对“大一统”思想的继承与发展》，《云南师范大学学报（哲学社会科学版）》2020 年第 6 期。

② 19 世纪初，德国地理学家 A. 洪堡（Alexander von Humboldt）提倡将景观作为地理学的中心问题加以研究，探讨原始的自然景观发展为文化景观的转变过程，此后，将景观置放在可视外观与文化构建这两个维度中观察逐渐成为一种学术自觉，景观形成的累积特征及寻求秩序、维护权威等思想意识因素对景观形成的影响更是景观研究的具体趋向。20 世纪中叶以来，以卡尔·索尔（Carl O. Sauer）为代表的伯克利学派力图将地理学发展的趋势引向文化景观研究，卡尔·索尔指出：“文化是动因，自然界是媒介，文化景观是结果。”丹尼斯·克斯格洛夫（Denis Cosgrove）和斯蒂芬·丹尼尔斯（Stephen Daniels）认为景观是具有特定意识形态的符号的集合，应分析景观背后的文化观念与文化过程。总体而言，探析文化景观的产生流变并解读其背后的符号化象征意义是深入推进景观研究的较好途径，参见汤茂林、汪涛、金其铭：《文化景观的研究内容》，《南京师大学报（自然科学版）》2000 年第 1 期；阿兰·R. H. 贝克著，阙维民译：《地理学与历史学——跨越楚河汉界》，商务印书馆，2008 年，第 110 – 159 页；邓辉：《卡尔·苏尔的文化生态学理论与实践》，《地理研究》2003 年第 5 期；Carl O. Sauer, *The Morphology of Landscape*, In John, Leighly (Eds.), *Land and Life: A Selection from the Writings of Carl Ortwin Sauer*, University of California Press, 1963, p. 343; Anderson K, Domosh M, Pile S, et al., *Handbook of Cultural Geography*, SAGE, 2002, pp. 1 – 282.

③ （明）黄淳：《重修崖山新志序》，（明）黄淳编，陈泽泓点校：《崖山志》，广东人民出版社，2018 年，第 3 页。

忠义景观背后的关于“夷夏之辨”的意识形态对景观的形成有着什么样的影响，这种意识形态又有着何种发展脉络？目前学界关于崖山的研究或以国家与社会的互动为视角，侧重于探析祠庙营建中官府与宗族两股势力的合作①，或以文学书写的角度探讨崖山文学景观的形成过程②，尚未就崖山忠义景观背后的“夷夏之辨”与地域社会发展脉络展开论述，本文拟从景观的视角切入，就以上几个问题展开论述，窥探崖山忠义景观的形成与“夷夏之辨”的演进过程。

一、明中叶崖山忠义景观的形成过程

元至明中叶，崖山一事并未引起士人的广泛关注，士人对崖山的历史记忆并不清晰，到明成化十三年（1477）以前，崖山“二百余年，莽为废墟”③。至大二年（1309），理学家黄溍客居金陵，欲为陆秀夫做传，却因不能确定陆秀夫死前所任的官职而苦恼。此时，恰好有一位番禺人为黄溍讲述南宋流亡朝廷在广东的迁移路线及宋元在崖山的决战过程，黄溍指出崖山海战“其事往往传所不书，窃尝有志论录附传，而行以备本事，然恨其不能记陆公终何官，又虑所谈三十年前事，道里、时日不容无小失谬，故久未敢称述”。此外，他还认为宋朝史事不明已久，因此记录这位番禺人的叙述，将有疑义的难题如实告人：“因念曰：杞宋，大国也，其不足征久矣，它何讥焉？姑叙客语传末，庶几传疑之义云尔。”④ 洪武年间，新会文士黎贞在崖门送友人登船赴京考绩，未见对宋臣忠义事迹的描述。⑤ 弘治元年（1488），新会知县李承箕编修《新会县志》时，并未注意到崖山的忠义意涵。⑥ 弘治十七年（1504），东莞人翰林院编修刘存业记

---

① 孙廷林、王元林：《礼制教化与地方宗族社会——以明代崖山大忠祠、全节庙为例》，《暨南史学》第19辑，暨南大学出版社，2019年，第113－128页；刘正刚：《明代祭奠宋亡的活动：以崖山祠庙建设为中心》，《历史文献与传统文化》第18辑，齐鲁书社，2014年，第115－134页。

② 薛展鸿：《崖山文学景观研究》，《五邑大学学报（社会科学版）》2017年第4期；左鹏军：《崖山记忆与岭南遗民精神的发生》，《华南师范大学学报（社会科学版）》2012年第6期。

③ （明）罗伦：《大忠祠记》，（明）黄淳编，陈泽泓点校：《崖山志》卷四《碑文》，广东人民出版社，2018年，第168页。

④ （元）黄溍著，王颋校注：《黄溍全集·陆君实传后叙》，天津古籍出版社，2008年，第223页。

⑤ （明）黎贞：《秫坡先生集》卷五《崖门送别序》，《四库全书存目丛书》集部第25册，齐鲁书社，1997年，第478页。

⑥ （明）李承箕：《新会旧志序》，（明）王命璿、黄淳纂：（万历）《新会县志》序，《广东历代方志集成》广州府部第37册，岭南美术出版社，2007年，第8－9页。

载崖山在“寂寞之滨，祥兴以后，秘而不发者二百余年”①。嘉靖二十二年（1543），湛若水记录自己早年对崖山认知模糊，从其师心学大儒陈献章游崖山后才有所认识：“余弱冠游郡庠时，则闻崖山为宋亡之地而哀之，然而未知所谓崖山者。及壬子举于乡，会试报罢，因弃去，从白沙先生游。游崖山，始知所谓崖山矣。”② 万历三十五年（1607），新会人黄淳重修《崖山志》时写道“宋没二百余年，英灵耿在，时乘风雨出没皋漭间，郁为樵痛渔骇，寥无吊者”，到了成化年间陈献章请创大忠祠，“于是苍茫海滨，始知有全节、大忠”。③

崖山忠义景观自成化十二年（1476）开始逐渐形成，是一个渐臻完善、逐步推进的营建过程。正统六年（1441），广东按察司佥事彭琉始提出在崖山立庙祭祀陆秀夫的倡议，奏请朝廷将其列入国家祀典，未获允准：“昔宋之微，夷狄乱华，人纪将废，而陆秀夫于崖山死节，英风义气，振耀今昔，祀礼未行，诚为缺典，请敕有司就于崖山立庙以祀，岂惟有以慰忠臣于九泉，而亦可以作士气于千古。”④ 天顺五年（1461），广东布政使司左参政胡拱辰经过崖山时亦有建祠祭祀文天祥、陆秀夫与张世杰三人的意愿。⑤成化十二年，陈献章建议广东提刑按察司佥事陶鲁（曾任新会县丞）在崖山创建忠义祠，以祭祀文、陆、张三人。陶鲁上《崇祀忠烈奏疏》⑥ 请建忠义祠，礼部准奏，载入祀典，后更名为大忠祠，“乃相地建祠于行宫之旁，以祀三公，公甫题其额曰：‘大忠’，立哀歌亭于西浒，刻信国诸诗其下。祠两庑以勤王义士伍隆起祔焉，买田若干顷，复伍氏之后一人主之”，附祭义士伍隆起，并将祠庙交由伍氏后人管理，此事亦先后得到其他两位提刑按察司佥事林锦、胡荣的支持。⑦

孙廷林认为，明初新会文士黎贞在为斗峒伍氏撰写相关记文时并未记录伍隆起，而

① （明）刘存业：《跋〈崖山志〉后》，（明）黄淳编，陈泽泓点校：《崖山志》卷五《赋跋》，第268页。

② （明）湛若水：《修复崖山慈元殿、大忠祠记》，（明）黄淳编，陈泽泓点校：《崖山志》卷四《碑文》，第174页。

③ （明）黄淳：《重修崖山新志序》，（明）黄淳编，陈泽泓点校：《崖山志》，第3页。

④ 《明英宗实录》卷七九“正统六年五月己酉条”，“中央研究院”历史语言研究所，1962年，第1564页。

⑤ （明）陈洙：《忠义祠碑》，（明）黄淳编，陈泽泓点校：《崖山志》卷四《碑文》：“岁辛巳秋，广省大参，淳安胡公过之而慨然作始”，第166页。

⑥ （明）陶鲁：《崇祀忠烈奏疏》，（明）黄淳编，陈泽泓点校：《崖山志》卷三《奏请祠祭　仪注　公移》，第145－146页。

⑦ （明）罗伦：《大忠祠记》，（明）黄淳编，陈泽泓点校：《崖山志》卷四《碑文》，第168页。

伍隆起至成化年间后期及弘治年间声名骤显乃是绿围伍氏刻意为之的结果。① 在此需要纠正的是，根据纂于民国年间的《岭南伍氏阖族总谱》的记载，斗峒伍氏从北宋末年伍歆分成两大房，分别为柱国房（又称绿围房）与翰苑房，绿围房始迁祖为伍氓，翰苑房始迁祖为伍正，② 足见绿围伍氏与翰苑伍氏并非属于同一支宗族，两支宗族同出于始祖北宋伍歆的说辞很可能是肇始于明中叶几支伍氏宗族之间的同姓联宗活动，这种说法见于正德年间吕柟曾为绿围房所撰写的谱序："又有讳氓者，少师歆公之四子也。"③ 翰苑房伍骥为其祖先修筑多间祠堂，邀请黎贞撰写《孝思堂记》《贞德亭记》等记文，④ 由于分属不同宗族，翰苑房自然不会将祖先谱系追溯至伍隆起，因此，孙氏用翰苑房的史料来论证绿围房，自然会更加强化伍氏在成化、弘治年间刻意利用伍隆起的印象，沽名冒起的论断或许需要更多有力的史料支撑。

弘治四年（1491），广东右布政使刘大夏巡视新会，与陈献章泛舟崖山，凭吊南宋慈元殿旧址，两人欲创建慈元庙，以祭祀杨太后，新会人赵思仁自称是"故宋苗裔"⑤，对营建庙宇一事十分积极，请求出具土木，陈献章感慨庙宇营建虽不由官府发起，却能迅速完成，足见地方宗族势力对设庙之热切："是役也，一朝而集，制命不由于有司。"⑥ 据新会三江《赵氏族谱》记载，赵思仁出自南宋建安郡王赵必迎一脉，乃是宋朝皇室后裔："建安郡王讳必迎公先以起兵勤王，诏兼广州路府法大参军由闽入广，未几而元寇南侵，未几而崖山宋亡，宗室星分，玉牒散佚，建安祖隐居，苦草焚香祝天，创业于崖山之海滨。"⑦ 弘治七年（1494），慈元庙建成，后更名为全节庙。弘治十三年

---

① 详见孙廷林、王元林：《礼制教化与地方宗族社会——以明代崖山大忠祠、全节庙为例》，《暨南史学》第19辑，第117－121页。

② （清）伍步瀛等纂修：《新宁县斗洞大巷宏道伍公崇祀乡贤录》，《广州大典》第31辑史部传记类第3册，广州出版社，2015年，第717－759页；（清）伍学扬等编：《绿围伍氏族谱》（不分卷），道光十八年（1838）锡类堂抄本，广东省立中山图书馆藏。

③ （明）吕柟：《斗洞绿围伍氏族谱序》，朱汝珍、伍铨萃、伍瑶光编：《岭南伍氏阖族总谱》卷首之二《伍氏历代各房修谱原序》，民国二十三年（1934），广东省台山市伍氏绿围世居藏，第33页。

④ （清）伍步瀛等纂修：《新宁县斗洞大巷宏道伍公崇祀乡贤录》，《广州大典》第31辑史部传记类第3册，第717－759页；（清）伍学扬等编：《绿围伍氏族谱》（不分卷），道光十八年（1838）锡类堂抄本，广东省立中山图书馆藏。

⑤ （明）徐纮：《崇祀典以昭忠烈奏疏》，（明）黄淳编，陈泽泓点校：《崖山志》卷三《奏请祠祭仪注公移》，第147页。

⑥ （明）陈献章：《慈元庙碑》，（明）黄淳编，陈泽泓点校：《崖山志》卷四《碑文》，第166页。

⑦ （明）赵宗敬：《又三江赵氏宗谱重修序》，赵锡年纂修：《赵氏族谱》第1册，民国二十六年（1937），上海图书馆藏，第180页。

（1500），广东提刑按察司佥事徐纮上《崇祀典以昭忠烈奏疏》①，请将全节庙列入祀典，礼部允准："所据著之祀典，岁时致祭合无，允其所请，乞敕翰林院定与祠额，撰祭文，其祭祀品物照依先圣历代帝王事例。本部行令广东布政司转属，支给官钱买办应用，每岁于大忠祠致祭之前一日致祭一次，就令彼处有司正官行礼。"② 正德九年（1514），新会知县徐乾重修全节庙，赵思仁之子赵汝鹏助役出资。③

嘉靖八年（1529），巡按广东监察御史李美至新会，与广东提刑按察使佥事吴廷翰等人欲到崖山致祭，为"岁晏风晦"所阻，只能登新会圭峰山远眺崖山忠义景观。④ 嘉靖九年（1530），李美认为"崖山滨海，风波险阻，有司岁时艰于修祀，乃议迁行宫、行祠于邑之圭峰山"⑤，崖山大忠祠、全节庙因此荒废。嘉靖十年（1531），新会县学师生罗士实等人向两广巡抚林富奏请增加秋祭，林富允准："加增秋祭一节，乃崇重忠烈盛典，如拟施行，仍令依期于崖山致祭，不许畏避涉海，止在行祠行礼塞责。"⑥ 各级官府再三强调勿得在圭峰山行祠祭祀，但是这种命令沦为纸面文章，圭峰行祠的祭祀仍持续了十二年。

嘉靖二十一年（1542），广州府顺德人致仕知府、陈献章弟子赵善鸣在崖山"目击废坠，追念先师白沙及群公经始之难，慨然有修复之意"，向广东提刑按察司副使林云同上呈《修复崖山祠庙议》，力倡捣毁圭峰山行祠，修复崖山忠义祠庙，直指设立行祠乃是"人情狃于安逸，利于省便"，致使"崖山庙宇倾颓，忠魂无依，甚非所以崇奖忠烈，奉行圣旨之意也"。⑦ 林云同将此议再呈两广巡抚蔡经，获准，林云同令新会知县何廷仁着手修复崖山忠义景观，毁废圭峰山行祠："云同遂筮日祭告，檄有司以宜毁宜修之状。知县何廷仁毅然曰：'此守土责也'"⑧，此外另"作义冢以祀从王诸死士"⑨。

---

① （明）徐纮：《崇祀典以昭忠烈奏疏》，（明）黄淳编，陈泽泓点校：《崖山志》卷三《奏请祠祭 仪注 公移》，第147页。

② （明）黄淳编，陈泽泓点校：《崖山志》卷三《礼部覆本》，第147页。

③ （万历）《新会县志》卷三《规制略下》，第139页。

④ （明）吴廷翰：《望崖山记》，（明）黄淳编，陈泽泓点校：《崖山志》卷四《碑文》，第180－181页。

⑤ （明）何廷仁：《重修崖山全节、大忠二祠记》，（明）黄淳编，陈泽泓点校：《崖山志》卷四《碑文》，第175页。

⑥ 《崖山志》卷三《增崖山二祭公移》，第150页。

⑦ （明）赵善鸣：《修复崖山祠庙议》，（清）吴道镕等编纂：《广东文征》卷八，广东人民出版社，2019年，第225页。

⑧ （明）林云同：《重修崖山祠记》，（明）黄淳编，陈泽泓点校：《崖山志》卷四《碑文》，第172－181页。

⑨ （万历）《新会县志》卷一《县纪》，第24页。

此次修复活动中，邑民容逵“捐己赀一百余两”①，万历《新会县志》载容逵“捐银壹百贰拾两助修全节庙，抚按奖曰：义士”②。至此，崖山忠义景观在官府的支持与认可之下完全形成，祭祀礼制不断完善。

崖山忠义景观从营建大忠祠开始便引起了官府与士绅的广泛关注，许多士绅前往崖山凭吊，或吟诗作赋，或作记刻碑，对崖山忠义景观作了许多描绘与再现，崖山忠义景观逐渐成为忠义的精神地标，万历年间，新会县更将崖山与影响巨大的心学大儒陈献章共同奉为本县引以为傲的精神象征：“其大者如抚崖门之胜，磊落嶒起，而忠臣义士之气郁勃，怒涛卓有生色。宪宗时，先儒陈白沙氏倡道东南，号海滨邹鲁，至今人士尸而祝之，屡请崇祀，学宫炳炳乎，名垂天壤矣”③，“新会之所重于天下者，以有江门道学、崖山忠节在，然忠节非道学孰表章?”④ 袁昌祚更将“崖门南狩，宋祚波涛，而忠义骈死”的事迹视为广东“最可千载于邑”的大事，⑤ 与此同时，新会士绅便着手于编修《崖山志》，明代修志共三次：弘治十六年（1503），陈献章弟子、新会进士张诩修十八卷，嘉靖二十二年，新会举人许炯“乃即旧志而删其繁者，正其谬者，定为十类”⑥，万历三十五年，新会进士黄淳修成五卷本，现今传世的即为此版本。

崖山忠义景观图

［图片来源：（明）黄淳编，陈泽泓点校：《崖山志》卷一《崖山总图》，第19页］

① （明）赵善鸣：《修复崖山祠庙议》，（清）吴道镕等编纂：《广东文征》卷八，第225页。

② （万历）《新会县志》卷五《冠带义民》，第252页。

③ （明）王命璿：《重修新会县志序》，（万历）《新会县志》序，第1－2页。

④ （明）黄淳：《重修新会县志序》，（万历）《新会县志》序，第4页。

⑤ （明）袁昌祚：《〈粤大记〉序》，（明）郭棐撰，黄国声、邓贵忠点校：《粤大记》，中山大学出版社，1998年，第5页。

⑥ （明）许炯：《崖山旧志序》，（明）黄淳编，陈泽泓点校：《崖山志》序，第5页。

二、崖山忠义景观背后的“夷夏之辨”

景观是人与环境的统一体，人类的思想意识是景观发展的动因，思想意识中的寻求秩序、维护权威与完整表述方案更是与景观发展息息相关①，景观也是一种文本。因此，不仅要观察崖山忠义景观形成的时间序列及其视觉表达，更要反思这种景观背后的意识形态，留意人群不断为崖山景观所注入的忠义意涵。可以说，从成化十二年创建大忠祠开始，忠义便成为崖山景观的文化基因，明代有关崖山景观的文本基本都在强调其忠义精神，对文、陆、张三人及杨太后的忠义记忆被士绅不断唤起。纵观明代崖山忠义景观的文本后可以发现，士绅对南宋忠义意涵的申说基本都涂抹着浓烈的“夷夏之辨”色彩，对忠义与“夷夏之辨”这一对关系的解读需要注意以下这三个层面的意蕴。

一是“夷夏之辨”是崖山忠义景观依托的意识形态背景，儒家的忠义原本用于形容君臣纲常，然而在明代崖山忠义景观的叙述中，颂扬文、陆、张及杨太后等人的忠义行为的目的是挞伐“夷狄”对中原华夏的戕害。最早一份对崖山忠义景观进行阐释申说的文本是陶鲁的《崇祀忠烈奏疏》，此奏疏充斥着浓重的华夷对立意识，认为华夷之间的矛盾乃是血统与文化的冲突，宋元易代并非华夏内部的政统递嬗，“夷狄”入侵致使华夏文明急剧倒退：“胡元猾夏，宋祚乃亡，宋亡，则中华变为夷狄，衣冠同于左衽，开辟以来，非常之变。当是之时，忠臣义士踰岭蹈海、効死报国者，固非一人，其间赫赫显著，可与信国公文天祥并列者，丞相陆秀夫、太傅张世杰二人……臣复思世杰等既为宋臣，尽节于宋，亦是常分。惟其宁于中华而死，不污左衽而生，立天地之常经，明《春秋》之大义，英风迈烈，震耀于天地之间，而使一代事元之人赧然愧耻，此其为教至严，而忠至大也。”② 不难看到，南宋三杰的忠义事迹被置于捍卫华夷大防的历史情境中诠释。陈献章认为宋元嬗代并非朝代更迭，而是“夷狄”入侵的“非常之变”：“国灭臣死，历代之常。堂堂华夏，夷狄据而有之，非常之变也。遇变而死，为君义也，为中国死，内夏外夷，《春秋》大义也，故大之。大之者，谨之也。文山与张陆同祀，扁曰大忠，谨书法也。”③ 陈献章游崖山时亦感慨：“天冠地履华夷别，万古不使纲常

① 贝克著，阙维民译：《地理学与历史学：跨越楚河汉界》，商务印书馆，2008 年，第 144 页。

② （明）陶鲁：《崇祀忠烈奏疏》，（明）黄淳编，陈泽泓点校：《崖山志》卷三《奏请祠祭　仪注　公移》，第 145－146 页。

③ （明）陈献章撰，黎业明编校：《陈献章全集》卷二《与王乐用佥宪之三》，上海古籍出版社，2019 年，第 207 页。

灭。”① 李东阳诗曰：“君臣宠辱三朝共，夷夏兴亡万古仇。若遣素王生此世，也须重纪宋春秋。”②

陈献章弟子陈洙认为南宋在崖山的抗元行动“使彼犷忍横戾凌蔑衣冠之气，知中国之固结民心能如此，知中国之保延天命能如此，知中国之培植人才能如此，还视垂涎”③。罗伦更是大声疾呼：“夷狄之祸，未有盛于宋矣。宋亡，则中国夷狄矣。《春秋》之义、万世之防在此也，两国兴亡而已乎？此公之所以为心也。”④ 徐纮《崇祀典以昭忠烈奏疏》对杨太后蹈海赴死的节烈义举解释为：“顾其没也，非但为国君死社稷，扶纲常而已，其所以谨内外、别华夷，揭日月于中天，明《春秋》之大义，其有功于名教甚大。”⑤ 许炯认为崖山海战虽然意味着夷夏大防溃决，却凸显了君臣纲常：“夷夏之防虽溃，而君臣之分亦甚明矣。故著其行事，以附《春秋》之义。旧史称王今称帝者，所以正名分、外夷狄也。”此外，关于崖山忠义景观的吊古诗中，明代士人吟咏的主题未曾脱离“夷夏之辨”的意识形态框架，多收入《崖山志》，兹不赘举。

二是托古论今，标榜明复宋仇。明太祖接续亡宋使命，荡平“胡元”，“恢复中华”，虽叙述的是南宋忠义事迹，其目的在于论证本朝拥有毋庸置疑的正统性。例如，陶鲁以光复华夏来形容明太祖：“幸我太祖高皇帝龙飞在天，一扫胡尘，以复诸夏，实中原万世臣子之所愿戴也。”⑥ 李东阳作诗：“异代中华须雪耻，我皇亲为扫腥膻。”⑦ 广东士绅黄瑜记载南宋恭帝赵㬎及其子赵完普托梦吴泾全称上帝准许汉人复仇：“我赵㬎也，被虏屠害，已诉诸上帝，许复仇矣”，而后韩山童以宋裔起事，“卒启我大明以灭元者，宋也”⑧。黄瑜之孙黄佐认为明代元乃是天命：“蒙狄方兴，宋社将屋，谶符四广，厄钟百六，銮舆狩于崖门，竟胶舟而不复，百万王师，尽化为鱼，贞后忠臣之气，

---

① （明）陈献章：《与李世卿同游崖山》，（明）黄淳编，陈泽泓点校：《崖山志》卷五《题咏诗赋》，第234页。

② （明）李东阳：《大忠祠》，（明）黄淳编，陈泽泓点校：《崖山志》卷五《题咏诗赋》，第235页。

③ “岁辛巳秋，广省大参，淳安胡公过之而慨然作始”，参见（明）陈洙：《忠义祠碑》，（明）黄淳编，陈泽泓点校：《崖山志》卷四《碑文》，第166页。

④ （明）罗伦：《大忠祠记》，（明）黄淳编，陈泽泓点校：《崖山志》卷四《碑文》，第168页。

⑤ （明）徐纮：《崇祀典以昭忠烈奏疏》，（明）黄淳编，陈泽泓点校：《崖山志》卷三《奏请祠祭 仪注 公移》，第146页。

⑥ （明）陶鲁：《崇祀忠烈奏疏》，（明）黄淳编，陈泽泓点校：《崖山志》卷三《奏请祠祭 仪注 公移》，第145页。

⑦ （明）李东阳：《大忠祠》，（明）黄淳编，陈泽泓点校：《崖山志》卷五《题咏诗赋》，第235页。

⑧ （明）黄瑜撰，魏连科点校：《双槐岁钞》卷一“宋复元仇”条，中华书局，1999年，第15页。

恒黪惨而不舒。然天厌其獞，神运之谋，脱扬王于陨伍”①，朱元璋外祖父陈公（名不详）参与崖山海战的往事亦被提及。② 嘉靖年间，新会知县何廷仁重修崖山忠义景观时仍在强调明朝驱逐夷狄、光复诸夏：“至我太祖高皇帝龙飞，尽附属之，一扫腥风，恢复旧业，皆藉此以基之也。呜呼！崖山之祠，其关系世教若此其重。”③ 新会举人许炯重修《崖山志》时认为明朝驱逐蒙古断绝了夷狄窥伺中华的野心：“我太祖高皇帝，受天命，乘六龙，风驱电扫，澌灭无遗。自古夷狄之得祸，亦未有若此之甚者，岂非夷狄乱华之志蓄之既久，故愿一试之，而重降之祸，更知其难，而绝其窥伺之心也哉！”④

三是强调崖山忠义景观能够施展教化，“用夏变夷”，平定边疆动乱，整合帝国内部的边缘人群。陈洙将“夷狄”细化为藏匿于山海之间并袭扰民众的倭“夷”与“猺”⑤贼，他认为大忠祠的创建必定能使南宋三杰的忠义精神由为国转而为民，进而歼灭贼寇：“今也聚享于一堂一祀，吾知轩冕，徒卫云舆风马而焄蒿凄怆者，必其以为国之心而为民，御敌之勇而歼寇，则斯民今日也积祥气于衽席之上，而绝夷猺之患于山海之间矣。”⑥ 罗伦《大忠祠记》中的“夷狄”虽没有具体指向：“乌呼！此祠成，而忠义劝，人极立；此道明，而中国尊，夷狄惧”⑦，然而他在《廷试策》已指明了危害统治的四方“夷狄”：“夷羌黠于西，变诈之不测，侵掠之不常，驱之不足于兵，守之不足于食，此西北之夷寇可虑也。阻山川以为固，结流民以为援，鬼出神没，蜂屯蚁聚，此荆襄之夷寇可虑也。丹崖千仞，青壁万重，攻之则据险，守之则废时，此两广之夷寇可虑也。团聚山砦，流俘乡邑，我进则彼去，我退则彼来，此川蜀之夷寇可虑也。”⑧ 黄淳也认

---

① （明）黄佐：《泰泉集》卷一《粤会赋》：“按，洪武初追封皇外祖陈公为扬王，王本宋末崖山陨卒，梦有神人捄之，得还，是生淳皇后”（《广州大典》集部别集类第7册，广州出版社，2015年，第24页）。

② 《明史》卷一八八《陈公传》中收有朱元璋所制《扬王行实》，宋濂撰碑：“王姓陈氏，世维扬人，不知其讳。当宋季，名隶尺籍伍符中，从大将张世杰扈从祥兴。至元己卯春，世杰与元兵战，师大溃，士卒多溺死。王幸脱死达岸，与一二同行者，累石支破釜，煮遗粮以疗饥”（中华书局，1974年，第7660页）。

③ （明）何廷仁：《重修崖山全节、大忠二祠记》，（明）黄淳编，陈泽泓点校：《崖山志》卷四《碑文》，第176页。

④ （明）许炯：《崖山旧志序》，（明）黄淳编，陈泽泓点校：《崖山志》序，第5页。

⑤ 本文各处所提到的“猺”“獞”多是古籍中的原文，使用此词汇只是转述古籍记载，并非歧视当今瑶族、壮族等少数民族，特此说明。

⑥ （明）陈洙：《忠义祠碑》，（明）黄淳编，陈泽泓点校：《崖山志》卷四《碑文》，第166页。

⑦ （明）罗伦：《大忠祠记》，（明）黄淳编，陈泽泓点校：《崖山志》卷四《碑文》，第168页。

⑧ （明）罗伦：《一峰文集》卷一《廷试策》，（清）永瑢、纪昀等编纂：《文渊阁四库全书》集部别集类第1252册，上海古籍出版社，2003年。

为崖山忠义景观对尊王攘夷而言意义重大：“遂令中华人极，百王正统，万古纲维，腥膻不得污，夷虏不得猾，堂堂赫赫乎宇宙间。”①

总体而言，这三个层面的论说层层递进，渐次展开。区分夷夏大防只是手段，冀望社会有序安定、重构统治体系和整合境内不同人群才是论说的最终旨归。明人对崖山忠义景观的阐述都在“夷夏之辨”这个维度中展开，君臣纲常被上升到“夷夏之辨”的层面加以阐发。明清鼎革之际，君臣纲常与“夷夏之辨”是顾炎武分外注意的命题，他认为，孔子不责难管仲不为其主公子纠而死，是因为管仲后来对“尊王攘夷”、捍卫“夷夏大防”贡献巨大：“君臣之分所关者在一身，华夷之防所系者在天下。……夫以君臣之分犹不敌华夷之防，而《春秋》之志可知矣。”② 实际上，明代中叶崖山忠义景观中的“夷夏之辨”已经开启对君臣之分与华夏之防这一对关系的论说，这或许可以为追溯顾氏的“夷夏”反思提供端绪。

不妨稍微观察崖山忠义景观入清以后的情况，从侧面理解“夷夏之辨”对于明朝构建正统性的意义。明亡后，满族以“异族”的身份入主中原，汉人的“夷夏之辨”一直为最高统治集团所忌惮，因此清代的忠义意涵发生十分明显的窄化，忠义外延急剧缩小，清朝统治者极力消解甚至打压“夷夏”记忆，忠义仅仅在君臣大纲这个维度中展开，华夷对立的意涵被剔除。康熙《新会县志》完全不收录从“夷夏之辨”的框架论述崖山忠义景观的奏疏、碑记及诗文，清代关于崖山忠义景观的诗文仅在君臣纲常这一个维度中阐释忠义。《崖山志》在清代仍旧流传，却未被收录进《四库全书》，很明显也是有意隐没。这种情况持续到鸦片战争前夕，道光十六年（1836），新会秀才赵允贤重修《崖山志》，对明朝所鼓吹的夷夏大防只字不提：“《崖山志》何为而作也？盖为表宋一代君臣全节而作也。……贞义扶伦，垂天壤而不朽，与日月而争光，其节烈为何如哉？”③

三、明中叶广东的边疆危机与“夷夏之辨”的演进脉络

一种社会意识的萌发与壮大总有当世的用意，必定依托于当世的社会现实。明中叶开始，鼓吹夷夏大防成为笼罩在朝野中的“政治正确”，在当时的社会氛围中，忠义与“夷夏之辨”相互统一，文化景观稍微与忠义有关，往往成为士绅寄予其“夷夏之辨”

① （明）黄淳：《重修崖山新志序》，（明）黄淳编，陈泽泓点校：《崖山志》序，第3页。

② （清）顾炎武著，陈垣校注：《日知录校注》卷7“管仲不死子纠”条，安徽大学出版社，2007年，第395页。

③ （清）赵允贤：《重修〈崖山志〉序》，（清）赵允贤编，陈泽泓点校：《续崖山志》序，广东人民出版社，2018年，第278页。

的空间场所。前文提及，由于华夏正统事关政权的合法性与道统延续的正当性，历朝历代都建构起一套关于华夏正统论证的话语体系，而“夷狄之辨”往往在少数民族政权入主中原前夜或对中原王朝构成威胁时迅速抬头。宫崎市定认为元明易代的“民族革命的意识”，无法与辛亥革命相提并论。① 刘浦江也指出，明初士人较少关注“夷夏之辨”这类话题，直到明中叶开始，“北虏”的威胁加剧，尤其是正统十四年（1449）的“土木堡之变”与嘉靖二十九年（1550）的“庚戌之变”才促进了明朝民族主义的高涨，“夷夏之辨”因此甚嚣尘上、大行其道。② 实际上，明中叶日趋严重的边疆危机，不仅有“北虏”，还有“南倭”，西南等山地亦有“犵狫”“夷猺”袭扰，朝野捉襟见肘、疲于应付，士绅对此忧心忡忡，纷纷指摘“夷狄”之害：“己巳之变，王师溃于土木，七省盗起，儒臣益震怖。”③ 成化、弘治年间广东士绅黄瑜的心态很能说明朝野对“夷狄”的焦虑不安：“闻邸报时事，辄叹曰：‘蛮夷猾夏，寇贼奸宄，虽帝世不能无也，然明良率作，修其本以胜之。今也机轴转移，竟何如哉，竟何如哉！’”④

孙廷林一文简略提及土木堡之变与黄萧养之乱刺激了崖山祠庙的营建，刘正刚则认为是南方土著的动乱导致。土木堡之变诚然激起夷夏大防意识的抬头，然而很难以此具体而微地解释崖山忠义景观的兴起，此外，不仅包括黄萧养之乱在内的南方土著的动乱，在明后期，广东的海疆危机日趋严重，倭寇与葡萄牙、西班牙势力有意在崖山一带渗透，两广总督逐渐构建海疆防御体系，崖山忠义景观所展现的“夷夏之辨”又有了新的发展动向。应该说，崖山忠义景观虽是朝廷最终批准设立的，其忠义精神与合法性均来自王朝，然而更需要注意到，崖山忠义景观的兴建与发展实际上有着更加深刻而重要的地域社会内部的发展脉络，王朝只是完成了崖山忠义景观收获正统性的最后环节，关注地域社会的内在发展脉络应该能更有力地诠释忠义景观的兴起。因此，崖山忠义景观所展示的“夷夏之辨”是一个动态的意识形态体系，折射出彼时广东地域社会的对内治理与对外交往进程。

不难发现，广东三司长官这个群体是崖山忠义景观兴起的直接推动者，可从这个群体在边疆危机中的作为入手。胡拱辰最早有意在崖山创建忠义祠，他在正统十四年（1449）丁父忧，“北虏犯边，吏部遣使赍命至家，夺情起复，驰驿还京”，景泰元年（1450）出任贵州布政使司左参政时恩威并施，联合贵州副总兵方瑛，派遣普定卫指挥

① 宫崎市定：《洪武から永楽へ——初期明朝政権の性格》，《宫崎市定全集》第 13 册，岩波书店，1993 年，第 54 页。

② 刘浦江：《元明革命的民族主义想象》，《中国史研究》2014 年第 3 期。

③ （明）霍韬：《三广公传》，（清）屈大均辑，陈广恩点校：《广东文选》卷一四，广东人民出版社，2008 年，第 670 页。

④ （明）黄佐：《泰泉集》卷四四《书〈双槐岁钞〉目录后》，第 545 页。

郭贵平定乍叛乍服的白水堡，擒拿为患多年的“犵狫蛮头目沈时保”；在赤水卫降服当地女性土官；在毕节卫“平宣慰使陇富之乱”。天顺元年（1457）出任广东布政使司左参政，成化元年（1465）升任广西右布政使，“时地方贼寇猖獗，人民受害，拱辰以剿贼有功升四川左布政使”①。胡拱辰凭借其平寇事功而升迁，一生行军作战，重视文教，“性犹嗜书”②，意欲创建忠义祠应该不是心血来潮。胡拱辰与时任新会县丞陶鲁有私交，曾应陶鲁邀请撰写《新会县学科举题名碑》③《清化桥记》④。

陶鲁是最早创建崖山忠义景观的仕宦，其父是浙江按察司副使陶成。陶成在金华平定叶宗刘之乱不幸遇难，陶鲁“由父成荫为新会丞，升知县，升府同知，升按察佥事，升副使，升按察使，升湖广左布政使兼广东按察副使，辖治广西寇贼，民因称曰‘三广公’”，任官新会时作为颇多，一生军功无数，多次敉平两广山寇、“夷猺”，“为两广保障，寄民生安危，凡四十又五年”，肇庆府恩平县的析置即由其倡议。成化六年（1470），陶鲁与后来支持创建崖山大忠祠的按察司佥事林锦认为“两广事不协一，残贼日炽”⑤，因此上《请建总制开府两广疏》奏请增设两广总督。⑥ 陶鲁力倡“化寇以礼”，因此平定动乱后在阳江县、恩平县与电白县修建县学：“除寇贼，化之为先，杀之不得已也。故古贤之除剧贼也，先除戎器以戒不虞，后定比闾族党以正民心，乃修庠序学校以崇民化。古贤之以安奠天下也，凡以格民也。”天顺六年（1462），于广西爆发的“猺”乱延及新会，陶鲁时任新会县丞招募新会子弟抗击，不少邑民因此牺牲，陶鲁立功升任县令，营建敢勇祠祭祀亡灵。他修建大忠祠、敢勇祠是为了“表忠烈以劝为臣也，亦化顽也”⑦，一方面是激发将士臣子的忠义气节，另一方面也是为了教化边民、稳定社会秩序。

全节庙创建者刘大夏于弘治三年至五年（1490—1492）出任广东右布政使，弘治十三年至十四年（1500—1501）出任两广总督，与陈献章、陶鲁均有交情。刘大夏祖先刘

---

①（明）过庭训：《本朝分省人物考》卷五五《胡拱辰传》，《续修四库全书》史部传记类第534册，上海古籍出版社，2002年，第515页。

②（明）过庭训：《本朝分省人物考》卷五五《胡拱辰传》，第515页。

③（道光）《新会县志》卷一二《金石》，《中国方志丛书》华南地方第5册，台北成文出版社，1966年，第355-356页。

④（道光）《新会县志》卷四《建置》，第104页。

⑤（明）黄佐修：（嘉靖）《广东通志》卷七《事纪五》，香港大东图书公司，1977年，第146页。

⑥（明）霍韬：《三广公传》，（清）屈大均辑，陈广恩点校：《广东文选》卷一四，第670-671页。

⑦（明）霍韬：《三广公传》，（清）屈大均辑，陈广恩点校：《广东文选》卷一四，第672页。

宝乃是岳飞麾下都统制："其先东平人也，始祖宗再传为都统制宝，从岳忠武平湖南，忠武死，弃官居华容"①，任职兵部职方司主事时，断然拒绝朝鲜贡使畏惧建州女真而更改进贡路线的请求："朝鲜入贡，道自鸦骨关繇辽阳，纡广宁过前屯，径三四大镇，而后至山海者，此祖宗微意，使外夷不易窥中国也，虽道之捷，固宜从旧。"② 出任广东右布政使时，曾前往广西田州、泗城招抚叛乱的官兵，又与陶鲁共同剿灭山寇："公东还，山寇复作，督抚檄公暨按察司陶鲁，领兵平之。"③ 弘治十三年，广西上思州土官知州黄智永去世，其孙黄理妄图夺印以承袭职位，刘大夏发兵平定黄理之乱："敬之子鎏欲立其子理，乃赂思明府牍申以子理当袭，藩司驳其妄，将罪之。理遂纠迁隆峒王恺兵攻州夺印，官司擒理，下太平府狱，暮夜越出，仍援恺兵破州，执钩子濬、渼，支解之。提督都御史刘大夏以兵捕理，伏诛。"④ 大夏出任两广总督时，纠正班军供镇守太监以及总督私人差遣的弊端，此举导致平定"猺獞"时总会兵力不足，大夏还招抚"猺獞"，推行什伍之法以加强控制，在任期间两广较为安定："越二年，孝皇用廷臣之荐，擢公总督两广，诏书及门舆，疾就道，至即兴利除害，靡有顾忌，先是班军为中镇及总戎私役者以千计，每猺獞犯顺，则兵力不支，乃申明祖宗爱养士卒之意，朝廷委任付托之重闻者感其言，因各出其私役者还之，不数月，武备整饬，军威大振。广地有夷民十三村，素号强悍，众盛未可以力招，公乃移檄戒谕，动以至诚，十三首领悉来屈服，公联以什伍之法，朔望则限其赴省，而考其从违，由是终公之任，夷民帖息。"⑤ 刘大夏曾提及元将张弘范在崖山书"镇国大将军张弘范灭宋于此"，是由于岳飞无法继续北伐事业的后果："北将忍书南宋灭，后人空憾岳飞还。崖山此日求遗迹，独把孤陵仔细看"⑥，结合全节庙主祀南宋杨太后，其祖先又为岳飞麾下将领，可推测刘大夏创建全节庙或有追思祖先尽忠全节的考量。

有明一代，广东的社会动乱层出不穷，"峒獠"之乱，山寇、倭寇与海盗迭起，动

---

① （明）孙继芳：《东山先生刘大夏忠宣公全录》，（明）刘大夏撰，（清）刘乙燃辑：《刘忠宣公遗集》附录《文卷二》，清光绪元年（1875）刘乙燃刻本，湖南图书馆藏，第1页。

② （明）何乔远：《名山藏》卷六八《刘大夏传》，北京大学出版社，1993年，第4018页。

③ （明）孙继芳：《东山先生刘大夏忠宣公全录》，（明）刘大夏：《刘忠宣公遗集》附录《文卷二》，清光绪元年（1875）刘乙燃刻本，湖南图书馆藏。

④ （明）应槚初辑，凌云翼嗣作，刘尧诲重修：《苍梧总督军门志》卷一八《讨罪二》，《中国边疆史地资料丛刊》滇桂卷，全国图书馆文献缩微复制中心出版，1991年，第179页。

⑤ （明）孙继芳《东山先生刘大夏忠宣公全录》，（明）刘大夏撰，（清）刘乙燃辑：《刘忠宣公遗集》附录《文卷二》，第8－9页。

⑥ （明）刘大夏撰，（清）刘乙燃辑：《刘忠宣公遗集》卷三《游崖山》，第1页。

乱的频率、数量与地域范围居全国首位,① 张居正记录“嘉隆之间，广中处处皆盗，议者谓岭表非我版图矣”②，足见当时朝廷士绅对广东动乱之观感。新会县地处山海之间，饱经动荡，两广总督、广东三司长官、广州知府与新会县令多次征剿，如景泰五年至七年（1454—1456）两广总督马昂在新会的平乱：“甲戌，两广夷寇扰壤，朝廷召王忠肃公还为吏部尚书，起公代忠肃总督两广军务兼巡抚，便宜行事。公乃大布朝廷威德，帅总兵、方岳，并土官兵民，剿其为暴害者……丙子，征斗峒贼，平，转左都御史”③，“景泰五年冬十二月，总督军务都御史马昂命将大征。七年春，始破黄坭、硎山诸寨，遂围白水、洋冲二峒，奏捷而还”。④

军事征剿贯穿着明朝对新会县的地域控制过程，此外，广东三司长官等各级官员亦在新会县与邻县之间分都定图，析置新县。正统十四年，黄萧养之乱祸及新会，景泰三年（1452），新会县析华萼都与南海县地置顺德县。弘治十一年（1498），两广总督邓廷瓒以广东布政司、按察司等官员的建议上奏户部，拟于新会县之内析置新宁县，次年设立：“三府奏言，地濒穷海，约束不及，盗起白水诸村，累征不能平，遂析得行文章诸都为六十图以置县治，岑边以海晏二盐场及望高巡检司属焉，定名新宁。”⑤ 除析置新县以外，新会县还编制保甲、施行教化以维持治安，建立起严密的行政网络，强化地域控制，防止动乱重来。早在洪武初年，崖山便设有沙村巡检司，后虽多次迁徙，然而弘治年间终复设于崖山，此外，崖山亦设有把截所。⑥ 因此，崖山忠义景观的形成与朝廷强化对新会县的县域控制过程是一致的，仕宦设立崖山祠庙的“劝忠”目的背后更隐藏着深刻而复杂的地域社会变迁过程。

---

① James W. Tong, *Disorder under Heaven: Collective Violence in the Ming Dynasty*, Stanford, Stanford University Press, 1991；刘志伟：《在国家与社会之间：明清广东地区里甲赋役制度与乡村社会》，中国人民大学出版社，2010 年，第 72－93 页。

② （明）张居正：《答两广刘凝斋言贼情、军情、民情》，（明）陈子龙等编：《明经世文编》卷三二八，中华书局，1962 年，第 3513 页。

③ （明）刘珝：《资德大夫正治上卿太子少保户部尚书赠少保谥恭襄马公昂墓志》，（明）焦竑撰：《国朝献徵录》卷二八《户部一》，《续修四库全书》史部传记类第 526 册，上海古籍出版社，2002 年，第 435 页。

④ （嘉靖）《广东通志》卷六七《外志四》，第 1748 页。

⑤ （嘉靖）《新宁县志》卷一《封域志》，《广东历代方志集成》广州府部第 29 册，岭南美术出版社，2007 年，第 13 页。

⑥ （万历）《新会县志》卷二《公署》：“沙村巡检司，在潮居都，旧在崖山。洪武三年，徙于长沙大神冈，巡检范得成建，七年又徙仙峒，巡检崔克忠建，二十七年，都指挥花茂徙崖山之长沙，弘治间复于崖山，深二十五丈，广二十四丈”，“把截所二，曰水口，曰崖门”（第 102 页）。

嘉靖末年开始，西方殖民者开始窥伺崖山，葡萄牙人、西班牙人与荷兰人先后展开争夺，海疆危机蔓延至此，传统的“夷夏之辨”亦增添了新的内涵。嘉靖三十五年（1556），崖山已有“番舶”停靠，是广东海防中路的守御要地：“其势必历崖门、寨门海、万斛山、纲洲等处而西，而望峒澳为尤甚，乃番舶停留避风之门户也，附海有广海卫、新宁、海朗所，戍守之兵使添置往来，预为巡哨，遇警辄敌，则又不敢以泊此矣。”① 嘉靖四十二年（1563），倭寇潜至崖门，广东把总邓子龙在此击杀倭寇：“闻倭至崖门当道，檄指挥陶濲同子龙御之，崖门擒斫倭。”② 明末士人陈仁锡在建议驱逐澳门葡萄牙人时指出：“闽粤之患……而肆螫于南麂、霜台、金星、虎跳、崖门俱寇冲也。”③

嘉靖、隆庆年间，葡萄牙商人在占据澳门以后开始觊觎崖山，意欲在此建立商品运输据点，新会知县林会春以“通夷”、贩卖人口之名捉拿汤惟蛟兄弟，禁止葡萄牙船舶停靠。黄淳认为“澳夷”亵渎了崖山忠义景观：“隆庆三年，知县林会春议诸崖山夷泊，擒治拐掳人口、通夷汤惟蛟兄弟等。初，夷舶泊崖门，全节大忠数为夷秽渎，及擅伐崖山大松，奸人预受夷银，拐诱良民子女，卖之北到，汤惟蛟兄弟其首也，至是会春始申逐夷舶，擒惟蛟兄弟，置之法，民患始息，全节大忠，永永无恙矣。”④ 此事经过亦见于嘉靖四十三年（1564）耶稣会神父科斯塔（Baltasar da Costa）和特谢拉（Manuel Teixeira）的信件：“那个礼拜天下午，葡萄牙人又一次前来，感谢我们的到来，也感谢我主通过我们此行赐给他们的恩宠。为表感激之情，他们带来了18名男孩女孩，要我们给他们行浸礼。浸礼之后，又打算带我们去看一座供奉偶像的大庙，就在Pinhal（崖山）的中央。我们跟过去，在途中遇到了一位居住该地的中国官员，他是前来拜访与接待我们的。在欢迎我们之后，他祝贺那些葡萄牙人因我们的到来而得以告解。中国官员告诉葡人说，现在他们可以高高兴兴、心满意足了，因为他们的灵魂洁净了。他能如此理解此事，我们真是喜出望外。”⑤ 在科斯塔与特谢拉的话语中，明人的贩卖人口只是传教士为当地人洗礼，二人还前往崖山祠庙，受到当地官员的欢迎。林会春与耶稣会神父各执一词，可见当时两国之间的文化差距之大，以致双方发生冲突，林会春一举将葡

---

① （明）郑若曾撰，李致忠点校：《筹海图编》卷3《广东事宜》，中华书局，2007年，第245页。

② （万历）《新会县志》卷一《县纪》，第28页。

③ （明）陈仁锡：《无梦园初集》漫集二《纪闽海税船》，《域外汉籍珍本文库》第4辑第14册，西南师范大学出版社、人民出版社，2014年，第513页。

④ （万历）《新会县志》卷一《县纪》，第28－29页。

⑤ R. M. Loureiro (ed.), *Searching the Origins of Macao*, trans. by Chen Yongyi, *Macau*, *Museu Maritimo de Macau*, 1997, pp. 88－89; R. M. Loureiro (ed.), *Searching the Origins of Macao*, Museu Maritimo de Macau, 1996, pp. 118－119，转引自李庆、戚印平：《晚明崖山与西方诸国的贸易港口之争》，《浙江大学学报》2017年第3期。

萄牙势力驱逐出崖山：“岁久旱，天大雨，且崖上全节三忠诸灵节为岛夷所侮亵，侮亵之舶辄覆，不能止复，作祛夷议上当路，遂檄而摈诸远屿，不复入崖，间由是民安神妥，功莫大焉。”①

在葡萄牙人得以赁居澳门以后，西班牙人亦开始觊觎崖山，意欲在崖山居留。万历二十六年（1598），西班牙殖民者萨穆迪奥（Don Juan Zamudio）率领船队从马尼拉出发前往崖山，广东海道副使章邦瀚允许西班牙人在崖山停泊并进行贸易：“他们系化外之人，远道而来贸易，本无理由按葡人之请驱逐之。此为法理不容。准按暹罗人之制，泊崖山。”② 西班牙人在崖山的活动引起了葡萄牙人的忧虑与抗拒，葡萄牙人开始动用军力驱逐崖山的西班牙人并封锁崖山，西班牙人不得不退出崖山，之后荷兰人意图寻找崖山港时亦遭受葡萄牙人埋伏而惨败，西班牙与荷兰不得不将目光投向台湾。③

不断东来的殖民者引起了当地士绅的担忧。万历三十七年（1609），新会进士何熊祥对此已有所警惕，他指出海洋是新会县之襟带，而崖山是“中国”之南极：“中国形势皆发源昆仑，蜿蜒而南以及海堧。夫海，则吾邑襟带也。崖山之外，吞天浴日，赤县之南极于此，吾邑南鄙亦极于此。”紧接着，他指出了在澳门的葡萄牙人勾结倭寇，假冒荷兰人（红毛番），不仅是新会县的隐患，更将危害“中国”：“自倭蹂躏属国，寇在门庭，征兵转饷，骚然烦费，今隐忧固无已时也。蠢尔澳夷亦在我东偏近，乃日以勾倭为事，诘之则曰为红毛番，备耳积薪厝火，未可谓安计。吾邑之虞澳也，不犹天下之虞倭乎？今中外物力诎矣，探丸胠箧，何处蔑有，乃邑以山海奥区，尤易薮盗，水备则虞陆，陆备则虞水，此其兵脆盗剧，又不与天下同患乎？夫置吾邑于宇内，何啻黑子之着面？乃幅员相仿佛者，犹云千一，而事几相感应者，盖已十九。”④ 葡萄牙人对崖山的窥伺引起了明人的警惕与防范，这是传统“夷夏之辨”在大航海时代所展现出来的新动向，然而这种警惕与防范虽因日益严重的海疆危机而产生，但仍在传统的“夷夏之辨”的维度中展开，其目的依然在于突出华夷大防，捍卫华夏的正统性。

---

① （万历）《新会县志》卷四《列传》，第192页。

② Arquivo Nacional da Torre do Tombo（ANTT）/Miscelaneas Manuscritas do Convento da Graca. Tomo VID. 3，fl. 134，转引自李庆、戚印平：《晚明崖山与西方诸国的贸易港口之争》，《浙江大学学报》2017年第3期。

③ 详见李庆、戚印平：《晚明崖山与西方诸国的贸易港口之争》，《浙江大学学报》2017年第3期；方志钦、蒋祖缘主编：《广东通志》，广东高等教育出版社，2007年，第539–545页。

④ （明）何熊祥：《重修新会县志跋》，《广东历代方志集成》收入的（万历）《新会县志》影印本是广东省立中山图书馆藏万历三十七年（1609）的版本，该版本何熊祥的跋文缺页，笔者在国家图书馆所藏的（万历）《新会县志》（崇祯间增刻本）检阅到此跋，关于（万历）《新会县志》的版本问题，可参见于浩：《万历〈新会县志〉版本考》，《上海高校图书管理情报工作研究》2009年第3期。

四、结语

综上所述，崖山忠义景观在明中叶形成并非只是广东三司长官与当地士绅的心血来潮之举，明代仕宦往往将崖山景观的忠义意涵置入“夷夏之辨”的意识形态框架之中进行解读，表面上看只是强调君臣纲常，实则不断宣扬皇明之正统性，构筑夷夏大防的意识形态。可以说，“夷夏之辨”才是明代崖山忠义景观最重要的话语，但是更需要注意到宣扬“夷夏之辨”的目的是“用夏变夷”，进而平定边疆动乱，整合帝国内部的边缘人群。

明中叶“夷夏之辨”思潮的兴起是明人对当时日趋严重的边疆危机在思想领域的一种反应，明人由此产生的一种强烈的忧患意识，然而这种大而化之的阐释仍需进一步细化至地域社会大发展脉络下观察。明代广东的动乱尤其是新会的动乱才是崖山忠义景观形成的背景，忠义景观的形成与朝廷意图不断强化对新会县乃至广东的地域控制息息相关。崖山忠义景观的形成及“夷夏之辨”其实是明代中叶广东仕宦应对当地社会危机的反应，崖山的忠义意涵就衍化为捍卫华夏正统的“夷夏之辨”，崖山忠义景观因而能迅速形成，借以凝聚人心，起到社会动员的作用，这才是陶鲁、刘大夏与陈献章等仕宦积极营建崖山忠义景观的用意。此外，嘉靖末年开始，西方殖民者不断窥伺崖山，引起了当地士绅的担忧，传统的“夷夏之辨”又有了新动向，然而仅在旧有的纲常维度中稍稍展开，折射出明末的中西方交流仍有诸多不足。

从这个角度上看，景观意义会处于不断变化之中，不同的时代会有不同的意义阐释，上文已稍稍提及清代崖山景观忠义意涵的窄化现象，这个现象其实仍值得继续拓展下去，因为鸦片战争以来内忧外患不断，忠义与“夷夏之辨”又重新兴起，就连清政府也逐渐摒弃了清初至清中叶所提倡的狭义的“忠义观”，民国以“驱除鞑虏，恢复中华”为口号创建，格外注重传统王朝的“夷夏之辨”，近代崖山景观的忠义意涵又与明代不同，此问题留待日后再做探讨。

作者简介：
吴泽文，复旦大学历史地理研究中心博士研究生。

明后期海外交通汉文文献叙事研究：以《东夷图说》为例

刘梓琳

［**提要**］相比明初，明后期的中外关系发生了新的变化：明朝与外国之间的关系已经不单纯是传统的“朝贡”（如与马六甲苏丹国）和“对抗”（如“东南倭乱”），也有直接的接触和对话，例如“佛郎机”（葡萄牙）。就外部因素而言，“大航海时代”的发展对于明朝也有一定的影响，使得明朝有渠道获知外域信息。时任广东左布政司使蔡汝贤在粤述职期间，根据自己的从业经历，结合已有的文献，著有《东夷图说》一书。《东夷图说》一书立足时代交接之处，后人评述这本文献时难免批评其局限之处，但其对后世学者了解明后期海外交通的叙事模式和时局记载具有非常重要的促进作用。

［**关键词**］《东夷图说》；蔡汝贤；广东；明后期；海外交通

一、前言

相比东西交通大开、诸多外国人士——包括商人、传教士与旅行家——通过海陆交通要道而大批量到访中国的元朝，明朝对于中外交通的热情度以及到华的外国人的态度均相对不及前朝，这是明朝长期实行海禁政策所导致的。不过，即使客观存在“海禁”，因“大航海时代”促成的海上交通路线取代过往的“丝绸之路”，以及在“海禁”政策的“漏洞”当口，已经出现为数不少的出海华人，使得明朝不得不认真审视海上交通的问题。

在明成祖永乐年间（1403—1424）和明宣宗宣德年间（1426—1435），以太监郑和为代表的文武官员奉诏出使“西洋”，他们所经过的路线即是从东南亚地区到东非北部海岸的海上交通线，由此明朝早期具有一些“原始资料”价值的海上交通汉文文献，例如译官马欢根据自己在航行过程中的所见所闻，从而编写出《瀛涯胜览》。在《瀛涯胜览》的文本中，读者对于当时海上交通线各国会有一个非常直观的了解，例如对于“天方”（即麦加，文中写作“默伽”）的描写，既是早期汉文文献中为数不多作为亲历者的叙事，也能从中折射出明前期中国穆斯林对于自身宗教的书写模式——马欢到访麦加不仅仅是作为明朝的出使随行人员，也是作为一个朝觐的穆斯林对圣城的实时观察。① 以马欢《瀛涯胜览》为案例，可知明前期对于海上交通的记载，还是具有非常牢靠的可信度，史料引用的可行性也非常强。

但随着海防问题的严重性加剧，以及“佛郎机”在正德年间打败明朝重要的朝贡国——“满剌加”（即马六甲苏丹国，1405—1511），明朝再一次加强海防和“海禁”，对外政策逐步趋向保守，对于海外交通的书写也趋向参考前人著作，而非立足于实地考察。至万历年间，澳门被“佛郎机”所占据：“佛郎机既据澳，至万历二年建闸于莲花茎，设官守之。而蕃夷之来日益众。”② 因此，澳门反而成为中国士大夫了解海外交通，例如社会风俗、形势等情况的一个新的窗口。

以时任广东左布政司使蔡汝贤的《东夷图说》为例，根据笔者对《东夷图说》的阅读，与其他同时期的海外交通文献类似，《东夷图说》内部确实存在大量转引前人作品，以及对于部分内容出现错误撰写的问题。但作为常年处理广东海外事务的布政司官员，蔡汝贤直接接触“附舶香山濠镜澳”，使当时相关区域的具体实时情况得以进入该书。因此该书不仅仅对来广东“香山濠镜澳”的贸易展开实时描写，作者本身也以一个汉族士大夫的视角，通过图文并茂的形式进一步展示当时的中外交通，例如外来知识和东南亚形势。笔者就《东夷图说》一书展开相关分析，以期能完善对明后期中外交通史的研究。

---

① （明）马欢著，冯承钧校：《瀛涯胜览校注》，中华书局，1955 年，第 68 – 72 页。

② （清）印光任、张汝霖著，赵春晨校：《澳门记略》，广东高等教育出版社，1988 年，第 20 页。

二、《东夷图说》的基本概况与相关研究

在讨论《东夷图说》之前，笔者通过《广东通志》的记载简要介绍《东夷图说》作者蔡汝贤（1522—1593）的生平："蔡汝贤，江南华亭人，进士，（万历）十三年任（左右布政使）。"①《东夷图说》成书于明万历丙戌年，即万历十四年（1586），正是蔡汝贤在任上所著。

《东夷图说》一书的结构分为四部分，分别是《东夷图像》一卷，《东夷图说》一卷，《岭海异闻》一卷及《续闻》一卷。前两者是蔡汝贤以就职期间所见所闻，结合已有的文本所描绘的海外交通情况；而后两者则是介绍广东及沿海的物产、传说等情况，类似于岭南地区的风物志。笔者着重分析的是前两者，即展示各国形象的《东夷图像》和介绍对应各国概况的《东夷图说》。

就写作目的来讲，蔡汝贤撰写《东夷图说》的目的不仅仅是专门介绍当时的海上交通，而是希望通过介绍各国概况，提醒相关职官，对于"夷"（外国人）要提高警惕，不能任由他们在沿海地区随意活动，即"然则所图之意何居？夷之盛衰，中国安危之系也"②。

不过，虽然有预防外部势力的心态存在，但由于蔡汝贤能亲自接触到各个可抵达"香山濠镜澳"的外国商贾，在一些文本细节上得以插入实时的记载：例如在《东夷图说》一书的开头就列有各种外国人的画像，即《东夷图像》。在《东夷图像》中，满剌加、吕宋、西洋③和天竺（葡属果阿）这四个非欧洲区域的人物绘像是衣着欧洲服饰。由此细节来看，蔡汝贤作为明后期中国士大夫的一员，对于外部世界发生的变化还是有所感知的，但因为一系列客观因素，他对变化本身的性质没有很明确的认识与理解。

由于《东夷图说》是明代书写与澳门有关的最早一批史料，在澳门回归之初，汤开建教授对这本史料给予了高度关注。截至目前，学术界以《东夷图说》本身为专题的代表性论文为汤开建教授所著。例如《中国现存最早的欧洲人形象资料——〈东夷图像〉》一文，以《东夷图说》开头一卷《东夷图像》为案例，分析明中后期的海外形象，从而深化中国早期对于欧洲人（可能也包括欧亚混血的天主教徒）的形象史研究。

---

① （清）阮元主修，陈昌齐等纂：《广东通志》卷一九《职官表十》，《续修四库全书》影印本，史部第669册，上海古籍出版社，2002年，第346页。

② （明）蔡汝贤：《东夷图说·夷图总说》，《四库全书存目丛书》史部第255册，齐鲁书社，1996年，第410页。

③ 此处的"西洋"不是欧洲，是中国传统语境中的"小西洋"，即印度西海岸。

另一篇文章题为《蔡汝贤〈东夷图说〉中葡萄牙及澳门资料》，汤教授则是从《东夷图说》中多次提及的“附舶香山濠镜澳”与“佛郎机”、“天竺”、“黑鬼”（非洲裔葡萄牙仆从）在澳门的活动等情况，展开对明中后期汉文文献中澳门的中外关系研究。① 阅读这两篇论文，对笔者思考《东夷图说》一书有着非常重要的启发。《东夷图说》虽然不是唯一一部明后期海外交通汉文文献，书写动机也不主要集中在介绍，带有较大的主观政治倾向，但正是蔡汝贤本身的在职身份，结合他所处的区域与时代，从一些独特的视角展现出明后期海外交通的状况。

随着对《东夷图说》的关注日趋发展，学界对于此书也有更近一步的研究。以代国庆副教授的《明季广东涉外典籍及其史源考述——以〈东夷图说〉〈诸夷考〉为中心的考察》为例，该文倾向于通过整理蔡汝贤的生平，逐一解读《东夷图说》本身、成书过程以及对应评价等内容，从史料分析的角度对作为明后期中外交通文献的《东夷图说》进行深入考据。②

相比以上两位老师的文章，笔者除对此展开进一步的比对，以此分析一些“主流”以外的“碎片化”细节，也从文本中存在的令后世读者质疑之处结合对应的时代背景与区域展开相关分析。这些存在于文本之中的问题，既是蔡汝贤当时的身份与主观立场所致，一定程度上也与明后期开始趋于保守、对外关系日趋紧张密不可分。这种紧张的外交时局，使当时的汉文文本难以与前期相对客观、注重实地考察的文本叙事相提并论。时代背景对于叙事的影响，值得读者进一步思考。

三、误解与转抄：《东夷图说》的不足

古人对外部世界叙事的常用手法，例如蔡汝贤称天主教敬拜天主为信佛，正是时人常常化用中国人原有宗教中的概念描述其他宗教，例如把清真寺的宣礼称为“唎佛号”。由于蔡汝贤笔下的“天竺”并非传统意义上的“天竺”（印度），而是葡萄牙占领的印度西海岸区域，例如现今的果阿与喀拉拉邦，都有传统的基督徒（叙利亚正教会）和16世纪以来发展的天主教徒群体，故一度有过争议，但也非谬误。

除却这些质疑点，蔡汝贤还有一个问题就是简单引用前人所书写的文本，而没有相应的比对、分析，引发后世编书者对一些细节提出质疑。《东夷图说》的苏门答腊（文中为“苏门答剌”）介绍如下：“惟酋长好杀，每杀人取血浴身，谓之通身是胆，盖夷

① 汤开建：《蔡汝贤〈东夷图说〉中葡萄牙及澳门资料》，《世界民族》2001年第6期。

② 代国庆：《明季广东涉外典籍及其史源考述——以〈东夷图说〉〈诸夷考〉为中心的考察》，《学术研究》2019年第12期。

性犷悍俗使然也。”①在汪大渊的《岛夷志略》一书中，苏门答腊（文中为“须文答剌”）对应此处的描述应为：“其酋长人物修长，一日之间必三变色，或青或黑或赤。每岁必杀十余人，取自然血浴之，则四时不生疾病，故民皆畏服焉。”② 从这里可以看出，蔡汝贤直接照搬14世纪初期中国汉文文书中苏门答腊原始崇拜的记载。

直接引用酋长浴血这一记载来讲，不符合当时苏门答腊的社会情况。在16世纪后期，苏门答腊几个主要的苏丹国（例如亚齐苏丹国、米南加保苏丹国）已经形成系统的礼仪和信仰体系，原始崇拜虽然存在，但这些保持原始信仰的居民，例如巴塔克人，他们很少参与海上交通的运作。而对于这个两百多年前的记载，蔡汝贤还根据自己的文化观念加上这么一句话“盖夷性犷悍俗使然也”，由此形容在南海政治经济已经相当活跃的苏门答腊。

但即使存在一系列客观上的问题，在笔者看来，《东夷图说》这本书不但极大完善了澳门的研究，而且书中很多“碎片化”的细节对于了解当时一些海外交通的实时情况，完善对明后期中外交通的研究，也具有非常重要的辅助作用。

四、“休坡”与“天竺僧”：《东夷图说》的重要细节补充

《东夷图说》在明后期海外交通记录丛书中的正面影响，汤开建老师的两篇论文其实已经讲到一个非常重要的观点：《东夷图说》是中国最早一批正面以汉文的角度叙述欧洲人的文书，包括对于欧洲人的形象刻画。不过由于蔡汝贤自己的认知有限，他很可能还不知道此时果阿已经从1505年开始沦为葡萄牙殖民地的现实。③ 即使蔡汝贤自身的观点存在局限性，但作为长期与各国商贾直接打交道，而且能从通译中获取一些实时讯息的布政使，蔡汝贤能直接观察到来粤的各国客商，从叙事的过程中穿插很多其他文书所没有的细节。相比马欢等人是到达当地的田野考察，蔡汝贤的“田野”就是职官生涯中的所见所闻，这为读者提供了了解明代中国海外交通史的另外一个视角——作为涉外官员的所知所闻。

笔者需要在已有研究的基础上加以补充、并以此参与对明后期海外交通文献叙事思考的方面，就是《东夷图说》中多处以碎片化的形式呈现出来的细节。这些细节如果与同时期海外文书对于“东方”的记载进行比对，也能对16—18世纪海上交通文本研究

① （明）蔡汝贤：《东夷图说》十五，《四库全书存目丛书》史部第255册，第423页。

② （元）汪大渊著，苏继庼校：《岛夷志略校释》，中华书局，2009年，第240页。

③ 皮尔森著，郜菊译：《新编剑桥印度史：葡萄牙人在印度》，云南人民出版社，2013年，第45页。

有所推动。例如“满剌加”条目的“休坡”、在澳门传播天主教信仰的“天竺僧”等，这些细节都具有非常明显的时事性。笔者以这两个案例，对《东夷图说》“碎片化”细节在历史叙事的重要作用予以分析。

第一，“满剌加”条目后面记载的内容：“正德中，（满剌加）被佛郎机仇杀，王退休坡去复国。”① 这个细节是蔡汝贤增加进去的，看似简短，但对于反映马六甲苏丹国此时状况而言，却是非常重要的资料。在蔡汝贤的字里行间中，前者对于葡萄牙入侵马六甲苏丹国的描写是“仇杀”，与前文“五胡内讧”相映衬，体现出他本人根深蒂固的华夷之辨思想，即以自己的观念去叙述葡萄牙在马来亚的殖民入侵，觉得这是“蛮夷”内部的“仇杀”，而没有意识到这是殖民主义的入侵；而后者“退休坡”更是以简短三个字概括马六甲苏丹国分崩离析后近百年的历史沿革。

马六甲苏丹国曾经与明朝长期保持着密切的朝贡关系，除却阿拉乌丁·利亚特沙和作为临时苏丹的艾哈迈德沙，从开国的拜里米苏拉到亡国的马哈茂德沙，历代马六甲苏丹都接受明朝的封贡。马六甲苏丹国历代苏丹如表1所示：

表1　马六甲苏丹国历代苏丹简况

苏丹名字	明朝文本译名	生卒年	在位年份
拜里米苏拉 Parameswara	西利八儿速剌、 拜里迷苏剌	1344—1414	1398/1403—1414
伊斯干达沙 Iskandar Shah	亦思罕答儿沙、 母干撒于的儿沙	约1370—1424	1414—1424
穆罕默德沙 Muhammad Shah	西哩麻哈剌、 西里麻哈剌	约1390—1444	1424—1444
阿布沙希德沙 Abu-Sahid Shah	息力八密息瓦儿丢八沙	？—1446	1444—1446
慕扎法沙 Muzaffar Shah	无答佛哪沙	约1410—1459	1446—1459
曼苏尔沙 Mansur Shah	芒速沙	1432—1477	1459—1477

① （明）蔡汝贤：《东夷图说》十四，《四库全书存目丛书》史部第255册，第422页。

（续上表）

苏丹名字	明朝文本译名	生卒年	在位年份
阿拉乌丁·利亚特沙 Alaudin – Riayat Shah	明朝时情报可能有误，记载为其兄彭亨苏丹马哈木沙①	1458—1488	1477—1488
马哈茂德沙 Mahmud Shah	苏端妈末	1474—1528	1488—1511
艾哈迈德沙 Ahmad Shah②		1490—1513	1511—1513

由此可见，虽然马六甲苏丹国是区域强国之一，但确实与明朝保持着稳定的朝贡关系——明朝对于马六甲苏丹国的世系是较为清楚的，这在南海周边穆斯林苏丹国中实属少见。

基于这样特殊的关系，“满剌加”的事务可以说是明朝在南海诸国最为关注的事务。明武宗正德六年（1511），葡萄牙进攻马六甲苏丹国。时任马六甲苏丹马哈茂德沙在葡萄牙进攻的前一年屠戮首相敦墨太修一族，并强娶他的女儿，以致朝中人心不稳③；而明朝方面，直到正德十五年十二月（1521年1月）官方才获知马六甲苏丹国的求救④——此时马六甲苏丹国已经转型为柔佛苏丹国，原本强大的区域大国分裂成苏门答腊和马来亚两个区域各自为政的诸苏丹国。“王退休坡”，短短四个字，在马来人的历史叙事中却是非常重要的一环。在记载马来贵族历史、间歇掺杂一部分神话色彩的《马来纪年》中间，就有提到马哈茂德沙在抛弃长子艾哈迈德沙后，带着马六甲的核心力量逃

---

① 关于彭亨“马哈木沙”被明朝误记为“满剌加”储君，之后派遣使节遭遇海难的研究，可参考安焕然：《明朝册封满剌加马哈木沙之谜》，《海南师范大学学报（社会科学版）》2018年第4期。明朝册封的“马哈木沙”问题，起因是这样的：曼苏尔沙长子拉者穆罕默德（Raja Muhammad，即马哈木沙）年轻的时候杀害首相敦霹雳之子，为防止首相不满，曼苏尔沙把拉者穆罕默德封到彭亨为诸侯，立少子阿拉乌丁为嗣君。但在慕扎法沙去世的时候，由于曼苏尔跟明朝汇报的马六甲的法定王太子是其长子拉者穆罕默德本人，加上前往册封的使臣半路遇到海难，明朝到“满剌加”亡国的时候都不知道曼苏尔沙之后的新苏丹是阿拉乌丁，而非拉者穆罕默德。

② 艾哈迈德沙只是临时君主，能不能算是马六甲苏丹国的合法苏丹有待商议，故没有朝贡记录。

③ 敦·斯里·拉囊著，黄元焕译：《马来纪年》，学林书局，2004年，第264页。

④ 《明武宗实录》卷一九四，“中央研究院”历史语言研究所，1962年，第3630－3631页。

亡柔佛重新组建苏丹宫廷的往事。① 而“休坡”，在南方方言发音上贴近“柔佛”(Johor)，对应的就是马哈茂德沙在柔佛建立新王朝的事件。

由于“满剌加”失陷，明朝没有持续关注马来地区各区域的概况，故此相关记载出现了断层。蔡汝贤这一句看似轻描淡写，却接上了马六甲苏丹王族之后的命运概况。拜里米苏拉的后人一直统治着柔佛和彭亨，其间彭亨还一度被柔佛苏丹以“入继”的形势短暂吞并了。直到1699年，维系南海周边伊斯兰国家内部强权的马六甲苏丹王族宣告绝嗣：最后一任出身马六甲苏丹家族的柔佛苏丹马哈茂德沙二世遇刺，年仅24岁，膝下无子。由于马六甲王族嫡系绝后，仅剩下霹雳州的“拉者”（Raja）作为旁系苟延残喘，其他贵族顺着姻亲关系取而代之，由此形成新的马来亚苏丹法统体系。② 与此同时，中国已经进入清朝康熙年间。

第二个值得讨论的“碎片化”细节即在澳门布道的“天竺僧”。“天竺僧”在澳门活动文本如下：“山有澳，曰濠镜，为诸番互市之地。夷商杂处，财货充溢，其势必至于争竕。夷性嗜利，尤易信也。天竺僧自彼国渡海远来，历三年始达，濠镜诸夷信其法，遂奉之，以要束诸夷。诸夷事之惟谨，不敢或违，固怵于轮回果报之说，乃僧之戒行，亦足动人哉。”③

其实根据蔡汝贤在“天竺”条目的叙述，结合《东夷图像》中“天竺”人供奉怀抱圣子的圣母玛利亚，不难发现实际上这些天竺僧应该指代改宗天主教的果阿印度人(也不排除是自果阿而来的葡萄牙传教士)。

相比起论证“僧”实为天主教神职人员，笔者更关注于蔡汝贤把“濠镜”（澳门别称）的外贸往来放到“天竺”条目中单独展示，而且还把在澳门经商的外国商贾信仰天主教归于“天竺僧”的布道，这个细节更值得探讨。在行文之初，蔡汝贤已经很明确“佛郎机”——促使这些“天竺人”接受天主教的葡萄牙——是与日本人（倭寇）同列的敌对势力。基于这种政治立场，蔡汝贤对于“佛郎机”的描述除却客观的概况描述，负面信息也很多：“正德间，假作贡献来至，近广，恃火铳设栅自固，掳婴孩烹食之。守臣率水兵攻之，乃遁。又与满剌加互市争哄，恨其囚执哪哒，归愬治兵，突至满剌加，大被杀掠，整众满载而归。”④

基于这种情况，明朝与葡萄牙实际关系如同水火，葡萄牙的商贾和传教士肯定知道明朝对他们的敌对情绪。为此，他们很可能派遣两个殖民地的天主教徒——印度西南海岸的果阿和马来亚的马六甲——来澳门辅助葡萄牙人传播天主教。不过这种情况也可能

① 敦·斯里·拉囊著，黄元焕译：《马来纪年》，第275－276页。

② 理查德·温斯泰德著，姚梓良译：《马来亚史》，商务印书馆，1974年，第271页。

③ （明）蔡汝贤：《东夷图说》二十三，《四库全书存目丛书》史部第255册，第427页。

④ （明）蔡汝贤：《东夷图说》二十七，《四库全书存目丛书》史部第255册，第429页。

是有中国原生宗教文化取向的蔡汝贤根据自身对于天竺（印度）的好感，以“天竺”来澳人士的概况书写天主教在澳门的布道，从而避免了明朝当局与葡萄牙之间发生面对面冲突。布政使虽然是明朝的官方代表，但管待各国的方式对于地方秩序运作也会产生非常大的影响。对于这一点，蔡汝贤必然清楚孰轻孰重，在叙述“濠镜”贸易区域概况之时也更为谨慎。因此，以印度西海岸天主教徒为载体的“天竺”，成为缓和明朝与葡萄牙之间敌对的一个中间纽带。

事实上葡萄牙完全确立在澳门的殖民式统治已经是19世纪后期的事情——1887年中葡双方签订《中葡和好通商条约》。在此之前中国明清两代在官方层面还是有对于澳门的管理的。19世纪，澳门出现若干南亚裔的家族，这些家族囊括天主教、伊斯兰教和琐罗亚斯德教等信仰，后两者以古吉拉特移民为主（从墓碑上有古吉拉特铭文可知）。① 由此可见，“天竺僧”的活动可以从侧面反映南亚裔移民在澳门的活动，对于跨区域族群研究会有非常大的促进作用。

由此可见，《东夷图说》不仅仅是明后期直面欧洲人以及相应海外交通的汉文文献，它在很多方面呈现出的细节，无论是对了解当时的中外交流，还是了解相应的时事概况，可以说是具有非常重要的促进作用。从关注欧洲人在华到关注各路海外交通信息在华，这种学术研究扩展笔者认为是很有必要的。

五、结语

明后期的实际局势导致当时明朝在中外关系的作用和地位中均处于相对守势的状态，相比明前期的海外交通，尤其是郑和下西洋时期的海外交通研究，对于明后期的海外交通研究的关注者较少。

《东夷图说》的优点是非常明显的，例如蔡汝贤对时事的整理，以及对于图像的描绘、以图辅助文书等。这些优点有的促进了文本本身的可读性，有的填补了很多同时期汉文文献所欠缺的因素（例如很多存在于“碎片”的叙事细节），一些看似简短的只言片语，却反映出当时海外交通形势发生的大变革。而且《东夷图说》的不足与优势往往相互并存，这种优缺点交织更能促进研究者对于这本书本身的思考。

虽然直接引用前人文献会造成记述的混乱，但要立足于当时的阅读条件予以理解；

① 澳门本土穆斯林家族穆萨家族（Moosa家族，是“架深洋行”的经营家族）的墓碑有乌尔都语、英语、古吉拉特语三种文字，这个是笔者亲自到澳门嚤啰园大马路的回教坟场考察所知；而澳门琐罗亚斯德教公墓目前处于关闭状态，笔者无法进入进行田野考察，不过从墓园门口的古吉拉特铭文中，现实这些信仰琐罗亚斯德教、亡故于澳门的帕西人，他们的籍贯也基本在印度西北海岸的古吉拉特地区。

蔡汝贤对于异文化的态度，虽然在前文强调自己的“华夷之辨”观念，但在行文中仍能看出他的偏见与客观并存。或者说现代人所认为的“偏见”与“谬误”，某种程度上也是时代本身的局限性。

因此，以蔡汝贤《东夷图说》为明后期海外交通汉文文献叙事的一个研究切入点，无论是思考明后期的海外交通情况，还是思考同一时期汉文文献对于涉外记载的文本处理，都具有非常重要的作用。

作者简介：

刘梓琳，南京大学中国南海研究协同创新中心/历史学院元史研究室（民族与边疆研究中心）博士研究生。

熊廷弼对晚明辽东军纪的整顿

王荣湟

[提要] 由于统治者姑息纵容，晚明辽东军队腐败严重，出现了以李成梁为首的贪污集团。熊廷弼巡按辽东，两次经略辽东，都采取严急之政治理辽东，大力整顿辽东军纪，严惩贪污腐败，得到辽东军民拥护。明朝失去辽东，进而走向覆亡，根本原因是吏治败坏、民心尽失。熊廷弼对辽东军纪的整顿延缓了辽东衰颓的进程，在晚明史上有重要地位。

[关键词] 熊廷弼；辽东；明清战争；军纪；李成梁

熊廷弼，字飞百，号芝岗，湖广江夏人（今湖北武汉），是明末著名抗金将领。万历后期至天启初年，他曾巡按辽东，两次经略辽东，采取了一系列举措，整顿辽东军政，振刷辽东军纪，使辽东颓败局面大为改观。熊廷弼治理辽东，御敌方略专主于守，治辽方略突出特点是“严”。腐败横行是晚明辽东军政败坏的根源，熊廷弼从严治辽鲜明体现在他大刀阔斧的军纪整顿上。

学界在讨论熊廷弼守御辽东的军政举措时，一般都会简单提及熊廷弼对辽东军纪的整顿。① 由于熊廷弼个人著述未被充分利用，前贤对熊廷弼如何整肃辽东军纪未做系统讨论。近二十年随着古籍影印、出版事业的发展，《按辽疏稿》《辽中书牍》《熊襄愍公集》等熊廷弼个人著述已可方便利用。《熊经略疏稿书牍》全帙原藏海峡彼岸，因2011年李红权点校《熊廷弼集》的出版而得窥见全貌。本文正是利用这些熊廷弼个人著述以及其他明末清初历史文献，专门探讨熊廷弼对晚明辽东军纪的整顿，由此观照晚明辽东军政严重腐败的情状，并尝试对“明亡始于辽亡”的历史现象作解读。若有不当，敬请专家指正。

一、晚明辽东官场的贪腐之风

熊廷弼活跃的时代正值政治黑暗、吏治败坏的晚明。张居正死后，亲政的明神宗贪财怠政，内阁辅臣一改张居正严厉整顿吏治的作风，执政务为宽大，废除考成法，对官吏监督制约大为松弛，结果出现“纪纲陵迟，侵渔日恣，吏贪而民玩，将惰而兵骄”②的局面。晚明政坛如同权钱交易、权权交易的市场，“自神宗以来，黩货之风，日甚一日”③。腐败之风在官场很快蔓延开来，“下官多以广交为能，或明送于公门，或暗投于原籍；上官又多以不取为拙，或充囊橐以自肥，或括金币以为赂”④。从中央到地方的权力机构中存在形形色色的贪污集团，“以远臣为近臣府库，又合远近之臣为内阁府库，开门受赂自执政始”⑤，内阁辅臣张位、沈一贯、朱赓等人都以贪渎闻名朝野。军队的贪腐现象也很严重。军官侵吞军饷、侵占屯田、收受贿赂、占役、侵吞其他军用物资等违法乱纪行为司空见惯。⑥

---

① 主要研究成果有梁乙真：《熊廷弼评传》，东方书社，1943年，第44－45页；韩道诚：《熊廷弼之经略辽东》，孟森等：《明代的边防》，（台湾）学生书局，1968年，第137－140、144页；戴鸿义：《明末辽东杰出将领熊廷弼》，《社会科学辑刊》1989年第4期；李琳琦：《明末御边良将熊廷弼》，《军事历史》1994年第4期；江文：《熊廷弼传略》，《武汉文史资料》2004年第9期；王伟：《英雄与时代——明末守辽名将熊廷弼研究》，华南师范大学硕士学位论文，2007年，第31页；焦艳平：《熊廷弼治辽及其治辽思想述评》，云南大学硕士学位论文，2007年，第10页；喻蓉蓉：《熊廷弼与辽东经略（1569—1625）》，花木兰文化出版社，2010年，第72－76、173页，等等。

② （清）谈迁：《国榷》卷七二，万历十一年（1583）四月戊午，中华书局，1958年，第4441页。

③ （清）顾炎武撰，（清）黄汝成集释，栾保群、吕宗力校点：《日知录集释》卷一三《贵廉》，上海古籍出版社，2006年，第791页。

④ （明）钱一本：《万历邸钞》，万历十二年（1584）正月，江苏广陵古籍刻印社，1991年，第318页。

⑤ （清）张廷玉等：《明史》卷二三一《钱一本传》，中华书局，1974年，第6038页。

⑥ 参阅王春瑜主编：《中国反贪史》下卷，四川人民出版社，2007年，第931－933页。

作为九边重镇，辽东沦为官场腐败的重灾区。明代辽东疆域东起鸭绿江，西抵山海关，南至旅顺口，北达开原，大概相当于今辽宁省的大部分行政区划。明朝在辽东不设府州县，以辽东都司掌管军政事宜，下辖二十五卫；又设立安置归附少数民族的安乐、自在二州，隶属山东布政使司。由于这种军事统治特色，辽东人口绝大多数为军户，辽东土地绝大部分属于军屯。① 明代中叶，“辽东各堡官往往夤缘幸进，一官到堡，百计朘索”②，基层军事组织的腐败已屡见不鲜。现存八份明代中叶辽东都司卫所官员考核评语名册中就反映出卫所军官擅役屯军、侵占屯田、科敛军民、侵吞军资等贪腐现象。③ 在隆庆四年至万历九年（1570—1581）间的十份安乐州呈报的辽东各卫所已办未办案件情形清册中，就有大量贪官索财、伤害人命、侵吞官银、霸占官田、枉法蠹政的案件。④ 万历十年（1582）以后，辽东官场腐败更加难以遏制，“钱粮冒破，行伍空虚，民脂竭于科求，马力疲于私役”⑤。

名将李成梁长期镇守辽东，因屡立战功获封宁远伯。随着个人权势的膨胀，李成梁逐渐蔑视国法，杀良冒功、掩败为功、侵冒军饷等欺罔不法行为愈演愈烈。他一方面吞没辽东地方军政钱粮，“军赀、马价、盐课、市赏，岁干没不赀，全辽商民之利尽笼入己”，过着极端腐化的生活；另一方面，“灌输权门，结纳朝士，中外要人无不饱其重赇，为之左右”。因为有朝廷权贵作为奥援，对于李成梁不法行迹，“阁部共为蒙蔽，督抚、监司稍忤意，辄排去之，不得举其法”⑥。李成梁的子弟、部属各个身居辽东要职，“尽是婪秽之辈，非惟不知禁戢，又身先导之”⑦，因而上行下效，剥军害民相比李成梁有过之而无不及。结果，辽东形成以李成梁为头目的内外串通、结党贪污的腐败集团。⑧

---

① 杨旸：《明代辽东都司》，中州古籍出版社，1988 年，第 111－115 页。

② 《明世宗实录》卷一三三，嘉靖十年（1531）十二月辛丑，上海书店，1982 年，第 3159 页。

③ 辽宁省档案馆、辽宁省社会科学院历史研究所编：《明代辽东档案汇编》上册，辽沈书社，1985 年，第 330－364 页。

④ 辽宁省档案馆、辽宁省社会科学院历史研究所编：《明代辽东档案汇编》下册，第 1012－1028 页。

⑤ （明）侯先春：《安边二十四议疏》，陈子龙等辑：《明经世文编》卷四二八，第 6 册，中华书局，1962 年，第 4674 页。

⑥ （清）张廷玉等：《明史》卷二三八《李成梁传》，第 6190 页。

⑦ （明）侯先春：《安边二十四议疏》，陈子龙等辑：《明经世文编》卷四二八，第 6 册，第 4675 页。

⑧ 关于李成梁严重腐败、祸害辽东的详细情形，参阅和田正広：《中國官僚制の腐敗構造に関する事例研究——明清交替期の軍閥李成梁をめぐつて》，九州國際大學社會文化研究所，1995 年；肖瑶：《李成梁与晚明辽东政局研究》，吉林文史出版社，2009 年。

包庇李成梁的内阁辅臣申时行、王锡爵等人相继谢政，李成梁因失去政治靠山，于万历十九年（1591）卸任辽东总兵官。万历二十九年（1601），年已七旬的李成梁与太监高淮、辅臣沈一贯勾结，得以复出守辽。李成梁这次守辽，不但“没有在战守上有过任何实实在在的建树”①，而且欺罔不法的种种积习不改。李成梁长期在辽东培植党羽，卖官鬻爵，使辽东世职由二三千员骤增至四五千员，豢养了一批吮吸民血的蛀虫。② 李成梁兵权在握，又排斥异己，“抚、镇以下，非其亲昵，无不立被斥逐”③，俨然成了辽东王。

万历二十八年至三十六年（1600—1608），担任辽东巡抚的赵楫也和李成梁狼狈为奸，肆意侵渔辽东军政钱粮，将修堡、买马、制械、赈灾的银两胡乱花费。本来万历二十八年（1600）以前，广宁、定辽等库的各项钱粮尚有盈余，然而经过赵楫八年挥霍，到熊廷弼巡按辽东时已是“买马无银，制办火药无银，打造器械无银，协济驿递、赈济饥荒无银，以至事事无银，事事难作”④。

太监高淮于万历二十七年（1599）被派往辽东开矿征税，他认李成梁为义父，“彼此以权力互援”，在辽东搜刮民脂民膏。辽东人因有谣云：“辽人无脑，皆淮剜之；辽人无髓，皆淮吸之。实成梁代剜之，代吸之矣。”⑤ 高淮向辽东军将索取重贿，“取羸马散给军，收好马之价十倍，至于布靴、香袋、米、面诸货，无不派勒各营及民间者，追呼鞭挞，岁无宁日”⑥。万历三十六年（1608）四月，前屯卫军因为高淮“散马催价，索骑操马，拷打号头”⑦ 而发生兵变；同年六月，锦州军户因为高淮“索贿”⑧，杀死高淮徒党，高淮狼狈逃入关内，并因此被明神宗撤回。高淮及其爪牙实质是明神宗派驻辽东盘剥军民的又一贪腐集团，它与李成梁集团沆瀣一气，给晚明辽东官场生态造成恶劣影响。兵科都给事中宋一韩就明说高淮、李成梁、赵楫是危险程度超过建州女真的辽东三大祸害。

---

① 参阅孙文良：《论明末辽东总兵李成梁》，《满族崛起与明清兴亡》，辽宁大学出版社，1992 年，第 165 页。

② （明）熊廷弼撰，李红权点校：《熊廷弼集》卷一七《前经略书牍第一·答周毓阳中丞》，学苑出版社，2011 年，第 840－841 页。

③ 《明神宗实录》卷三六五，万历二十九年（1601）十一月辛丑，上海书店，1982 年，第 6822 页。

④ （明）熊廷弼：《按辽疏稿》卷四《旧抚镇侵没边储疏》，《续修四库全书》第 491 册，第 627 页。

⑤ （明）宋一韩：《直陈辽左受病之原疏》，陈子龙等辑：《明经世文编》卷四六七，第 6 册，第 5131 页。

⑥ （明）方孔炤：《全边略记》卷一〇，《续修四库全书》第 738 册，第 559－560 页。

⑦ 《明神宗实录》卷四四五，万历三十六年（1608）四月乙酉，第 8454 页。

⑧ （清）谷应泰：《明史纪事本末》卷六五《矿税之弊》，中华书局，1977 年，第 1021 页。

正因为有这帮贪官污吏长期存在，晚明辽东片隅之地完全是一个贪污世界，即便是负有监察之责的巡按御史也被贪腐化：

抚、镇、道、府以下既打成一片，巡方使者复相与猫鼠，书承、门舍皆虎翼而飞食人。如掌稿辛学事，康丕扬、萧淳两直指，家遽数万金者。凡巡有巡规，代阅加阅规，每到一路，两规备送已不下数百金。又撤卖羸马数十匹，本值三五金，属其将取战马二十金直，以及潞紬、屯绢、香扇、帕囊之类，皆倍取无算，皆出自军人月粮。①

监察官员肩负着举劾不法、反腐倡廉的重大使命。晚明行使监察权的机构主要是六科给事中、十三道监察御史以及各省按察司、巡按御史。李成梁“凡抚、按出都，必预有以结之”②，“督抚部科率甘其重贿，无敢言者”③，既有的监察机制由此失灵，导致辽东出现“文贪不察将，武贪不恤士，以此军馁将懦，而庙堂复贵贿，以文墨边吏”④的严重局面。军政系统存在集团性腐败且难以查办遏制是熊廷弼整顿辽东军纪所面临的严峻形势。

二、巡按辽东时期熊廷弼对军纪的整顿

熊廷弼受命治理辽东的契机是万历三十六年的辽东“弃地案”。原来，万历二年（1574），辽东巡抚张学颜、辽东总兵官李成梁为加强对东疆的控制，将孤山、险山等堡移建于靠近建州女真腹地的边外冲要之地，筑成宽奠等六堡。⑤ 六堡新疆广袤八百余里，“建夷不敢西牧，而东偏敉宁，以此新疆为之限也”⑥。然而万历三十三年（1605），李成梁为避努尔哈赤锋芒，“将鸦鹘关外、鸭绿以西、宽奠以东、张其哈喇佃子等处地数百里掷之建人”⑦，并将当地居民六万余人驱赶回原籍。李成梁与辽东巡抚赵楫更美其

---

① （明）熊廷弼：《熊襄愍公集》卷八《性气先生传》，嘉庆十八年（1813）刻本，第9页。

② （清）谈迁：《国榷》卷八三，万历四十六年（1618）五月庚寅，第5118页。

③ （明）黄景昉撰，陈士楷、熊德基点校：《国史唯疑》卷一〇，上海古籍出版社，2002年，第290页。

④ （明）熊廷弼：《熊襄愍公集》卷八《性气先生传》，第21页。

⑤ 参阅朱诚如：《明末辽东“弃地”案考实》，《管窥集·明清史散论》，紫禁城出版社，2001年，第27－28页；邸富生：《明代移建宽奠六堡考略》，《辽宁师范大学学报（社科版）》1994年第2期。

⑥ （明）宋一韩：《抚镇弃地啖虏请查勘以正欺君负国之罪疏》，陈子龙等辑：《明经世文编》卷四六七，第6册，第5123页。

⑦ （明）陈继儒：《建州私志》卷上，《中国野史集成》第39册，巴蜀书社，1993年，第191页。

名为招徕避役逃民，得以论功行赏。① 万历三十六年六月，兵科都给事中宋一韩揭露李成梁、赵楫欺君罔上，割地讨好建州女真。明神宗特派时任浙江道御史的熊廷弼巡按辽东，查勘此案。

明代中后期巡按御史到地方查勘，往往不亲自巡历，而假手胥吏，胥吏伺机向有司索贿，导致举劾不公。鉴于“弃地案”事关封疆，熊廷弼亲自到抚顺、张其哈喇佃子、镇江等地勘察疆界，历时三阅月，进一步确定李成梁、赵楫割让鸦鹘关一带、张其哈喇佃子、横江一带予建州女真的事实，因而上疏弹劾二人弃地媚敌、驱逐边民、欺君负国等八可斩之罪。② 熊廷弼认真查勘，“按核本末，人人服其精断”，然而李成梁、赵楫“故通神倚奥”，熊廷弼勘疏“竟中格不报”，③ 反倒是李成梁辩疏得以下发。万历三十七年（1609）十月，熊廷弼又疏请将勘疏交付廷议，以正国法。然而“帝素眷成梁”④，“弃地案”终不了了之。

李成梁、赵楫贪赃枉法等不法罪行并未被查纠重惩，“弃地案”风波仅使他们受到解任听勘的薄惩，这是对朝廷法纪的公然践踏，无怪乎熊廷弼对明神宗徇私包庇愤愤不平。熊廷弼认为辽东军纪荡然就是因为李成梁贪污集团的长期存在。李成梁先后镇守辽东三十余年，辽东所用将官都出其门下，“虽有智勇，而苟非其门下与私昵，不用也”。“各弁舍此一门，别无进身之路，而舍行贿一法，别无入门之路”，不得不重金行贿李成梁。官职到手以后，将官为求补偿，不得不剥削军饷，“以此浚克成风，贪残载道”⑤。明代巡按御史属都察院派出机关，职在考察地方军政得失，纠举地方有司，到了明代中后期巡按御史实际上已取代按察司成为省级最高司法机关。⑥ 熊廷弼深知辽东军政腐败的根源，为整肃辽东军纪，他在巡按辽东期间将许多精力用于整治李成梁贪腐团伙。

熊廷弼一上任就展现出严惩贪赃枉法的决心。辽东衙役向来“以查将官过事为食邑户”⑦，熊廷弼“辄勾得其奸利者，戍配数十人”⑧，革去承差七十余人，舍人三十余人；军余、营军避役买闲者往往行贿有司成为舍人，“及是皆闻风尽数革去，营卫顿

---

① 《明神宗实录》卷四二四，万历三十四年（1606）八月癸亥，第 8014 页。

② （明）熊廷弼：《按辽疏稿》卷二《勘覆地界疏》，《续修四库全书》第 491 册，第 455－469 页。

③ （明）熊廷弼：《熊襄愍公集》卷八《性气先生传》，第 11 页。

④ （清）张廷玉等：《明史》卷二三八《李成梁传》，第 6191 页。

⑤ （明）熊廷弼：《按辽疏稿》卷一《纠劾将领疏》，《续修四库全书》第 491 册，第 441 页。

⑥ 参阅方志远：《明代国家权力结构及运行机制》，科学出版社，2008 年，第 295－301 页。

⑦ （明）熊廷弼撰，李红权点校：《熊廷弼集》卷二一《前经略书牍第五·与内阁部科》，第 1067 页。

⑧ （清）查继佐：《罪惟录》列传卷一一下《熊廷弼传》，《续修四库全书》第 322 册，第 557 页。

实”。总兵向来占役营兵三千人，分四班为门下，“下班穷者扣饷，富者饷外倍他赋”，[1]熊廷弼规定仅用三百人，余者归伍。这就斩断辽东将官、军兵的一大贪腐利源。

熊廷弼又果断出手，严打李成梁贪腐团伙中的一众“苍蝇”。他抵任不久，即惩治正兵营原任参将龚念遂的科敛兵丁之罪，立追赃银数百两，还给兵丁。当他路过镇武堡，因军士遮道控告该管将官剥削之罪，立即责令该将领、千总、把总等归还赃银数百两予军士。熊廷弼打击腐败，雷厉风行，贪将闻风丧胆，“一时人心警惮，望风解绶”。右屯营游击李继武、镇武堡游击李如梧是李成梁家僮子侄，相继以病乞归，熊廷弼姑准放归。“其他幡然改过自新者”，熊廷弼“亦嘉与更始，以观其后”。[2] 熊廷弼“三令五申，人知敛戢”，“窃意夙弊可幸一新”，[3] 但仍有一些军将贪婪成性，恣意弗顾。

镇静堡守备郭济川出自李成梁门下，贿赂李成梁升任正安堡游击。郭济川贪腐罪案主要有：认案子军十名、占毡皮军二十名、月粮军十五名，每年收银二百八十两；军饷扣常例六分，每岁克扣五百余两；擅役军丁四十余名，为其修工，不赴营伍；虚报马市报箭之数，冒领抚夷钱粮；将抚夷官牛三百头，以小牛抵换大牛，获利三百两；指送总兵贽礼，科敛六堡军民银五百七十余两。

吴希汉与李成梁有姻亲关系，因李成梁免究杨衵寨失事，反升辽阳副将。吴希汉克扣前哨兵军饷三百两；科敛所属四十四堡向导、拨夜钱二百四十余两；以各种名目向有资产士兵勒索钱财；差旗牌向屯民勒索每名家小银十两，得银三百余两；要索各墩台台军每军银一两，得银二百余两；认柴木军十五名、炭价军十名、烧炭军十名，得钱六百余两；擅役堡军采木，调屯民运木，致死牛八十余只；生辰节庆向各级军官索贿，计三百余两。

吴世爵本是赵楫门子，与赵楫之子关系密切，得任复州参将。他犯下十二件贪腐罪案，主要有：将人参高价压散屯民，得钱六百余两；放屯民出边刨参，每人索银一两五钱；撒价二十两向屯民买粮，岁得百余金；收受佟志祥、高诺、安三贿赂，使免于词讼；还有多次逼迫屯民押买海味、羊毛赶袜、雕翎的案例。

此外，济河守备周大歧侵吞兵丁月饷、擅役操军屯种和打猎、向军民要索钱财。清河守备郭巍然屡次压散屯民和军丁指买官物、向军民索贿，为部下所控告。

这些贪将多属李成梁一系的贪腐团伙，他们侵克军饷，偷税漏税，擅役营军、屯民，科敛军民，案情虽有差别，贪腐行为却很相似，表明这是辽东军事管理体制出现漏洞而滋生的腐败行为。郭济川、吴世爵、郭巍然等人还和高淮勾结，充当高淮在辽东巧取豪夺的帮凶，影响恶劣。先前，熊廷弼与张烨等人联合上疏请求罢蠲辽东矿税，斩断辽东将官与税监的经济政治联系。此时熊廷弼上疏纠劾诸贪将，请予革任治罪。案情严

---

① （明）熊廷弼：《熊襄愍公集》卷八《性气先生传》，第 9 页。

② （明）熊廷弼：《按辽疏稿》卷一《纠劾将领疏》，《续修四库全书》第 491 册，第 441 页。

③ （明）熊廷弼：《按辽疏稿》卷一《纠劾将领疏》，《续修四库全书》第 491 册，第 446 页。

重的郭济川更被处谪戍。李成梁贪腐团伙认为李成梁在京可作奥援，“第醵金钱如前番故事”①，贪腐、冒功诸事便可免于被纠。熊廷弼特地去信李成梁，劝诫其以身家为念，勿充当诸贪将的保护伞。

熊廷弼对体制内部滋生的各种贪污手法看得非常清楚，他说：

> 辽左军伍不振，皆缘将领借摊派官帐为名，或税监勒索，或地方馈遗，或衙门打点，或游客秋风，书承撒放，诸如此类，指一科十，剥削攘夺，无所不至。自臣按辽以来，荷蒙皇上撤使停税，营伍幸免苦厄，而臣又严禁一切馈遗、打点、秋风、撒放等弊。但系官帐名色除革已尽，自谓弊绝风清。②

熊廷弼严禁辽东军将的各种贪腐弊习，且不留情面地加以严惩，“凡有贪懦欺隐者，必置以重法不贷”③。在熊廷弼看来，辽东长期以来有两大故套，分别是剥削和畏避，“父以教子，兄以教弟，无非是套，牢不可破”。熊廷弼认为不打破故套，辽将贪腐终无改时，军伍无从得振；而要打破故套，不能只夺去一官而其人富贵尤在，或问罚一罪而其人明年复用，“惟有尽法处治，剥削者罄没其货产，畏避者必正以军法，而皆革除祖职，不使袭替，庶几辽将心痛，贪者肯廉，怯者肯死”。④ 即加强打击贪污的力度，增大贪污的犯罪成本，这才能达到使贪将畏法知痛而不敢贪污的目的。

熊廷弼反复告诫辽东诸将力改贪腐、怯懦、欺隐三种弊习。他跟诸将说：“汝勿贪，但以一官交我。我酌汝年劳才勇，不时咨部升汝。汝白手得官，不受气，且得行法于军，为战守具，比贪所得孰多!”熊廷弼也以实际行动来证明，“由是诸将升转不费一钱，皆感泣，不敢贪”。⑤ 熊廷弼以“廉”“勇”劝勉诸将，他知道诸将文化水平较低，苦口婆心地说：“廉是不取军钱，勇是不怕达子”，他“凡公移私札，途遇庭见，孜孜汲汲，无非以‘廉’‘勇’二字相劝勉”。为了让诸将明晓军律，熊廷弼“特撮律例数条极切今日情弊与罪名者，书刻木屏，置于各署大门之右”，让诸将观看，“知犯法者之不宥，各加警惕，以审趋避”。熊廷弼也让军士共看律例，“亦晓然知科敛、役占等项之非法，而吾不可以甘受其剥削；退缩等项之非法，而吾不可不勇奋”。⑥

---

① （明）熊廷弼：《辽中书牍》卷二《与李宁远》，《四库禁毁书丛刊》集部第122册，第711页。

② （明）熊廷弼：《按辽疏稿》卷三《亟处贪将疏》，《续修四库全书》第491册，第558页。

③ （明）熊廷弼：《熊襄愍公集》卷八《性气先生传》，第15页。

④ （明）熊廷弼：《按辽疏稿》卷三《亟处贪将疏》，《续修四库全书》第491册，第561页。

⑤ （明）熊廷弼：《熊襄愍公集》卷八《性气先生传》，第15页。

⑥ （明）熊廷弼：《辽中书牍》卷一《约诸将》，《四库禁毁书丛刊》集部第122册，第669-670页。

熊廷弼将教化和严惩两种手段相结合，整顿辽东军纪，使辽东官场贪污之风得到了有效遏制。然而不久后又发生了李泽案和万爱民案。

宽奠参将李泽巧于剥削军民，以满足饕餮之欲。他散买屯民人参四百斤，押逼住民出境刨参；私自差军士赍银货五百两前往朝鲜押买人参；包揽盐粮，差人将银布三百四十两押买军民靳保等黄豆三千四百石；侵没定辽前库马价银八百两；侵扣本营及大奠、永奠两堡春季军饷一千一百余两，侵扣本营夏季军饷六十五两；散放军丁矮小马匹、屯绢、米面肉菜鸡鹅、䌷段、貂皮袄、羊皮袄、毛袜、丝䌷等物货，要索银钱。① 军民等向熊廷弼控告李泽贪劣之罪，熊廷弼疏请将李泽革任，按罪如律。李泽最终畏罪自杀。

管自在州事同知万爱民贪酷异常，政以贿成。他奉旨查勘朝鲜国王立储一案，收受朝鲜官员贿赂数千两，绵䌷、夏布、人参等满载而归；为辽东卫所军官晋升、办事提供方便，收受贿赂大小数十笔；执掌刑狱，以赂断案，为经历薛柽、李孔文、佟养德、朱继文、监生陈实、罗文元、张德惠等人脱罪，甚至受经历冯之诚贿而打死原告左文，受承差巴应登贿而打死原告佟尚见，受监生李孔章贿而打死屯民戴景柏等五人。万爱民之所以无法无天是因为辽东文职官员仅有通判、知州五六员，“人少权重，将领贤否、边情生死皆出其手，即卫经历亦操此权，妄作声势”，因此“贿赂公行，习成风俗，草菅人命，全不为意”。熊廷弼严惩武将贪污，也禁绝文官贪赃，以法省诸文官，“诸吏凛凛，庶几辽风一变”。② 万爱民明知故犯，违犯职官索贿、问刑故意出入人命并致死人命的刑律，依律应或死或戍。熊廷弼疏请将万爱民等人提问重处，以为贪吏之戒。

随着调查的深入，熊廷弼将矛头对准李成梁集团的重要成员赵楫和郝大猷。

辽东巡抚赵楫与李成梁相党比，凡任用将领都要关白李成梁，“倘非其意所欲用，逐之若奴隶耳”③，而且与李成梁一道侵渔边储。熊廷弼调查辽东历年年例银和马价银时发现，万历三十年至三十五年（1602—1607）广宁分巡道的买马数量和马价银数量存在虚冒作假的现象，这是赵楫等人以抚赏为名侵吞马价银的缘故：“买货物而每万必扣二千”，“给马户而称兑必除秤头”，“委官因而效尤，复从中克减”，马户“亦就里侵渔”。④ 结果导致所买马匹老弱无用，政府复用公款买补，使得营伍空虚、公帑虚耗。万历三十八年（1610），熊廷弼调查辽东边储又发现，赵楫在任期间侵用马驹银、边夫

---

① （明）熊廷弼：《按辽疏稿》卷三《亟处贪将疏》，《续修四库全书》第 491 册，第 558–561 页。

② （明）熊廷弼：《按辽疏稿》卷四《劾自在州疏》，《续修四库全书》第 491 册，第 603 页。

③ （明）宋一韩：《直陈辽左受病之原疏》，陈子龙等辑：《明经世文编》卷四六七，第 6 册，第 5131 页。

④ （明）熊廷弼：《按辽疏稿》卷一《查参马价疏》，《续修四库全书》第 491 册，第 415–420 页。

银、胖袄银、预发赏恤银、市马子银，盐课与渔课、高丽市抽分商税，屯田、柴草、小车、牛价、公田、粮石、木价，变卖船袋银、店房租地基银、铁斤折价银、倾化器皿银、寄收船户银等名目的正项钱粮四万四千余两，又侵用赃赎银一万六千余两；李成梁以操赏名义侵吞市马子银七千六百余两。① 熊廷弼上疏请求按照侵没边储的律例严惩李成梁、赵楫，并勒限追回二人所侵冒的赃银。然而由于李成梁、赵楫行贿权贵作为奥援，熊廷弼的努力功亏一篑。

广宁分巡道按察使郝大猷与赵楫同驻广宁，分管兵马、钱粮，为李成梁、赵楫贪腐提供方便。他虚捏假账，以便赵楫侵吞马价银；将钦发赏功、胖袄、边夫、马驹等银数万两巧立名目，供赵楫使用；岁奉数万金换取李成梁所收老弱马匹，导致马价虚耗；将抚赏银骤增至三万余金，使得子银穷竭；差官往苏州、杭州买货，从中克削，使得马市物货粗滥不堪；又作为李成梁、赵楫的代言人，向谋求升迁的军将索取贿赂，“馈送少不周者参处立至，而宠赂彰矣”；“自署户部，得羡数千金，又岁得未登赎银千余金，而操守坏矣”。② 熊廷弼屡次参劾郝大猷，请严加惩处，以儆效尤。

熊廷弼巡按辽东两年，先后参劾、革职贪将和懦将就有十八员，这种整肃军纪的力度在当时全国的巡按御史中是罕见的。万历三十八年适值边镇将官五年应考之期，熊廷弼将考核重点放在惩治贪懦上，又查处宽奠参将傅元勋、杏山备御刘思尧二员贪将。傅元勋的弊案凡二十一宗，主要包括：任官宁前时每遇领饷，照月先扣二十两，后以抚赏为名又扣一二钱不等；偷漏木市、马市商税银；调屯车取木，以抚赏为名吞没税银；向军士索要马市马匹官价之外三五两不等；撒放军丁弓弦、人参、蓟谷、私马等物，科敛钱财；指倚将官撒放私债，每年科银五百两。刘思尧的罪案有二十款，主要有：克扣军饷，每领到军饷，索扣常例二十两，一年扣一百六十两；家丁军仅三十名，虚冒五十名；占役军士从事捕鱼、耕种、收割田禾、打猎、杀猪、盖房、制皮、造靴等经济活动，而不归伍操练；包纳月粮军三十名，每月认银四钱；押买军士粮票，押买住民蓟秫；指称高游击新任向军士科收见面礼。③ 往年辽东军政考察，循例应参劾三人，这次军政考察熊廷弼仅参劾、革职二人，依旧让人有惩治“过严”之感，但不得不说这是将官收敛不敢贪污的结果。

万历三十九年（1611）二月，又发生守驿百户刘汉鼎私役台军出境采榛、冒破钱粮案，中左所游击马时楠索取营军年礼银、买补马匹验过银、月粮常规银、新军见面钱一

① （明）熊廷弼：《按辽疏稿》卷四《旧抚镇侵没边储疏》，《续修四库全书》第491册，第622－625页。

② （明）熊廷弼：《按辽疏稿》卷四《阅视疏》，《续修四库全书》第491册，第588页。

③ （明）熊廷弼：《按辽疏稿》卷五《考选军政疏》，《续修四库全书》第491册，第681－685页。

案。熊廷弼调查发现，马时楠本来是贩卖羊皮的商人，输赀得千总中军，夤缘两位职方司官得擢备御、游击，官一到手便百计剥削军兵取偿，士兵月粮被侵夺大半，任游击半年贪赃已近六百两。熊廷弼感慨数十年来辽东将官世职“为四方游徒骗去者，不啻百数”，不能尽怪这帮奸商游徒，“士大夫实为之道地”。他与辽东巡抚杨镐会稿，请将马时楠、刘汉鼎二人革职重处，“以为贪赎钻刺者之戒”。①

熊廷弼整肃辽东军纪，“自以摘发无遗，辽弁风习庶几一变”②，确实起到了较好的震慑效果。辽东文职人员自万爱民案以后，“各官益凛凛，奉职唯谨，实无可备劾者”③；武职人员的贪腐也大为减少，“一时文武凛凛，大法小廉”④。《明史》充分肯定熊廷弼按辽四年的成绩：“在辽数年，杜馈遗，核军实，按劾将吏，不事姑息，风纪大振。”⑤

万历三十九年六月，熊廷弼奉命改任南直隶提督学政。⑥ 他卸任入关，“衣箱一、书箱一、床箱一，清风载道”⑦，展现出一位清官的高风亮节。

三、经略辽东时期熊廷弼对军纪的整顿

熊廷弼按辽期间就预料建州女真尾大不掉，其势终将叛明。十年后，努尔哈赤发兵偷袭抚顺，明军招致萨尔浒惨败，后金成为辽东切肤之患，这一切验证了熊廷弼的先见之明。在三路丧师、辽东势危之际，熊廷弼奉命经略辽东。辽东经略是明朝在辽东前线临时增设的文臣统帅，主要负责辽东战守事宜。⑧ 随着明金战争的推进，辽东经略演变为常设的地方军政长官。与总督、巡抚类似，辽东经略也有考察属吏之职，可会同辽东巡抚、辽东巡按御史考察都司卫所官员。

熊廷弼按辽四年严惩贪将，“参处若辈无遗，颇见清肃”，然而他一离职，“此风又

---

① （明）熊廷弼：《按辽疏稿》卷六《营驿穷军受害疏》，《续修四库全书》第491册，第695页。

② （明）熊廷弼：《按辽疏稿》卷六《营驿穷军受害疏》，《续修四库全书》第491册，第693页。

③ （明）熊廷弼：《按辽疏稿》卷六《举有司疏》，《续修四库全书》第491册，第730页。

④ （明）熊廷弼：《熊襄愍公集》卷八《性气先生传》，第15页。

⑤ （清）张廷玉等：《明史》卷二五九《熊廷弼传》，第6692页。

⑥ 《明神宗实录》卷四八四，万历三十九年六月辛卯，第9128页。

⑦ （明）熊廷弼：《熊襄愍公集》卷八《性气先生传》，第16－17页。

⑧ 参阅邱业超：《明代辽东经略制度研究》，台湾“中央大学”硕士学位论文，2006年，第2－3页。

炽矣”。① 熊廷弼在上疏中说：“辽左之坏全由将官之贪。将官贪，则畏军不敢操练，而营伍坏；营伍坏，则胆怯不敢对敌，而生灵坏。年来屠城俘众、丧师辱国皆缘于此。”②在他看来，军纪腐败是辽东明军军政败坏，以致屡败于后金军的根本原因。所以，熊廷弼经略辽东，依旧以铁腕手段整顿军纪。

熊廷弼注意到当时辽东官场的腐败具有难以断除的顽固性：

> 不断武官贪，则军馁不扬，将懦不振；不断文官贪，则督、抚、院、道套例相寻，武官效尤，而贪不得断；不谢长安交际，则武官倚墙壁，文官倚情面，而贪不得断；不誓神，则文武之禀承不信，长安之想望不杜，而贪不得断。③

为彻底打击腐败，熊廷弼采取在神明面前立誓反腐的方式，以身作则。万历四十七年（1619）七月初一日，熊廷弼赴任前夕，在北京城某关圣庙关帝圣君神像前发誓：“自出关以后，不但持辽东一文钱一寸丝送回原籍者显戮其身，余殃及其子孙，即以一文一丝内入长安、外通省直者，罚亦如之。”④ 并且将誓言立碑于关圣庙外，向辽东将官宣示决心。熊廷弼这一举动起到良好的示范效应，“一时镇、道以下奉行惟谨，督、抚诸老亦莫有以一蔬相遗者”⑤。

万历四十七年八月，熊廷弼抵达辽阳，执掌辽东军务。为提振士气、重振军纪，加强辽东防御，熊廷弼严惩贪将、逃将。一些贪将怙恶不悛，以身试法。标下左翼营游击陈伦平日吃喝嫖赌，不理军务，熊廷弼加以晓谕，他表面谢罪请求改过自新，背地里依旧贪淫无耻。熊廷弼在娼妇之家将其逮获，并翻查其寓所，发现有赃银三千一百四十两。这些银锭印有“溧水县解”字样，“一一皆军饷也”。据相关人等招供，陈伦尚有三千两寄放在山海关吴参将处，又曾遣人带银一千五百两回去原籍。这些赃银都是陈伦剥军所得，“每月逃故空粮三百余分，该扣银四百余两。银有七哨，遇领银月，每哨取下程银一锭，连空粮共十五锭，每月送进以为常”。⑥ 明律规定侵盗沿边钱粮至二百两者要论斩，熊廷弼受赐尚方剑，有先斩后奏之权，因此果断斩杀陈伦，以儆效尤。辽东

---

① （明）熊廷弼：《熊襄愍公集》卷一〇《诗钞·告夷齐二先生》，第 22 页。

② （明）熊廷弼撰，李红权点校：《熊廷弼集》卷七《前经略奏疏第一·斩贪将疏》，第 363 页。

③ （明）熊廷弼：《熊襄愍公集》卷一〇《诗钞·告夷齐二先生》，第 22 页。

④ （明）熊廷弼撰，李红权点校：《熊廷弼集》卷一四《揭帖·发抄祭关圣文》，第 696 页。

⑤ （明）熊廷弼：《熊襄愍公集》卷一〇《诗钞·告夷齐二先生》，第 22 页。

⑥ （明）熊廷弼撰，李红权点校：《熊廷弼集》卷七《前经略奏疏第一·斩贪将疏》，第 364 页。

军将平日包娼娶妾，盗饷剥军，长期被姑息纵容，致国法军律不得行，熊廷弼斩杀陈伦对他们造成有力震慑，“于是诸将股慄，军法乃益振”①。

这次经略辽东期间，熊廷弼还处理了两宗重要的贪腐案件。广宁管粮通判王茂材倚快手何九官、指挥陈一元为心腹，大肆贪污。首先，王茂材利用管粮职便侵吞军资。他三年侵扣抚赏官银二千余两，勒索马市卖货军官，两年克扣新兵安家银六千余两，朝廷发给阵亡将士的孝布银也被吞没。其次，王茂材运用手中权力无耻地向辽东军官索贿。他要求每员被委用的中军、千总、把总等军官献纳谢礼四五十两不等，每逢节日生辰又向各官收受馈赠，克扣正安等堡军草价银，要求各堡官进献人参、貂皮。最后，因广宁道厅官缺，王茂材兼理刑狱，“以鞫狱为网利之媒”，“以送访为营私之窦”，导致是非颠倒。“蒋弘谟被贼诬扳，而索银一百二十两；董治蒙恤刑批查，而索银三百两；若指挥郝启元，因索钱不遂，且杖毙狱底矣。”唐邦宁、唐尧仁得罪行贿王茂材而得到豁免；守驿王奉正因无法凑足钱财被逼悬梁自尽；生员黄廷梅与指挥戴云龙有争端，王茂材受戴云龙之贿将黄廷梅问徒，并罚草千束；管库官李盛材令其子冒广宁籍入学，王茂材却不闻不问。王茂材的所作所为引起军民怨愤，“若军若民争欲食肉而寝皮”。② 熊廷弼得到辽东巡抚周永春汇报，会稿请将王茂材革职为民。

万历四十八年（1620）六月，熊廷弼巡历辽东各边，来到镇江，查知镇江游击戴光裕有暴懦贪淫种种恶迹。熊廷弼委任监军道邢慎言查访，发现戴光裕确实存在侵冒军饷、诈骗民财、勒索朝鲜朝贡使臣等严重不法行为。戴光裕历年克扣军饷八百两，侵扣阵亡将士抚恤银二百两，虚冒军伍六十五名的军饷。戴光裕又科敛军民钱财。他向霸古镇长二堡养廉八排、佃户裴四等每排索银三十两；向卖鱼百姓高大志、熊胖子等索银二百两，扣买官牛银一百两；放出兵丁曲承恩、姜国松等私出境外刨参，索银三百两、干参五十斤；科敛堡民蔡朝臣等人、行户冯槐等人银两、细缎。戴光裕还向门下书班索贿。答应官马世勋等五十名、旗牌胡承恩等二十名、掾房金虎等五十名，都被戴光裕勒索钱财。戴光裕还抄掠屯民赵承功家产，焚毁其居室，甚至先后四次向途经镇江的朝鲜贡使索银千两。③ 鉴于戴光裕的贪腐行为皆有人证物证，已激起中外义愤，所以熊廷弼将戴光裕以及相关人等逮捕收监。巡按御史陈王庭勘问追赃，与熊廷弼、周永春会稿，将其革任治罪。

除了王茂材、戴光裕，熊廷弼对于“其中军、千、把总不验喂、不操练，及印屯官

---

① （明）熊廷弼：《熊襄愍公集》卷八《性气先生传》，第21页。

② （明）熊廷弼撰，李红权点校：《熊廷弼集》卷一二《前经略会稿·纠劾府佐疏》，第570－571页。

③ （明）熊廷弼撰，李红权点校：《熊廷弼集》卷一二《前经略会稿·纠劾将领疏》，第574－576页。

之侵欺、科索、玩法、害人者，不时处治，亦自法所不废”。将士赌博要受枷责，兵将叛逃与劫掠境内“则必杀不宥”。① 熊廷弼“号令严肃”，辽东将士“多畏而服之”。②

熊廷弼“治贪懦实严”，但他与将士相处又“去套数而存真率，披肝胆而略形骸”。将官以下原无侍坐之例，熊廷弼却破例与将士同起居共饮食，“至亲为割鲜酌醴，以相慰劳”，“以此文武将吏无不忘其急，忘其严，忘其颠倒嫚骂，而私相叹，谓可与从游、共功名者莫臣（引者注：指熊廷弼）若也”，双方结成杀敌报国的同盟。③ 熊廷弼这一宽严相济的策略实现了将帅齐心。

熊廷弼指出，辽东向来文官骄恣、武官贪懦，居下位者懒傲，居上位者纵恂，全是被所谓“宽政”所害，掌权者不做事、不执法、不惩下便会得到宽大仁慈之名，所以相率包庇贪懦之辈，以维护小团体的私利；如果有人不事姑息，则“从而忌之诋之，弄手足以挑之，布蜚语以败之”④。当时后金对辽东虎视眈眈，熊廷弼为固边守辽，不得不行严急之政驾驭辽东军民，严惩贪婪、怯懦、欺隐之将。熊廷弼的做法对这些人构成威胁，引起他们不满，史载：“边臣多务姑息，军令久不行。廷弼按军法，斩决不少贷，遂多流谤。”⑤ 这些对熊廷弼治辽太严的怨言甚至传到朝堂，如熊廷弼所说：

> 即地方官弗谅臣为急公，而瞋其太过；弗谅臣为执法，而怨其无情。因而觖望，动成牴牾者，而臣不顾也；即因而另立议论，如斩将而谓某可惜，诛逃而谓兵非逃，引水而谓淹辽城，堆冰而谓军淹死之类，以沮惑众心，而臣不顾也；即因而对面弗言而私禀各院，地方弗言而布散长安，以必伸己彰臣谬，而臣亦弗顾也。⑥

有人还质疑熊廷弼刚愎自用，不能采纳道臣和将官建议，说熊廷弼“性气不好”，谩骂部属。这些人还和与熊廷弼不睦的科道官勾结，往京师散布流言，借以排挤熊廷

① （明）熊廷弼撰，李红权点校：《熊廷弼集》卷一〇《前经略奏疏第四·病臣罪深孽重疏》，第 508 页。

② （清）佚名：《明史纪事本末补遗》卷二《熊王功罪》，（清）谷应泰：《明史纪事本末》附录，第 1422 页。

③ （明）熊廷弼撰，李红权点校：《熊廷弼集》卷九《前经略奏疏第三·辽左将帅同盟疏》，第 432 页。

④ （明）熊廷弼撰，李红权点校：《熊廷弼集》卷八《前经略奏疏第二·严急招尤疏》，第 409 页。

⑤ （清）彭孙贻：《山中闻见录》卷二《建州》，潘喆、李鸿彬、孙方明：《清入关前史料选辑》第三辑，中国人民大学出版社，1991 年，第 20 页。

⑥ （明）熊廷弼撰，李红权点校：《熊廷弼集》卷八《前经略奏疏第二·严急招尤疏》，第 410 页。

弼。吏科给事中姚宗文阅视辽东士马，与熊廷弼意见不合。往例“科道官临边，故尊大，督抚皆阿承，金币载道”，熊廷弼“独以小饭一桌相饷”，姚宗文谓为怠慢。姚宗文之师赞画刘国缙募兵逃亡为熊廷弼所告，好友道臣阎鸣泰因贪戾被熊廷弼逐其中军和手下用事者三十六人，同年道臣韩原善借募兵牟利被熊廷弼查诘，三人都怨恨熊廷弼，故而“与宗文合计，逐先生（引者注：指熊廷弼），图自代，谣言遍布长安”。① 姚宗文摭拾流言，弹劾熊廷弼“军马不训练，将领不布署，人心不亲附，刑威有时穷，工作无时止”②。其中“刑威有时穷”便针对熊廷弼严惩贪将、逃将的举措。

姚宗文又嗾其党羽顾慥、冯三元、张修德、魏应嘉攻击熊廷弼守辽的各种政策。熊廷弼愤而上疏相争，且请求罢黜。明廷允许熊廷弼离职，并派兵科给事中朱童蒙往勘熊廷弼功罪。朱童蒙勘得原委，备陈熊廷弼之功，并解释熊廷弼之所以遭谗是因为他的严急之政得罪了辽人、辽将：

> 廷弼性甚急切，而辽人素习怠缓。性不急则工不完，工不完则无可恃以守。况又非常之原，黎民骇焉。凡借砖于邻居，采木于园林，移石于坟墓，似乎争民施夺。其甚者督工修筑，刻期责报。乡绅青衿，役无割免。又捆打各弁，斥逐诸臣，能无腾谤声乎？所以流言载道，形容过实，诸言官得之风闻，胪传以入告，而陈予君父也。③

显然，熊廷弼第一次经略辽东，之所以中道被免，主要是他为加强辽东防御而推行的严急之政，尤其是严厉整肃军纪，侵犯了一些贪官污吏的既得利益，因而遭到忌恨。他们散布流言，向朝廷权贵投诉，导致熊廷弼蒙受舆论对他严急治辽的批评。熊廷弼本人又“性刚负气，好谩骂，不为人下，物情以故不甚附”④；他操守廉洁，“岁时绝无一介赂遗当路，以此失权贵心”⑤。没有良好的人际关系，缺乏掌权者的有力支持，熊廷弼对辽东军纪的整顿在这样的政治环境下最终归于失败，他也因政敌攻击而被迫离开辽东。泰昌元年（1620）十一月初四日，熊廷弼离任在京，特地派其子还誓关圣庙关帝圣君：

> 今在辽一年有三月，不但未以一文一丝回原籍，即自用一巾一绳之类，皆原带盘缠银置买。不但未以一文一丝通长安、省直，即一二门生来谒者，亦出盘缠银赠

---

① （明）熊廷弼：《熊襄愍公集》卷八《性气先生传》，第 25 页。
② （清）张廷玉等：《明史》卷二五九《熊廷弼传》，第 6693－6694 页。
③ （明）沈国元：《两朝从信录》卷六，《续修四库全书》第 356 册，第 164－165 页。
④ （清）张廷玉等：《明史》卷二五九《熊廷弼传》，第 6693 页。
⑤ （清）文秉：《先拨志始》卷上，《续修四库全书》第 437 册，第 607 页。

送。此东西辽人、四外官军所共知共见者，庶无负于尊神之誓矣。立誓而出，还誓而归，而陷于禁门，谨遣男生员熊垂珪恭代弼告践此盟约，苟动公费各项一文一丝不如前言者，父子在途，惟尊神之所谴之。尚飨。①

熊廷弼在辽东的军纪整顿能够取得立竿见影的成效，和他本人廉洁奉公、以身作则是有关的，所以才会得到大多数辽东军民的敬服。熊廷弼从严治辽、严肃军纪的相关措施也有利于巩固辽东防御，符合辽东军民的根本利益，先前逃散的辽东商贾、军民得以返乡安居，又免于将官的剥削残害。所以当朱童蒙奉命来辽阳查勘，“官民士庶，垂泣而思，遮道而代之鸣，谓数万生灵皆廷弼一城之所留”②，为熊廷弼摆功诉苦。

继任辽东经略的袁应泰系“故腹里清吏，故自不能容浊”③，继续整顿军纪。他将侵渔士伍的裨将何光先斩杀，并派人核查沈阳总兵贺世贤的冒饷问题。④ 然而，由于袁应泰改变熊廷弼战略部署，“尽反其严，而以宽收人誉”⑤，尤其是收降逃荒的蒙古兵丁，导致天启元年（1621）三月沈阳、辽阳相继被后金攻陷。

熊廷弼于天启元年六月再次被起用为辽东经略，驻守山海关，节制广宁、天津、登莱三镇。由于与驻守广宁的辽东巡抚王化贞，以及负责中枢调度的兵部尚书张鹤鸣严重不和，熊廷弼并无实权，“徒拥经略虚号而已”⑥。第二次经略辽东，熊廷弼主要精力用于与王化贞、张鹤鸣等人内斗，无所建树，未能继续整顿辽东军纪。广宁前线兵将也无战心，“日偷一日，百方冒金钱，逍遥河上”，兵将冒领军饷的严重现象正如督饷郎中傅国所说：“领饷至有一人一马径投部索饷者。有今日甲营明日乙营，甲乙互淆，一人而二三其营，一营而二三其名者。有既领本色于府厅，而仍领折色于饷部，匿形于两头，而多端于九尾者。多不自所由稽核，而越上饷部，覆之则巾呼语难，徇之则厄漏无当。”⑦ 当时又发生有人冒充参将祖大寿营将周士伟冒领军饷六千两的案件。辽东军政腐败已经难以根除。

---

① （明）熊廷弼撰，李红权点校：《熊廷弼集》卷一四《揭帖·发抄祭关圣文》，第 696－697 页。

② （明）沈国元：《两朝从信录》卷六，《续修四库全书》第 356 册，第 164 页。

③ （明）傅国：《辽广实录》卷下，潘喆、孙方明、李鸿彬编：《清入关前史料选辑》第一辑，中国人民大学出版社，1984 年，第 162 页。

④ （明）傅国：《辽广实录》卷下，潘喆、孙方明、李鸿彬编：《清入关前史料选辑》第一辑，第 153、162 页。

⑤ （清）李逊之：《三朝野纪》卷二，《续修四库全书》438 册，第 16 页。

⑥ （清）张廷玉等：《明史》卷二五九《熊廷弼传》，第 6699 页。

⑦ （明）傅国：《辽广实录》卷下，潘喆、孙方明、李鸿彬编：《清入关前史料选辑》第一辑，第 176 页。

四、余论

辽东军政严重腐败是晚明吏治败坏已到极点的一个缩影。以皇帝、阁部大僚为领导的执政者利欲熏心，带头贪污，导致京官、地方官人人效尤，“无官不赂遗”，“无守不盗窃”。① 晚明吏治以姑息为务，对贪官污吏的刑罚较轻，“赃吏受财五百以上，法方遣戍，其泛指赃数不可核实者，即至千万，不过罢免”②，纳赎之例也普遍推行。贪污的犯罪成本较低，自然严重影响吏治的清明。科道官、巡按御史也贪污腐化，监察机制不断被破坏直至瘫痪，导致“天下贪吏多而惩贪之法弛”③。这多方面的原因使得晚明官场彻底沦为贪污的渊薮、腐败的巢穴。统治阶级内部的一些开明人士从维护朱明王朝的稳固统治出发，力主惩贪倡廉。他们虽然未能扭转吏治败坏的全局，但起到局部或暂时改良吏治的作用。熊廷弼就是其中的杰出代表。

腐败是官僚政治的必然产物，权力是贪官污吏获取经济利益的法宝。晚明辽东军政严重腐败的一个重要原因在于兵权长期集中于李成梁一人，“剥军而钻附者显荣，恤下而自守者摈斥。卑污尾琐者，喜其顺己，而引之以为利；能勇足智者，恶其逼己，而去之以独专”④。李成梁结党贪污，行贿权贵作为靠山，收买科道官、巡按御史等监察官员，导致监察机制形同虚设，贪污腐败日甚一日。

在熊廷弼看来，当时辽东衰蔽已极，正如“风邪外侵，精神内槁，肠胃脉络皆枯竭而无余”的大病之人，他治理辽东之法“大率以休养生息为主，以捍卫保护为用”。⑤贪官污吏是敲捶辽东军民骨髓的罪魁，熊廷弼整肃辽东军纪旨在恢复辽东军民的元气。他敏锐地注意到辽东贪腐横行源于掌权者姑息宽纵这一症结，于是严惩贪污分子，绝不姑息。他勇于揭露李成梁、赵楫在“弃地案”中的罪行，对李成梁贪腐团伙予以严厉打击，坚决杜绝辽东各种贪腐弊习。经略辽东时期，熊廷弼严打贪腐的力度也没有丝毫减弱。就打击力度、持续时间以及取得成效来说，熊廷弼的辽东军纪整顿在晚明政局中是罕见的。严惩贪腐、以法绳吏是熊廷弼整顿辽东军纪的显著特点，也是成效显著的原因

---

① （清）顾炎武撰，（清）黄汝成集释，栾保群、吕宗力校点：《日知录集释》卷一三《名教》，第 767 页。

② （明）于慎行撰，吕景琳点校：《谷山笔麈》卷一〇《问刑》，中华书局，1984 年，第 113 页。

③ 《明熹宗实录》卷三，泰昌元年十一月丁亥，上海书店，1982 年，第 146 页。

④ （明）熊廷弼：《按辽疏稿》卷一《纠劾将领疏》，《续修四库全书》第 491 册，第 447 页。

⑤ （明）李化龙：《〈按辽疏稿〉序》，（明）熊廷弼：《按辽疏稿》卷首，《续修四库全书》第 491 册，第 407 页。

所在。熊廷弼在重典惩贪的同时，也注意运用教化的手段，对辽东将吏进行守法教育，以廉、勇来劝勉诸将，且注意与诸将的日常交流和情感互动，灵活运用宽严并济的驭将之术。

熊廷弼整顿辽东军纪对改善辽东官场生态、稳定辽东社会、加强辽东防御有重要贡献，在晚明史上有不可忽视的地位。当然，他的做法也不可避免地带有时代局限性。熊廷弼整顿辽东军纪主要依靠个人的强势反腐，制造出军将不敢贪腐的高压氛围，但未能进一步提出技术性措施来解决或减少贪腐问题，也未能完善相关制度对辽东腐败现象进行针对性预防，结果人亡政息，辽东腐败现象难以根治。熊廷弼整肃军纪最重要的目标是李成梁、赵楫等贪腐头目，然而由于昏庸的明神宗的包庇，熊廷弼无法将李成梁等人绳之以法。专制皇权腐朽、反腐机制日趋瘫痪是熊廷弼难以彻底行使职权的根本原因。这意味着腐朽的权贵阶级为了维护既得利益日趋顽固，熊廷弼这类少有的清廉官员已经无法挽救腐败透顶的明王朝。

已故清史专家孙文良曾提出“明亡始于辽亡，辽亡影响明亡”① 的精辟论断。辽东本是九边雄镇，然而经过税监高淮十年剥削，李成梁集团三十年腐蚀，军兵困顿，军将只有贪、欺、懦三长，② 军备长年废弛，军储严重匮乏，逐渐沦为明朝北边防御链条上的薄弱环节。明朝失去辽东，表面上是由于建州女真的崛起和反噬，根本上来说却是辽东吏治败坏、明朝尽失辽东人心的必然结果。作为京师左臂，辽东这一战略要地的失陷使得明朝北边的防御压力大大增加。旷日持久的明清战争所引发的加赋、转饷、征役，加剧明朝的统治危机，同时也为内地官吏的贪腐侵渔提供了合法外衣，百姓负担更为沉重，官民矛盾更加无法调和，最终爆发葬送明王朝的农民大起义。

熊廷弼在边疆危急之际治理辽东，延缓了辽东衰颓的进程，但无法改变辽东沦丧的结局。可叹的是，由于被卷入朝廷党争，“不取一金钱，不通一馈问”的清官熊廷弼被阉党诬陷“贿赂”杨涟等东林党人，以及“侵吞”军资十七万，予以抄家追赃。熊廷弼如果向魏忠贤屈服、行贿，个人命运也许会有转机，可是他“乃终不改其强直自遂之性，致独膺显戮，慷慨赴市”，③ 在晚明政坛上留下了铁骨铮铮的身影。

作者简介：

王荣湟，暨南大学文学院中外关系研究所讲师。

---

① 孙文良：《明朝兴亡所系辽东之得失》，《满族崛起与明清兴亡》，第 100 页。

② （明）熊廷弼：《辽中书牍》卷一《与赵太室纳言》，《四库禁毁书丛刊》集部第 122 册，第 648 页。

③ （清）张廷玉等：《明史》卷二五九《熊廷弼传》，第 6706 页。

晚明儒者许大受在东西文化冲突中的反应

黄有年

[**提要**] 中晚明时期，传教士远渡重洋来华布教引起了一系列文化冲突。在这场文化冲突中，晚明儒者许大受忧心忡忡，撰写了一篇名为《圣朝佐辟》的辟邪卫教文章，其思想内容颇为庞杂。许氏认为，入华传教士传播的天主教是蛊惑人心的异端邪说。他声称，这些夷人进入中土刊书布教、测量天舆实际上是居心叵测，目的是毁掉华夏绵延数千年的治统和道统。在这种认识的基础上，许大受从“天主”、纲常彝伦、善恶根源、形性、生死和灵魂不灭等方面对天主教教理展开了集中的批评。许氏的一些观点颇具合理性，但也有一些主张立足于狭隘的民族文化本位主义。这在一定程度上体现出了不同文明在刚开始面对他者时所做出的正常反应。虽然明清时期的东西方文化冲突已经成为陈迹，但这段历史仍然值得深入探究和总结。

[**关键词**] 明儒；许大受；《圣朝佐辟》；天主教；辟邪卫教；文明交流

自嘉靖年间开始，西方耶稣会士陆续东来，迫使朱明王朝不得不面对由此带来的一系列挑战。由于这些传教士的到来，大明王朝就要在“怀柔远人”与“闭关锁国”两种策略之间进行权衡，就要在“以华变夷”和“用夷变夏”两种观念之间进行争斗。如果说利玛窦等人当年在边疆、粤中传教尚不足以使明廷上下感到震动，那么后来由利氏开辟而由王丰肃、艾儒略诸人接武，并且在东南沿海开创出新的传教事业局面，则不可怀疑地使得明王朝的一大批“食禄者”和“饮水者”感到莫大的威胁。① 这也是中晚明时期一些人士“攻乎异端”的历史背景。例如吴尔成说：“将汉以前无天主，而汉以后始有天主耶？据斯谬谭，直巫觋之邪术也。孔氏有言曰：‘攻乎异端，斯害也已。’今正其攻之时矣。”②

明王朝上下一部分人感到来自“远人”的威胁有自身的逻辑和事实根据。明朝很多人士对这些来自西洋的“远人”有着不好的想象和印象。如周之夔说：“西洋本猾黠小夷，多技巧，能制作玻璃为千里镜，登高远望，视邻国所为，而以火炮伏击之。故他夷率畏其能，多被兼并，以此称雄于海外。”③ 假使说这是由于中西路途遥远，以至明人难免掺杂了一些对异国的想象在里面，那么耶稣会士在中国传教所形成的气候以及他们刊布大量的以天主教内容为主的图籍，则使明人坐实了这种印象：“高贤大良，乐与交游。索其携来图籍，华言译之，成若干种。见者叹为奇绝，争售诸梓，洋洋洒洒，成一家言。而同志者，又虑简帙浸多，难以遍阅，复梓其题赠之文。”④ 而且，此种景象又非仅中国所见。甚至被誉为中国天主教“三大柱石”之一的杨廷筠在《天释明辨》中也说：“诸国素慕大西欧逻巴风教之美，……故传闻耶稣降生事迹与其教诫语言，一一模拟而效之。”⑤ 杨廷筠此处所说的“诸国”就包括明朝周边的国家。

正是上述传闻与事实淆然一体，明朝以知识阶层为主的一部分人士认为“远人”不与我协。自地理大发现以来，西方人的足迹遍布世界各地，传教士们视各大洲如未经神圣信仰光芒普照的黑暗之堡，认为各地都应该敞怀拥抱天主教。可是，在明朝这个君主专制集权的国家，人们虽然视“万邦来朝”为非凡壮举，视“怀柔远人”为大度包涵，但是这里毕竟是讲“祖宗之制”和“圣人之教”的国度，不遵“祖制”和“圣教”的举动皆有可能引起人们的疑虑。传教士踏上华夏故土已经被明人视为不遵中邦海禁的举动，而他们在中国刊布“邪书”，“煽徒惑众”，甚至“媚儒窃儒而害儒”，则无怪乎被明朝的一部分知识阶层视为入室操戈。

明朝的知识阶层有一部分人认为，孟子不惜指斥杨、墨为无君无父之徒，如今的天

① （明）黄贞：《破邪集自叙》，夏瑰琦编：《圣朝破邪集》卷三，香港建道神学院，1996年，第168页。

② （明）吴尔成：《移南京都察院咨》，夏瑰琦编：《圣朝破邪集》卷一，第79页。

③ （明）周之夔：《破邪集序》，夏瑰琦编：《圣朝破邪集》卷三，第146－147页。

④ （明）杨廷筠：《绝徼同文纪序》，王重民：《冷庐文薮》，上海古籍出版社，1992年，第495页。另可参见肖清和：《“天会”与“吾党”：明末清初天主教徒群体研究》，中华书局，2015年，第1页。

⑤ （明）杨廷筠：《天释明辨》，郑安德编：《明末清初耶稣会思想文献汇编》第三卷第二七册，北京大学宗教研究所，2003年，第82页。

主之徒“不儒不释不道”，若不谓其为“异端”而果何？在这种历史语境当中，明朝的一部分知识分子视天主教为“邪教”，他们纷纷以“破邪”为己任。晚明浙籍儒者许大受正是同其他知识阶层那样怀着辟邪卫教的目的，撰述了内容甚为庞杂的辟邪奇文《圣朝佐辟》。这篇文章收录于黄贞在崇祯十年（1637）汇编的辟邪护教文集《圣朝破邪集》中。该文集计有八卷，《圣朝佐辟》独占其中一卷，足见这篇文章的分量。综观整本文集，最为详尽地辩驳天主教的文章当数许氏这一篇，其思想内容的驳杂性也非本文集其他辟邪护教之文章可比拟。

一、许大受的家学渊源

许大受，字廓如，生活于明代将亡之际，但由于文献不足征，他的生平实在是难以考查。① 仅是知道，许大受的父亲是中晚明时期有名的儒臣和学问家许孚远，籍贯为浙江德清县，曾经撰写过一篇辟邪卫教的文章《圣朝佐辟》。此外，在康熙年间编撰的《德清县志·选举表》中也寻觅到他的一丝踪迹：“以父孚远任刑部郎中。”② 我们对许大受生平的了解大致就是这么多。③ 因此，若想窥得许大受思想中的家学渊源，则非要从他的籍贯、他的父亲以及他撰写的《圣朝佐辟》下手不可。

德清隶属浙江湖州，为儒家思想的小型阵地。在我国历史上，湖州由于人文荟萃而被誉为“文化之邦”。湖州治下的德清为这番美誉做出了贡献。以文化来论，德清可谓

---

① 甚至在距离许大受生活年代不远的一些学者那里，也没有弄清楚许氏的生平。例如黄虞稷（1629—1691）在《千顷堂书目》中说：“许大受《圣朝佐缺》一卷，许孚进子。”参见（清）黄虞稷：《千顷堂书目》卷一二，《景印文渊阁四库全书》第676册，台湾商务印书馆，1986年，第345页。黄氏以为许大受辟邪之作为《圣朝佐缺》，不知道他的依据是什么。当然，也有可能此“缺”（阙）字乃“辟”（闢）之误刻。又，许大受之父名孚远，非孚进。而稍后的嵇曾筠（1670—1738）监修的《浙江通志》里记载：“《圣朝佐辟》一卷，德清许大受廓如著，辟西学。”参见（清）嵇曾筠等监修，沈翼机等编纂：《浙江通志》卷二四六，《景印文渊阁四库全书》第525册，台湾商务印书馆，1986年，第606页。相较于《千顷堂书目》，《浙江通志》中的说法更加为人所接受。

② （清）侯元棐等修，王振孙等纂：《德清县志》（影印版），成文出版社，1983年，第341页。

③ 可参见梅谦立、杨虹帆：《〈圣朝佐辟〉引论》，《汉语佛学评论》2018年第00期。但是文章中的一些观点，恐非有事实依据，而有出于主观推测之嫌。何以言此？该文作者立论的重要依据是杜鼎克的研究，而杜鼎克的资料来源为传教士寄回欧洲的报告。然而我们要知道，传教士们对中国既有忠于事实的叙述，同时也有夸张之语，特别是对传教功业不无夸大之成分，故难以全部采信。在研究明清之际东西方交流中使用传教士的欧洲报告，当存此心。

文脉绵延。仅举有明一朝科举为例，这里走出了五十二名进士，其中就包括许大受的父亲许孚远。据统计，自唐朝至清朝，仅德清一县就出了一百八十七名进士。① 毫无疑问，儒家思想在德清应当说是根深蒂固的。这正如许孚远在县学官《重修儒学碑记》中所撰述的那样："吾党之士，群趋而游于圣人之宫墙，靡不曰'孔子，吾师'云尔"②。

许孚远（1535—1604），字孟中，号敬庵，其一生经历颇为丰富。许孚远是嘉靖四十一年（1562）进士，历官广东佥事、两淮盐运司判官、建昌知府、福建巡抚、南京大理卿、兵部尚书等职，熟知郡国军政民生之务，而且在任上与夷人打过交道。

许孚远不仅精通政务，在学术上也是颇有造诣。许孚远的老师是唐枢，而唐氏受业于广东增城湛若水，故许氏的思想当中打上了甘泉学说的烙印。作为唐枢的得意门生，许孚远在一定程度上继承了甘泉学派和自己老师的学术遗产。

总体而言，许孚远的思想内容有以下几大端。首先，许孚远强调"克己"功夫，而且他认为克己的最终目的在于"为仁"。③ 黄宗羲《明儒学案》收录了许孚远《原学篇》，其中说："孔子之学，自虞廷精一执中而来，其大旨在为仁，其告颜子以克己复礼，最为深切著明者也。人心本来具此生理，名之曰仁。此理不属血气，不落形骸，故直云克己。己私一克，天理具存，视听言动，各有当然之则，故云复礼。一日克己复礼，则无我无人，平平荡荡，万物一体，故曰天下归仁。"④ 许孚远在此明确地表达出尧、舜直至孔子之学的宗旨就在于"为仁"。他认为人的私欲一旦被克除掉，那么维系社会秩序之礼亦能得到复构，而"天下归仁"的人间理想最终可以达成。黄宗羲在《师说》中举了一个例子，提到自己的老师刘宗周受业于许孚远时，曾见识到许氏如何践行这番"克己"功夫。刘宗周云："余尝亲受业许师，见师端凝敦大，言动兢兢，俨然儒矩。其密缮身心，纤悉不肯放过，于天理人欲之辨三致意焉。尝深夜与门人子弟辈窨然静坐，辄追数平生酒色财气分数消长以自证，其所学笃实如此。"⑤ 黄宗羲后来干脆提炼说："先生之学，以克己为要。"⑥ 其次，许孚远祖述老师唐枢之学术，笃信良知一说，"良知即是未发之中"⑦；在"心"与"性"的关系上，许氏虽然说"心性之难言久矣，混而一之，则其义不明；离而二之，则其体难析"⑧，但是他更加强调"性"的

① 德清县志编撰委员会编：《德清县志》，浙江人民出版社，1992 年，第 686 – 696 页。
② （清）侯元棐等修，王振孙等纂：《德清县志》（影印版），第 481 页。
③ 姚才刚：《许孚远哲学思想初探》，《中国哲学史》2008 年第 1 期。
④ （清）黄宗羲撰，沈芝盈点校：《明儒学案》（修订版），中华书局，2008 年，第 974 页。
⑤ （清）黄宗羲撰，沈芝盈点校：《明儒学案》（修订版），第 13 页。
⑥ （清）黄宗羲撰，沈芝盈点校：《明儒学案》（修订版），第 973 页。
⑦ 《明史》卷二八三《儒林传二》，中华书局点校本，1974 年，第 7286 页。
⑧ （清）黄宗羲撰，沈芝盈点校：《明儒学案》（修订版），第 979 页。

本原义。他在《原学篇》开宗明义地说："性者万物之一原。"① 许氏对那些援良知以入佛者则深恶痛绝。最后，许孚远认为善恶有分，而且以善为主。郡人罗汝芳门生周汝登主"无善无恶"，许孚远对此进行了严厉的批评，作《九谛》相责难。许氏认为"无善无恶"仅仅是就事物人情"未发"之时而言，"止形容得一静字"②。因此，许孚远批评这些王门后学数典忘祖，不懂得文成学说的要义："文成宗旨，原与圣门不异，以性无不善，故知无不良……今以心意知物，俱无善恶可言者，非文成之正传也。"③ 由此可知，许孚远认为"性善"一说直接推出"良知"一义，因而阳明"良知"之说契合"圣门"之意。故而他指斥王门后学"无善无恶"说不仅有异于文成宗旨，更是有悖于圣门要义。许孚远除了从学说上阐发儒学宗旨，还跟明世其他大儒交游问学。《明史》记载，与许孚远交游者有冯从吾、刘宗周、丁元荐诸人，彼辈皆为一时之名儒。

据此可知，许大受自小就生活在一个充满儒学气息的学术环境当中。这个环境在一定程度上塑造了许大受的社会理想、文化理想和学术品性。从社会理想和文化理想上来说，许大受推崇"治统""道统"，希望抵达并实现"圣人之道"；从学术品性上来说，许氏认为中华"三教绝不容四"，希冀为"真孔子弟子"。④

二、《圣朝佐辟》的双重忧虑

许大受在《圣朝佐辟》中透露出了他对时局深深的忧虑。所忧者何？在此，我们大致可分两方面来做一个解释。第一个是广义的政治方面，第二个是广义的文化方面。

以政治方面来言，明朝后期的政治系统面临着全面崩溃的危机。在这种危机下，"外族"入侵的影子时常出现，中国本土教派反叛的痕迹亦挥之不去。众所周知，明朝东部沿海一直面临着倭寇的侵扰。虽然倭寇当中有相当成分是由中国沿海的福建、江苏、浙江等地的草莽组成，但也有一部分是从日本过来的浪人。此外，在明王朝的北部和东北边境，蒙古和后金诸"外族人"对中国虎视眈眈。在明王朝境内，一些教派则蠢蠢欲动。这一切我们都可以在许大受《圣朝佐辟》当中找到蛛丝马迹。许大受在文中说自己"目击乎东省白莲之祸，与吾西吴赤子之危"⑤，正是上述一些情形的体现。这种情形无疑给明朝上下一部分人留下了不好的印象，加深了他们的危机感，使得他们对"远人"保持着高度的敏感和警惕。许氏说当自己看到这种情况之时，心头甚为恐惧。

---

① （清）黄宗羲撰，沈芝盈点校：《明儒学案》（修订版），第 974 页。

② 《明史》卷二八三《儒林传二》，第 7286 页。

③ 《明史》卷二八三《儒林传二》，第 7286 页。

④ （明）许大受：《圣朝佐辟》，夏瑰琦编：《圣朝破邪集》卷四，第 191 – 206 页。

⑤ （明）许大受：《圣朝佐辟》，夏瑰琦编：《圣朝破邪集》卷四，第 192 页。

由于明人对“远人”存在着这样的敏感和警惕，所以当西方传教士从粤中跋涉到明王朝两京时，难怪会被明朝一些人看作奸细。许大受干脆将这些传教士当作祸乱明朝的“邪徒”。这是从政治和道德两方面对传教士做出的消极判断。

就文化方面来论，明王朝虽然继续着“三教并立”的局面，而且“圣人之教”仍然作为官方之学，但是，这掩盖不了“圣人之教”四分五裂、各主其说的事实。程朱、陆王和白沙学说，天下儒生各宗其所宗。然而，许大受推崇“治统”“道统”，希望抵达并实现“圣人之道”，明朝这种分裂的学术局面，自是有违许氏的理想。何况当时自京畿以下，“杨玛诺、艾儒略辈，以天主教首，簧鼓人心”，“多方煽惑”，而且“其书可百余种”，西风掩来，大有压倒儒学“圣教”之势。① 在许大受看来，“圣人之道，自常尊于万世”，可是如今天主之徒却“人所叵测，日炽一日，靡有底归”。② 这自然威胁到了“圣人之道”，贻误了世道人心。

据此可知，许大受《圣朝佐辟》的忧虑就在于明王朝“治统”和“道统”之将坠。以“治统”而言，许大受谨守着夷夏之大防，希望华夏之治统不至于被外族所夺。在许大受看来，这些夷人绝非我之族类，他们时刻觊觎着华夏庙堂里的九鼎。根据他的观察，传教士和诸夷“频年结连吕宋、日本，以为应援。凡我山川阨塞，靡不图之于室。居恒指画某地兵民强弱、币藏多寡，洞如观火。实阴有觊觎之心，时时练兵器、积火药，适且鼓铸大铳无虚日”③。因此，许氏推测他们暗存虎狼之心：“此岂非窥伺中国，睥睨神器之显状耶？”④ 从“道统”层面来说，许大受要绍述尧、舜、文、武、周、孔之统绪，希望“当道君子”能够起而扑灭异端邪说。他建议当局，“若矜子敢尔，察以师儒，又请悉毁其书”，“如艾、龙辈，或毙之杖下，或押出口外”。⑤ 当许氏探得“彼国有七千部夷书未来中国之邪言”，他忧心忡忡地说，“五胡乱杀主，而彼直杀圣师及古圣帝”。⑥ 总而言之，在许大受看来，中国“君师之权”若是皆操于夷人之手，堂堂华夏之族将会永无天日：“君有世恩，父有世学……一旦有事，则坟墓妻子及此首领，且不可保。”⑦

---

① （明）蒋德璟：《破邪集序》，夏瑰琦编：《圣朝破邪集》卷四，第139页。
② （明）许大受：《圣朝佐辟》，夏瑰琦编：《圣朝破邪集》卷四，第192－193页。
③ （明）许大受：《圣朝佐辟》，夏瑰琦编：《圣朝破邪集》卷四，第227页。
④ （明）许大受：《圣朝佐辟》，夏瑰琦编：《圣朝破邪集》卷四，第227页。
⑤ （明）许大受：《圣朝佐辟》，夏瑰琦编：《圣朝破邪集》卷四，第228－229页。
⑥ （明）许大受：《圣朝佐辟》，夏瑰琦编：《圣朝破邪集》卷四，第220－229页。
⑦ （明）许大受：《圣朝佐辟》，夏瑰琦编：《圣朝破邪集》卷四，第228页。

三、《圣朝佐辟》抗辩天主教的理论基点

基于这双重忧虑，许大受撰述了《圣朝佐辟》，开始对西方传教士的天主宗教学说进行比较全面的抗辩和批评。大致而言，许大受《圣朝佐辟》主要从天主、人伦、形性、生死和灵魂不灭等几个方面展开辩论。事实上，这几个方面是互有关联的。下面将尝试观察许大受如何对这些论域展开具体的辩驳。

（一）天主

一般而言，宗教都会有自己的至上神。至上神的“存在”使宗教理论推衍得更加繁密，繁密的宗教理论又使得至上神披上炫目的外衣，起到了保护至上神的作用。就天主基督教而言，“天主”就是至上神，它作为该宗教的核心概念，信徒不得对其产生任何的怀疑和亵渎之心，而且信徒要信主、望主和爱主，直到永远“归于主”①。

“天主”是天主教的核心概念，它正是许大受批驳天主教的核心靶子。许大受认为传教士“天主”之说荒谬不堪，欺天罔俗。其一，许大受从中外“天”“圣”和“天主”的名号上来辨析。许氏认为，中国所谓的“圣”乃是帝王给孔子封的，没有任何人可以自封；至于“天”与“天子”，在中国只有帝王才能担得起这样的称呼。许氏论断，传教士们的“天”“圣”和“天主”诸称呼皆为他们大胆捏造的，所谓“天主”就是“天之主”，这自然是不经之论。他说：“独此邪徒，不但称圣，而直称天，又不但称天，且称天主。至于一切愚世之物，并以圣名。”② 其二，许大受站在政治的角度对“天主”提出质疑。许大受认为，传教士敬天、事天，而且又尊称“天主”，这是“捏天主以制天，挟天以制天子”③。换句话说就是，传教士们捏造“天主”的目的乃是在于宰制我堂堂华夏之君父。显然，这跟儒家传统主张的“君为臣纲”的矛盾不可调和。至于传教士借用中国典籍中“上帝”一语来解说“天主”，许氏以为这实是不解中华之文物。因为中国的“上帝”二字是“帝王诰辞，宗子家法”，与西洋“天主”绝不相埒。④ 其三，许大受声称天主制作天地人物之说荒诞不经。许氏从《易》出发，认为“乾元”比“天主”更胜一筹。他说，天主花费了六日六夜来造物，“如是则不如乾元多矣。乾以不疾而速，彼劳六日六夜，优劣何如也”。而针对夷人“如太极为万物之祖，古圣何隐其说”的质疑，许氏再次引《易·系辞》回答道：“‘《易》有太极，是生两

---

① 奥古斯丁著，许一新译：《论信望爱》，生活·读书·新知三联书店，2009年，第28页。

② （明）许大受：《圣朝佐辟》，夏瑰琦编：《圣朝破邪集》卷四，第196页。

③ （明）许大受：《圣朝佐辟》，夏瑰琦编：《圣朝破邪集》卷四，第198页。

④ （明）许大受：《圣朝佐辟》，夏瑰琦编：《圣朝破邪集》卷四，第197页。

仪，两仪生四象，四象生八卦。’然后化生万物……夷辈此言，如生盲人，宁见天日？”① 其四，许大受认为天主三位一体之说实际上剽窃了佛家之旨，不经一驳。他说：“一性三位……未读佛书者，以为精微，殊不知此特窃法、报、化三身之意，而横成恶解，有何精微之有？”② 其五，针对“天主”降生为人及其永恒性等教理，许大受也提出了与传教士截然相反的看法，而且认为天主教的这些说法反不如佛教的教义。许大受与传教士论辩时说，人身不可长久，天主教既然说“天主”是从母身生出来，那么他就不可能具有永恒性。在这个问题上，传教士以“天主不可思议”来作答，许大受援引佛教义旨反驳他：“曾不如释典所称，不可思议有二种义：一谓终生界本不思议，二谓若人造到佛之境界，始称妙不思议。”③ 其六，传教士说“天主”降生为人受难以赎人间之罪，其死后神入地狱救出古代的圣人，许大受以为这一套教理无异于天人说书。传教士将孔子以及羲皇、尧、舜诸大圣人统统打入地狱——炼清地狱，而且目孔子为“魔鬼”，许大受认为这样的行径不是人类所能做出来的。他说：“民之登天堂者，每每有之，而孔子反堕地狱？……汝判孔子在地狱，视孔子何卑！判汝辈同在此中，自视又何倨欤！”④ 更何况，许大受以为，耶教“天主”生于汉哀帝年间，孔子及老聃并生在他的前面，连《易传》都称赞孔子“昌天下之道，如斯而已”，孔圣何罪之有？又何须烦劳罪人来搭救孔圣？⑤

（二）纲常彝伦与善恶根源

人类自进入文明社会以来，任何形态的社会都需要构建起一套价值系统、伦常系统和善恶是非标准，每一种思想学说也必定要对这些系统和标准做出回应。就东西两大社会来说，双方皆有自己的系统和标准，也有自己的思维模式与行为准则。奉行天主教的西方以“天主”为核心，建构起了自己的价值系统、伦常系统和善恶是非标准；而明王朝还是继续推崇三纲五常，以人性善为主流。明朝的入华传教士以天主教的价值系统、伦常系统和善恶是非标准来劝导中国的士民，以推行“天主圣教”；可在经受传统的价值系统、伦常系统和善恶是非标准训导的明朝知识阶层看来，这无疑是蛮夷之风，有违夏邦名教。许大受就是担心天主教的价值系统、伦常系统和善恶是非标准扰乱华夏的世道人心，所以忧虑地抗辩：“彼徒乃即以高皇帝之圣子神孙，金瓯世界，而复欲沼华夏，

---

① （明）许大受：《圣朝佐辟》，夏瑰琦编：《圣朝破邪集》卷四，第 197 – 204 页。
② （明）许大受：《圣朝佐辟》，夏瑰琦编：《圣朝破邪集》卷四，第 201 页。
③ （明）许大受：《圣朝佐辟》，夏瑰琦编：《圣朝破邪集》卷四，第 212 页。
④ （明）许大受：《圣朝佐辟》，夏瑰琦编：《圣朝破邪集》卷四，第 205 页。
⑤ （明）许大受：《圣朝佐辟》，夏瑰琦编：《圣朝破邪集》卷四，第 194 页。

而再腥膻，岂非千古未闻之大逆哉!"①

首先，许大受猛烈地批驳传教士所宣扬的“友道”。天主教劝人信主、望主和爱主，其所尊崇者唯一“天主”；上至国君，下至平民，莫不遵此训诫。因此，君臣、父子、夫妇、昆弟和朋友，他们所需遵守者，仅仅是“友道”，也即是“友爱”。在利玛窦(Matteo Ricci)《交友论》的描述中，友情比亲情更为可贵。② 可以这样说，“友道”是在“天主”的注视之下对人间社会关系的一种平等式简化，同时也是对国家和家庭秩序的一种规范。在国家层面，君臣上下在“天主”面前是平等的；在家庭层面，父母兄弟姊妹在“天主”面前是平等的。这些新论对明朝的知识阶层而言，真所谓闻所未闻。因此，许大受反驳说：“君臣、父子、夫妇、昆弟、朋友，虽是总属人伦，而主敬、主恩、主别、主序、主信，其间各有取义，非可以夷天等地，推亲作疏，阳反阴从，手顾奉足，背公以植党，去野而于宗也。夷辈乃曰，彼国之君臣，皆以友道处之。又曰，彼国至今，传贤而不传子。审从其说，幸则为楚人并耕，不幸则为子哙、子之之覆辙。"③ 也就是说，夷人所主张的“友道”若在中国得到推行，定会贻祸无穷。这种祸害小则疏远骨肉手足，大则颠覆家国故土。

其次，许大受抨击天主之徒全无忠孝观念。许大受指出，天主之徒唯侍奉“天主”一尊，视我华夏君主为无物，是为不忠。“既蔑历朝天子，且敢指斥乘舆，此其心何等无将。"④ 许氏以为，这等非圣侮君者，岂可容之中国！这些夷人又诱导中国士民废弃祖先之祭祀，毁掉祖先之灵牌；而且，还教导中国士民“父母不必各父母，子孙不必各子孙”，这可谓不孝。⑤ 儒家经典《孝经》教导人们：“夫孝，始于事亲，中于事君，终于立身。”按照一般看法，事亲为孝，事君为忠。故而在许大受看来，像传教士这般疏人骨肉，非圣侮君，就是没有丝毫的忠孝观念。传教士在华宣教时，屡屡劝人废弃祖先之祭祀，筑立“天主”之礼堂。许大受对此反诘道：“倘有人言，媚百神可获百福，则淫祀立兴。今彼言毁百神以媚天主，可获莫大之福，则百神又立废。其于举废，又何当焉？若忠臣志士，福国佑民，而诋同淫祀。彼天主者，古未闻今未见，上不命而矫举以祀，非淫祀而何?"⑥ 许大受以为，传教士教中国士民不忠不孝，而且又在中邦大兴“淫祀”，是可忍孰不可忍！

---

① （明）许大受：《圣朝佐辟》，夏瑰琦编：《圣朝破邪集》卷四，第228页。

② 利玛窦：《交友论》，（明）李之藻编，黄曙辉点校：《天学初函》第1册，上海交通大学出版社，2013年，第126页。

③ （明）许大受：《圣朝佐辟》，夏瑰琦编：《圣朝破邪集》卷四，第206页。

④ （明）许大受：《圣朝佐辟》，夏瑰琦编：《圣朝破邪集》卷四，第196页。

⑤ （明）许大受：《圣朝佐辟》，夏瑰琦编：《圣朝破邪集》卷四，第207页。

⑥ （明）许大受：《圣朝佐辟》，夏瑰琦编：《圣朝破邪集》卷四，第210页。

再次，许大受指责传教士破坏了男女之大防。《礼记·曲礼》云："男女不杂坐。不同椸、枷，不同巾、栉，不亲授。嫂叔不通问，诸母不漱裳。外言不入于梱，内言不出于梱。"儒家经典在男女大防上有严格的限定。虽然在对待男女问题上有孟子从权之说（《孟子·离娄上》），但在一般情况之下，中国传统社会还是遵循着男女"不亲授"的教导。尤其是在明朝之时，上至朝廷，下至庶民，非常重视贞洁烈女。置身于明朝社会中的传教士对这一点似乎体察不到，更有可能是其自身的文化背景使然，他们不但让妇女进入教堂之中，男女混杂，而且还亲手给她们涂圣油，洒圣水。这在谨遵男女大防的明朝士民眼里，显然是一种违背人伦的非礼问题。毫无意外，这自然成了许大受的攻击点。他说："今天主之邪说，阳教人谨邪淫，阴以己行贪欲，而男女名不混而实最混。如前所言，圣水圣油等，岂能以私憎而故入其罪哉！……戒其徒勿视他妻，而夷则不妨近女，督其徒使出妾，而他高足之畜妾者至数人。"① 在许大受眼里，传教士不仅是华夏男女大防规矩的破坏者，而且还是一群表里不一的小人。

最后，许大受指责"天主"不分善恶，而且可能还是"万恶之源"。事实上，天主教的"圣训"说，"天主"就是善，恶只是人为的。或者说，恶是善的不完美。许大受在阅读传教士书籍时也碰到这种说法："善皆天主使为，恶皆尔之自为。"② 许氏认为这简直就是无稽之谈。他说："若是则人性皆恶，为天主者，何从得此恶种以蔓之人人？而人之为善，反成妖妄？彼天主者，又何苦自为而自赏之哉？"③ 显而易见，许氏在此有一个预设的前提，也就是人之本性为善。他是以孟子性善论来辩驳"天主"为善之说的。从人类的普遍理性层面来说，每一个生命个体都有向善的潜能，所以许氏所沿袭的性善论相较于天主教的人性学说更具有理性成分。此外，艾儒略告诉许大受说，"天主"初成世界之时造了三十六尊巨神，第一位叫辂齐弗儿，这是佛氏之祖。可是这位大神自恃智慧与"天主"相等，进而蔑视"天主"，最后被贬入地狱，担起了阎罗王一职。许氏反问艾氏曰："所谓魔鬼者，非天主亲手制造耶，何为至于此？前云亚当、厄袜之不肖，尚是人也，或与天主稍隔，犹可言也。若辂齐是彼天主第一化生之神，而先见告焉，可见天主是万恶之源。"④ 许氏这几句话想表达的是，恶本来就是"天主"所造的，善不会产生出恶来，因而不可将"天主"看作善本身，我们反该将其当作万恶之源。这样，许大受很自然地将对天主教"恶"之批驳指向了"原罪"之说。一方面，他认为"恶"果皆为"天主"所种，"原罪"不能施之人身；另一方面，"人之先得轻罪，而使

① （明）许大受：《圣朝佐辟》，夏瑰琦编：《圣朝破邪集》卷四，第218－219页。
② （明）许大受：《圣朝佐辟》，夏瑰琦编：《圣朝破邪集》卷四，第197页。
③ （明）许大受：《圣朝佐辟》，夏瑰琦编：《圣朝破邪集》卷四，第197页。
④ （明）许大受：《圣朝佐辟》，夏瑰琦编：《圣朝破邪集》卷四，第203页。

尽未来际之苗裔，皆罹重刑，与罪人不孥之意不同”。① 因此，许氏认为天主教关于善恶的说辞都难以比肩释典，自然更比不上孔门圣教。对天主教来说，许大受这样的观点无疑是一个重大的挑战，它甚至能从根本上动摇人们对“天主”的信仰。

（三）形性·生死·灵魂不灭

形性、生死和灵魂不灭皆为天主教的重要内容，围绕它们而构建的理论形成了天主教的重要教义。当然，这些教义又无可争辩地服务于它们的核心——“天主”。如前所述，许大受已经针对“天主”做出了大量的批驳，形性、生死和灵魂不灭诸说自然而然也在他的驳斥范围之内。

许大受从人类“形”与“性”的起源方面来批驳天主教。传教士遵照圣训，声言“天主”制造天地人物，因而教导“形”与“性”的起源就在于“天主”。换句话说就是，“形”与“性”也为“天主”所造。首先，许大受借用“天命之谓性”来表达自己对“性”的起源的看法。许大受认为，“性”来源于“天”，而不是蛮夷之“天主”。② 另外，许大受认为“真性”无声无臭，“天主”不可能宰制它。③ 其次，许大受袭用《易》“一阴一阳之谓道”的说法，描述了人类之“形”是在阴阳交感的作用之下起源的。许氏说：“乾成男，而坤成女。即竺典小教中称，劫初光音天为造世主。犹吾儒称盘古为三才首君之意，并言肇人之形，不言造人之性也。今彼既言造性，而以孑然之阳为性原，则厥子所禀之性，当肖乃父，而一味以偏阳幻术化生人类足矣，何苦妄造一性为女流，以滋饮食男女之祸?”④ 许氏表达的是，既然“天主”按照自己的形象造人，他自己本是一男性，那么被造者应当全是男性，再也没有必要造出女性，以免给人世间遗留下“饮食男女之祸”。这是以东方的易学和伦理理论来消解天主造人之说。

在生死与灵魂不灭方面，许大受认为天主教的教理不足为凭。许大受从传教士那里得知“我信尝生”“以死为天恩”“为天主死难者，生最上天”诸语，而且传教士还告之曰：“人之堕地狱者，魂虽不灭，与死一般”，这让许氏感到夷人是在胡言乱语。⑤ 许大受从三个方面反驳传教士的生死和灵魂不灭之说。首先，许大受认为天主教将灵魂分为草木石魂、禽兽魂、人魂和天主魂为妄语。传教士说上能包下，低级的灵魂为高一级的所包含。许大受讥讽道：“种种割裂，万万不通之论……审如彼云，异类之魂顿空，而人魂独苦者，则夷人未入以前，吾人之魂升者绝无，坠者无量，反不如禽兽之一杀永

① （明）许大受：《圣朝佐辟》，夏瑰琦编：《圣朝破邪集》卷四，第202页。
② （明）许大受：《圣朝佐辟》，夏瑰琦编：《圣朝破邪集》卷四，第197页。
③ （明）许大受：《圣朝佐辟》，夏瑰琦编：《圣朝破邪集》卷四，第211页。
④ （明）许大受：《圣朝佐辟》，夏瑰琦编：《圣朝破邪集》卷四，第202页。
⑤ （明）许大受：《圣朝佐辟》，夏瑰琦编：《圣朝破邪集》卷四，第214页。

绝。是天主之爱禽兽，甚于爱吾人矣！”① 许大受还问：既然灵魂不灭，那么，自有生民以来人类不下亿万，“天主”用什么来收藏这些灵魂呢？他认为自然是没有地方可供“天主”收藏如此众多之灵魂。因此，许氏断言：天主之徒实际上是照搬释典“不生不灭”之旨来簧鼓荧惑；他们佛门要旨尚且不懂，就来指摘释门“六道轮回”之说，真是不自量力。② 其次，许大受根据儒家“生生”之说、佛家“无生”之说和道家的“长生”之说来阐述自己关于生死的观点。他说，“生生”之说依据人性流行遍满而言，“无生”之说依据人性“离过绝非，如空无迹者言之”，“长生”之说目的是要让人领悟天地不可长且久之旨；至于夷人“尝生”之说，真可谓乖谬无穷。然后，许氏加以反诘道：“夫生者起也，起可尝乎？……既云不灭，何可谓死？既本不死，何求尝生？……至其教法，第妄希他日之魂尝生，而今日之形莫急于求死……则生又何碍道？死又何益于生天？而彼邪人，乃教人求死乎？”③ 在许氏看来，天主教的生死教理实际上是教人魂与形快速灭裂。最后，许大受指责天主之徒教人轻生重死，实乃居心叵测。一方面，许氏认为传教士教人轻生重死是想纠集敢死之徒手持干戈，觊觎华夏之神器；另一方面，他认为传教士是想让华夏族类早日丧亡，“而可令其易种于我仁寿之域”，以绝华夏之道统。④

许大受对天主教的批评，当是在回应传教士所传播的教义。例如，孟儒望为明朝上下解说“天学”时以“天主”为核心，将“天学”的要旨提勾为八大端。他撰写的《天学略义》云：“一、天地之间，惟有一造物主；一、此主含三位，谓之父、子、圣神；一、其第二位降胎于童贞女而为人；一、其居世而受难受死，以赎吾人之罪；一、其死后而神入地狱，救出古圣人；一、其身第三日复活；一、活后四十日升天，而坐于全能天主第一位之右；一、日后将临世审判，以报善恶者。”⑤ 事实上，孟儒望所概括的八大要旨在罗明坚和利玛窦等人先后撰写的《天主实录》中皆有体现。通过上面的论述可以看出，许大受辟邪卫教的相关言论基本上就是围绕这几个方面展开的，而他的直接批驳对象可能就是利玛窦、龙华民和艾儒略等人及其著作。⑥ 客观地看，许氏的批判既有比较精彩的一面，同时也有不得要领的地方。这可能是不同文明在交往初期产生的不可避免而又无可奈何的现象。

---

① （明）许大受：《圣朝佐辟》，夏瑰琦编：《圣朝破邪集》卷四，第 200 页。

② （明）许大受：《圣朝佐辟》，夏瑰琦编：《圣朝破邪集》卷四，第 200－201 页。

③ （明）许大受：《圣朝佐辟》，夏瑰琦编：《圣朝破邪集》卷四，第 214－215 页。

④ （明）许大受：《圣朝佐辟》，夏瑰琦编：《圣朝破邪集》卷四，第 215－220 页。

⑤ 孟儒望：《天学略义》，周振鹤主编：《明清之际西方传教士汉籍丛刊》第一辑，凤凰出版社，2013 年，第 83 页。

⑥ 中山大学法籍学者梅谦立曾经推测，许大受“很可能认识龙华民”。参见梅谦立：《超越宗教排他性——晚明天主教及许大受的反应》，《现代哲学》2018 年第 1 期。

四、余论

晚明以来，东渡来华的传教士发现，自己秉持的“真理”与中国人所坚持的“真理”很不一样。他们亟须解决这样一个非常棘手的问题：如何将天主圣教之“道”来替代中国本土文化之“道”。这是晚明时期两种不同文明在交往过程中存在的“文化一元”与“文化多元”的张力问题。

明朝下半叶的入华传教士以“天主”为核心，开始在中国宣扬天主教的相关理论，包括科学技术方面的知识。于传教士而言，他们传播的是天主的“圣言”。按照基督天主教的说法，“圣言”就是“道”，同时也是真理。传教士利玛窦就曾经认为中国是一个未经开化的国家，是一个“蛮荒的森林”①，中国人是“野蛮化外之人”，因此迫切希望自己宣扬的这些“真理”能够在中邦开花结果②。在传教士们的眼里，中国盛行偶像崇拜；儒教虽然可以给人讲出良好的伦理大道理，但由于不讲来生，因而招致大半中国人的不满。③ 因此，传教士说：“真希望天主怜悯中国亿兆人民很快能自由地听讲福音，接受信仰。”④ 传教士们以为，中国还处于蒙荒状态，所以一定要将真理之光引到中国来。

然而，这种异质文化的介入在明朝社会中引起了一系列的反应。一方面，有像徐光启、杨廷筠、李之藻和瞿汝夔那样的欢迎者；另一方面，也有沈仲雨、黄天香、许大受和密云圆悟大师这样的排斥者。在排斥者看来，中国治统、道统绵延数千年，其中自有真名教，根本不需要接受这些异质文化，“三教绝不容四”。而且根据排斥者的观察，传教士昼伏夜出，混杂男女，盛谈兵学，刊布邪术，煽惑士民，更有甚者“干治统”“薄帝侮卿”“谤经毁圣”。⑤ 许大受又说：“伏读《皇明祖训》，于诸夷之曾通贡者，稍有叵测，尚严绝之，何況《祖训》所不载，而可使逼处，若我中国士民，有非圣侮君者，法尚必屏四夷，何况夷民而可容之中国！”⑥ 排斥者认为，传教士们不仅破坏了“祖宗之制”和“圣人之教”，他们还突破了夷夏大防的观念，形成了基督文明与华夏文明之间的冲突和对抗。

---

① 利玛窦著，罗渔译：《利玛窦书信集》，光启文化事业、辅仁大学出版社，1986 年，第 218 页。

② 利玛窦著，罗渔译：《利玛窦书信集》，第 80 页。

③ 利玛窦著，罗渔译：《利玛窦书信集》，第 220 页。

④ 利玛窦著，罗渔译：《利玛窦书信集》，第 233 页。

⑤ （明）许大受：《圣朝佐辟》，夏瑰琦编：《圣朝破邪集》卷四，第 212 – 220 页。

⑥ （明）许大受：《圣朝佐辟》，夏瑰琦编：《圣朝破邪集》卷四，第 196 页。

事实上，传教士和排斥者产生剧烈冲突有多方面的原因。第一，双方都秉持着文化中心主义来打量对方的文化。就传教士而言，他们将中国人看作未经天主福音训导的“野蛮化外之人”，中国的儒释道皆不如天主圣教，故而要努力地为中国输入能够教导真理真言的天主教。站在天主教的角度来说，传教士的这一做法具有绝对的使命感和正义性。因为“神”已经对自己的信徒言明：“道就是神”①，“道就是真理”②。这就意味着“神就是真理”。所以，传教士以为“大西洋”族的天主教要优于中土之儒释道，远来夏邦的目的就是要播下带着神圣使命感和正义性的天主教。就排斥者而言，他们以“华夏文化中心主义”来看待传教士所带来的天主教及其科学技术知识，他们同传教士一样将对方看为化外之人，以为其他国家的任何学说都无法与天朝上国的相比肩。他们认为传教士们带来的天主教是左道邪说，这些学说乖谬百出。正如颜茂猷所言：“自开辟以还，三教并兴，治世治身治心之事不容减，亦不容增也。何僻尔奸夷，妄尊耶稣于尧、舜、周、孔之上，斥佛、菩萨、神仙为魔鬼，其错缪幻惑固已辗然足笑。”③ 排斥者中间的一些儒学人士认为，天主教的教理恐怕也是同老学、杨、墨一样皆剽窃孔门之教。吴尔成说：“天地开辟以来，而中国之教，自伏羲以迄周、孔，传心有要，阐道有宗，天人之理，发泄尽矣。无容以异说参矣。嗣是而老氏出焉，杨、墨出焉，好异者宗之，然不过窃吾儒之绪余。”④ 第二，明朝中后期，朱氏政权危机重重，以内忧外患喻之也不为过。这种忧患让明朝知识阶层中很多人对外族保持着高度的敏感。以国内而言，明朝境内时有打着教派旗号的反叛，如白莲、无为等教派；以外部言之，明朝北部一直受到“外族”的侵扰。西北有蒙古瓦剌虎视眈眈，东北有后金野心勃勃。而且自1500年地理大发现以来，西方一些国家远涉重洋，将殖民线扩张到了辽远的东方。明朝一些学者遗留下来的文集中已经隐隐约约地记下了西方这股殖民浪潮。传教士这些“远人”不遵“祖制”，而且还在中土刊书布教，这自然引起了明朝知识阶层中一部分人的紧张感。颜茂猷就说：“夷变至是，不惟乱世统，兼乱道脉，不特戕人类，并戕人性，举世冥冥，莫知其详。”⑤ 中华文明与基督文明两大文明系统似乎势成水火，无可交流。

---

① “In the beginning was the Word, and the Word was with God, and the Word was God.” The Gofpel according to S. John, 1: 1, *THE HOLY BIBLE* (The King James Version), Oxford University Press, 2010, pp. 1219.

② “And the Word was made flesh, and dwelt among us, (and we beheld his glory, the glory as of the only begotten of the Father) full of grace and trueth.” 又，“For the law was given by Moses, but grace and trueth came by Jesus Christ.” The Gofpel according to S. John, 1: 14, 1: 17, *THE HOLY BIBLE* (The King James Version), Oxford University Press, 2010, pp. 1219.

③ （明）颜茂猷：《圣朝破邪集序》，夏瑰琦编：《圣朝破邪集》卷三，第143页。

④ （明）吴尔成：《移南京都察院咨》，夏瑰琦编：《圣朝破邪集》卷一，第78页。

⑤ （明）颜茂猷：《圣朝破邪集序》，夏瑰琦编：《圣朝破邪集》卷三，第143－144页。

问题是随着航海时代的到来，各大洲、各国家相对独立的系统逐渐被打破，人类社会再也无法回到老死不相往来的状态，文明之间交往的趋势会越来越得到加强。因此，各文明应该在这种交往当中取长补短，而不宜以封闭主义、民族本位主义来阻挡世界文明交往的大潮。毫无疑问，每一种文明都有自己的优缺点，生活在某一种文明当中的人士如果仅仅看到自己文明的优点和其他文明的缺点，既无视自己文明的弊端，也看不到另一种文明的优长，那就很难实现文明之间比较有效的对话。实际而言，每一种文明都是由某个民族或者族群所创建的，它的中心指向还是人类自身的生存和发展。因此，文明的交往也应当以人类更好的生存、生活和发展为旨归。特别是在今天的全球化时代，世界各民族、各文明之间应该欢迎和接受文化多元的局面，而不宜将自己的一套文明体系和价值系统强加于别的国家和民族，为不同的文明交流和人类社会向前发展设置种种障碍。

作者简介：
黄有年，湖南大学岳麓书院博士研究生。

朝贡的异域书写：《马来纪年》中明朝公主联姻事件考察①

徐明月

[提要] 马来世界最重要的古典文学作品《马来纪年》中记载有中国公主汉丽宝与马六甲国王联姻之事。此事在中国的历史知识中被视为传说，但在马来西亚却被奉为信史。对《马来纪年》进行文本分析并与同时期的中国史籍比对，可知联姻公主叙事反映了马六甲王朝对自身所处朝贡体系之认知：一方面，以加入明朝构建的朝贡体系为荣，认可中国之“礼”；另一方面，又遵循本国的政治传统，体现出自尊与自量。这种认知与马六甲王朝的文化传统和社会状况有关，佐证了中国朝贡制度真实的影响力和中马关系的源远流长。超越以往研究文献确否的历史传统，转换以中国史书记载的观照视角来考察马来古典文学之文本叙事，可以看到马来古典文学书写历史方式的独特性。

[关键词]《马来纪年》；朝贡；明朝；马六甲；联姻公主

---

① 本文系国家社科基金项目“近代东亚秩序变迁研究”（项目批准号：18BSS028）的中期研究成果，获得2020年“江苏省研究生创新计划”（项目批准号：KYCX20_0017）资助。

朝贡制度是我国古代最重要的对外关系形式。① 关于朝贡制度的名与实、在东亚影响力强与弱的问题，学界对此多有讨论。② 其中，朝贡国对秩序的认可与否，是考察朝贡制度影响力的一个重要维度。以往的讨论多以东亚的几个主要国家如朝鲜、日本、琉球、越南的认知为视角，对东南亚国家的朝贡情况则以“虚幻”③ 概言之。本文从马来古典作品的案例出发，探究马六甲王朝对明朝朝贡制度的认知，以马来王朝为视角，“从周边看中国”，考察周边国家如何书写与中国王朝互动关系的历史。个案分析也许不能展现朝贡制度影响力的全貌，但可为中国制度与文化在马来世界的真实影响力提供一个注脚。

首先从一场扑朔迷离的联姻说起。马来西亚流传着脍炙人口的中国公主汉丽宝（Hang Li Po）与马六甲王朝第六代统治者苏丹茫速沙（Sultan Mansur Syah）联姻的故事，但中国史书中对此事没有任何记载。联姻之说出自《马来纪年》。《马来纪年》完整地叙述了联姻的起因、过程和结果。对于这一记载的真伪，马来学界大多持肯定态度，④ 认为汉丽宝公主在马来历史中起过重要作用，⑤ 且现今马六甲城内两处著名遗迹“中国山”（Bukit China）和“汉丽宝井”（Perigi Hang Li Po）与联姻事件有关。⑥ 中国学者则不以为然，偶有涉及，或把它作为趣味故事、友谊佳话，⑦ 或论证联姻公主乃虚

① 根据研究侧重点不同，东亚地区传统国际秩序有“华夷秩序”“华夏秩序”“宗藩关系”“封贡制度”等多种名称，本文采用较为通用的概念即“朝贡制度”。

② 参见陈尚胜：《朝贡制度与东亚地区传统国际秩序——以16—19世纪的明清王朝为中心》，《中国边疆史地研究》2015年第2期；李云泉：《话语、视角与方法：近年来明清朝贡体制研究的几个问题》，《中国边疆史地研究》2014年第2期；万明：《明代外交模式及其特征考论》，《中国史研究》2010年第4期。

③ 庄国土：《略论朝贡制度的虚幻：以古代中国与东南亚的朝贡关系为例》，《南洋问题研究》2005年第3期。

④ 马来西亚国家语文局出版的《马来历史》《马六甲历史》把汉丽宝联姻事件当作马六甲王朝外交大事记载，参见 Ahmad Dahlan, *Sejarah Melayu*, Dewan Bahasa dan Pustaka, 2014, p. 131; Haji Buyong bin Adil, *The History of Malacca*, Dewan Bahasa dan Pustaka, Kementerian Pelajaran Malaysia, 2017, p. 29.

⑤ 《马六甲苏丹与中国皇帝的外交》，马来西亚国家图书馆，https://www.pnm.gov.my/yangpertama/Politik_Diplomatik.htm，2021年5月18日。

⑥ 《马六甲苏丹王国复刻》，马来西亚国家档案馆，http://www.arkib.gov.my/web/guest/replika-istana-kesultanan-melaka-melaka，2021年5月18日。

⑦ 参见谭达先：《海外华侨华人民间文学》，中国戏剧出版社，2010年，第126-127页；李焯然：《中心与边缘：东亚文明的互动与传播》，广西师范大学出版社，2015年，第155-159页。

构杜撰，① 甚或仅把它视为华人移民建构的传说，而忽视其作为马来史料的属性。② 这些都是以中国史料为考察视角，定论联姻事件的虚构性。对于这一历史叙事，在马来西亚学界持肯定态度和中国学界持否定态度的分野中，我们不应该止步于"事件是什么样"，而应该深入探求"为何他们宣称是这样"，即历史书写的情境与意图——因为这也是"另一种历史事实"③。

本文将重新诠释汉丽宝公主联姻事件，即剥离了奇幻的想象元素，这一历史叙事不是天马行空的杜撰，而是精心建构的自我诠释。

一、《马来纪年》对联姻公主的记载

笔者综合《马来纪年》各个版本④的记载，将联姻事件翻译整理如下：

> 苏丹茫速沙为答谢中国皇帝的赏赐，遣宰相的兄弟敦·波帕帝·普提率团出使中国。
>
> 使者即将返回之时，中国皇帝想：马六甲王是大国之王，最好能招之为婿，让其朝贡。于是向敦·波帕帝·普提下令：唤我的儿婿前来朝见我，我把我的公主汉

---

① 参见 Kong Yuanzhi，"Cerita Hang Li Po：Ode Persahabatan Kedua-dua Bangsa China-Malaysia"，*Jurnal Alam dan Tamadun Melayu Nota Penyelidikan*，Vol. 19，2001，pp. 179 – 187；徐明月：《论马来古典文学作品〈马来纪年〉中汉丽宝人物的文化构建》，苏莹莹、傅聪聪编：《纪念中马建交 40 周年北京国际研讨会论文集》，外语教学与研究出版社，2016 年，第 99 – 106 页。

② 毛睿：《明朝公主和亲马六甲：马来西亚华人文学书写、文化记忆及身分认同》，《民族文学研究》2019 年第 4 期。

③ 王明珂：《华夏边缘：历史记忆与族群认同》，上海人民出版社，2020 年，第 40 页。

④ 《马来纪年》最早刊印本是 1821 年印行的莱敦英译本（John Leyden，*Malay Annals*，Longman，1821）。阿卜杜拉·蒙西于 1831 年在新加坡出版的爪威文（Bahasa Jawi）版《马来纪年》是流传最广的版本，1881 年重版（Munshi Abdullah，*Sulalatul Salatin*：*Iaitu Sejarah Melayu*，Brill，1881）。1952 年西托莫朗和德欧用印尼语再版阿卜杜拉·蒙西版本（T. D. Situmorang，A. Teeuw，*Sedjarah Melayu menurut terbitan Abdullah ibn Abdulkadir Munsji*，Djambatan，1952）。1979 年，马来西亚国家语文局以现代马来语出版［Abdul Samad Ahmad，*Sulalatus Salatin*（*Sejarah Melayu*），Dewan Bahasa dan Pustaka，1979］。中文版的《马来纪年》主要有许云樵译：《马来纪年》，南洋报社有限公司，1954 年；许云樵译：《马来纪年增订本》，新加坡青年书局，1966 年；黄元焕译：《马来纪年》，学林书局，2004 年；罗杰、傅聪聪等：《〈马来纪年〉翻译与研究》，北京大学出版社，2013 年。各版本对联姻事件记载略有差异，马来西亚国家语文局 2010 年印刷的 1979 年马来语版《马来纪年》较为完整，且在马来语世界流传较广，因此本文以此版本为基础，并综合以上各个版本探讨联姻公主事件。

丽宝许配给他。使臣回禀道：您的儿婿马六甲国王不能离开马六甲，因恐有敌人来袭。如果陛下要赏赐公主，请让小人护送带回，上天保佑，一定会让公主平安到达马六甲。

中国皇帝向礼部下令备一百艘船送其公主前往马六甲，由将领迪波护送。另有五百名容貌秀美的大臣之子女陪嫁及公主用度之物。敦·波帕帝·普提护送公主和诏书启程。

到达马六甲后，苏丹茫速沙亲率大臣迎接，苏丹以隆重礼仪把汉丽宝迎入王宫。汉丽宝公主与所有陪嫁的大臣之子女皈依伊斯兰教后，苏丹与公主成婚。

婚后不久诞下王子哈米马特，哈米马特之子为斯里·中国，斯里·中国之子是阿赫玛，阿赫玛之子是以萨普。苏丹茫速沙赏赐城外的一座山给陪嫁的大臣子女定居，即今日马六甲城的"中国山"。他们在山下开挖水井，子孙后代成为马六甲华人后裔。返航季节到来，马六甲国王吩咐迪波与中国大臣启程归国。成为中国皇帝的女婿后，马六甲国王才开始向中国皇帝朝贡，他派遣敦·德拉奈和加纳·普特拉携马六甲国诏书出使中国，诏书上书：臣子马六甲之王，向中国皇帝请安。

马来使团在前往中国的路途中遭遇狂风，船偏离航线，到达文莱。文莱国王召见马来使臣问道：马六甲王致中国皇帝的诏书说了什么？敦·德拉奈如实相告。文莱国王问道：马六甲王向中国称臣了吗？加纳·普特拉道：并非如此，这是马六甲的臣民向中国皇帝请安，并非马六甲王向中国皇帝请安。① 文莱国王闻言，致书马六甲国王：臣子向父王请安……使者返回马六甲后，苏丹茫速沙闻之大喜，封赏使者。

以上记载把两国关系、联姻的前因后果交代得很完备。叙述是否可信呢？要回答这一问题，首先应了解《马来纪年》的性质。《马来纪年》（*Sejarah Melayu*），原名《诸王世谱》（*Sulalatu's-Salatina*）或《列王史记》（*Peraturan Segala Raja-raja*），一般被认为是柔佛王朝时期宰相敦·室利·拉囊（Tun Seri Lanang）奉旨根据马来世界流传的历史故事编纂而成。②

这部作品最初由马六甲王朝的国王谱系演变而来，在流传过程中加入王朝事件、英雄名臣、历史传说等元素，是一部反映马来王朝政治、文化、历史、社会状况的历史著

---

① 诏书原文为"Sahaya raja Melaka empunya sembah，datang kepada paduka ayahanda raja China"，马来语第一人称谦辞"sahaya"在本句中既可以理解成"儿臣我"，也可以理解为"臣民"之意，此处马来使者利用多义词来表达臣服、彰显国威。

② 关于《马来纪年》作者问题，可参考薛松：《〈马来纪年〉研究综述》，《东南亚南亚研究》2011 年第 2 期。

作。从史料价值看，其重要性无可争辩，长久以来，《马来纪年》作为古代马来世界最重要的历史文学作品，① 亦是中外史学家研究古代马来—印尼历史必须援引的经典之作。② 南洋史地研究学者许云樵先生对这部作品的历史地位和重要性予以肯定。③

从体例上看，《马来纪年》由两部分组成，第一部分多为神话或传说，内容主要讲述古史传说、帝王们的来历以及风俗习惯的由来等。第二部分是历史部分，主要讲述作者本人生活的年代，记录祖先的族源直至当前王朝的家族世系。本文所讨论的时期，属于第二部分，即作者对苏丹芒速沙统治时期历史事件的记录。《马来纪年》中所载，关于马六甲王朝的兴衰过程，比较接近历史真实。④从叙事内容看，书中除了讲述马来民族的历史，还涉及暹罗、印度、中国、阿拉伯、爪哇等国家王朝的历史。这种时空交错，涵盖国家、民族、宗教、疆土的交错叙事，实际上是把马来民族的历史融入世界周边国家的历史书写。已有多项研究表明，《马来纪年》在马六甲的建国时间和历史发展脉络等方面的记述是符合历史事实和可信的。⑤

但从史料性质上看，《马来纪年》并非一部严格意义上的“信史”，它采用想象元素和浪漫主义的创作方法，使得研究者在征引时，需要与其他史料对比，以甄别其真实性。马来历史文学作品素材来源多是神话、传说，以及来自宫廷和码头港口的口传文学，因此其中不乏想象和夸张元素。无论是作为“历史真实”还是作为“虚构传说”的《马来纪年》，都是古代马来世界对自身历史的真实表述，是集体记忆的累积和传承，在还原历史方面具有不可替代的地位。这部作品融合历史真实与虚构（或民间故事）二元属性，为联姻公主事件提供了可资探讨的空间。

---

① 参见廖裕芳著，张玉安、唐慧等译：《马来古典文学史》，昆仑出版社，2011 年，第 147 页。

② 参见 D. G. E. 霍尔著，中山大学东南亚历史研究所译：《东南亚史》，商务印书馆，1982 年；温斯泰德著，姚梓良译：《马来亚史》，商务印书馆，1958 年；安东尼·瑞德著，孙来臣、吴小安译：《东南亚的贸易时代：1450—1680》，商务印书馆，2013 年；梁志明等主编：《东南亚古代史》，北京大学出版社，2013 年；王任叔：《印度尼西亚古代史》，中国社会科学出版社，1987 年；张礼千：《马六甲史》，河南人民出版社，2016 年。

③ 参见许云樵译：《马来纪年增订本》，第 286 页。

④ 参见梁立基：《印度尼西亚文学史》，昆仑出版社，2003 年，第 221 页。

⑤ 参见廖大珂：《1511 年前伊斯兰教在印度尼西亚的传播》，《南洋问题研究》1995 年第 3 期；黄云静：《伊斯兰教在东南亚早期传播的若干问题》，《中山大学学报（社会科学版）》2000 年第 1 期。

二、虚实之辨与公主身份

前述可知，在《马来纪年》的记载中，史实和传说并存。那么联姻公主事件的真实性如何呢？该事件并未记载具体的年份和时间。但根据马六甲国王苏丹茫速沙的统治时间，可推知为1456—1477年，即景泰七年至成化十三年。《马来纪年》中称，中国皇帝表示“把我的孩子（anakku）嫁给他”。“孩子”一词采用的是马来语中用来指涉“儿女”之意的“anak”而非指涉“儿童”之意的“kanak”。再加上“ku”强化“我的儿女”之意，其所强调的身份标识十分明显，即明朝皇帝的女儿——公主。明太祖时期定公主封号“皇女曰公主”,① 公主有正式的册封仪式，且冠服、府邸、仪仗、俸禄均有定制。而景泰至成化年间，包括《明实录》在内的明朝官修史书中，并无受册封的公主与东南亚诸藩国联姻的记载。

非但这一时期，有明一朝，明朝的对外政策并不以“联姻”作为羁縻外藩的手段。一方面是因为明朝深受传统观念影响，认为公主与异族通婚的和亲政策与汉族道德伦理微有抵触。故儒学最发达之东汉与宋明二代不行此政策。② 另一方面，明朝受北方蒙元残余势力的骚扰，对北部边患十分重视，因此为了保卫明朝领土和政权稳定，明朝统治者多采取以公主下嫁臣子的形式笼络重要的军事将领和官员。③ 到了明朝中后期，驸马“渐选之民间”,④ 公主多许配给官员军民子弟。因此，从指导思想到实践层面，明朝公主与异族通婚的可能性皆不大。

中国自西周始制定《周礼》，列婚礼为专章，明定纳采、问名、纳吉、纳征、请期、亲迎等为六礼，足见古代中国传统对婚姻的重视。明朝深受宋明理学之影响，婚姻制度完备是毋庸置疑的。公主出嫁需经过多个部门和环节，涉及大量人员往来，史书不可能没有记载。

因此基本可以判断，明朝官方并无皇室公主与马六甲国王联姻。学界关于明朝公主身份的猜想有以下几种：其一，是马六甲第三任统治者苏丹·穆罕默德·沙（Sultan Muhammad Syah）的中国妃子的误记。在葡萄牙人的游记中，这位苏丹与受皇命护送其回国的中国官员携带的女子结婚。⑤ 由于苏丹茫速沙被描述为“风流倜傥、喜好搜集各

① 《明太祖实录》卷二三三，洪武二十七年（1393）六月己巳，“中央研究院”历史语言研究所校印本，1962年，第3409页。

② 王桐龄：《汉唐之和亲研究》，《史学年报》1929年第1期。

③ 阎明恕：《中国古代和亲史》，贵州民族出版社，2003年，第326页。

④ （明）王世贞：《皇明盛事述》卷一，中华书局，1985年，第9页。

⑤ Armando Cortesão, *The Suma Oriental of Tome Pires*, Asian Educational Service, 2005, p. 242.

处女子的国王”①，很有可能成书较晚的《马来纪年》把这两位苏丹的事情杂糅在一起记载。此猜想基于“苏丹·穆罕默德·沙娶中国妃子”这一历史记录，推导出事件可能是年代错乱的误记。但是，由于没有其他史料佐证，可信度并不高。其二，古代来朝贡的贡使有不少为商人假冒，并非官方正式派出。因此，联姻公主可能是假托中国贡使之名，以普通女子冒充中国公主前往马六甲。进献一个假托有皇室血统的女子嫁给马六甲国王，可获得贸易的便利。这一猜测基于当时马六甲的重要商贸港口地位，以及古代中外交往过程中，许多来华使节并非官方派出，而是商人冒充贡使的情况，并无实据。其三，该中国公主的原型可能是当地华人女子。② 因为当时马六甲为一个国际商贸口岸，不少华人留居该地，侨居于此的华人后裔与马来人通婚并不稀奇。③ 这是目前接受度最高的猜想，但也未获实例证实。

以上分析可知，汉丽宝公主是马来民族在表述自身历史发展过程中形成的传说人物，历史原型具有模糊性，难以深入考证。随着马来世界与中国进一步的交往发展，基于马来民族的文化心理需求，传说人物遂演变成一个类似于真实的历史存在——“汉丽宝公主”作为中马友好交流的象征性符号，已经在马来世界广为流传。

虽说公主并非真实存在，但是研究仅止步于此未免流于表面。传说的形成和历史书写也是历史过程的一部分。在古代东南亚普遍缺乏文献记载的情况下，这一依托王朝历史框架的叙事，成为当地历史记忆的重要文本。从文史互动的角度出发，考察联姻叙事背后的暗线，探讨传说与史实关系、文本与叙事心态、民族融合与身份解释，往往可以得到比考证公主存在与否、原型姓甚名谁更深层次的信息。这关乎马来王朝如何认知朝贡体系、如何看待中国王朝等文化信息。

三、联姻之外的暗线叙事

考察《马来纪年》中这段中马联姻，可以发现，联姻流程的记述，几乎完全遵循了我国古代和亲礼仪从请婚到谢婚的所有流程。④ 综观马来古典史学作品，虽然不乏联姻的记载，但马来民族遵循外国之礼求娶该国公主的记载，仅此一处，且是《马来纪年》所有联姻记载中篇幅最长、内容最详细的资料。

---

① Haji Buyong bin Adil, *The History of Malacca During the Period of the Malay Sultanate*, Dewan Bahasa dan Pustaka Kementerian Pelajaran Malaysia, 1974, p. 29.

② Kong Yuanzhi, “Cerita Hang Li Po: Ode Persahabatan Kedua-dua Bangsa China-Malaysia”, *Jurnal Alam dan Tamadun Melayu Nota Penyelidikan*, Vol. 19, 2001.

③ 张礼千：《马六甲史》，第 81 页。

④ 关于我国古代和亲礼仪，参见林恩显：《中国古代和亲研究》，黑龙江教育出版社，2012 年，第 33 页。

表1　汉丽宝公主联姻流程一览表①

和亲流程	《马来纪年》中的记载
请婚	中国皇帝意图招马六甲国王为婿，命马来使臣召唤其前来请婚
纳彩与迎亲	马六甲使臣带领公主回国，苏丹亲自到城外迎接
使节加官、受命	中国皇帝向礼部下令备一百艘船，选将领迪波护送。选五百名容貌秀美的大臣之女和大臣之子及公主用度之物陪嫁。马来使臣送公主和诏书启程
出嫁	汉丽宝公主与所有陪嫁的大臣之子女皈依伊斯兰教后，国王与公主成婚
受封	国王看到公主后大喜，口中以阿拉伯语念祷词，赏赐马六甲城外的一座山给陪嫁的大臣子女定居
送回使臣	返航季节到来，马六甲国王吩咐迪波与中国大臣启程回国
谢婚	马六甲国王遣使携诏书出使中国。诏书上书：臣子马六甲之王，向中国皇帝请安
成为中国皇帝的女婿后，马六甲国王才开始向中国皇帝朝贡	

汉丽宝公主并非真实的明朝联姻公主，联姻之事也不能确考，为什么《马来纪年》要严格遵从中国的礼仪与制度流程，以详细的篇幅去书写这样一段“虚无”的历史呢？这需要透过“联姻”这一明线叙事，考察公主背后隐藏的马来民族构建某种政治地位和身份认同的历史叙事意图。

事实上，古代马来—印尼世界经常通过联姻来维系两国关系、获得领地食邑。一系列联姻政策结成的血脉关系构成了马来王族的统治纽带，因此《马来纪年》书中不乏联姻的记载。仅在苏丹茫速沙统治时期，就有七次国王本人或者其子女与外邦联姻的记载。苏丹茫速沙后宫妃嫔有记载的共有五人：征服彭亨时俘虏的彭亨公主、满者伯夷②王国的爪哇公主、宰相敦·霹雳之姊妹、重臣敦·阿里之女、中国公主。③ 除了满者伯夷和中国公主有较为详细的联姻记载，其余皆一笔带过。满者伯夷在马六甲王朝时期已经衰落，但仍是地区大国。因此，苏丹茫速沙求娶满者伯夷国王的公主旋陀罗·基腊娜（Raden Galuh Cendera Kirana）的过程记述较为详细，但与汉丽宝公主的联姻记载的完整性和连贯性相比，依然相差甚远。马六甲国王与满者伯夷公主的婚礼过程，仅以“大摆

① 表格由笔者整理。

② Majapahit，《元史》作“麻喏巴歇”或“麻喏八歇”，《岛夷志略》作“门遮把逸”。

③ Abdul Samad Ahmad, *Sulalatus Salatin* (*Sejarah Melayu*), pp. 96 – 160.

筵席、锣鼓喧天、乐器齐鸣”寥寥数语描述后铺陈各色乐器名称，① 远不如求娶中国公主的仪式完备。这段联姻的记载侧重于联姻后的结果：迎娶了满者伯夷公主后，马六甲获得锡安坦②和英德腊吉利③——具有功利而现实的领土扩张益处。联姻实质是联两国关系之好以实现政治意图，《马来纪年》的联姻叙事反映了当时的政治形势及需求。

迎娶明朝公主的记载，可谓始于朝贡，终于朝贡。“朝贡”是贯穿始终的核心暗线叙事。遵循中国古代和亲之礼，体现了马六甲对中华文化辐射力的认同和进入明朝主导的朝贡体系的意图。“成为中国皇帝的女婿后，马六甲国王才开始向中国皇帝朝贡”的表述，更是符合马六甲王国认同朝贡体系的影响力与作用，试图利用加入朝贡体系以谋求在东南亚海岛国较高政治地位的历史事实。

明朝也的确把马六甲视为朝贡体系的属国。④《马来纪年》中马六甲使臣出使明朝的记载确有其事。据《明实录》记载，苏丹茫速沙曾经四次遣使朝贡。天顺时，“满剌加国王子苏丹芒速沙各遣使亚烈葛佛荫等来朝”⑤。成化四年（1468），“马六甲国头目八剌思、通事无涉等来朝，贡象及龟同（筒）等物”⑥。成化五年（1469），“满剌加国王满速沙儿遣使臣端亚妈剌的那答等奉表来朝谢恩，贡方物”⑦。可见马六甲在苏丹茫速沙时期依然和明朝保持着“一般性的朝贡关系”⑧，在一定程度上认同中国文化，接受明朝皇帝授予的封号，定期或不定期来华朝贡。在马六甲使臣来访的记录中，明朝均以回赠的形式奖励其向化行为，在第四次来访中，则对马六甲招待因海难漂至其国的占城使臣“用示褒答”。⑨ 双方存在朝贡体系框架内明显的阶序关系。融入朝贡体系的现实，产生历史叙事认同的书写。双方在朝贡体系下建构的外交关系是稳定的，而马六甲也承认并接受这一关系。体现在联姻公主事件中，马六甲使臣的求亲说辞、完婚后马六甲王派遣使臣给明朝皇帝的诏书——苏丹茫速沙都以“儿婿”“臣子”自称，对明朝皇帝愿执子婿、藩臣之礼，亲善交好与仰慕明朝之意十分明显。

---

① Abdul Samad Ahmad, *Sulalatus Salatin* (*Sejarah Melayu*), p. 118.

② Siantan 地处加里曼丹、马来半岛和苏门答腊相邻之海上，宋以来中国旅行家称之为东西竺。马六甲占据此地为控制海上交通，尤其是与中国的交通。

③ Inderagiri 当时地处苏门答腊岛，为满者伯夷属国。

④ 《明史》卷三二五，中华书局，1974 年，第 8416 页。

⑤ 《明英宗实录》卷三〇四，天顺三年（1459）六月戊午，“中央研究院”历史语言研究所校印本，1962 年，第 6425 页。

⑥ 《明宪宗成化实录》卷五九，成化四年十月甲辰，“中央研究院”历史语言研究所校印本，1962 年，第 1207 页。

⑦ 《明宪宗成化实录》卷六五，成化五年三月戊戌，第 1315 页。

⑧ 李云泉：《明清朝贡制度研究》，暨南大学博士学位论文，2003 年，第 39 页。

⑨ 《明宪宗成化实录》卷一四一，成化十一年（1475）五月甲寅，第 2624 页。

虽然马六甲王朝把自身与明朝的关系置于重要的地位，希望融入当时明朝主导的世界政治体系格局。但是，在联姻叙事中，马六甲也处处表示出以本国文化、礼仪为尊的主体意识。在“求亲”环节，明朝皇帝要求马六甲王前来，但马来使臣托言强敌环伺，王不能离国。实际上，马六甲建国之初，自永乐九年至宣德八年（1411—1433）短短22年间，就有三位国王先后四次来华，这在古代中外关系史上是较罕见的。《马来纪年》中假托王不能来中国，实质上反映了到明朝中期，马六甲随着国力的提升而追求国家地位提升的姿态。

在“出嫁”环节，苏丹芒速沙要求汉丽宝公主皈依伊斯兰教，体现马六甲在接受朝贡体系采用中国礼仪文化的同时，又遵从本国文化传统，并要求明朝公主接受和认同其文化传统。这与当时国内宗教文化状况相关。马六甲自1446年第五代国王苏丹·穆扎法尔·沙（Sultan Muzafar Shah）始，定伊斯兰教为国教，使伊斯兰教更广泛地渗透到王国的各个方面。① 苏丹芒速沙时期，马六甲已经成为东南亚传播伊斯兰教的中心。因此，书写中国公主皈依伊斯兰教，是出于对自身文化具有优越感的推崇性表述。这一叙事细节，可以看作马六甲把中华文化“归化”为本土文化的一种尝试。

尤其耐人寻味的是，在“谢婚”环节中，马来使臣的船偏离航向驶向文莱的记述，与同一时期中国使臣的经历颇为相似：明朝派遣使臣前往马六甲行册封礼时遇飓风，“先是遣礼科给事中陈嘉猷、行人司行人彭盛为正副使，往满剌加国行册封礼，于广东布政司造船浮海。行二日，至乌猪等洋，遇飓风，船破。漂荡六日，至海南卫清澜守御千户所地方，得船来救”②。不同的是，在中国史籍记载中，明朝对马六甲实行册封礼，马六甲为名义上的藩属国；而在《马来纪年》记载中，马六甲通过与明朝的姻亲关系，获得文莱的臣服。虽然苏丹芒速沙统治时期文莱确已成为马六甲属地，但文莱国王以此方式归顺，显然具有夸张的成分。册封主体的转化记述，体现了马六甲在融入中国主导的朝贡体系的同时，也试图在东南亚海岛地区构建一种以本国为中心的等级体系的秩序理想。

最后，不得不提关于这次联姻的后续叙事。该事件通常被援引为马六甲对朝贡体系的不臣和蔑视之心：国王迎娶汉丽宝公主之后，双方建立朝贡关系。不久，明朝皇帝身患皮肤，金石无效，后老臣谏言，是因接受马六甲朝贡而致，遂免除马六甲朝贡义务，两国世代交好。这与事实有一定出入。《马来纪年》中“宣布免除朝贡义务”，实则反映的是明英宗时期对朝贡的限制：“王敬事大，贵在忠诚，不必以烦数为礼。”③ 马来历史叙事是对史实的润色化修饰，意在提高本国政治地位。由此可见，联姻叙事中重要环

① 梁志明等主编：《东南亚古代史》，第519页。

② 《明英宗实录》卷三二六，天顺五年（1461）三月戊午，第6729页。

③ 《明英宗实录》卷一〇六，正统八年（1443）七月辛巳，第2162页。

节背后都有真实的历史情境为支撑，尽管一些细节难免有移花接木或合理想象之嫌，但朝贡制度在马来世界的影响力，绝非天马行空的杜撰。

四、联姻叙事的成因：调适与融合

《马来纪年》联姻事件的叙事中涵括了马六甲对朝贡制度的认同与对马来文化的坚守。马六甲以中国的礼仪秩序来书写这个“不可考”的故事，其原因还需要从马六甲王朝的历史传统、政治需求、族源融合中探寻。

《马来纪年》的表述证明了当时朝贡关系是中马两国之间的主要关系，但其叙事逻辑为：联姻是朝贡关系产生的前提。暗含的实质是明朝朝贡体系和马六甲政治传统的碰撞。马六甲通过引入一段联姻记述来调和这种政治文化的不一致性，以本国文化视角解释了双方在体系中的地位——马六甲迎娶中国公主后国王才执子婿、君臣之礼，把联姻作为接受朝贡体系的先决前提。

这首先是由马六甲的政治传统决定的。包括马六甲在内的古代东南亚国家由于地形破碎、多山地貌、岛屿星罗棋布阻隔等原因，消融了王权中心的稳定性和弱化了王国政治中心的影响力。① 古代东南亚的王国是由多个地方的权力中心小国通过血缘婚姻、对君主的臣服和贡赋义务联结而成，缺乏强有力的中心。古代东南亚的政治结构被认为是去中心化（de-centralized），或者说是多中心化（multi-centralized）的。② 即便在实力最强大的国家，政治等级与古代中国相比也很薄弱。国家的维系依赖于神性仪式下贡品礼物的流通。③ 国王以神王的个人魅力统辖小国，这种政治关系通常不太稳定，所以王国与属国之间的关系依赖贡物的流通不断维系，这种维系成为古代东南亚政治关系的核心，东南亚海岛商业国家更是如此。在当时，女人作为一种最高级的礼物，是国家间关系网络的重要一环。政治上的联姻既表示了忠诚和臣服，也可以体现盟友合作关系。经济利益上，联姻所获得的贸易便利、货物礼品自不必说，联姻所诞下的后代更成为两国关系具体化存在的象征。如安东尼所言，古代东南亚王国间的联姻既是权力象征，又是外交工具。④ 马六甲王朝早期的强劲对手，同属印尼—马来文化圈的东南亚海岛强国满者伯夷国王威

---

① 贺圣达：《东南亚文化发展史》，云南人民出版社，2006 年，第 12 – 13 页。

② Laura Lee Junker, “Networks of Power and Political Trajectories in Early Southeast Asian Complex Societies”, In *Philippine Quarterly of Culture and Society*, Vol. 27, 1999, pp. 59 – 104.

③ S. J. Tambiah, *World Conqueror and World Renouncer: A Study in Religion and Polity in Thailand Against an Historical Background*, Cambridge University Press, 1976, pp. 19 – 31.

④ 安东尼·瑞德著，孙来臣、吴小安译：《东南亚的贸易时代：1450—1680》卷 1，第 215 页。

查亚①通过迎娶前朝新柯沙里（Singosari）国王的四个女儿，获得四个公主的领地，取得合法、稳固的统治地位。② 马六甲是一个贸易国家，港口和贸易的收入是国家收入的重要来源，但是在马六甲国内的政治结构和观念中，依然维持了古代东南亚的传统构成模式。因此，姻亲关系是国家关系的重要纽带，体现在《马来纪年》中，除了中国公主汉丽宝联姻的记载之外，还记录了林林总总的姻亲关系，如国王娶宰相之女、国王娶属国公主、国王将自己的妃子赏赐给重臣以调和大臣之间的矛盾等。知晓了联姻在古代马来世界的重要作用，也就不难理解汉丽宝公主的功用了。

除了政治传统，联姻公主事件的记述也与马六甲的现实利益需求有关。在苏丹茫速沙的统治下，马六甲处于鼎盛时期。当时东南亚地区强大的王国有暹罗和巴塞，马六甲征服了原臣服于暹罗的彭亨，国力已经能与巴塞媲美，足以干涉巴塞国的王位更迭。③通过迎娶满者伯夷公主，马六甲从满者伯夷国处获得了锡安坦和英德腊吉利，又征服监篦和锡亚克等小国，属地遍布马来半岛、廖内群岛、苏门答腊岛。其时港口商贸发达，各国商人和满载货物的商船云集于此。即便如此，来自安南和暹罗的威胁依然存在。马来使臣曾向明朝廷控诉：安南据占城城池，欲并吞满剌加之地。④ 历史上暹罗曾两次入侵，使得马六甲感到不安，认识到获得中国支持的必要性。⑤ 马六甲维持着与明王朝的朝贡关系，借助明王朝威慑时常骚扰本国的安南、牵制虽然言和但是依然强大的暹罗。联姻公主叙事体现了马来王朝需要与明王朝结为姻亲的亲密关系，抬高自身政治地位以遏制敌人的政治意图。但其中记述处处呈现的尊与卑、君与臣的矛盾心理，又体现了一种“依赖”和“独立”政治策略的摇摆性。

联姻公主事件为马来西亚民族融合和族源构成的起源提供了一种解释依据。婚姻的属性就是以再生产为目的，通婚实际上会促进文化的融合和同化。作为一个国际化的商业港口，马六甲聚居着中国、阿拉伯、波斯、印度、孟加拉国等各地的人种，族群间通婚联系密切。明朝中期后，更多的中国移民前往马六甲。联姻公主为马六甲国王诞下子嗣并延绵不绝的记述，实际上是古代马来西亚民族血统融合的一种投射，通婚代表了对于族群多元主义及异质性的包容。汉丽宝公主陪嫁的五百名男女，与当地马来人通婚，形成了马六甲一个延续至今的族群——峇峇娘惹（马六甲土生华人）。这种历史表述是官方联姻成为民间扩大通婚的示范，为马来西亚这个多种族、多文化交融的国家提供了一种国内民族构成、血统融合的诠释。

---

① Wijaya，在印度尼西亚和马来西亚古代史书也被称为克尔塔·腊查沙（Sri Narapati Kertarajasa Jayawardana）。

② 普腊班扎著，徐明月、刘志强编译：《爪哇史颂》，商务印书馆，2014年，第112页。

③ Haji Buyong bin Adil, *The History of Malacca during the Period of the Malay Sultanate*, p. 37.

④ 《明宪宗成化实录》卷二一九，成化十七年（1481）九月壬申，第3785页。

⑤ 参见王任叔：《印度尼西亚古代史》，第664页。

五、结语

考察汉丽宝公主事件，不难发现其是以联姻为表象、以朝贡为实质、以中华文化为框架、以本国习俗为肌理的历史叙事。在沉积了古代马来历史记忆的最重要作品《马来纪年》看似荒诞的记载中，隐含着真实的镜像。汉丽宝公主原型并非真实存在，但是联姻事件的多处记述皆有历史背景可考。通过联姻公主的叙事，马六甲王朝在政治上体面地论证了从属于朝贡体系的合理性；在文化上，成功地把中华文化、本国传统文化、伊斯兰文化嫁接合而为一，并解释了本国华人来源、民族融合的历史渊源。

我国古代严谨的治史传统留下了丰富的东南亚研究材料，在考察包括明朝与马六甲等东南亚海岛国家的朝贡关系时，大多从中国古代王朝留存的史料出发，理所当然地得出朝贡制度影响力巨大的结论，或者判定史料的夸大说辞，推导出朝贡制度在东南亚实际影响微乎其微，这是因为长期以来受中国王朝历史叙事为中心的影响。而在马来王朝的历史叙事中，联姻公主事件展示了朝贡体系介于“影响巨大”和“作用甚微”之间的一种历史事实：一方面体现了马六甲接受明朝礼仪、政治制度的影响；另一方面，马六甲也通过对自身地位、身份的建构与调适，试图以自身的文化政治传统与明朝交流，融入地区秩序。可以说，当时明朝与东南亚的国际秩序的内在互动是多元而丰富的，既有朝贡体系的影响，也有东南亚国家构建秩序的诉求；既有融入、冲突，也有调适，联姻公主的书写体现了构建两国关系历史视角的多元性。

最后简要区分“联姻”与“和亲”两个概念，或可说明全文观点。根据《左传·襄公二十三年》记载，早期的和亲指两个贵族家族联合的修好活动。因此，“和亲”并非仅指公主出嫁的婚姻关系，其概念比联姻更宽泛，不完全等同于政治联姻。① 广义的“和亲”除了建立联姻关系外，更注重双方的名分、赐予、互市等亲善同盟的意义，表示亲善与友好的关系。从这一维度看，“联姻”是否真实存在已经不重要，明朝和马六甲已经缔结了“和亲”的关系。联姻公主的历史叙事，可以看作已有“和而相亲”的两国关系上结出的果实。固化这一书写并流传至今的《马来纪年》，表现了马来王朝自古认同中国文化制度并与中国交好的历史事实。

作者简介：

徐明月，南京大学历史学院博士研究生，广西民族大学东南亚语言文化学院讲师。

---

① 刘兴成、薛平拴：《东汉、宋、明三代无“和亲”说质疑》，《陕西师范大学学报（哲学社会科学版）》2013 年第 4 期。

筑篱相隔，自困樊笼：鸦片战争前后清统治者对在华西人的管控问题研究

金　峰

［**提要**］鸦片战争前清统治者即重视对在华西人进行各方面的管控，在战后的相当长时间里也汲汲于维护相关管控制度。清统治者此举的用意，不仅在于隔绝中外和便于社会控制，更在于利用这些管控维护朝贡体制的制度尊严以及清王朝政权的合法性，使其不得不矢志相守，亦即封建专制的政治理论在政权合法性方面提出了具有“虚拟”性质的要求，使得封建政治的制度设计和政策制订又转而必须服从于这些“虚拟”要求，因而难以面对现实进行务实和理性的适应性调整。

［**关键词**］在华西人；管控；朝贡体制；政策意旨

关于鸦片战争前清廷开放广州对西人“一口通商”，通过广东地方官员、粤海关和十三行等组织机构，并依托澳门、黄埔和十三行商馆等物理空间，构建外贸、税征等中

西贸易管理体制，以及有关对在华西人的司法管理等问题，已有极为细致深入的研究。① 对于战前广州对西人行为、活动乃至人身等各方面的管控②，战后通商各口租界或西人聚居区与唐宋蕃坊制度的比较研究③，前人也颇为属意。唯对清统治者着力管控西人诸般努力的“初心”，即其构建和维护在华西人管控制度系统的意旨，尚无有力的诛心之论。特别是对此意旨在晚清社会进化和制度变革中的意趣发挥，也尚乏申论。本书从鸦片战争前后管控制度的“变更”和“维护”着手，试就此问题略献刍荛。

---

① 对于上述问题，有关中西交通、中西贸易或鸦片战争史、中国近代史开端的研究多有涉及。在中西贸易管理方面，有较为专门系统的讨论，章文钦分析了粤海关、十三行、黄埔港口和澳门作为广州的外港和西方各国商人的共同居留地“四个环节互相联系又各自形成一套制度”；郭小东则针对外贸管理体制的具体内容，细致分析了包括清廷、广东地方官员和广东以外官员三个层次的行政管理体系，包括惩戒等各方面制度的税征管理体制，包括贸易和外商管理的操作执行体系等（参看章文钦：《清代前期广州中西贸易管理体制的四个环节》，《广东十三行与早期中西关系》，广东经济出版社，2009 年，第 210 – 225 页；郭小东：《打开“自由通商”之路》，广东人民出版社，1999 年，第 51 – 57 页）。在关于西人的司法管理制度方面，吴义雄就鸦片战争前夕中英围绕治外法权的较量，作了极有价值的研究（参看吴义雄：《条约口岸体制的酝酿——19 世纪 30 年代中英关系研究》，中华书局，2009 年，第 62 – 142 页）。

② 关于战前在穗西人管理，梁嘉彬以“行商与大班之关系”“行商约束外商之责任”为题进行了开创性的研究；郭小东则对来华外商、外船管控约束的条规体系有所阐述；马士等人将中国对西人的管控总结为九个比较重要的方面：兵船不得入虎门；洋妇、枪炮等武器不得入商馆；禁止中外商人的债务或借贷关系；不得雇用华籍仆役；不得乘轿；不得在省河内划船游乐，允许限定时间和地点的游散活动；必须通过行商转呈禀帖；不得随意出入商馆；不得在广州逗留过冬等（参看梁嘉彬：《广东十三行考》，广东人民出版社，2009 年，第 317 – 318、332 – 333 页；郭小东：《打开“自由通商”之路》，第 57 – 60 页；马士、宓亨利著，姚曾廙等译：《远东国际关系史》，商务印书馆，1975 年，第 60 – 61 页）。

③ 关于通商各口租界区的形成与唐宋蕃坊的制度关联，几乎所有租界史的研究都有所关照（可参看费成康：《中国租界史》，上海社会科学院出版社，1991 年，第 1 – 9 页）。关于外人在华管理制度中相对自治的历时共性，包括相对独立和封闭的居住空间、有官方授权的自治领袖或自治组织、外人间民刑事诉讼的自决、与华人间非严重刑事案件的自决等，也有诸多专门性的比较研究，可参看邱树森：《唐宋蕃坊与明清澳门比较研究》，南方出版社，2001 年；陈尚胜：《澳门模式与鸦片战争前的中西关系》，《中国史研究》1998 年第 1 期，第 121 – 130 页；汤开建：《明代管理澳门仿唐宋“蕃坊”制度辩》，《西北民族学院学报（哲学社会科学版）》2001 年第 2 期；王宏斌：《从蕃坊到租界：试探中国近代外侨政策之历史渊源》，《史学月刊》2017 年第 5 期；等等。

一、鸦片战争前广东有关西人的管控制度

1. 鸦片战争前广东管控西人的制度

关于鸦片战争前广东地方官员颁布管束西人的规章，梁廷枏罗列甚详，即自顺治四年（1647）佟养甲奏准佛郎机人居濠境澳贸易而禁其入省之制，至乾隆二十四年（1759）李侍尧颁“防夷五事”，及至道光时李鸿宾更定“防范夷人章程”八条、卢坤颁“防夷新规”八条等，前后多任粤督或澳门同知等都有类似努力。① 这些规章的内容可分为以下几个方面：

其一，对西人在华活动时间、空间的限制。禁教以后，理论上清廷将西人在华活动的内容限定在商务范围内，活动时间、空间亦以此为断，即时间上从引水报关入虎门始，至完成交易止。空间上则西商到华可入居相对封闭的十三行商馆区开展贸易活动，贸易完成后即须离开；西船水手则船入虎门后湾泊黄埔，限在附近活动且须在船上居住，至贸易完成后离开。② 针对贸易中常见的余货未销及债务未清等情况，清官方网开一面，准许西商在澳门“住冬”以待清偿，但不准常住商馆。除上述常规性的制度之外，还有一些补充或专门性的规定，如允许居于商馆区的西商每月两次或三次、每次十人赴海幢寺等处游玩；准许“番梢”即西船水手每月一次赴十三行饮酒购物的“游散日”活动③；禁止西方妇女“到省”，以及后文还将专门讨论的禁止西人入城等。

其二，对西人行为规范的要求。对于西人的管控，还体现为诸多禁止性的约束规

---

① 参看（清）梁廷枏著，袁钟仁点校：《粤海关志》，广东人民出版社，2014 年，第 510－572 页。

② 对于外船水手的管理，李侍尧称：“夷船进口之后，向系收泊黄埔地方，每船夷梢多至百余名，或二百名不等，均应防范。向例酌拨广州协标外委带兵搭寮防守，但外委职分卑微，不足以资弹压。请嗣后于臣标候补守备内，酌拨一员，督同稽查其米薪日用。……并令附近之新塘营酌拨桨船一只，与该处原设左翼中军桨船会同稽察，俟洋船出口，即行撤回。”见（清）梁廷枏著，袁钟仁点校：《粤海关志》，第 552 页。

③ 参看亨特著，沈正邦译：《旧中国杂记》，广东人民出版社，1992 年，第 3－7 页。

范，如禁外商乘轿①，对其往来省澳乘驾船只也有限制②。例如西商外出闲游须“着令通事赴经过行后西炮台各口，报明带同前往，限于日落时仍赴各口报明回馆，不准饮酒滋事，亦不得在外过夜”，禁止西人在商馆区自主修造码头、栅栏，限制西人雇佣华人仆役，特别是道光十一年（1831）李鸿宾《防范夷人章程》还明确要求，“夷商居住行商馆内，不许夷商擅自出入，致与奸民交易营私。其在省河内坐驾三板船只，不准扬帆飞驶，与省河民船碰撞争闹。凡附近省城村落、圩市，不准听其游荡，以杜衅端”③，等等。即对西人一些可能引发民夷冲突的活动，也采取禁制性的措施加以管制。

其三，针对西人的管控机制和中西“官方”交往机制。清官方对西人的管控约束，采取假手行商、通事间接控制的方式。即清官方通常不与外商直接接触，而是令外商与行商间建立一一对应的担保关系，每一外商都有特定行商出承“保商”。保商不仅负责外商从入关报税到领单出口等全程贸易手续的事务办理，还须对外商在穗期间的管控负责。如外商有违规违制行为，其保商会受到拘押、枷责等处罚，实系以限制贸易的方式控制外商行为。至道光时，还形成了完善的引水、买办等办法，须由澳门同知发给牌照，行商、通事、买办至仆役层层担保、钳制的严密制度。④

此外，清承明制，除葡澳外，也默认在穗西人有若干自治之权。但清官方并未直接任命外人自治领袖或组建自治机构，而是在商务和司法实践中，“自然”地选择了在西商中最具影响力的英国东印度公司即所谓“公班衙”的大班，“广州特选委员会”“广

---

① 对于视西人乘轿为违制的观念不只出现在广州一口，如鸦片战争中英军据定海期间，奕经所遣差探即将“探得定海道台署已折毁，璞、巴、郭三逆乘坐绿呢轿，打红伞”［见（清）无碍老人：《烟海庚辛录》，陈建华、曹淳亮主编：《广州大典》第178册，广州出版社，2015年，第347页］一事，作为有价值的情报上报。战后广州反入城斗争期间，如梁廷枏、何有书也不约而同地将西人乘轿作为反入城理由。梁称：“英商在粤，重开市易，益肆骄矜。旧制，大班不得乘肩舆入馆，至是散商出，率乘坐，遨游通衢。”何有书呈耆英禀则称：“盖既有拜会之名，必将有肩舆仪仗，卤簿前驱，民间闻所未闻，见所创见，震慑人心，惊骇耳目。”见（清）梁廷枏：《夷氛闻记》，中华书局，1959年，第137、148页。

② 道光十一年李鸿宾定：“查夷船贸易，其公司船户遇有公事往来，坐驾三板艇只，自难禁止，应照旧准其驾驶。……惟向来夷目船户，始准坐驾插旗三板船只。若非夷目船户，不得妄驾插旗之船。……其由澳门、黄埔至省，及由省观察发现黄埔、澳门，均照旧章请给红牌，毋得来去自由。”十五年（1835）卢坤又定：“夷人入口贸易，货船停泊黄埔，其在省城、澳门往来，向惟英吉利公司船户，准坐驾插旗三板船只。此项三板船船较大，上有舱板，易于夹带器械及违禁货物。现在公司已散，所有插旗三板应行裁革。……嗣后各夷人船到黄埔，或在省城、澳门往来通信，只准用无篷小三板船，不得再用插旗三板船只。”见（清）梁廷枏著，袁钟仁点校：《粤海关志》，第568、571页。

③ 参看（清）梁廷枏著，袁钟仁点校：《粤海关志》，第519、525、565、570页。

④ 参看（清）梁廷枏著，袁钟仁点校：《粤海关志》，第570页。

州总商会”等外商组织，以及英国商务监督等为交涉对象，重大刑事案件的“索凶”等要求也通常通过大班等实现。① 在东印度公司贸易特许权被撤销即所谓“公司散局”时，清官方还曾一再要求行商“传谕大班寄信回国，如果公司散局，仍应酌派晓事大班来粤总理贸易”②。当然，与大班或商务监督的往来交流，广东官员也采用间接接触的方式，即通过向行商发布谕令、由行商转达，大班或商务监督有事投禀由行商转呈的机制。③

清地方官员之所以采用具有半官方身份的东印度公司大班，以及此后英政府派出的商务监督、领事等官方人员进行间接接触的机制，目的在于避免在对英交往中具有的官方色彩。这一举措可视作清统治者对西人进行管控在国家关系方面的延伸。如后文将要指出的，战前清统治者以“互市国”的身份定性英国在朝贡体制中的地位。尽管英人在乾隆、嘉庆年间两遣使节，但未能使清廷接受互派常驻使节、意味着双方对等的近代国家关系。清统治者未能强英人为藩属，因而坚持将两国关系限于商贸，并主观地将在华英人统统视为商人或至多是“商梢”。对于“商梢”人等的管理视同商人，不认为其具有与地方官员平等文书往来的资格。如在律劳卑（William John Napier）事件中，理论上律秘书阿斯迭（J. H. Astell）赴城门投书本身并不违规，但清官员拒绝接收，关键即在于其所呈系意味着官方平行往来之“函”而非以商报官之“禀”，④ 亦即卢坤所指出的“（英人）致臣卢坤书信，封面用平行款式，妄写大英国字样”⑤。对于律劳卑或义律（Charles Elliot）的官方身份，卢坤、邓廷桢其实心知肚明，但所采取的做法则均是“视同商人”。故义律出任商务监督后以“禀”与广东官员对话，邓廷桢即奏称：“接据英夷义律由澳门传禀，内称准本国公书特派远职来粤，总管本国商贾、水梢，乞准赴省等情。……虽核与向派大班不符，但名异实同，总之以夷驭夷，不许别有干预，似可量为

---

① 参看黄国盛：《鸦片战争前粤海关当局与“大班”的关系及其演变》，《福建论坛》1998年第2期；马士著，区宗华译：《东印度公司对华贸易编年史（1635—1834）》，广东人民出版社，2016年，第一卷，第221、263－265页，第二卷，第1－14、72－82页；吴义雄：《条约口岸体制的酝酿——19世纪30年代中英关系研究》，第17－61页。

② （清）梁廷枏著，袁钟仁点校：《粤海关志》，第523页。

③ 嘉庆十五年（1810），广州知府陈镇覆英大班益花臣议称：“英吉利夷商禀事，密封交行商代递，系指紧要事务，径赴总督辕门陈诉者而言。其寻常贸易事务，请仍赴粤海关衙门呈递；以及交涉地方寻常事件，仍赴澳门同知、香山县及县丞衙门，就近呈递，以昭画一。”道光十一年李鸿宾又明定：“夷商具禀事务，应酌量是否紧要，分别代递、自递也。……嗣后遇有事关紧要必须赴总督衙门禀控者，应将禀词交总商或保商代递，不准夷人擅至城门口自投。倘总商、保商执意拦阻，不为代递，致夷情不能申诉，方准夷人携禀前赴城门口。营员接交其投禀时，只准一二夷人前往，不准带领多人，张皇其事。……寻常贸易事务，应赴粤海关衙门具禀，及寻常交涉地方事务，应赴澳门同知、香山县及香山县丞等衙门禀陈者，均仍准照常控理。”［见（清）梁廷枏著，袁钟仁点校：《粤海关志》，第563、566－567页］。

④ 参看马士、宓亨利著，姚曾廙等译：《远东国际关系史》，第61、78－79页。

⑤ （清）梁廷枏著，袁钟仁点校：《粤海关志》，第530页。

变通。”道光则谕令：“该国来船络绎，自应钤束得人，以期绥静。今该夷既领有公书文凭派令经管商梢事务，虽与向派大班名目不同，其为钤束则一，着准其依照从前大班来粤章程，至省照料。并饬令粤海关监督给领红牌进省。以后住澳、住省，一切遵照旧章。”① 此后还有邓廷桢称义律为“领事夷商”引发抗议之事②，即其定性义律不过是拥有管理职权的商人而已。此一认知在清官场几乎是一种普遍观念，如在鸦片战争中，裕谦仍称：“查义律不过该国一贸易领事之人，与中国洋行相等。”③

其四，广东管制西人的规章制度的总体演进趋势。清初西人居澳门为多，管控重点在于葡澳，清中期后则转向地位不断上升的十三行商馆区；乾隆时期管控制度密集推出，开始经制化。至道光时英人开始不断挑战传统体制，清人因应性质的规章制度的出台也相应稠密；在顺应形势、有所变通的同时④，各项管控措施总体上日趋严密。

2. 关于禁止入城

在上述规条之外，战前对西人管控还有一项较为特殊的禁令，就是禁止其进入由城墙围绕的广州府城。对于外人入城，明代就禁令綦严。如东南亚诸国朝贡使团到穗，“入贡者惟正使进城，余皆就驿（即城外怀远驿）止宿，遇设宴管待方入，宴毕即出”⑤。对于不入朝贡但准互市的西人，“明洪武初，令番商止集舶所，不许入城，通番者有厉禁。……嘉靖三十五年（1556），海道副使汪乃立客纲客纪，以广人及徽、泉等

---

① （清）梁廷枏著，袁钟仁点校：《粤海关志》，第 537－538 页。

② 道光十七年（1837）四月，邓廷桢致函义律：“据英吉利国领事夷商义律禀称。”义律抗议道：“谕内领事二字之下，偶写夷商义律字样，……是职是商，各有各分。且道光十七年正月十八日钦奉上谕，指明远职特派领事，不管贸易，即来省料理分内之事各情节，钦遵在案。”邓复函“准将前谕内夷商二字删除，以照核实”。见佐佐木正哉编：《鸦片战争前中英交涉文书》，文海出版社，1977 年，第 102、103、105 页。

③ （清）文庆等纂：《筹办夷务始末（道光朝）》，中华书局，1964 年，第 673 页。

④ 如蒋攸铦奏准英人赴花地游玩时称：“英吉利夷人从前禀求，指一阔野地方行走闲散，以免生病。曾准于每月初三、十八两日，令赴关报明，派人带赴海幢寺、陈家花园内，听其游散，以示体恤。……兹查近年已无陈家花园，各夷人每有前赴花地游散之事。从前原定每月两次准该夷人出外闲游，兹酌定于每月初八、十八、二十八日三次，每次十名。”李鸿宾更定《防范夷人章程》时，针对李侍尧颁“防夷五事”中有“雇倩汉人役使，并应查禁”，及蒋攸铦“严禁民人私为夷人服役”之令，称：“夷商雇倩民人服役，应稍变通也。……查内地民人雇给夷商服役，向有沙文名目，久已禁革，自应仍照旧章，严行禁止。惟近日各国夷商来者益众，其看货、守门及挑水、挑货等项，在在需人，……应请嗣后夷馆应需看货、守门及挑水、挑货人等，均由买办代为雇倩民人，仍将姓名告知洋商，责成该管买办及洋商稽查管束。”见（清）梁廷枏著，袁钟仁点校：《粤海关志》，第 519、566 页。

⑤ （明）陈大科、（明）戴耀修，（明）郭棐等纂：《广东通志》卷六九《番夷》，万历三十年（1602）刻本，叶七十三。

商为之。三十八年（1559），海寇犯潮，始禁番商及彝人毋得入广州城”①。清承明制，在有条件地准许暹罗等朝贡国贡使入城的同时，对西商则自顺治时即“禁佛郎机不许入广东省会，荷兰之人贡者，亦只令在馆贸易”②。前列诸多管控西人的规条中，除限西人在靖海门外投禀外，均未明言入城之禁，盖皆以禁入城为当然之事耳！

3. 是“住冬”还是“住夏”

对于李侍尧颁“防夷五事”有禁止西商在穗“住冬”一事，明清时西人来华，通常在九、十月前乘西南季风至穗，次年三、四月乘东北季风返航，其间为贸易季，西商在穗开展贸易活动，因此在广州“住冬”实为常态，大量中西史料也反映出外商冬居羊城夏住澳门的情况。如道光十年（1830）广州将军庆保即奏称：“查各国夷人航海来粤贸易，每年春、夏皆寓居澳门；至秋、冬间，因出进货物均在省城洋行交兑，即移驻省中夷馆。”③ 因此汪敬虞认为：“一个负责监管海关的大员在大谈防范外夷规条之时，却弄不清外国商船进出海关的季节，这也足见陶醉于太平盛世的清王朝的昏愦了。”④

就自然气候条件而论，汪氏所言无疑系属显而易见的事实。但需指出的是，因西船通常在每年十月前抵穗，在广州冬季到来之前贸易活动多已完成，令少数商务未清西商赴澳门“住冬”的辅助政策，系以此为基础。理论上如西商在广州住冬至次年三、四月，则没有理由不能完成贸易，理应直接返航而无须赴澳门居停。西商乐于冬季居穗夏季居澳，主要原因不在于单次贸易未能完成，而在于需要拓展业务及追求生活舒适。但清统治者显然无意满足西人，其禁止西商在穗“住冬”乃至在澳门久居⑤的用意，系为防止外商借口贸易未靖淹留，限制其在华居留时间。故如梁廷枏所言：“故事，诸夷来粤售货毕，即乘风去。以索逋留者，必令移居澳门，谓之‘住冬’。”⑥ 因此除李侍尧

① （清）金光祖修，（清）莫庆元等纂：《广东通志》卷二八《外志》，康熙三十六年（1697）刻本，叶百十八。

② （清）梁廷枏著，袁钟仁点校：《粤海关志》，第341、428页。

③ （清）梁廷枏著，袁钟仁点校：《粤海关志》，第522页。

④ 参看汪敬虞：《是住冬还是住夏——关于鸦片战争前广州外国商人的“住冬”问题》，《近代史研究》1980年第4期。

⑤ 关于限制西人在穗及在澳居住情况，如道光十六年，两广总督邓廷桢等曾晓谕各行商：“查规章内，并无允许外人居住省城之条文。昔日由于疏忽，以致外人有居住省城达数年之久之情事。此诚违背法律。即使此等外商专心商务，与行商并无狼狈为奸情事，但彼等居住之地方不能无疑。……外商××与××二人，既亦请求往澳门居住，亦准其所请，在本年年末与明年一月前往澳门。至于外商××、××及××等三人，虽愿往澳门居住，但未言明回国日期，而且欲留居广州至明年三月、四月始能出境，显属谎谬愚昧之至。”见广东文史研究馆译：《鸦片战争史料选译》，中华书局，1983年，第127页。

⑥ （清）梁廷枏：《夷氛闻记》，第3页。

外，嘉庆十四年（1809）粤督百龄、粤海关监督常显在议及禁西人在澳久居一事时也称："各国夷商止准暂留司事之人，经理货账，余饬依期归还，不许在澳逗留也。查外夷商船，向系每年五六月收泊，九、十月归国。该夷商或因货物未销，或有行商挂欠未清，向准在粤海关请照，下澳暂寓住冬，仍俟行账算明，即于次年催令回国。迩来该夷等竟有在澳久居，迁延不去者。"① 与粤督不同，粤海关监督日常即需办理外贸诸事，是以常显不可能不知道西船到港、离港时间，唯其在言及"住冬"问题时，习惯性地使用此类"套话"以便立论。亦即李侍尧、百龄等议及"住冬"一事时，侧重点不在讨论西商事实上应于何时抵达和离开，而在明确"住冬"之禁，亦即李侍尧所言"夷人销货完竣，不准逗留，近则往往在粤省过年"② 的问题，并不全然出于昏愦。

二、鸦片战争后清统治者维护管控西人制度的努力

鸦片战争结束后，理论上英人予取予求，通过《南京条约》取得了诸多侵略权益，在华英商也得以摆脱诸多有关禁限方面的管制。但事实上在细化《南京条约》原则性条款的善后谈判中，清统治者在禁限西人方面仍有诸多努力，且取得颇为可观的"成果"。

1. 鸦片战争后穗榕二城的反入城斗争

如前所述，禁止西人入城是鸦片战争前广州管制西人一项特殊的禁制性规条。《南京条约》对此规定："自今以后，大皇帝恩准英国人民带同所属家眷，寄居大清沿海之广州、福州、厦门、宁波、上海等五处港口，贸易通商无碍；且大英国君主派设领事、管事等官住该五处城邑。"③ 即就条约权利而言英商及其家属可居"港口"，英外交人员及其家属可居"城邑"。如对"城邑"字义不作曲解，英外交人员有权入城。④ 负责中

---

① （清）梁廷枏著，袁钟仁点校：《粤海关志》，第 553 页。

② 蒋廷黻：《近代中国外交史资料辑要》上卷，东方出版社，2014 年，第 9 页。

③ 王铁崖编：《中外旧约章汇编》第一册，上海财经大学出版社，2019 年，第 28 页。

④ 关于马儒翰（John Robert Morrison）所拟中文本《南京条约》第二款有关英商及领事等官员居住于通商口岸"港口"和"城邑"两词的中文文义，以及英文本相关条款措辞的本义，茅海建和夏笠都做了极为明晰的阐释。其主要意见是：如据英文本，英商和外交人员有携家属入城之权。然因条约中、英文本均由英人拟定且未明定争议发生后以何种文本为据，文本产生歧义的法律责任应由英方承担，故中方有权根据中文本，利用中国古代由具有军事防御性质的城墙围蔽的政治中心之"城"，与具备商业功能之"市"不相一致的实际情况，和中文本的模糊字义，对条约作出有利于己方的解释，主张英人并不具有入居城墙所围之城的权利。参看茅海建：《近代的尺度：两次鸦片战争的军事与外交（增订本）》，三联书店，2011 年，第 113 - 116、118 - 119 页；夏笠：《第二次鸦片战争史》，上海书店出版社，2007 年，第 33 - 34 页。

英交涉的中方官员对此也心知肚明。[①] 但广东绅民仍期维护战前“旧制”，历当英人尝试入城，即会掀起强烈的抗争浪潮，形成了持续15年之久的反入城斗争。[②] 广东地方官员则假“民情不协”为辞，操控绅民与英人对抗。至1849年，广东绅民在粤督徐广缙的领导下，还曾在与英公使文翰（George Bonham）的入城交涉中取得“胜利”，并引发清廷上下的狂欢。直到第二次鸦片战争中英法联军于1857年末占领广州，入城轇轕才不解而解。

福州也出现与广州相似的反入城斗争。[③] 鸦片战争后主持福建军政的督抚刘韵珂、徐继畬对英交涉较为务实，1844年英领事李太郭（G. T. Lay）抵榕后很快租得城内乌石山积翠寺空屋为领馆。[④] 在发动士绅阻挠未果后[⑤]，刘、徐并未强力阻止，英使波澜不惊地实现入城。但对英商，刘、徐则坚守《南京条约》，令居城外南台[⑥]。至1850年6月，英国传教士蔗枕（R. D. Jackson，又译札成）、医生委里董（William Welton，又译温敦）在代理领事金执尔（William Raymond Gingell）的帮助下，租得城内乌石山神光寺房屋。因侯官县令兴廉对租约草率用印，使得非外交人员、原本被认为无权入城的传教士等入居榕城。福州士绅显然是受到不久之前广州反入城斗争“胜利”的鼓舞，以神光寺系“该省生童常川读书之所，并非各国通商贸易之地”为由，赴抚署呈控，“并公给

---

① 如刘韵珂即称：“且原议和约内所载领事住了五处城邑一语，并未分别内外。”见（清）文庆等纂：《筹办夷务始末（道光朝）》，第2923页。

② 关于广州反入城斗争端末及社会历史成因等问题，国内外有诸多研究，可参看黄宇和：《包令爵士与广州入城问题》，中国社会科学院近代史研究所《国外中国近代史研究》编辑部编：《国外中国近代史研究》第十辑，中国社会科学出版社，1988年，第33－56页；黄宇和著，区鉷译：《两广总督叶名琛》，中华书局，1984年；夏笠：《第二次鸦片战争史》，第33－60、126－161、172－283页；茅海建：《近代的尺度：两次鸦片战争的军事与外交（增订本）》，第113－173页；夏笠：《徐广缙与1849年广州反入城斗争》，《上海师范大学学报（哲学社会科学版）》1983年第2期，第103－111页；张海林：《重评近代广州绅民的“反入城斗争”——兼论近代中国应付西方挑战的合理方式》，《安徽师范大学学报》1989年第1期，第97－102页；［美］魏斐德著，王小荷译：《大门口的陌生人：1839—1861年间华南的社会动乱》，中国社会科学出版社，1988年；John Nolde, *The Canton City Question 1842－1849: A Preliminary Investigation into Chinese Antiforeignism and its Effect upon China's Diplomatic Relation With the West*, Cornell University, 1956。

③ 参看郦永庆：《神光寺公案辨析》，《历史研究》1992年第6期。

④ 参看（清）文庆等纂：《筹办夷务始末（道光朝）》，第2921－2923页。

⑤ 参看中国史学会主编：《中国近代史资料丛刊·第二次鸦片战争》第一册，上海人民出版社，1978年，第101页。

⑥ 参看（清）贾桢等纂：《筹办夷务始末（咸丰朝）》，中华书局，1979年，第47页。

该夷（按：指金执尔）书信，明白劝止”，要求英人迁出城外。① 刘、徐主张“从缓设法”②，即不强制蔗枕等即刻迁出，而是待其“届租满之时即行搬移”，以维持中英外交关系的安定。但榕城“民意”骚动不已，乡居的林则徐隐操舆论，联络士绅致函徐继畬，要求立即驱逐英人。在京闽籍御史则接连参奏刘、徐“畏葸偷安”“意存迁就”。③ 虽至年底蔗枕等租满迁出城外，咸丰帝仍颁旨申饬刘、徐，并借刘生病请假之机将其开缺，将徐贬官闲置。④

如将目光向后延伸，随着晚清通商口岸不断增加，还有多个口岸也曾出现类似斗争。如1860—1866年持续六年之久的潮州反入城斗争⑤，以及迟至光绪二十八年（1902）长沙反对英商入城的斗争⑥。特别是在反洋教斗争中，清人反对传教士入境或入城的斗争屡见不鲜，如同治十年（1871）南昌府地方官绅阻止英传教士入城案⑦等。即在晚清相当长的时间里，在地方政治具有重要影响力的士绅群体乃至相当一部分地方官员心目中，仍以禁止入城为掌控西人重要而正当的目标。

2. 关于限制西人活动范围

鸦片战争后，最初负责对英交涉的伊里布主要将注意力放在筹措赔款、议定通商税则及台湾杀俘等问题上⑧，但对有关英人合法活动范围的问题，也曾于1843年2月就按战前旧制理应在船居住的黄埔英人登岸进入附近石头嘴、沙亭等村，引发士绅民抗议一事照会璞鼎查（Henry Pottinger）。璞鉴于条约未定，还曾出示禁止英人出游并派员

---

① 参看（清）贾桢等纂：《筹办夷务始末（咸丰朝）》，第46页。

② 参看（清）贾桢等纂：《筹办夷务始末（咸丰朝）》，第48页。

③ 参看（清）贾桢等纂：《筹办夷务始末（咸丰朝）》，第46、53－56、93－95、110页。

④ 参看中国第一历史档案馆、福建师范大学历史系编：《中国近代史资料丛刊续编·清末教案》第一册，中华书局，1996年，第86、90、94页。

⑤ 参看何若钧：《1860—1866年潮州人民反英国侵略者入城的斗争》，《华南师范学院学报》1957年第4期；方尔庄：《第二次鸦片战争后潮州人民反对英领事坚佐治入城的斗争》，《汕头大学学报》1987年第2期；赵春晨：《晚清洋务巨擘——丁日昌》，广东人民出版社，2001年，第136－144页。

⑥ 参看罗玉明：《长沙开埠与湖南绅民和阻止贝纳赐入城》，《怀化学院学报》2004年第6期；彭定一、向定洋：《从长沙开埠过程中的华洋杂处交涉看绅商权利诉求》，《文史博览》2009年第1期；张建斌：《光绪朝长沙开埠与英商入城交涉始末》，《历史档案》2017年第1期。

⑦ 参看中国第一历史档案馆、福建师范大学历史系合编：《中国近代史资料丛刊续编·清末教案》第二册，中华书局，1998年，第8－9、13－15页。

⑧ 参看（清）伊里布等撰：《钦差大臣伊耆在广东奏办夷务通商事宜一卷》，陈建华、曹淳亮主编：《广州大典》第183册，广州出版社，2015年，第658页。

约束。①

耆英接任善后谈判后，除通商税则外，更将限制西人居住和活动范围的问题作为一个交涉重点，并成功地将一些限制性条款写入《虎门条约》等条约中。如对外人在通商口岸租屋、租地，《南京条约》订为“大皇帝恩准英国人民带同所属家眷，寄居大清沿海之广州、福州、厦门、宁波、上海等五处港口，贸易通商无碍”，即理论上有自由散居之权。《虎门条约》则将之修订为“中华地方官必须与英国管事官各就地方民情，议定于何地方，用何房屋或基地，系准英人租赁”，此后的《望厦条约》《黄埔条约》亦均确定了“中国地方官会同领事等官”议定地界的原则，② 即改订为清地方官员有权限定租房租地的地域范围。因此款有助于在通商各口建成与战前封闭的十三行商馆区，亦即与蕃坊类似的西人居住区，耆英特将之作为重要的外交成果向道光奏报。③ 但清廷中枢仍不满意，奉旨审议《虎门条约》的军机大臣穆彰阿等还提出：“英人携眷赴五港口居住，或租赁房屋，或租基地建屋一条，……其每年租屋若干所，建屋若干间，即由英国管事官通报地方官转报立案。至房屋增减，现在虽难预定额数，惟英人居住既有议定界址，其与家属所居房屋，即将来人数增添，自不得于界址外别有租赁，别有盖造，应再与切实要约。”④ 道光也谕令：“夷人在各口租房赁地，自应于议定界址时，再与切实要约，以杜借口，务当因地制宜，不准稍留罅隙。”⑤ 实仍期循战前管理葡澳及广州商馆区的规制，限定外人居住空间。

特别是对于限制西人活动范围，清统治者努力良多。战后初期，中西间围绕西人越界活动还发生了多起严重的外交纷争，如青浦教案和法国发动第二次鸦片战争的借口“马神甫事件”等。《南京条约》虽准英人至五处通商口岸，但并未细定活动范围。《虎门条约》定，“五港口英商或常川居住，或不时来往，均不可妄到乡间任意游行，更不可远入内地贸易，中华地方官应与英国管事官各就地方民情地势，议定界址，不许逾越，以期永久彼此相安”⑥，此后的《望厦条约》《黄埔条约》也规定外人活动范围由各口地方官员与各国领事议定⑦，亦即耆英争取到了清地方官员有权对西人活动范围进行

① 参看佐佐木正哉编：《鸦片战争之研究（资料篇）》，沈云龙主编：《近代中国史料丛刊续编》第九十五辑，文海出版社，1984 年，第 237－238 页。

② 参看王铁崖编：《中外旧约章汇编》第一册，第 28、32、49－50、57 页。

③ 参看（清）文庆等纂：《筹办夷务始末（道光朝）》，第 2740 页。

④ （清）文庆等纂：《筹办夷务始末（道光朝）》，第 2754－2755 页。

⑤ （清）文庆等纂：《筹办夷务始末（道光朝）》，第 2783 页。

⑥ 王铁崖编：《中外旧约章汇编》第一册，第 32 页。

⑦ 参看王铁崖编：《中外旧约章汇编》第一册，第 50、57 页。

限制的原则。穆彰阿等在审议《虎门条约》时又对此原则加以强调。① 然而各口情形颇有不同。1844年8月4日，耆英还曾札饬上海道宫慕久，交代其与英国驻上海领事巴富尔（George Balfour）交涉巴氏之弟“私越新闸一带打雀”一事。② 此后至当年12月之间，宫与巴达成英商可至一日往返路程内游历的协议。③ 宁波等口岸似乎也遵循一日之限的原则，但具体范围差别极大。唯广州则迟迟未能明定细则。1845年6月，英国驻广州领事马额峨（Francis Coleman MacGregor）与广州地方官员就此展开谈判，未有明确结果。④ 1846年4月，耆英与德庇时签订的《英军退还舟山条约》，订有“前于乙巳年（道光二十五年）十一月二十二日，地方官会同英国领事官，照善后约第六条酌定出示之七十处，并在河（按：指珠江）两边无多乡里处所，为散步之地，所有定界内，于城外近地行走英人，必受保佑，全安无妨”⑤ 的条款。至1847年初，耆英方才向德庇时确认广州可参照上海一日之限的办法办理。⑥ 至1847年末，广州近郊还发生了民众阻挠出游英人入村、双方发生冲突导致6名英人被杀的黄竹岐村案。⑦ 道光针对该案谕令耆英：“此次黄竹岐民夷争殴之事，在地方官及绅耆人等，固应将民人严行管束，而夷人恣意嬉游，该酋若能约束禁止，何至动起衅端？况日久杂处，必不能保相安无事。该督等务将此意剀切晓谕，令其设法禁止，非贸易不得无故滥入民间田舍屋宇，使知驭下严明，

---

① 参看（清）文庆等纂：《筹办夷务始末（道光朝）》，第2754页。

② 参看刘志伟、陈玉环主编：《叶名琛档案》第三册，广东人民出版社，2012年，第682页。

③ 此协议签订的具体时间不详。在处理青浦教案时，两江总督李星沅奏称：“至夷人原定条约，各就地方民情地势议定界址，本不准任意逾越。上海口岸，经前任苏松太道宫慕久，与英夷德酋及领事巴富尔再三要约，以早出晚归，不准在外过夜为断。”德庇时在1844年9月19日至24日曾至上海［参看（清）文庆等纂：《筹办夷务始末（道光朝）》，第2865－2866、3136页］，而英国领事巴富尔通告上海英国臣民，“根据《虎门条约》第六款，本领事已与中国当局议定，由于上海郊区地势平坦，很难划定自然界限，因此所有英国臣民允许为娱乐而外出闲游的界限，确定为该臣民在白天外出游历，不得超过当天可及时返回上海的路，以免不得不留宿界外”，其时则在1844年12月5日（见汤志钧主编：《近代上海大事记》，上海辞书出版社，1989年，第22页）。马士则指出，“在以后几年中，（上海）游历的范围约定为三十英里的距离”［见马士著，张汇文等译：《中华帝国对外关系史（1834—1860年冲突时期）》第一卷，商务印书馆，1963年，第400－401页］。

④ 参看佐佐木正哉编：《鸦片战争后の中英抗争·资料篇稿》，东洋文库，1964年，第14－16页。

⑤ 王铁崖编：《中外旧约章汇编》第一册，第65页。

⑥ 参看佐佐木正哉编：《鸦片战争后の中英抗争·资料篇稿》，第74页。

⑦ 关于此案端末，参看马士著，张汇文等译：《中华帝国对外关系史（1834—1860年冲突时期）》第一卷，第441页；（清）梁廷枏：《夷氛闻记》，第146页；（清）文庆等纂：《筹办夷务始末（道光朝）》，第3115－3119页。

亦为中国官民所称赞。”① 即要求其照责英公使禁止英人随意进入乡村。② 与此同时，道光就青浦教案谕示江督李星沅：“华夷接壤地方，立有一定界址，倘有违约私行，必致斗殴以启争端，不可不防其渐。”③ 对西人事实上在各通商口岸任意漫游表示不满。道光二十九年（1849）徐广缙等取得反入城的“胜利”时，曹履泰又乘机奏请：“敕下江南、浙江、江苏督抚，晓谕夷人，毋许越境闲游，以杜后患而息祸端。”④ 在第二次鸦片战争前，对西人反复提出的“游行内地”的要求，清廷都是严词拒绝。⑤

3. 对于西人行为规范的管束

《南京条约》及《虎门条约》等使西人摆脱了行商和买办、通事等对其间接的控制，也使西人得以自由雇佣引水员、仆役，且获得携眷定居各口的权利。⑥ 此外，对西人乘轿的禁限及驾乘船只的诸多限制，虽无条约明文，但在实践中早已被弃置了。亦即在战后面对强势的西人，清人对如何约束和规范其行为已颇感无力。但清统治者并未放弃在这一方面的努力，如《南京条约》签订不久，道光针对其认为须加“筹酌”之处就提出：“从前货物交易，银钱往来，俱系由洋商与汝等自行经理，我国官员向不过问。且此中贸易曲折，价值低昂，甚为琐屑，况各国言语不通，断非地方官所能办理。嗣后各处通商，自应仍照旧章，毋庸更改。”⑦ 亦即面对外商“勿论与何商交易，均听其便”⑧ 的条款，道光已意识到无法继续通过行商管理外贸的方法对外商进行控制，但仍期以避免官方卷入贸易细务为由，一方面确保清官方不再负担清理“商欠”的责任，另一方面仍不欲使地方官员直接面对英商，并期重新形成“仍照旧章”的间接控制外人的机制。此外，在与璞鼎查的交涉中，耆英也曾提出：“五处开港，除广州已给香港居住，毋庸置议外，其福州、厦门、宁波、上海四处，只可于港口建设会馆，俟英国商民来时居住。其携带家眷，自属人情之常。惟贸易事毕之后，仍应回船归国，不必常年在会馆居住，似为妥协。如实有账目未清、事件未了者，照广州押冬商人之例，呈明该管官，

---

① （清）文庆等纂：《筹办夷务始末（道光朝）》，第 3131 页。

② 对此魏斐德指出：“皇帝也是从相反的方面看问题的。首先，英国人到黄竹岐去做什么？诱发事件的真正原因是他们的出现，而不是村民的行为。”（见魏斐德著，王小荷译：《大门口的陌生人：1839—1861 年间华南的社会动乱》，第 97 页）亦即道光的着眼点在于地方官能否限制英人的活动范围。

③ （清）文庆等纂：《筹办夷务始末（道光朝）》，第 3134 页。

④ （清）文庆等纂：《筹办夷务始末（道光朝）》，第 3193 页。

⑤ 参看中国史学会主编：《中国近代史资料丛刊・第二次鸦片战争》第三册，第 396 页。

⑥ 参看王铁崖编：《中外旧约章汇编》第一册，第 47－48 页。

⑦ （清）文庆等纂：《筹办夷务始末（道光朝）》，第 2278 页。

⑧ 王铁崖编：《中外旧约章汇编》第一册，第 28 页。

准其在馆居住。"① 虽无法推翻英人"携眷"和寄居五港口"贸易通商无碍"的成议，但仍期在一定程度上保留战前旧制的影子。甚如反入城时的广州绅民也力图循此要求，在《阖省铺户公议》中提出："令嗣后不准擅带夷兵来省河。凡船入口到虎门，必先呈缴炮械。"② 对清统治者已不可能维持的战前旧制表现出强烈的眷念。

4. 关于中英外交人员的文书"平行"往来

《南京条约》规定，"大英国君主派设领事、管事等官……专理商贾事宜，与各该地方官公文往来""英国住中国之总管大员，与大清大臣无论京内、京外者，有文书来往，用照会字样；英国属员，用申陈字样；大臣批覆用札行字样；两国属员往来，必当平行照会"③。在城下之盟中，清人被迫承认了英外交人员与商人不同的官方身份，给予其与清同级官员的对等地位，并建立起双方文书平等往来的机制。④ 但清统治者内心却难以接受与英国互为敌体、"夷官"也得享大臣之尊的现实。在外交实践中，一些相对务实理性的官员如耆英等固能与英人往来酬酢，但仍需在清官方"华夷尊卑"的话语系统中婉转求解，而一些对外强硬的官员如徐广缙、叶名琛等，在第二次鸦片战争前的交涉实务中，则采取了限制官方交往级别⑤、淡化相互关系的政治色彩并将交涉事务的内容

---

① 佐佐木正哉编：《鸦片战争之研究（资料篇）》，沈云龙主编：《近代中国史料丛刊续编》第九十五辑，第217页。

② 佐佐木正哉编：《鸦片战争后の中英抗争・资料篇稿》，第319页。

③ 王铁崖编：《中外旧约章汇编》第一册，第28－29页。

④ 关于中西官员品级的对应，鸦片战争后各口形成的惯例是由督抚对应各国公使，知府（道台）对应领事。天津条约对此约定成文。参看《中美天津条约》，王铁崖编：《中外旧约章汇编》第一册，第83页。

⑤ 对于双方官方交往，清廷在事实上将之限在督抚与公使级别，并尽可能避免此一级别的接触。如在《南京条约》的谈判过程中，道光即曾限制耆英等与璞鼎查等面晤［耆英奏报谈判情况时称："如果将来议有成说，奴才等自应会同面见该夷酋，以定大局。"道光朱批："既有成局，总以不会面方好。"见（清）文庆等纂：《筹办夷务始末（道光朝）》，第2260页］。及至1854年包令等北上"修约"时，咸丰也同样严令禁止时任直隶总督桂良与之面晤（包令、麦莲到津后不久，桂良曾拟派署易州知州程仁杰赴天津会办，咸丰谕令："如果文谦等能正言开导，使之克日回帆，该督即无庸前往，……若文谦等办理有未妥之处，该督亦应赴彼，藉镇人心。"此后更明令："汝（按：指桂良）之出省与否，不可先露其意，即使出省，亦不便与夷酋相见。"［见（清）贾桢等纂：《筹办夷务始末（咸丰朝）》，第324－325、330页］。在广州的中英交涉中，徐广缙以布政使不办外事为由，代以同品级的副将与英领事会面。叶名琛更是变本加厉，不仅本人不见外使，其属官也多以无事不见外人为妙（参看佐佐木正哉编：《鸦片战争后の中英抗争・资料篇稿》，第161－162、187页）。

限于商务①、有意模糊其官方身份以矮化英人②等诸多举措。为将中英关系降格，清统治者还设计出了由两广总督全权负责对西方各国外交的奇特制度。③ 即对英人通过条约取得的“平行”之权，清统治者不仅在话语中将之解释为出于权宜的“包荒”，在外交实践中也采取了对英外交人员进行一厢情愿的人身羞辱或贬损等各种手段，对其与旧制不相吻合的平等意味进行消解。

三、清统治者管制西人的意旨及其发挥

诸多研究者都已关注到清统治者在广州外贸管理体制中设计出严密的对于西人的管控制度，其防范“民夷勾串”的动机，特别是清统治者限制中外交往的民族猜疑心理。当然，对外人的管控与对编户齐民的保甲制度等也显然有着志趣相投的内涵，即封建统治者谋求将民众所有言行甚至思想都纳入既定范畴、实现“一切尽在掌控中”的传统统治心理需求。而在此之外，清统治者还有别样情愫有待分解。

1. 在穗西人管控制度与清朝贡体制的制度沿革

需要指出的是，一些规条并非针对在穗西人专门拟订，而是纯粹出于对以明制为主的传统朝贡制度的沿袭，以及乾隆中期以后清朝贡体制成型、外贸管理经制化的结果。

其一，许多禁限规条多承明制。如前所述，西人入城之禁明代即成定制。另如唐宋蕃坊均不禁“番妇”入居，明人为防夷人逗留、开盘踞之渐而禁“番妇”到省，故清初顺治十三年（1656）所定吐鲁番贡例也称：“自今以后，其五年一贡，每贡入边毋过百人，毋携妇女，进京人数止许三十名。”④ 此外，《大明会典》定，“许官民各色铺行人等持货入馆，两平卖买。……令通事管束，毋得纵容铺户夷人在外私自交易”“在京在外军民人等与朝贡夷人私通往来、投托管顾，拨置害人，因而透漏事情者，俱问发遣

---

① 如1842年末伊里布拟赴粤与璞鼎查进行善后谈判，其致璞照会即称：“窃照本大臣钦奉谕旨赴广东，会议贵国通商事宜。”见佐佐木正哉编：《鸦片战争之研究（资料篇）》，沈云龙主编：《近代中国史料丛刊续编》第九十五辑，第224页。

② 如徐广缙即有意否认英公使文翰的官方身份，同时更刻意贬低英君主的权威。徐称：“且夷人之称公使，特因骄纵频年，妄拟中国官制，其实为众商公举，不过内地盐当店司事之流，不但不能统辖夷商，且须仰其资助。……所以进退之者，夷商实与其国王分操其权。”见（清）文庆等纂：《筹办夷务始末（道光朝）》，第3186页。

③ 参看茅海建：《近代的尺度：两次鸦片战争的军事与外交（增订本）》，第175－176页；何新华：《夷夏之间：对1842—1856年清政府西方外交的研究》，暨南大学博士学位论文，2004年，第84－85页。

④ （清）江蘩撰：《四译馆考》卷一《回回馆》，康熙刻本，叶二下。

边卫充军。……夷人朝贡到京，会同馆开市五日，各铺行人等入馆，两平交易。……如赊买及故意拖延，骗勒夷人久候不得起程，并私相交易者问罪”“（弘治）十三年奏准：甘肃、西宁等处，遇有番夷到来，本都司委官关防提督，听与军民人等两平交易”①。即准贡使团在京师会同馆及入境口岸贸易、禁民众与贡使团私自贸易往来、禁民夷间逋欠债务，以及通过通事管控外夷等制度，均系明代已定而为清人所承袭。

其二，禁西人乘轿、规范限制其驾乘船只及禁止雇用华籍仆役等制度，显然与传统朝贡制度中的“华夷之辨”即强调中华文化的优越性问题有关。② 即清人在与西人交往中无时无刻不重视强调文化优越性，在制度设计中也毫不犹豫地要求维护“华夷尊卑”的秩序。如西人所称：“我们必须要提一下中国当局方面一种特别具有侮辱性的措施，那就是总督和粤海关部每年重颁一次的会衔告示，它晓谕行商和通事以文明教义教化夷人，并约束他们的狂妄行为。……这种每年重颁一次的告示，是张贴在公行公所，或行会会所大门外面的。”③ 西人对这些显具歧视、羞辱性质的动作提出抗议，如嘉庆十五年（1810）英大班益花臣申诉中方文书使用“蛮”“夷”等字轻侮外人时，广东布政使曾燠回应称：“府议以蛮、夷二字，系外国统称，在南曰蛮，在西曰夷，犹内地民人曰汉人，只系称呼，并无轻侮之意。”④ 即清人完全无视“蛮”“夷”本身所包含的贬义，而是认定西人既属蛮夷，故称以“蛮夷”并非轻侮。特别是澳粤人的挑夫行会还常常因“番役”（按：指黑人仆役）抢夺其饭碗而发生争斗⑤，雇华人仆役之禁事实对粤人不利。而在十三行商馆区，则除与生业相关外，使用“番役”还会面临复杂的语言和民夷冲突问题，故清官方一直在理性务实和文化优越感之间踌躇不定，即一方面坚执禁例，另一方面又大多从权默许华人仆役为西商服务，直至道光十一年（1831）方由粤督李鸿宾奏准开禁。

其三，广州外贸管理体制和对西人管控制度的形成发展，还与清王朝统治确立和边

---

① （明）徐溥、李东阳等纂修：《大明会典》卷一百二《礼部六十一》，“诸番四夷土官人等二”“交通朝贡夷人禁令”，明正德六年（1511）司礼监刻本，叶四下、叶十九下至叶二十上、叶二十下。

② 王赓武称：“传统中国对待异民族的态度常常被描述为是以等级原则为基础的。我认为，这样理解朝贡制度是不合适的。更为重要的是优越性原则与安全性原则或不可侵犯性原则的结合。”见王赓武：《明初中国与东南亚的关系：背景分析》，费正清编，杜继东译：《中国的世界秩序：传统中国的对外关系》，中国社会科学出版社，2010年，第56页。需要说明的是，尽管王氏阐明了优越性和不可侵犯性，亦即“神圣性”的重要意义，但并不排除由此带来的华人“高人一等”的种族优越感。

③ 马士著，张汇文等译：《中华帝国对外关系史（1834—1860年冲突时期）》第一卷，第182页。

④ （清）梁廷枏著，袁钟仁点校：《粤海关志》，第560页。

⑤ （清）梁廷枏著，袁钟仁点校：《粤海关志》，第559页。

疆绥服进程，以及与之相应的有清一代朝贡体制的构建和完善过程密切相关。即自清兵入关至康熙年间收复台湾和中俄《尼布楚条约》签订为一个阶段，此后至乾隆中后期平定回乱、结束清缅和清廓战事为一个阶段，此后至鸦片战争为一个阶段，清王朝的版图奠定和朝贡体制构建呈现出明显的阶段性发展特点。其中在乾隆中后期，清疆域全面确立，朝贡体制成型，与朝贡贸易相关各口岸的外贸管理政策渐趋一致，对于来华外商的管控也出现经制化和日益加强的趋势。① 就对外贸商人的管控而言，中朝、中越、中缅三国边贸交易地均在境外，这一时期清廷对出入境清商也逐渐建立严密的管控制度。如乾隆四十四年（1779）清廷对吉林、宁古塔等处赴朝鲜贸易之人，五十五年（1790）、五十六年（1791）对赴缅甸、安南贸易的清商，均订立严格的税征和人身稽查制度②，对服务于安南边贸的挑夫人等亦有限制，特别是宣化县设立的“安南通市牙行”对清商的管制，相比对在穗西商的管控毫不逊色。③ 此外，对在藏尼泊尔商人的管理原本由达赖喇嘛负责，清廓战事结束后，驻藏大臣福康安于乾隆五十七年（1792）开始对这些外商造具名册、给发印照，并设卡稽查出入。惟其欲仿广州组织商行负责外贸时，则因“藏中贸易俱由巴勒布（按：即尼泊尔）商伙自行贩货零卖，唐古特（按：指藏民）又无开行承揽之人，无从代为经理”，不得不“仍照向例办理”。④

也就是说，清统治者在乾隆二十二年（1757）限西人于广州“一口通商”，并在广州构建针对西人的外贸管理制度，与其将来华各国区分为“朝献之列国，互市之群番”⑤，即将西方各国不是目为藩属而以“互市国”的名义纳入朝贡系统，以及出于置外贸于边地的用心来构建外贸口岸体系等传统朝贡体制的构建过程息息相关。⑥ 对于西商的管控，并非专门属意西商，而仅是朝贡体制的传统以及显著趋于严密和统一的清代朝贡制度系统中的一个小小方面。

---

① 参看金峰：《鸦片战争前清代外贸口岸体系研究》，《中国边疆史地研究》2016 年第 1 期。

② 参看（清）昆冈等纂：《光绪钦定大清会典事例》卷五一一《礼部·朝贡·禁令》、卷二三九《户部·关税·禁令》，光绪二十五年（1899）刊本。

③ 参看中国社会科学院历史研究所编：《古代中越关系史资料选编》，中国社会科学出版社，1982 年，第 592－593、589 页；姚贤镐编：《中国近代对外贸易史资料（1840—1895）》第 1 册，中华书局，1962 年，第 44 页。

④ 参看（清）昆冈等纂：《光绪钦定大清会典事例》卷五一一《礼部·朝贡·禁令》、卷二三九《户部·关税·禁令》，光绪二十五年（1899）刊本；（清）佚名：《卫藏通志》卷一一《贸易》，渐西村舍刊本，叶三、叶一下。

⑤ （清）嵇璜、（清）刘墉等纂：《清朝通典》卷九七《边防一》，商务印书馆，1935 年，第 2729 页。

⑥ 参看金峰：《鸦片战争前清代外贸口岸体系研究》，《中国边疆史地研究》2016 年第 1 期。

2. 维护体制与放弃主权

清统治者在对外交涉中断断于入城及限制西人活动范围等“体制”问题的同时，对协定关税和治外法权等一些关乎国家权益方面的内容却轻言放弃，使得在相当长的时间里，如有论者所指出的，清统治者的“出让”成为国家主权和民族利益流失的一个重要原因。

在《南京条约》及善后谈判中，职司其事的伊里布、耆英等无疑也有着维护国家利权的主观意愿，但其关注和着眼点则与现实颇有脱节。如负责关税谈判的黄恩彤采取了“增大宗减冷货”策略，即增加棉花和茶叶两项大宗商品税额而减少洋参、钟表等交易量极小商品税额的办法，与英方代表罗伯聃（Robert Thom）交涉。耆英到穗后对此大加支持，最终议定的税则使海关实际收入大为增加。① 从表面上看，耆、黄也争取和维护了国家利益，故耆英同样将之作为重要的外交成果进行奏报。② 但《南京条约》涉及关税的条款是：“俾英国商民居住通商之广州等五处，应纳进口、出口货税、饷费，均宜秉公议定则例，由部颁发晓示，以便英商按例交纳。”③ 即英人意旨主要在于颁示则例、有所遵循，以避免吏役讹索，并无与清廷协商关税的诉求。如据文本，耆、黄本应于“秉公议定”四字上大做文章，实现本属自决的确定税率或税额之权，由清官方自主自为决定税则，而非放弃自主权与英人协商。

治外法权的丧失更属容易，盖在战前西人实已取得诸多自治之权。如对在华西人间的刑事案件，清人视作“蛮触之争”，战前即无意介入，往往听由外人自行捕犯聆讯，等于放弃了此类案件的司法主权。④ 因澳葡自治之例在先，以及因清人并无近代主权意识且清官方行政、执法能力低下，对外人于境内执法甚至进行司法审判等严重侵犯国家主权的行为不以为然，而是认为外人肯于“交凶”或是服从对案犯进行审讯、惩治的指令，即已维护天朝体制。因此从 18 世纪开始，西人已在事实上逐渐攫取了部分治外法权。⑤ 甚如道光元年（1821）阮元办理伶仃山英护航士兵伤毙民人一案时，因要求英方

---

① 参看（清）黄恩彤：《抚远纪略》，齐思和等编：《中国近代史资料丛刊·鸦片战争》第五册，上海人民出版社，1962 年，第 421－422 页。

② 参看（清）文庆等纂：《筹办夷务始末（道光朝）》，第 2645 页。

③ 王铁崖编：《中外旧约章汇编》第一册，第 29 页。

④ 马士称：“中国官员在处理与中国人或其利益无关的案件时，曾企图接受欧洲大班的治外法权。”［见马士著，张汇文等译：《中华帝国对外关系史（1834—1860 年冲突时期）》第一卷，第 432 页］郭小东则认为此系“属人主义原则”，即“允许外人在司法上拥有一定的司法权”（参看郭小东：《打开“自由通商”之路》，第 342－344 页）。

⑤ 参看郭小东：《打开“自由通商”之路》，第 351－352、357－364 页；吴义雄：《条约口岸体制的酝酿——19 世纪 30 年代中英关系研究》，第 62－142 页。

将逃逸回国的凶犯“押解来粤”迟迟无果，阮还无奈声称：“（该凶）既畏罪潜逃，粤东距英吉利数万里，风汛靡常，与其长途瘐毙，久稽显戮，或且顶凶塞责，不如即由该国自行办理，尚得早为正名定罪。〔朱批：‘依议妥办。’〕”① 即将司法审判权也“赠予”英人。对战前故事习以为常的耆英等，在《南京条约》及善后谈判中，以治外法权与传统“体制”并无窒碍，丝毫不以为意。此外，《虎门条约》虽确定英人有租地之权和领事裁判权，但对各口逐渐形成的租界区内的行政和司法主权并未明言放弃，或者说英人最初也并未有此奢望。然各租界开辟后，经办其事的上海道等各口官员同样毫不措意，将这些权利拱手让出。② 究其原因，除地方官员并无进入租界行政、司法的能力和勇气外，在很大程度上无疑还与租界和澳门乃至“蕃坊”的“体制”内涵的一致性密切相关，使得当事官员对这些主权的让渡不以为然。

此外，鸦片战争后外船在中国沿海护航缉盗，也是一个尚未引起研究者足够关注的严重的主权流失问题。如道光二十三年（1843）末，有“夷官葛林逊带巡船二只，赴闽浙洋面测量水势，……由浙驶入闽洋，拿获洋盗四十余名，途遇巡洋舟师，将各盗点送查收”。闽督刘韵珂对英军此举竟大加称赞。③ 另如道光二十六年五月（1846 年 6 月），有英船在“崇明东北数百里之外，前定章程英船不准驶到”的“大沙头”一带抢劫，事主在上海报案后，英领事巴富尔以“既系英夷为盗，若不令该国兵船追捕，实无以对中国”为辞，“派该国兵船出口而去”。浙抚梁宝常等虽也认识到不应任其“日久游奕”，但并无力阻止。而粤督耆英、江督璧昌则均以巴“所言尚属近理”“其言尚知信义”④ 为托词来开解。道光三十年（1850），福州出现了葡萄牙船只为沿海航线提供经营性质的武装护航业务的情况，刘韵珂对之不以为意，称：“时有西洋葡萄牙国小夷船驶入南台港口，包送华商船货。……各商船时有租该国夷船护送之事，租价系彼此讲定，并非勒索。”⑤ 特别是在咸丰四年（1854），宁波还曾发生海盗投诚而来的“广勇”与葡萄牙武装商船为争夺护航权发生武装冲突的严重事件。⑥ 各口地方官员既无力清剿海盗，又不敢对西船有所约束，甚至在某种程度上对西船能够肃清海洋持以肯定，充分暴露出清地方政府行政能力和近代领水主权意识均有所不足的严重后果。

---

① 蒋廷黻：《近代中国外交史资料辑要》上卷，第 6－7 页；齐思和等编：《中国近代史资料丛刊·鸦片战争》第一册，上海人民出版社，1957 年，第 72 页。

② 参看费成康：《中国租界史》，第 115－159 页。

③ （清）文庆等纂：《筹办夷务始末（道光朝）》，第 2803 页。

④ （清）文庆等纂：《筹办夷务始末（道光朝）》，第 3024、3037、3039 页。

⑤ （清）贾桢等纂：《筹办夷务始末（咸丰朝）》，第 114 页。

⑥ 参看李伏媛：《天光云影共徘徊：晚清宁波“护航案”史料的校勘与解读》，《兰州教育学院学报》2018 年第 8 期。

可以看出，清统治对治外法权、关税自主权等极为重要的国家利权的轻易放弃，与其对管控西人传统“体制”的竭力维护形成了鲜明对照。其中缘由，不仅如一些论者所批评的系因清人对近代国际知识的匮乏①，也如蒋廷黻所言：“各口岸的英国领事均参预中国的海关行政，担保英商纳税，负责约束英国水手。……在鸦片战争前，协助海关行政，担保英商约束外人等事，是行商的责任。所以我们可以说领事替代了行商。换句话说，中国官吏仍不与外人有直接关系。时人以此为便，实在是中国主权的丧失；……领事裁判权在耆英及穆彰阿的心目中是便易的办法，是极自然的。总之那时的中国人，在外交上，尚无主权的观念，不过求办事的便易而已。”② 即清统治者对这些国家主权的忽视，在于其与朝贡体制的话语系统不相抵牾，即不被认为对清政权构成威胁，故颇能宽假。

3. 各口对西人管制的实践情况

有关西人管制的规条或条约条款，在战前战后多仅系具文，其实际执行情况因各口地方官员对中西关系的认知、政策站位等各方面条件不同而大相径庭。如就战前广州入城禁令，英人曾称，“一七五〇年外国人仅凭‘知名人士一纸字条’就可以进城”③。实际上外商突破入城之外各种禁令的举动也十分常见，只是除盼师（William Baynes）事件外，多未引起清廷关注和产生广泛的社会反响而已。另如战后各口西人游历范围问题，英国传教士施美夫（George Smith）在1845年7月30日于宁波游天童寺时称，“宁波有关（外人出游范围的）界限的规则是根据地方而非时间制定的。我们意欲参观的景点，在外国人允许的区域之内（按：天童寺与宁波外滩地图直线距离为24公里），因此我们不必当天，甚至几天之内返回宁波”，后又称，“宁波对外国人的界限规定也十分有利。一旦得到允许，外国人可以在宁波县内各处访问或居住，不受时间限制。这一区域，向西南延伸150多里地。在东南面，包括海港在内的海岸的一部分，以及天童寺茂林修竹的山岭。其他方向界限为15到50里不等”。但其1846年2月在厦门则称，“限制外国人逾越的界限，在代理领事的参与下，定为‘一日之游’。在这一条款上，加了一条限制性很强的注解，以便禁止外国人离城作半日以上的外出，并且日落之前必须返回厦门。由于一天被解释为从日出到日落，并且由于乘船到对岸大陆一般需要大半个上午，所以这条规定事实上把外国人限制在厦门岛上，甚至不允许他们在村里过夜，必须在日落之

① 参看茅海建：《天朝的崩溃》，三联书店，1995年，第517页；梁元生著，陈同译：《上海道台研究——转变社会中之联系人物（1843—1890）》，上海古籍出版社，2003年，第46－47页。

② 蒋廷黻：《近代中国外交史资料辑要》上卷，第110－111页。

③ 广东文史研究馆译：《鸦片战争史料选译》，第490页。

前回到城里”。①

最为明显的，是各口在入城问题上的差别。与穗榕不同，同时开放的沪甬鹭三口地方官绅虽也对西人入城心存顾忌，但反入城的手段和斗争走势却迥然相异。如1843年11月英国首任驻上海领事巴富尔抵沪，入上海县城与上海道宫慕久在道台衙门会晤时。宫也曾略作尝试，以城内拥挤为由建议将英领事馆设在城外。但鉴于广州反入城斗争，心存戒备的巴富尔严词拒绝。随即姚姓商人戏剧化登场，将宫引至其城内住所。②次年2月巴又将领馆迁至条件更好的顾姓姚家弄的“敦春堂”。③然而对于商馆区的选择，巴仍选择璞鼎查早已看中的交通等各方面商业条件更加优越的城外北郊地带。④基于城内种种不便，至1849年7月，英人复将领事馆迁至城外日渐成型的英租界新馆。此后仅有少量西方传教士居于城内。⑤宁波的情形与上海相似。1843年12月，鸦片战争期间曾在英伪政府中任翻译的罗伯聃以领事身份重返宁波。因罗对地方十分熟悉⑥，到甬之初即主动选择应由璞鼎查勘定⑦、与宁波府城（鄞县城）隔江相对，为甬江、余姚江夹峙的航运条件极为便利的江北区，租用民房作为领事馆。此后外商也都集中于此租地建屋，开设商行，从而在江北区开辟出西人聚集的居留地和商业区，⑧桃花渡口一带的外滩日渐繁华。唯1843年11月早于罗伯聃到甬的美国传教士玛高温（D. J. MacGowan）及稍后的美传教士麦嘉缔（D. B. McCartee）均入居鄞县城内的佑圣观租房。⑨厦门情形则稍显复杂。清厦门城池规模极小⑩，在城堡西、南海滨各“道头”（按：又作“衙头”“路头”，即码头）则系具有多条街道的商业区，其最为繁华的在“十三道头”一带。1843年10月26日英领事记里布（Henry Gribble）抵鹭，并未入居城堡，而是选择在城

① 参看施美夫著，温时幸译：《五口通商城市游记》，北京图书馆出版社，2007年，第145、161、385页。

② 参看裘昔司著，孙川华译：《晚清上海史》，上海社会科学院出版社，2012年，第50页。周育民称巴富尔此次奇遇是宫慕久的事先安排（参看周育民：《鸦片战争以后的五口开埠问题》，《清史研究》2014年第8期，第117－118页），此说可信。然周氏显然混淆了此次出场的姚姓与此后提供敦春堂的顾姓商人。

③ 参看熊月之、袁燮铭著：《上海通史》第3卷，上海人民出版社，1999年，第16－17页。

④ 参看汤志钧主编：《近代上海大事记》，第13页。

⑤ 参看施美夫著，温时幸译：《五口通商城市游记》，第116页。

⑥ 参与接洽罗伯聃的浙江提督李廷钰称：“查该夷（按：指罗伯聃）前此在宁波经年，汉语汉字俱皆谙晓。”参看（清）文庆等纂：《筹办夷务始末（道光朝）》，第2794页。

⑦ （清）文庆等纂：《筹办夷务始末（道光朝）》，第2740页。

⑧ 宁波江北岸区并未被辟为租界，而是形成西人具有一定市政、警察权的居留区。详参费成康：《中国租界史》，第326－328页。

⑨ 参看施美夫著，温时幸译：《五口通商城市游记》，第135页。

⑩ 参看（清）周凯修，（清）凌翰等纂：《厦门志》，成文出版社，1967年，第48－50页。

堡南面濒海的厦门海关附近租屋设置领事馆。① 但记里布显已自认入城②，故至 1844 年初，还曾以“厦门居民稠密，时有火患，其空隙之处复多坟冢，该夷租屋建房均有未便”为由，提出“请即在鼓浪屿居住”，惟闽浙总督刘韵珂等因担心鼓浪屿的缴还而加以拒绝。③ 1845 年 7 月，英人交还鼓浪屿，同时迁入厦门城堡外东南濒海的新领馆。④ 1852 年，英领事苏理文（G. G. Sullivan）与署泉州府知府来锡蕃议定，在城西“鸟空园头巾礁”一带海滩租地建馆⑤，英租界区也以此为基础逐渐形成。与沪甬一样，西方传教士到鹭后，多选在华人聚居区设置教堂，并有进入城堡内者。⑥

---

① 福州将军保昌奏称：“巴富尔、记里布已于九月初四日同抵厦港，……协同查看各处，惟海关近有关闭之空房一所，与海关紧相毗连，便于稽查，记里布甚为合意，随出钱赁住，以作马头。择于九月十一日开市。”此后刘韵珂则奏称：“恒昌（按：恒昌系时任兴泉永道台，具体负责与记里布交涉）等于记里布到后，将吴姓空房一所，给令出钱赁住。”［见（清）文庆等纂：《筹办夷务始末（道光朝）》，第 2784、2816－2817 页］此“吴姓空房”系实际租赁之屋，也在海关附近。至于海关位置，《厦门志》称：“厦门（海关）正口在岛美路头，称大馆，面临海，南通大担，西达漳州，北至同安，房屋十余间，离衙署六里。其衙署在塔仔街张厝保，即前监督所居也，房屋三十余间。”［参看（清）周凯修，（清）凌翰等纂：《厦门志》，第 126 页上］即海关正口在城外，衙署在城内。因记里布租赁房屋“以作马头”，显系正口所在。而岛美路头“户部衙”在今文安小学附近［参看李苏豫：《厦门城市与建筑的现代化进程（1840—1949 年）》，浙江大学博士学位论文，2013 年，第 26 页］。

② 与之相同，巴夏礼也认为“领事办公室在厦门的城里”（见斯坦利·莱恩－普尔、弗雷德里克·维克多·狄更斯著，金莹译：《巴夏礼在中国》，中西书局，2011 年，第 63 页）。施美夫则将厦门城堡视为内城，而将城堡外商业区视为外城，且曾进入内城游历。施称：“厦门市建成瘦长的形状……内城规模不大，城墙长不足三里，有四道城门，开向外城。内城没有什么商业，提督府和花园紧挨着城墙，占据了相当大的面积，使游客不能在内城里走上完整的一圈。”见施美夫著，温时幸译：《五口通商城市游记》，第 383 页。

③ （清）文庆等纂：《筹办夷务始末（道光朝）》，第 2802－2804 页。

④ 敬穆称：“厦门地方，前经招觅匠头代造夷馆，英夷出银租住，约定俟新屋造成，该夷即行迁居，……于（道光二十五年）五月二十七日将夷馆一律建竣，该道等邀同夷领事李太郭至馆逐一验看，李太郭欢欣鼓舞，极为感谢，约定初十日迁居。”［见（清）文庆等纂：《筹办夷务始末（道光朝）》，第 2932－2933 页］周子峰称此馆位置在“今厦门图书馆及部分中山公园的地段”（参看周子峰：《近代厦门城市发展史研究》，厦门大学出版社，2005 年，第 39 页），即在城堡之内，未知所据。《厦门志》称兴泉永道署在“北门城外”，并无“旧署”一说。实际上英领馆与校场毗连，而“演武厅较场在五老山前”［参看（清）周凯修，（清）凌翰等纂：《厦门志》，第 48 页下、50 页下］，系在城外。

⑤ 参看（清）贾桢等纂：《筹办夷务始末（咸丰朝）》，2747－2748 页。

⑥ 参看李苏豫：《近代厦门早期教会建筑（1843—1900 年）》，《华中建筑》2016 年第 5 期。

也就是说，鸦片战争后通商各口的中外矛盾并无不同，各口官员对西人进行管控的政策目标也绝无二致，但在外交实践中，对西人管制的情况迥然有别。与广州的龂龂相争不同，在厦门，为如期收复鼓浪屿，福建督抚不仅不"反入城"，反而拒绝了英人将领馆建于更加远离厦门城堡的要求；在宁波，因1846年4月前近在咫尺的定海仍驻有英军，故而所划定的英人游历范围极为广大；在上海，至1851年后受到太平天国运动重大压力的江浙督抚无不倾向与西人合作，故而待西人颇为宽松。亦即如何"灵活"对待看似威不可犯的"体制"，取决于各口中西关系的实际形势，以及当事官员的政治原则和立场。在惯于"欺上瞒下"的封建官场，"体制"并非铁律，而是当然存在着为当事官员所必需的弹性或适应性，关键只在于当事官员如何在话语系统中将与体制不符的事实粉饰为可以接受的样子，使问题不再成为问题而已。

4. 清统治者对管控西人的意旨及其发挥

清统治者属意于对西人进行管控，甚至在战后力不能及的情况下仍孜孜以求，其目的除防范"中外勾串"、减少民夷接触，以及充斥于清人话语的维护"天朝上国"的体制尊严外，尚有一些言外意旨有待剖析。

其一，对于中外平等或者说一切平等关系的否定。如有论者所指出的，中国的朝贡体制其实是国内等级森严的封建专制政权的延伸，即"中国的外交关系也像中国社会一样，是等级制的和不平等的""中国的世界从一开始就是等级制度和反平等主义的。它的人民按性别、亲族关系和社会作用划分成不同的等级。男尊女卑，长重于幼，少数士大夫又优于文盲大众。但是，不存在世袭的种姓等级制度。……通过名为'三纲'的上统下属的理论"。① 即清统治者在不能按奉敕、献金叶表文、贡使行三跪九叩礼等传统朝贡礼制要求英国等西方国家的情况下，以"互市国"的名义置而不论地将之纳入朝贡体制，已属格外宽假，不可能再进而接受西人所期望的受互为敌体的国家关系。故此，清统治者在战前采用否认英外交人员的官方身份、不接受英外交人员投递具有对等意味的文书等方式，"取消"了对于中英国家关系的定位。而在战后《南京条约》明定两国关系平等的情况下②，仍努力通过贬低英外交人员、减少往来或降低双方官方接触的层

① 费正清：《一种初步的构想》，费正清编，杜继东译：《中国的世界秩序：传统中国的对外关系》，第2、5页。

② 《南京条约》无疑属不平等条约，但需加说明的是，条约的不平等属性主要在于英国通过战争即非正义的侵略手段获得各项条约权利，且割地、赔款等条款系为单方有损中国而有利英国。但开放通商口岸等可能两利的条款并不具有不平等性质。特别是条约所确立的中英国家关系显然具有对等性质，即英国并未希望通过条约谋求如朝贡体制那样具有等级意味的不平等国家关系。历史的吊诡之处在于，最令清统治者感到担心的，不是不平等条约中的治外法权等涉及不平等权利的条款，而恰恰是这种具有平等意味的对等国家关系。

级，以及将中英交往限于商务等方式，来否定中英国家关系的平等意味。

其二，“体制”尊严与统治权威。需要指出的是，清统治者并非完全不能对体制诸端进行实事求是的适应性变革。如道光十一年（1831）李鸿宾就“住冬”问题，在明确限制西商驻穗时间的政策目标的同时，也进行了满足西商外贸活动客观需要的务实调整。① 另如面对鸦片战争中的水师不力，耆英还曾奏请“变通水师章程”，道光随即谕令水师“无须阅看马箭”，同时要求“练习水务，精熟枪炮”。② 且对中英关系，耆英也明确提出“权宜通变”的主张。③ 亦即从认知的角度而言，清统治者对于制度变革的必要性并无异议。

但是，在对禁止西人入城、乘轿等行为或活动进行管制的“体制”问题上，清人何以如此敏感地进行固守和坚持？其关键原因在于这些制度的变动被清人认为触犯了朝贡体制的尊严，进而触及清统治者的统治权威乃至清王朝的政治合法性，因此被认为不能容忍，亦即遵奉儒家思想的历代封建王朝，在理论上往往通过塑造君主的“德性”说明

① 李称：“夷商不得在粤住冬，应变通旧章，随时防范也。……乾隆年间，各国夷船夷粤，不过三四十号，今则多至七八十号，至百号不等。近年英吉利国公司夷船，每于七八月间陆续来粤，换兑货物，至十二月及次年正二月内出口回国。该国公司大班、夷商人等于公司夷船出口完竣之后，请牌前往澳门居住，俟七八月间该国货船至粤，该大班等复请牌赴省料理贸易。此外，港脚、米利坚各国夷船至粤生理，来去并无定期，非英吉利之有公司者可比。其一人名下，每年至粤船只，或一二号，或三四号，或本人无船，将货物附载别船售销，该夷商均在省经理。是现在夷船既倍多于前，而收泊之期复无定。且其在粤经理商务，年久相安，自不必拘定以九十月间回国。嗣后夷商如果早抵省城，货物全销，仍令照旧按期返棹。倘迟至八九月间始行到粤，售货需时，应责成各行商将住省夷商认真稽查约束，一面公平售货，迅速兑价，不得拖欠措延。各国夷商一俟货销事竣，不论何时即行随船回国，或前往澳门居住，不介无故潜留。”见（清）梁廷枏著，袁钟仁点校：《粤海关志》，第567－568页。

② 参看（清）文庆等纂：《筹办夷务始末（道光朝）》，第2524、2549页。

③ 耆英称：“其所以抚绥羁縻之法，亦不得不移步换形；固在格之以诚，尤须驭之以术；有可使由，不可使知者；有示以不疑，方可消其反侧者；有加以款接，方可生其欣感者；并有付之包荒，不必深与计较，方能于事有济者。……夷人会食名曰大餐，率以广筵聚集多人，相与宴饮为乐。奴才在虎门、澳门等处犒赏诸夷，……迨奴才偶至夷楼夷船，渠等亦环列侍坐，争进饮食，不得不与共杯勺，以结其心。……此实西洋各国风俗，不能律以中国之礼。……诸夷均为和好而来，不能不略为款接。……各国虽有君长，而男女不齐，久暂不一，迥出法度之外，……其称号亦各有不同，大都剽窃中国文字，妄示夸张，夜郎自大。彼以为自尊其主，于我无与，……此等化外之人，于称谓体裁昧然莫觉，若执公文之格式，与之权衡高下，即使舌敝唇焦，仍未免褎如充耳，不惟无从领悟，亦且立见龃龉，实于抚绥要务，甚无裨益。与其争虚名而无实效，不若略小节而就大谋。……以上数端，均系体察夷情，揆度时势，熟审乎轻重缓急之间，不得不济以权宜通变之法。”见（清）文庆等纂：《筹办夷务始末（道光朝）》，第2891－2892页。

封建政权的合法性①，遵照“敬天法祖”的原则围绕封建君主构建等级严密的“礼制”。而问题是，封建专制的政治理论所塑造的“德性”显然具有“虚拟”性质，为“论证”这种虚拟“德性”的真实性，封建政治的制度设计又被迫服从于这些“虚拟”要求，将封建礼制绝对化和神圣化，使日臻严密的制度系统从整体上都具有了神圣不可侵犯的性质。反过来，封建礼制的实现程度又与封建政权的尊严和合法性关联起来，即一旦“体制”受损，即会令人产生统治者“德不配位”的怀疑，进而使政权合法性受到质疑。“敬天法祖”的真实内涵，其实与几乎一切政权或其他权力的合法性相关，这也是中国封建社会重视维护传统和对制度或社会变革表现出强烈惰性的最为根本的原因。

朝贡体制与这种传统封建专制制度有着由内而外一脉相承的关系。即大一统后取得中原政权的历代统治者，往往都根据儒家理论构想的源自三代时的朝贡体制，构建以东亚、东南亚为主要范围的国际关系体系，以中国为“天朝上国”，据有中国的皇帝天子奄有四海、万邦来朝，以自我为中心打造与周边国家、地区间层圈状的宗主与藩属间的关系结构。清朝贡体制同样如此。② 这一体制的一个重要核心，在于通过强调华夷之辨和华夷尊卑，凸显中华文化的优越性，并以营造封建君主为天下共主的“天子”地位。问题在于，即使不考虑北方游牧民族的侵扰，除朝鲜、琉球、安南和暹罗等少数遵守朝贡体制的藩国外，如日本或缅甸等东亚、东南亚国家对朝贡体制的服从程度，已足以说明这一体制的虚幻性质。只是在鸦片战争之前，未有外力打破这种自欺欺人的话语系统，清人尚能维持“天朝上国”的幻象而已。

一旦英人以强力打破清人虚幻的文化优越感和“天子”唯我独尊的地位，则清王朝的制度系统和清政权合法性均被认为受到挑战。即英军舰炮所描述的西人更加文明昌盛的事实，使清人已难以用话语来弥缝朝贡体制的虚幻性质。为维护政权合法性，清统治者只能是以继续强调管控西人等制度诸端来维护体制尊严。换句话说，儒家意识形态对诸多传统封建政治制度进行了教条化的定性，即以其话语所“虚拟”的制度或皇权权威维系政权的合法性，现实政治又反为话语的虚拟性所控制，从而造成一种“画地为牢”的局面，使得清统治者长期无法面对现实，主动进行观念和制度的自我调适。甚至在洋务运动中，清人一方面清醒认识到了变革的必要性，因而有洋务派的崛起，另一方面又出现主张“祖宗之法不可变”的顽固派，且其往往能够在政论中占据政治和道德高地，进而决定社会变革的走向。

---

① 参看费正清：《一种初步的构想》，费正清编，杜继东译：《中国的世界秩序：传统中国的对外关系》，第 5 – 6 页。

② 参看滨下武志著，朱荫贵、欧阳菲译：《近代中国的国际契机：朝贡贸易体系与近代亚洲经济圈》，中国社会科学出版社，1999 年，第 34 页，中文版前言第 5 页。

其三，清廷上下各当事人的政治意图和立场。如前所述，通商各口针对西人管控的政策实践判然有别。这种差异不仅与各口中西外交的实际形势有关，更重要的是与各口官绅的关系，特别是地方官员的对外认知和态度，以及决定其态度的政治意愿和立场密切相关。如耆英作为《南京条约》的签订者，其政治生命与“抚夷”政策的成败紧密相关。因此强调“民夷相安”、对英妥协退让以维持“抚局”，就成为耆英办理外交的基本立足点。在针对西人的管制方面，耆英有诸多减少冲突、缓和矛盾的努力。但继任粤督的徐广缙、叶名琛，二人非如耆英出身满洲贵族，能够大胆“款夷”而较少顾虑，又因主剿可取得道德制高点和话语权，有利于其在官场及同士绅的权力争斗中占据主动，更因徐接任粤督本已蕴含着强烈的政策转向的寓意。因此，贯彻道光对英强硬的政策意图，假民心为辞抗拒英人，就成为徐、叶外交政策的基本立足点。二人对于如何限制和贬抑西人，也显得更为积极主动。特别是咸丰帝即位后罢斥穆彰阿、耆英，这一人事变动明确地宣示了对外政策的风向转变，① 也为福州反入城和叶名琛在第二次鸦片战争前与英人的文争武斗，提供了极其重要的心理支撑。在这种机制作用下，晚清外交也出现了由于当事官员为抢占道德高地或话语主动权，乐于采用无计策略甚至不切实际地与西人进行对立对抗的倾向。

四、结语

主权国家当然有权为维护国家主权、安全等各方面利益对外侨进行管制，而外侨无疑也必须遵守符合所在国文化和传统的法律和法令。但问题在于，清统治者对于西人的管控，存在着诸多基于封建政权专制需求而非出于国家利益的、对个人行为或活动等各方面不必要的管控或干涉。即对在华西人进行管控，不仅是鸦片战争前清朝贡体制建设的一项重要内容，也是清统治者在战后相当长的时间里期望维护的一个重要制度目标。从清统治者重视管控西人制度的政策意旨的分析中可以看出，这种重视不仅与其隔绝中外和控制民众的统治心理需求有关，更是因关乎意识形态的话语系统将这些制度的制度尊严与政权合法性相关联，使其对之矢志以守而不敢轻言放弃。推而言之，晚清统治者在面临“千年未有之大变局”的情形之下，似乎始终倾情于追求将现实纳于传统话语系统之中，或者说满足于能够解释现实的话语自洽，而对适应现实的制度变革表现出强烈

① 如蒋廷黻即指出：“用徐广缙来替耆英不是普通官吏的迁调，是道光帝对外政策的大变更。咸丰帝（文宗显皇帝）即位初年，政策的变更始彻底了。时人主张复用林则徐来办外交的颇不少，咸丰帝也为他们的议论所动。同时又革穆彰阿、降耆英。”见蒋廷黻：《近代中国外交史资料辑要》上卷，第 148 页。

的保守甚至反智的倾向，其根源也在于此。由此造成的，正是清人企图通过构筑樊篱隔绝外人，却使自己处于重重限制、作茧自缚的窘境。从根本上来说，由于封建政治的制度或政策设计，以维护封建专制统治而不是以谋求国家或民众的现实和长远利益为出发点，因而严重抑制了整个国家和社会发展进步的动能。

作者简介：
金峰，广州图书馆馆员。

近代香山籍华商的房地产投资区域与经营方式①

宁 力 吴宏岐

［提要］鸦片战争以来，中国近代城市房地产业开始在开埠较早的几个城市出现，香山籍华商得风气之先，成为最早进入房地产业的商人群体之一。研究表明，以买办商人、侨商为代表的香山籍华商，不仅在上海、天津、香港等经济活跃的外埠城市投资房地产，也在祖籍地香山以及“第二家乡”广州、澳门等地有投资。到了19世纪70年代，随着香山籍买办身份的转变，香山籍华商的房地产经营方式由代理洋行业务、附股外商企业转变为以自主经营为主、代理业务次之的比较成熟的房地产经营方式。香山籍华商的房地产投资与经营促进了近代民族资本主义经济的发展，推动了城市的近代化进程。

［关键词］香山籍华商；房地产；投资区域；经营方式

近代中国具有资本主义性质的房地产商品市场，但这并非由封建社会发展而来，而是西方的“舶来品”。1842年中英《南京条约》签订，外国人获得在广州、厦门、福州、宁波、上海五个通商口岸登岸旅居的权利。1843年，中英《五口通商附粘善后条款》中规定：“中华地方官员必须与英国管事官各就地方民情，议定于何地方、用何房

① 本文系国家社科基金重大项目“宋元以来珠江三角洲海岸带环境史料的搜集、整理与研究”（项目批准号：19ZDA201）的阶段性成果。

屋或基地，系准英人租赁，其租价必照五港口之现在所值高低为准，务求平允。华民不许勒索，英商不许强租。”① 此后，随着大量外国人进入各通商口岸，建立租界区或者居留地，实行“华洋分居”，便为近代房地产业的产生提供了契机。到了十九世纪五六十年代，受太平天国、小刀会的影响，不少人口涌入上海租界，外商看准时机，在租界内建造大量房屋，出租给涌入租界寻求庇护的城乡居民，赚取了高额利润。自此，外商从原先贩卖鸦片、棉布等传统贸易开始转向房地产投资与经营。

外商凭借帝国主义特权的庇护、外国金融业的支持以及资本主义经营方式的运作，长期垄断中国房地产业。在外国房地产商通过投资房地产获得厚利的同时，“中国的官僚、地主、富商、买办等竞相效仿，纷纷投资房地产，至二十世纪二三十年代涌现出许多专业和兼营房地产的华商”②。这些华商对促进近代房地产业的发展以及加快城市近代化的进程产生了重要影响。香山籍华商作为近代中国具有影响力的地域性群体之一，在近代房地产业大兴的各大主要城市中都能看到他们活跃的身影，他们在房地产业方面的投资与经营应该引起学界关注。

目前学界关于近代房地产业的相关研究成果，较多地是从经济史、城市史的角度去探讨近代房地产业的发展历程以及某一区域房地产业的发展概况，如赵津在《中国城市房地产业史论（1840—1949）》一书中对中国城市房地产业的发展历程、地价、房租、经营方式等问题进行了深入讨论。③ 林金枝的一系列著作，如《近代华侨投资国内企业概论》《近代华侨投资国内企业史资料选辑（广东卷）》《近代华侨投资国内企业史资料选辑（上海卷）》等，对近代华侨投资国内企业的情况做了详细的调查与研究，其中近代华侨投资的房地产业就是其重点关注对象。④ 张仲礼主编的《东南沿海城市与中国近代化》一书以鸦片战争后开埠的五个通商口岸城市的近代化历程为研究对象，对五个城市的房地产业做了较为详尽的论述；⑤ 其另一著作《近代上海城市研究：1840—1949》则对近代以来上海的城市建设与发展进行探讨，其中就房地产业的形成及影响、建设与管理等内容做了具体论述。⑥ 贾彩彦《近代上海城市土地管理思想（1843—1949）》一

---

① 王铁崖：《中外旧约章汇编》第1册，生活·读书·新知三联书店，1982年，第35页。

② 《上海房地产志》编纂委员会编：《上海房地产志》，上海社会科学院出版社，1999年，第169页。

③ 赵津：《中国城市房地产业史论（1840—1949）》，南开大学出版社，1994年。

④ 林金枝：《近代华侨投资国内企业概论》，厦门大学出版社，1988年；林金枝、庄为玑：《近代华侨投资国内企业史资料选辑（广东卷）》，福建人民出版社，1989年；林金枝编著：《近代华侨投资国内企业史资料选辑（上海卷）》，厦门大学出版社，1994年。

⑤ 张仲礼主编：《东南沿海城市与中国近代化》，上海人民出版社，1996年。

⑥ 张仲礼主编：《近代上海城市研究：1840—1949》，上海文艺出版社，2008年。

书对近代上海城市土地管理的政策思想进行了分析。① 赵金康《南京国民政府时期房地产述论》一文从城市土地法规、房屋的修建、交易和房地价格、城市居民各阶层居住状况等方面对南京国民政府时期的房地产概况进行研究。② 李艳洁《清代及民国初期呼和浩特房地产研究》一书对清至民国时期呼和浩特的房地产问题进行了专题性研究，并对这一地区房地产移民化和私有化的特点做了分析。③ 黄素娟《从省城到城市：近代广州土地产权与城市空间变迁》一书较多关注了近代广州土地产权问题，展示了清末到民国的历史发展脉络下广州从“省城”到“城市”的景观变迁和建构过程；④ 其《民国时期城市的房地契据——以广州为中心的个案分析》一文对民国时期广州房地契据的沿革进行了梳理。⑤ 张清勇、杜辉《中国近代前期的房地产经营——以徐润（1838—1911）的房地产生涯为例》一文则以典型的房地产商人徐润为个案对中国近代前期的房地产业进行研究。⑥ 另外，一些硕博士学位论文也围绕近代房地产业展开研究，如胡乐伟《近代广东侨乡社会经济的历史地理学考察——以人口变动与房地产业为中心》、曹伊清《法制现代化视野中清末房地产契证制度——以南京地区房地产契证为范本的分析》、庄灵君《清代城市房地交易管理研究》、黄心《民国时期成都房地产管理及其纠纷研究（1936—1949）》、李雷《近代上海房地产经营活动研究》等。⑦

学界关于香山籍华商群体的研究则主要集中在香山籍买办上，此类著作较为丰富，如美国学者郝延平《十九世纪的中国买办：东西间桥梁》，徐矛主编《中国十买办》，胡波《香山买办与近代中国》，马学强、张秀莉《出入于中西之间：近代上海买办社会生活》，王远明等主编《被误读的群体：香山买办与近代中国》，李吉奎《近代买办群

---

① 贾彩彦：《近代上海城市土地管理思想（1843—1949）》，复旦大学出版社，2007 年。

② 赵金康：《南京国民政府时期房地产述论》，《民国档案》1995 年第 2 期。

③ 李艳洁：《清代及民国初期呼和浩特房地产研究》，社会科学文献出版社，2016 年。

④ 黄素娟：《从省城到城市：近代广州土地产权与城市空间变迁》，社会科学文献出版社，2018 年。

⑤ 黄素娟：《民国时期城市的房地契据——以广州为中心的个案分析》，《史志学刊》2017 年第 1 期。

⑥ 张清勇、杜辉：《中国近代前期的房地产经营——以徐润（1838—1911）的房地产生涯为例》，《天津商业大学学报》2018 年第 2 期。

⑦ 胡乐伟：《近代广东侨乡社会经济的历史地理学考察——以人口变动与房地产业为中心》，暨南大学博士学位论文，2018 年；曹伊清：《法制现代化视野中清末房地产契证制度——以南京地区房地产契证为范本的分析》，南京师范大学博士学位论文，2006 年；庄灵君：《清代城市房地交易管理研究》，四川大学硕士学位论文，2001 年；黄心：《民国时期成都房地产管理及其纠纷研究（1936—1949）》，四川师范大学硕士学位论文，2015 年；李雷：《近代上海房地产经营活动研究》，江西师范大学硕士学位论文，2008 年。

体中的广帮（1845—1912）——以上海地区为中心》，叶显恩《香山文化与买办商人》，陈泽泓《中国近代化进程中的香山买办》等，对香山籍买办有较为全面的探讨。① 汪敬虞《唐廷枢研究》，胡海建《论唐廷枢》，湛风涛、崔在兴《唐廷枢与中国早期经济现代化》、彭嘉《以唐廷枢为例论近代买办阶级向民族资产阶级的转化》等对近代著名的香山籍买办唐廷枢进行深入研究。② 夏东元《郑观应传》《郑观应志》以及易慧莉《郑观应评传》等著作详细叙述了香山籍买办郑观应的生平事迹、活动、著作以及思想。③ 刘志强、赵凤莲《徐润年谱长编》，胡海建、张世红《中国近代新经济的发展路径：企业家徐润研究》等对香山籍买办徐润的生平、商业经营等进行论述。④ 关于香山籍华侨的研究相对较少，马永明《论外部性与近代中国社会变迁——以香山籍归侨为例》论述了香山籍归侨中的留学生、商人、政治人物等群体对中国近代社会变迁产生的重要作用。⑤ 张华《近代中山城市发展研究》讨论了香山籍华侨对于近代中山城市建设与发展的引领和推动作用。⑥

综合上述成果来看，一方面，前人关于近代房地产业的相关研究较多地考察了某一时段某一区域的房地产业发展，对从事房地产业的主体人群的研究还尚显单薄，有的仅涉及个别华商对房地产的投资与经营；另一方面，现有成果对香山籍华商群体的研究主

---

① 郝延平著，李荣昌等译：《十九世纪的中国买办：东西间桥梁》，上海社会科学院出版社，1988 年；徐矛主编：《中国十买办》，上海人民出版社，1996 年；胡波：《香山买办与近代中国》，广东人民出版社，2007 年；马学强、张秀莉：《出入于中西之间：近代上海买办社会生活》，上海辞书出版社，2009 年；王远明、胡波、林有能主编：《被误读的群体：香山买办与近代中国》，广东人民出版社，2010 年；李吉奎：《近代买办群体中的广帮（1845—1912）——以上海地区为中心》，《学术研究》1999 年第 12 期；叶显恩：《香山文化与买办商人》，王远明、颜泽贤主编：《百年千年——香山文化溯源与解读》，广东人民出版社，2006 年，第 148 – 158 页；陈泽泓：《中国近代化进程中的香山买办》，王远明、颜泽贤主编：《百年千年——香山文化溯源与解读》，第 192 – 204 页。

② 汪敬虞：《唐廷枢研究》，中国社会科学出版社，1983 年；胡海建：《论唐廷枢》，暨南大学博士学位论文，2003 年；湛风涛、崔在兴：《唐廷枢与中国早期经济现代化》，《珠海潮》2018 年第 2 期；彭嘉：《以唐廷枢为例论近代买办阶级向民族资产阶级的转化》，辽宁师范大学硕士学位论文，2006 年。

③ 夏东元：《郑观应传》，华东师范大学出版社，1985 年；夏东元主编：《郑观应志》，广东人民出版社，2009 年；易慧莉：《郑观应评传》，南京大学出版社，2011 年。

④ 刘志强、赵凤莲编著：《徐润年谱长编》，北京师范大学出版社，2011 年；胡海建、张世红：《中国近代新经济的发展路径：企业家徐润研究》，哈尔滨工程大学出版社，2013 年。

⑤ 马永明：《论外部性与近代中国社会变迁——以香山籍归侨为例》，暨南大学博士学位论文，2004 年。

⑥ 张华：《近代中山城市发展研究》，华南理工大学博士学位论文，2012 年。

要集中在香山籍买办上，对香山籍华侨的关注较少，关于买办的研究则主要探讨他们在开办近代民族新式工业、企业上的卓越表现以及促进近代民族资本主义发展的作用，对他们参与房地产投资与经营的经济活动缺乏专门的研究。故本文拟以包括买办、华侨在内的近代香山籍华商群体为研究对象，通过分析他们的房地产投资区域与经营方式，试图揭示香山籍华商在促进近代房地产业发展、推动城市近代化以及民族资本主义经济发展中发挥的重要作用。

一、涉足房地产业的香山籍华商群体

在近代中国复杂的国内外环境下，香山籍华商凭借先天优势，得风气之先，成为较早接触西方文明的地域性商业群体，其中不乏热衷于房地产投资与经营者。胡波在《香山文化的现代诠释》一文中提出买办文化、洋务文化、华侨文化、商业文化等是香山文化的重要组成部分。① 香山文化之所以如此包罗万象，很大程度上是受到近代以来香山籍华商群体复杂性的影响，而房地产业作为近代香山籍华商所涉足的行业之一，恰好也体现出了这一群体的复杂性。

（一）19 世纪中后期的香山籍买办

香山籍买办是最早涉足房地产业的香山籍华商。鸦片战争后，香山出现了不少在国内小有名气的买办。据美国学者郝延平统计，19 世纪 70 年代之前，上海各洋行中香山籍买办是这样的情况：琼记洋行 19 世纪 50—60 年代雇用的 23 名买办中，广东人 20 名；旗昌洋行 19 世纪 30—70 年代雇用的 15 名买办中，广东人 8 名；怡和洋行在 19 世纪 40—70 年代雇用的 24 名买办中，广东人 12 名；宝顺洋行在 19 世纪 30—60 年代雇用的 21 名买办中，广东人 14 名。② 也就是说，这 4 家洋行的 83 名买办中广东籍的就有 54 名，占 65%，而且其中大多是香山人，以唐廷枢、徐润、郑观应、莫仕扬等买办最为出名。作为外商洋行在华从事各类经贸事务的代理人，香山籍买办在担任买办期间，参与代理洋行的地产业务。由于外国人不得在租界以外的地区购买土地，所以往往都由买办出面代为购买，与此同时，香山籍买办也开始自置地产、建造房屋，从事简单的收租经营。

十九世纪六七十年代以来，香山籍买办相继脱离洋行，开始投资近代民族资本主义工商业，尤其是参与投资、经营官督商办的洋务企业。1873 年，唐廷枢、徐润受李鸿章委托担任轮船招商局会办，这也标志着他们的身份正式由买办过渡为民族资本家。在此

---

① 胡波：《香山文化的现代诠释》，《学术研究》2006 年第 6 期。

② 郝延平著，李荣昌等译：《十九世纪的中国买办：东西间桥梁》，第 287－290 页。

之后，由买办转化而来的民族资本家成为香山籍华商的主体，他们逐渐扩大房地产投资与经营的规模，买办资本也在很大程度上转化为民族资本。

(二) 20 世纪以来的香山籍侨商

涉足房地产业的近代香山籍华商还包括侨商。香山是著名的侨乡，海外移民历史悠久，且香山的海外移民大多以经商为业。① 辛亥革命以后，香山籍侨商回国投资热情高涨，他们以各种形式投身国内各方面经济建设，规模相当可观，尤其以澳洲香山籍华侨创办的“先施”“永安”“大新”“新新”四大百货公司最为突出。这些香山籍侨商的投资并不局限于百货行业，投资范围还涉及工业、服务业、金融业、交通业以及房地产业等，成为当时香山籍华商经济力量的主要代表。香山籍侨商的房地产投资与经营，同民族资本家投资的房地产业一样，一开始就是作为外国侵略势力的对立物而存在的，这种对立是基于追求利润的要求而产生的，因而具有民族性。②

二、香山籍华商的房地产投资区域

鸦片战争以来，各通商口岸城市近代化进程加快，经济快速增长，房地产业也在各个城市普遍发展。无论是19 世纪中后期的香山籍买办、资本家，还是20 世纪以来的香山籍华侨，他们都凭借相对开阔的眼界、前沿的市场信息以及灵活的交际能力，积极参与近代各大主要城市的房地产投资与经营。受香山籍华商活动范围的影响，他们的房地产投资区域也呈现出广泛性的特征。

(一) 在外埠城市的房地产投资

1. 上海

上海是香山籍华商房地产投资的重心。这与上海是近代房地产业的初兴之地、较多香山人在上海各大洋行担任买办有关。而且上海经济快速发展，并崛起成为近代中国的经济中心，故20 世纪以来香山籍华侨回国后也多选择在此投资。

19 世纪中后期，香山籍华商在上海的房地产投资主要以买办为主。如徐润在担任宝顺洋行买办期间就已与其伯父徐钰亭共同在上海置有盆汤衖（巷）永记屋、余庆里宝源屋以及西门城内九亩地小房子一段等多处房产。徐润在离开洋行后进一步扩大房地产投资规模，到1883 年时，他在上海的房产“未建筑者达2 900 余亩，已建筑者计320 余

① 马永明：《论外部性与近代中国社会变迁——以香山籍归侨为例》，第75 页。
② 林金枝：《近代华侨投资国内企业概论》，第60 页。

亩，共造洋房 51 所，又 222 间，住宅 2 所，当房 3 所，楼、平房、街房 1 890 余间，每年可收租金 122 980 余两，地亩、房产名下共合成本 2 236 912 两"①，成为当时上海名副其实的"地产大王"。郑观应在其《香山郑慎余堂待鹤老人嘱书》中提到他与侨商张弼士在上海投资建房之事，"曩承张君弼士出资所造之洋房在我所购在上海华德路之地""上海华特路之屋地五亩一分九厘，当日北栈洋人出银一万五千求待鹤（即郑观应）相让，未沽。适张君弼士谋作到场，出资二万两建造"。② 唐廷枢家族也曾在上海创办谦益地产公司，从事地产经营。③ 英商祥茂洋行买办陈炳谦，早期的投资便是以房地产为主，他在上海虹口、闸北一带有大量地产，据统计其个人资产丰厚，约有二三百万元，以地产占多数。其长婿麦应生，曾任祥茂洋行副买办，在上海置有颇多房产，每年仅房租收入就有约 72 000 元。④ 英美烟公司买办郑伯昭，直到 20 世纪 30 年代在上海拥有的房地产估计达三千万元之多，为此还组建了一个昌业地产公司加以经营。⑤

20 世纪以来，香山籍侨商也开始在上海大规模投资房地产。如 1918 年在上海创办"永安"公司的澳洲香山籍侨商郭乐及其六弟郭顺，随着永安公司业绩蒸蒸日上，他们开始在上海购置大量房产，其中位于今天南京西路 1418 号的上海市人民政府外事办公室，就是郭氏兄弟在上海的花园住宅，建筑面积共 16 667 平方米，东、西两幢，均为法国文艺复兴时期的建筑风格。⑥ 据《上海房地产志》记载，郭氏兄弟除了这 2 处花园住宅外，还拥有四川北路大型里弄永安里的市房、住房。⑦ 1919 年，永安公司投资 15 万元购置闸北永兴路地皮，为开设永安木工厂做准备，后又在四川北路等处购入房地产，打算开设分公司。⑧ 1942 年，郭顺曾与大中华火柴厂的刘念义、律师徐士浩等发起筹建永业地产公司，郭顺任董事长。永业地产公司曾以低价购得狄斯威路（今溧阳路）一带数十座半独立式花园洋房，赚得巨额利润，被视为具有实力的华商房地产企业之一。直

---

① （清）徐润：《徐愚斋自叙年谱》，香山徐氏校印本，1927 年，第 12－13、34 页。

② （清）郑观应：《香山郑慎余堂待鹤老人嘱书》，夏东元编：《郑观应集》下册，上海人民出版社，1988 年，第 1486、1492 页。

③ （清）徐润：《徐愚斋自叙年谱》，第 41 页。

④ 张秀莉：《近代上海香山买办的收入与财富研究》，王远明、胡波、林有能主编：《被误读的群体：香山买办与近代中国》，第 80 页。

⑤ 程仁杰：《英美烟公司买办郑伯昭》，中国人民政治协商会议上海市委员会文史资料工作委员会编：《上海文史资料选辑》第 56 辑《旧上海的外商与买办》，上海人民出版社，1987 年，第 172 页。

⑥ 《上海百年名楼・名宅》编纂委员会编：《上海百年名楼・名宅》，光明日报出版社，2006 年，第 66－67 页。

⑦ 《上海房地产志》编纂委员会编：《上海房地产志》，第 176 页。

⑧ 丁日初主编：《上海近代经济史》第二卷，上海人民出版社，1997 年，第 371 页。

到1949年上海解放时，永业地产公司还拥有公寓、花园住宅、里弄住房、店铺房和厂房等84幢，建筑面积2.8万平方米，随房基地58亩多。此外，该公司还曾以一定资金另组协兴地产公司，拥有公寓、花园住宅、里弄等各类房屋65幢，建筑面积1.5万多平方米，随房基地6亩多。① 除个人置产外，上海永安公司附设的恳业部专门从事房地产业务，拥有永安里、永安坊、永乐坊、广德里、永乐新村等多处房地产。②

此外，香山籍华商在上海的同乡组织广肇公所、广东同乡会等也从事房地产投资与经营。像广肇公所早在1873年即购得宁波路、江西路吉地，出租与人修建银行大楼，还设有专人管理房地产；广东同乡会也拥有江宁路和皋兰路等多处房产。③

2. 天津

由于天津开埠比上海晚近20年，所以房地产业起步也略迟。直到20世纪初，随着九国租界的设置和扩充，天津可供开发与经营的土地成倍扩大，房地产业成为潜力极大的新兴行业。④ 一些具有投资经营意识的外商，开始率先组建房地产公司。1901年，第一家外商房地产公司英商先农工程股份有限公司在天津成立。

值得注意的是，在外商创办房地产公司之前，香山籍华商就早已开始在天津投资经营房地产。以徐润为例，1883年中法战争爆发，金融危机席卷上海，加上自然灾害的影响，国内市场购买力下降，徐润的房地产业遭到打击，背负沉重债务。1887年之后，随着参与洋务活动范围的扩大，其房地产投资的重心逐渐由上海转至天津。据《徐愚斋自叙年谱》记载，光绪十六年（1890）徐润见天津地产大有可为，商机不宜延误，于是“将自己衣服佩戴、古董玩器、字画书籍变价，约得价一万五六千金，又拟将先母杨太夫人遗饰及亡室吴夫人所遗金珠各物约略计之，亦值六七万”。筹得资金后，徐润凭借自己多年经营房地产的收入，先翻新上海老介福旧房，后进军天津房地产业，将“其余变物之价，陆续汇津，托郑毅亭、沈芳舟诸兄置地产、造房屋。先在塘沽车站两边造屋500余间，用地75亩，以收租息；又于天津法界先农坛、马家口朝鲜公所后，与及南门外水坑地，并近西局回头至卢家庄一带；又小营门附近各段及英租界等处。另在滦州偏凉汀铁路南沿滦河高坡等处置买不少，先后统共一千八九百亩，进价以五两、十两、百两，贵至200两为止，其中亦有得利沽去者”。即便1901年八国联军入京后，各国设立租界，强占塘沽庄的土地，徐润“获益仍有二三十万”。直到光绪二十七年（1901），徐润除沽去的地产，还有“滦州500亩，塘沽20余亩，北戴河10余亩，老龙头130余亩，

① 《上海房地产志》编纂委员会编：《上海房地产志》，第178－179页。

② 何品：《上海四大百货公司档案史料简介》，上海市档案馆编：《上海档案史料研究》，上海三联书店，2011年，第177页。

③ 《上海房地产志》编纂委员会编：《上海房地产志》，第177页。

④ 赵津：《中国城市房地产业史论（1840—1949）》，第35页。

南门外三百六七十余亩”。①

郑观应也曾在天津投资房地产。据郑观应《香山郑慎余堂待鹤老人嘱书》中记载，他每年所收的屋租、股息包括“收北海楼屋租津平银二千八百两”“收（天津）庆泰房产公司股息，约银一百二十两”，其中“天津北海楼房屋系与卫桐禅神州女学、进德社合资共买。卫桐禅出银一万八千两，待鹤出银一万六千两，进德社出银二千两，共计股银三万六千两，取名裕兴公司。又癸丑年（1913）由裕兴公司租银入天津庆泰房产公司，股银一千两。该屋地契印照均交天津太古洋行账房翼之弟代存”。②

3．香港

近代以来的香港是一个多种文化和贸易体制接壤的“边陲地带”，各种商人群体通过使用中外商业制度，在他们商业投机的不同阶段进入香港。③

其中，不少香山籍华商在去上海发展之前，就已经开始在香港从事房地产投资。如太古洋行的香山籍买办莫仕扬，早年曾跟随其父在广州经商，1856 年第二次鸦片战争爆发后转至香港发展，初期主要经营房地产业与建筑业，香港的卅间街就是因为莫仕扬在此建造 30 幢楼房而得名，还在香港摆花街建数十幢楼宇。④ 据统计，仅 1880 年 1 月至 1881 年 5 月，华商向洋商购入的地产和物产价值就达 171 万元，向港府承租的官地，每年需缴付的地税达到 17 705 元。发展至 19 世纪 80 年代，华商在香港地产业的势力已经开始压倒英资，当时港督轩尼诗就曾承认，华商已成为香港最大的业主。⑤

由马应彪、郭乐、郭泉、蔡兴、蔡昌、刘锡基和李敏周等澳洲香山籍侨商在上海创办的四大百货公司，除新新公司外，其余先施、永安、大新三家公司的总部都设在香港。他们的公司不仅以百货销售为主业，还涉足餐饮、娱乐、旅馆、金融保险、仓储物流、制造加工以及房地产等多个行业。⑥

（二）在家乡的房地产投资与经营

在乡土观念、家乡意识根深蒂固的近代中国，身处异国他乡的人们，总是渴望与家

① （清）徐润：《徐愚斋自叙年谱》，第 48、99 页。

② （清）郑观应：《香山郑慎余堂待鹤老人嘱书》，夏东元编：《郑观应集》下册，第 1489、1492 – 1493 页。

③ 苏基朗、马若孟编，成一农、田欢译：《近代中国的条约港经济：制度变迁与经济表现的实证研究》，浙江大学出版社，2013 年，第 200 页。

④ 张仲礼、陈曾年、姚欣荣：《太古集团在旧中国》，上海人民出版社，1991 年，第 155 页。

⑤ 林友兰：《香港史话》，上海印书局，1978 年，第 79 – 80 页。

⑥ 何品：《上海四大百货公司档案史料简介》，上海市档案馆编：《上海档案史料研究》，第 172 页。

乡保持着某种联系，香山籍华商亦是如此。他们常年寄钱回乡，用源源不断的汇款支持家乡建设，有甚者更是直接回乡进行投资。值得注意的是，香山籍华商的投资并非仅限香山一地，往往还有他们的“第二家乡”，比如唐廷枢就曾在其著作《英语集全》中自称“羊城人”①，徐润在《徐愚斋自叙年谱》中介绍自己是“澳门内乡人”②，可见唐廷枢和徐润分别将广州、澳门视为自己的“第二家乡”。这种广义“家乡”观念的形成，除了与个人成长经历、经商活动范围有关外，很大程度上是因为他们在广州、澳门等地也投资有房地产，且长期居住。

1. 香山

由于海外移民条例严谨，香山籍华侨的侨眷、亲属大多留在香山，他们通过将侨汇寄回家乡，加深华侨与侨乡的联系；而买办在上海等城市发展起来后，则多将亲人移居他乡共同生活，这就导致了香山籍华侨与买办在家乡认同感上产生差异。这种差异反映在房地产投资上，就表现为香山籍华侨比香山籍买办在祖籍地香山的投资要更多一些。

从19世纪末开始，香山籍华侨就依靠一些金山庄和侨批局把侨汇寄回家乡，有部分侨汇被直接投入房地产市场，到20世纪初时，香山兴建了不少侨宅，规模相当可观。③ 澳洲香山籍侨商郭氏兄弟创办的永安公司就曾在香山进行房地产投资，如今天中山市旧城区治安街永安里现存的被称为“永安里民居群”的4幢8户民居房，其修建时间大致是在民国初年，据说是永安公司在家乡建的第一批商品房，也有人称是永安公司的员工宿舍。从其建筑风格来看，这4幢洋房均是由两户独立式两层屋子连体而成，砖混结构，混凝土楼板，建筑外形相同，由矮脚吊扇门、趟栊门、硬木大门“三件头”组成的大门具有典型的广府特色，而凸阳台、巴洛克式外观又带有西洋建筑风格，是典型的中西合璧的华侨建筑。此建筑群应该是在统一规划下建造的，体现了较早的居住社区的理念。④ 20世纪20年代末，澳洲香山籍华侨、先施公司创办人马应彪曾带领一批土木工程技术人员在家乡大兴土木，建造西式园林格局的豪华大厦，占地30亩。据统计，1927—1937年，华侨的房地产投资占据华侨投资总额的65%，而这一时期香山籍华侨在家乡香山的房地产投资就有房地产745幢，4 490 000元。⑤

---

① （清）唐廷枢：《英语集全》卷首“唐廷枢自序”，清同治元年（1862）纬经堂印本，第4页。

② （清）徐润：《徐愚斋自叙年谱》，第27页。

③ 黎志刚：《近代中山地区移民与家乡建设》，吴景平主编：《近代中国：经济与社会研究》，复旦大学出版社，2006年，第257页。

④ 张华：《近代中山城市发展研究》，第272－274页。

⑤ 《佛山专区华侨企业调查报告》，1959年3月，转引自马永明：《论外部性与近代中国社会变迁——以香山籍归侨为例》，第80页。

此外，香山籍华侨还参与投资与房地产行业相关的建材生产行业，比如光绪三十四年（1908），香山籍归侨蔡锦阶发动侨胞，集资在县城石岐北郊创设我国最早的轮窑砖厂——香山机制砖瓦厂，生产砖瓦，为家乡建设提供了充足的建筑材料。①

2. 广州

有明以来，广州作为中西贸易的前沿阵地，对外贸易频繁，商业地位显著，在上海崛起之前，一直保持着中外经济、文化交流的中心地位。直到鸦片战争前，还有不少香山人在广州十三行各外国商馆担任买办，负责为商馆采购、供应生活必需品，管理商馆贸易及所需仆役，甚至管理商馆内部经济、账目乃至银库，有时也还要充当大班机要秘书的角色，照管其私人事务。② 其中，有的香山籍商人长期在广州从事商贸活动，在此购房并居住。

唐廷枢、徐润、郑观应等近代香山籍买办并不同于鸦片战争前广州的香山籍商人，他们的主要活动区域并不在广州，但也在广州投资房地产。一方面是受“家乡”观念的影响，如唐廷枢将广州作为“第二家乡”，以“羊城人”自居，并于同治元年（1862）在自置产业广州纬经堂刊刻出版著作《英语集全》。再如，郑观应曾在广州大北门外的将军岭、黄婆洞、鸡公岭，东门外的大马岭地、银牛岗的东西坑、三宝墟的银坑岭以及石岗、鲤鱼岗、毛草岗、茶园岗、二皇楼、知府街、东瓜街、黄木菿、白象卷、湖合水口、飞鹅、马仔岭等地购置大量土地，不过这些土地大多用作家族葬地，部分则待价而沽。另外，他还把在广州河南岐兴里购买的一段地留给其六妾及子润燊、润鑫，用于成年后建造住宅，以便日后“入番禺籍，就近祭扫祖墓”。③ 另一方面则是出于开办洋务的需要，如光绪十五年（1889）唐廷枢、徐润等为了在广州创办开平煤矿分局，集资共办广州城南地基公司，“购城南林桐芳沿河坦地，合建商场兼栈房、码头之用”，随后“又买林桐芳地六十二亩、官地七亩”，④ 郑观应作为开平粤局总办，亦入股五千两。⑤

香山籍侨商在广州投资房地产的人数和规模虽然不及五邑侨商，但他们的投资更具特色。如香山籍侨商创办的广州先施、大新、永安等百货公司，它们本身就属于一种新

① 高民川：《中山市华侨大事记》，中国人民政治协商会议广东省中山市委员会文史委员会编：《中山文史》第20辑，中山市政协文史委员会，1990年，第14页。

② 吴义雄：《略议鸦片战争前的买办、通事及其在近代的转化》，王远明、胡波、林有能主编：《被误读的群体：香山买办与近代中国》，第104页。

③ （清）郑观应：《香山郑慎余堂待鹤老人嘱书》，夏东元：《郑观应集》下册，第1493、1500－1502页。

④ （清）郑观应：《盛世危言后编》卷十一《矿务》，夏东元：《郑观应集》下册，第989页。

⑤ （清）郑观应：《香山郑慎余堂待鹤老人嘱书》，夏东元：《郑观应集》下册，第1493页。

式的商业性房地产,[①] 而且这些百货公司在战后停止经营，把楼房出租，变成了经营房地产业。[②]

3. 澳门

澳门本隶属于香山县，是近代中国第一口岸、中西经济贸易的重要通道，正因为如此，香山成为近代中国买办最先兴起的地方。香山籍买办从19世纪后半叶起，开始由澳门向其他通商口岸城市转移,[③] 但由于受“家乡”观念的影响，他们中的不少人还是会选择在毗邻香山的澳门购置房产，从事相关的房地产经营。

郑观应在《香山郑慎余堂待鹤老人嘱书》中有提及他在澳门所置的房产，“澳门新村尾之屋，分与长男润林、次男润潮偕叶夫人、四妾、五妾同居，就近管理万里长城即妈阁街十三间半屋租。如将来有善价宜沽之，盖所得租银不过周息六七厘，屋日旧，恐要大修不合算故也”。澳门妈阁街十三间半屋每年收租1 008两，用于“开支叶夫人、四妾、五妾伙食、月费、公钞、保险、清明祭祀、修理等用”。[④] 这说明郑观应在澳门有两处房产，一处为新村尾之屋，为家人自住房，另一处是位于妈阁街的十三间半屋，主要用于出租，收取租金以补贴家用。

徐润在《徐愚斋自叙年谱》中也曾多次提及家人在澳门之事，如“（1873年）正月二十三日，先叔荣村公故于澳门，年五十二岁”“（1881年）二月初三日，先大夫故于澳家，落楼伤腰，病仅三天。余在申，闻电，匍匐回澳，已不能亲视含殓，终天抱恨，幸眷口在澳，饰终典礼，一切如仪”“（1888年）十二月二十三日，先妣杨太夫人寿终澳门寓所。余刚自台湾返沪，即接澳电，知慈母病笃，星夜返澳，延请中西医诊视”“（1891年）七月初八日，先室吴夫人病故于澳门，年五十一岁”。[⑤] 可以看出，徐润家族在澳门置有房产，且其家眷长期居于澳门。

三、香山籍华商的房地产经营方式

香山籍华商的房地产经营与外商密切相关，他们与外商的关系决定了他们的房地产

---

① 吴宏岐、胡乐伟:《近代广州侨资房地产业与城市空间结构的变迁》,《华南师范大学学报（社会科学版)》2013年第1期。

② 林金枝、庄为玑:《近代华侨投资国内企业史资料选辑（广东卷)》，第545页。

③ 马至融:《澳门口岸与香山买办及近代中国社会复兴》，王远明、胡波、林有能主编:《被误读的群体：香山买办与近代中国》，第143页。

④ （清）郑观应:《香山郑慎余堂待鹤老人嘱书》，夏东元:《郑观应集》下册，第1486、1489页。

⑤ （清）徐润:《徐愚斋自叙年谱》，第18、26、42、46页。

经营方式，这一点以香山籍买办表现得最为明显。以1873年唐廷枢、徐润接受李鸿章的委托，进入上海轮船招商局担任会办为标志，香山籍买办的阶级属性完成了由外国资本主义的附属阶层向民族资产阶级的转变，而这一转变也使他们的房地产经营方式发生了变化。

（一）担任买办期间的房地产经营方式

由于以香山籍买办为主要代表的近代中国买办兼具买办与商人的双重性，他们在自办企业后，便具有了中国商人的性质，且与洋行之间的关系就变得比较微妙和复杂，双方既相互联系、相互为用，又相互矛盾、相互排斥。① 所以，香山籍华商在担任买办期间的房地产经营存在两个发展阶段：第一个阶段是作为洋行雇佣者为洋行代理地产业务的阶段，第二个阶段是他们在自办企业后以独立商人的身份附股外商企业的阶段。

1. 代理洋行地产业务

由于经营房地产的收益比传统的远洋贩运贸易更为稳妥、周转更快，一些外商洋行像沙逊、怡和、雷士德洋行等都对投资房地产业产生了极大的兴趣。19世纪中叶开始，他们纷纷设立地产部，开始兼营房地产，这时的买办作为外商洋行在中国市场开展各项经济活动的代理人，其职责是为洋行拓展业务，其中包括以中间人的身份参与洋行房地产经营各个环节的运作。这个时期的买办，“并没有属于自己的独立决策与经验，他们的雇佣者身份决定了他们只能是为他人作嫁衣裳”②。

香山籍买办代表人物之一的唐廷枢，于同治二年（1863）正式担任英商怡和洋行买办。胡海建在《论唐廷枢》中梳理了唐廷枢在买办生涯中为怡和洋行拓展的经济活动领域，包括开办修华号“棉花行”，为洋行经理库银、投资当铺、收购茶叶、推销鸦片、开展对钱庄的拆票业务和航运业务、运销食盐及大米，等等，③ 但忽略了唐廷枢为洋行经营房地产的经济活动。1871年2月24日，唐廷枢在致机昔的信中写道，“你上次要我给惠代尔先生打听英租界里伦敦传教会地基上华民房产的租价，现一一列出奉上”④。惠代尔是怡和洋行的经理，当时作为买办的唐廷枢需要为洋行的房地产经营探听租价，提供市场信息。《徐愚斋自叙年谱》中提及，“上海地皮产业家首推汪远泽堂，汪系丽泉洋行办房。……后汪果得景翁（按：即唐廷枢）之助，资益不少”⑤。可见，唐廷枢与

① 张晓辉：《近代粤商与社会经济》，广东人民出版社，2015年，第482页。

② 马至融：《澳门口岸与香山买办及近代中国社会复兴》，王远明、胡波、林有能主编：《被误读的群体：香山买办与近代中国》，第145页。

③ 胡海建：《论唐廷枢》，第15－24页。

④ 刘广京：《唐廷枢之买办时代》，《清华学报》1961年第2期。

⑤ （清）徐润：《徐愚斋自叙年谱》，第26页。

经营地产的买办汪远泽堂相交甚密，且汪得其相助获利不少，说明唐廷枢在为洋行代理地产业务期间，搜集、掌握了不少房地产的相关信息，也积累了颇多地产经营的经验。徐润在宝顺洋行担任买办时期，也代理洋行不少业务，其中就包括房地产业。有学者在对徐润买办资本的积累进行研究时提出，佣金是徐润买办资本积累的一个重要来源，而买办佣金的来源主要根据他从事业务的多少来定的，“他们在从事银行业、经营轮船、保险、房地产业、进出口贸易中赚取佣金”①。

从唐廷枢、徐润的事例来看，香山籍华商在担任洋行买办期间，还处于买办资本积累的初期，各方面发展还不成熟，其参与房地产经营的活动主要是为洋行代理。不过香山籍华商担任买办的时间各有不同，这种经营方式一直到民国初年还仍然存在，如英美烟公司的买办郑伯昭，在1919年受公司委托筹办宏安地产公司，担任董事长兼总经理，英美烟公司将包括公司本身在内的所有房地产都转入宏安地产公司，由郑伯昭作为公司代理人，负责为英美烟公司在各处购地置产。②

2. 附股外商企业

华商附股是中国买办资本形成过程中的一个重要方面，近代中国社会中的买办在很大程度上是通过附股外商企业成长起来的。随着买办资本的积累，买办商人们便将资金以股份的形式参与到洋行的经贸运作中，借洋人之势，以取得更大的利润。他们的附股活动涉及航运、保险、银行、码头、铁路、工业以及房地产等多个领域。

就香山籍买办而言，他们通过长时间参与洋行的商贸活动，不仅积累了丰富的经验，同时也积累了一定的物质财富，在继续履行自己洋行买办职责的同时，又纷纷开设了属于自己的新的独立商号。这是香山籍买办发展的第二个阶段，他们是作为独立商人进行各种商业活动的，他们由起初与外商洋行的雇佣关系开始变为合伙关系。③ 不过由于房地产业需要大量的资本投入，且风险较大，即便是后来成为“地产大王”的徐润，在这一时期也无力购买太多土地，仅有盆汤衖（巷）永记屋、余庆里宝源屋以及西门城内九亩地小房子一段地产，④ 故这一阶段大多数华商还是选择附股的方式参与房地产投资与经营。

唐廷枢的附股活动开始于1867年，他不光自己附股洋行“谏当”保险业务，还向华商大力推销股份。随后又附股1867年成立的公正轮船公司以及1868年成立的北清轮

① 胡海建、张世红：《中国近代新经济的发展路径：企业家徐润研究》，第66页。

② 程仁杰：《英美烟公司买办郑伯昭》，中国人民政治协商会议上海市委员会文史资料工作委员会编：《上海文史资料选辑》第56辑《旧上海的外商与买办》，第170页。

③ 马至融：《澳门口岸与香山买办及近代中国社会复兴》，王远明、胡波、林有能主编：《被误读的群体：香山买办与近代中国》，第145-146页。

④ （清）徐润：《徐愚斋自叙年谱》，第12-13页。

船公司。1872年，华海轮船公司中，华商股份930股，唐廷枢投资400股，是最大股东。华友琼记洋行、马立司洋行、美记洋行都有唐廷枢附股。① 他在担任买办期间参加外商的附股活动，以较快的方式进行资本运作并赚取利润，增加了资本，这也为他在后来开办、经营一系列新式民族实业积累了丰富的经验，这些在参与附股、经营地产等方面的经验，对他光绪十五年（1889）在广州开办城南地基公司也产生了重要影响。当时，时任开平煤矿局总办的唐廷枢与会办徐润为“推广煤局分设广州”，借鉴外商集股的筹资方式，由“开平局认股一万两，李玉衡、唐纬经堂即唐景星、郑合德堂、徐雨之等各认股五千两，计共股本银三万两，名曰广州城南地基公司”，公司“买林桐芳地六十二亩、官地七亩，低价及印契、升科相连涨滩百亩之外，尚余八千两为填筑滩地等用”。购地后，唐廷枢致信郑观应，称“该地归开平矿局就近代理，不须酬劳，惟要准开平矿局择用至深水处一段自行出资建筑码头、造栈房，为堆煤储货之需，应计租费、地价若干，俟日后填地工竣，估出何价，出租何价，即照数算还地基公司，决不使稍有吃亏等语”。② 广州城南地基公司的创办是唐廷枢买办生涯期间代理洋行业务、附股外商投资地产业所积累的经验在其身份转变后的重要实践，既为创办近民族资本主义实业开拓了新的路径，也体现出他本人在房地产方面的经营之道。

（二）成为“民族资本家”后的房地产经营

十九世纪六七十年代，香山籍买办纷纷脱离洋行，开始投资近代民族资本主义工商业，创办新式企业。尤其是1873年唐廷枢、徐润进入上海轮船招商局担任会办，标志着香山籍买办成功转变为近代民族资本家。加之20世纪以来香山籍侨商的融入，经营民族资本主义房地产业的香山籍华商主体正式形成。这一时期，他们的房地产经营方式与“买办”时期完全不同。

1. 自主经营

自主经营是指房地产经营者对自己拥有产业的经营，包括土地买卖、投资建房、房屋出租、维修养护等。③ 这是成为民族资本家后的香山籍华商最主要的房地产经营方式，也是经营收益的主要来源。

徐润在离开洋行后，开始大规模投资房地产，大量购买土地、建造新房。有时为了解决资金问题，他也会采用层层抵押的方式来获取投资本金，即“以已有的房屋作抵

---

① 胡海建：《论唐廷枢》，第25页。

② （清）郑观应：《盛世危言后编》卷十一《矿务》，夏东元：《郑观应集》下册，第989页。

③ 赵津：《中国城市房地产业史论（1840—1949）》，第77页。

押，从钱庄和银行获得资金，再购置新产，再以新产抵押借贷”①，这种方式在很大程度上节省了资本，且并不影响新产开发，足以见得他在房地产经营上的精明之处。到1883年，徐润拥有地产“未建筑者达2 900余亩，已建筑者计320余亩，共造洋房51所，又222间，住宅2所，当房3所，楼、平房、街房1 890余间，每年可收租金122 980余两，地亩、房产名下共合成本2 236 912两”②，规模相当庞大。在徐润经营房地产的后期，他也对以前建造的房屋进行翻修，以便提高租金，增加收入，他以“二万两翻造上海老介福房屋，查该屋未改以前收租，只得三千六七百两，除年中修理千两外，实收亦仅有限，此因房子过旧，间架太小，地盘亦属低洼，有以致之，一经改造，收租七千余两，递年更增，得益不少”③。其实可以看出，徐润从购买土地、建造房屋，到屋地出租、买卖，再到后期翻新、维修均是由其本人负责管理，这是典型的自主经营方式。

当然，这种方式也存在弊端，就是要自负盈亏。徐润在光绪九年（1883）《记地亩股票合业始终兴败事略》中记载，他“初意招股合办，每股本银十两，集四百万两之大公司，先收股本二百万，后缴二百万以成公益之举”。本欲与英人顾林合作，“（顾林）拟至英京将所有房产按银二百万，四五厘息，二十年期，助余兴助”，岂料“顾林回国后，初闻患脑病，继闻成癫痫，竟致去同黄鹤”，最终徐润只得多方奔走，凭借自己在金融界的诚信从钱庄、银行等多处筹款，“计公司往来钱庄二十二家，共银一百零五万二千五百两，又股票抵款四十一万九千九百二十两，又洋行房产找头抵款七十二万一百十八两，又存户三十二万九千七百零九两，共计该款二百五十二万二千二百四十七两”。1883年中法战争爆发后，“各钱庄草木皆兵”，所欠资金无法周转，徐润房地产事业惨遭打击，“三百数十万成本之产业，只得摊作二百余万之款，清偿完结，受亏八九十万”。④ 由此可以看出，徐润的房产公司筹措的资金虽然来自多方，却是钱庄、存户以及债权人零散资金的整合，主要靠的是借贷，没有股东，不属于真正意义上的股份合作，出现风险后则由产权人独自承担所有损失，这是香山籍华商在房地产行业自主经营上所要面临的风险。

值得注意的是，自主经营并不等同于个人独资经营。自主经营是指华商在脱离与外商之间的依附关系之后的房地产经营，产权人是华商而非洋行，华商拥有自主经营房地产业的权利。从资金来源来看，自主经营既包括个人独资，也包括多人合资。当然，随着房地产经营规模的日渐扩大、股份制度的普遍使用，香山籍华商在自主经营房地产的

① 徐矛主编：《中国十买办》，上海人民出版社，1996年，第34页。

② （清）徐润：《徐愚斋自叙年谱》，第34页。

③ （清）徐润：《徐愚斋自叙年谱》，第48页。

④ （清）徐润：《徐愚斋自叙年谱》，第35页。

过程中也较多地存在与他人合股或者合资经营的情况，比如1942年郭顺等华商合资创办的永业地产，虽是合资，但属于华商自主经营。而前人的研究中较多地将华商附股等同于华商与外商的合股或合资经营，并没有将这两种方式进行明确区分，如有的研究者就称“香山籍华商与其他华商，或外商合作开办房地产公司的情况，比如徐润曾参与合办的就有业广房产公司、先农房产公司、上海地丰公司、广益房产公司、宝源祥房产公司等等”①。其实，业广房产公司是由几个英商洋行老板合办的，先农房产的创始人是美国人丁家立，股东也是当时天津比较有影响力的外商，如田夏礼、胡佛、狄更生、林德、克森士、獒克等，② 均属于外商房地产公司，徐润只是附股，并非与外商合办；宝源祥才是徐润自己的房地产公司，属于他本人自主经营的产业。虽然合股与附股都是采用股份制的形式进行资金筹措，但产权人不同，华商在公司中的自主权、经营权也存在很大的差异。

2. 代理业务

近代以来，许多中外大房地产主，在购置产业后，有不愿意或不善于自己经营，也有不愿意暴露身份的，都会将产业托人经租。房地产的产权人包括银行、洋行、教会、军阀、官僚、买办、富绅、企业家等各类房地产主，经租机构大至地产公司，小至仅有一人的经租处或经租账房等。③

香山籍华商除了自主经营自有产业外，也常常作为中间人代客买卖、出租房地产，以赚取手续费或者佣金，佣金通常为成交价的2.5%～5%。由于房地产价值较高，交易额大，佣金也是相当可观的。据统计，“中国营业公司从民国十四年到民国二十一年止，房地产买卖总交易额为6 700多万银两，其中百分之八九十是代客买卖”④。香山籍华商经营房地产者众多，通过代客买卖、经租获益者也大有人在。以祥茂洋行买办陈炳谦为例，陈炳谦是房地产投资的大户，于1931年在祥茂洋行内成立陈炳记，主要从事经租业务，“对外有三种名义：一为陈炳记，完全为自己的产业，在虹口老靶子场一带，年收租金30余万元；一为泰安地产公司产业，由祥茂洋行经租，年终再由祥茂与陈炳谦结账；一为祥茂经租，其他房产租金亦约30余万元，1935年收租金约百余万元”⑤。1946年，其子陈其炜组建申达经租处，管理大楼1座、市房242幢、住房566幢、花园

---

① 徐矛主编：《中国十买办》，第10页。

② 金彭育：《旧天津英商先农公司》，中国人民政治协商会议天津市委员会文史资料研究委员会编：《天津文史资料选辑》总第91期，天津人民出版社，2001年，第63－65页。

③ 赵津：《中国城市房地产业史论（1840—1949）》，第76页。

④ 《上海房地产志》编纂委员会编：《上海房地产志》，第180页。

⑤ 张秀莉：《近代上海香山买办的收入与财富研究》，王远明、胡波、林有能主编：《被误读的群体：香山买办与近代中国》，第80页。

住宅25幢、公寓10座、仓库2所。①

此外，香山籍华商还开展有代办保险、承揽建筑设计、施工与维修等业务。近代中国社会局势动荡、战争频发，一些香山籍华商开办的房地产公司则开办有代办保险业务。而且随着大众需求的不断变化，他们还承揽一些建筑设计、施工以及维修业务，既丰富了房地产公司的经营方式，也增加了经营收入。比如华侨商人郭顺参与创办的永业地产公司，其主要业务除了自产买卖、自产收租和代理经租外，还接受客户委托办理一些房地产买卖、估价、设计、建筑以及代办保险等房地产相关业务。② 这些代办业务显然并不是香山籍华商房地产经营的主业，属于拓展性业务，只是作为一种补充的盈利途径，说明房地产经营者的致富之道无处不在。③

四、小结

在各方势力角逐的近代中国，房地产业在各沿海通商口岸城市兴起并快速发展，香山籍华商作为具有代表性的地域性商人群体也活跃于其中。通过梳理近代香山籍华商从事房地产投资与经营的大致情况，可以得出以下几点结论：

第一，投资群体具有复杂性。近代涉足房地产业的香山籍华商不仅包括像唐廷枢、徐润、郑观应这样的买办、资本家，还包括20世纪以来回国投资的香山籍华侨商人，如马应彪、郭乐、郭顺等。

第二，投资区域具有广泛性。受活动范围的影响，香山籍华商的投资区域遍布上海、天津、香港等经济活跃的外埠城市，也涉及香山、广州、澳门等家乡城市。而且，由于上海是近代房地产业的初兴之地，较多香山人在上海担任洋行买办，且上海近代以来具有经济中心的地位，故上海成为香山籍华商房地产投资的重心。

第三，经营方式具有阶段性。19世纪中叶以来，受外商房地产业的影响，香山籍买办成为香山籍华商群体中最早从事房地产投资与经营的人群，他们起初只是为洋行代理地产业务，随着买办资本的积累，他们开始附股外商房地产业，但这时香山籍华商的房地产经营并没有脱离与外商的依附关系，也没有较多经营自主权。以1873年唐廷枢、徐润进入上海轮船招商局担任会办为标志，香山籍买办顺应时代发展，由外国资本主义的附属阶层转变为民族资产阶级。20世纪初，香山籍侨商也加入发展民族资本主义房地产业的行列。这一时期香山籍华商的房地产经营方式以自主经营为主，兼及代理业务。

总的来说，近代香山籍华商的房地产投资与经营一方面体现出他们作为商人本身具

① 《上海房地产志》编纂委员会编：《上海房地产志》，第171页。

② 《上海房地产志》编纂委员会编：《上海房地产志》，第178页。

③ 赵津：《中国城市房地产业史论（1840—1949）》，第78页。

有的逐利本性，另一方面则表现了他们所赋有的民族特性，尤其是民族意识觉醒后，开始大规模投资近代民族工商业，在房地产领域与外商争利，促进了近代民族资本主义经济的发展。而且，他们的房地产投资与经营遍布近代各大主要城市，直接推动了各城市的近代化进程。

作者简介：
宁力，暨南大学历史地理研究中心博士研究生；吴宏岐，暨南大学历史地理研究中心教授。

近代华侨原籍归葬研究
——以香港东华义庄为中心的考察

胡水玉　曾桂林

[提要] 华侨原籍归葬是伴随着近代中国海外移民潮而兴起的一种跨洋迁葬现象。它的兴起，除受华人传统乡土观念的驱使外，亦有丧葬习俗、契约华工制以及侨居地不公待遇等因素的影响。香港东华义庄因应华侨原籍归葬需求而设立，并作为华侨原籍归葬的中枢机构在棺骨接收、停厝和转运等环节中做了大量细致的工作，发挥了关键作用。基于原籍归葬的需要，东华义庄与海内外华人慈善团体或组织建立了广泛联系，逐渐形成了以香港为中心的全球华人归葬网络。从文化心理的角度看，东华义庄的原籍归葬服务契合了华侨的现实需要和心理需求，亦是华人民族文化和心理认知的一种表征。

[关键词] 华侨；原籍归葬；东华义庄；慈善

原籍归葬，又称归乡葬，顾名思义，即人死后将尸骸运回家乡安葬，是主要针对客死异乡之人的一种传统丧葬习俗。中国原籍归葬习俗由来已久，“原始氏族社会的男子归葬，孕育了传统的归葬礼俗”①。在古代社会，凡是外出任官或就业谋生之人，若生前不能回乡终老，死后也希望归葬原籍，以期魂归故里，止息安所。及至近代，伴随着

---

① 王增永、李仲祥：《婚丧礼俗面面观》，齐鲁书社，2001 年，第 162 页。

海外移民潮的出现，华侨原籍归葬亦逐渐兴起，它虽源于中国传统的归葬礼俗，却是与之迥异的一种跨洋迁葬现象。在此现象兴起之际，涌现出了一批为华侨原籍归葬提供专门服务的慈善机构，香港东华义庄便是其中的典型。东华义庄是19世纪末由香港东华医院倡建及管理的一处丧葬救助慈善机构，除了为本地先人提供停厝棺柩之所、为贫苦亡人代葬义山之外，其更重要的功能便是因应海外华侨需求为客死异乡的先友归葬原籍提供服务，并在进入20世纪后，凭借香港地利、人和优势逐渐发展为海外华侨归葬故土的枢纽站，在近代华侨原籍归葬中扮演着重要角色。目前学界有关华侨原籍归葬的研究已取得一些成果，① 但以东华义庄视角观之的论著似不多见，② 仍有待进一步系统、深入地探究。鉴于此，本文试以东华义庄为中心，探讨其在近代海外华侨原籍归葬中的各项措施及其特殊地位，以及由此形成的覆盖全球的海外华侨原籍归葬网络，并尝试分析华侨原籍归葬服务所体现的民族文化心理，以期对丰富华侨华人史、慈善史研究有所裨益。

一、华侨原籍归葬的缘起

早在唐宋之际，中国就有商人出海贸易，及至明清时期，东南沿海居民出洋谋生渐成规模，但封建政府却采取严厉的海禁和迁界政策，“敌视海外臣民，不断对华侨加以限制和残害”③，视之为“奸宄”“弃民”，甚至切断其与国内的联系。这些严禁政策与歧视态度，使得早期出洋的华侨生前归国无望，一旦亡故则魂游异域。鸦片战争后，通商口岸的开辟、人口剧增的压力、连年灾荒战乱等一系列因素，促使一些处于生存边缘线的国人再次将目光转向海外。19世纪中后期，西方资本主义国家及其殖民地对廉价劳动力源源不断的需求，加之第二次鸦片战争之后华工出国的合法化，加速了中国海外移民的进程，形成了规模空前的海外移民浪潮。如北美金矿的开发及中南美洲橡胶园的种植，便在中国东南沿海地区招募了大量华工，“到19世纪末，海外华侨至少在400万人

---

① 主要研究成果有：傅健编著：《五邑华侨义冢与跨洋迁葬》，中国华侨出版社，2017年；高伟浓：《早年美国的华社善堂与华侨的落叶归根》，《华侨华人历史研究》2006年第3期；谭雅伦、舒奋：《落叶归根（摘译）——新会1893年义冢札记》，《五邑大学学报（社会科学版）》2001年第2期；等等。

② 笔者目力所见仅有高添强：《丧葬服务与原籍安葬》，冼玉仪、刘润和主编：《益善行道——东华三院135周年纪念专题文集》，香港三联书店，2006年，第80－113页；叶汉明：《序：东华、香港、中国内地与世界》，叶汉明编：《东华义庄与寰球慈善网络——档案文献资料的印证与启示》，香港三联书店，2009年，第12－35页。

③ 庄国土：《中国封建政府的华侨政策》，厦门大学出版社，1989年，前言第1页。

以上”①。

不过，这些怀揣“黄金梦”出国谋生的华侨，深受安土重迁等传统观念的浸润，并未打算长久侨居异域，“一旦有成，则必衣锦归故乡，万一失败而客死他乡，亦必殷期遗骨归葬祖墓”②。事实上，这些人中，能在有生之年衣锦还乡、光宗耀祖者毕竟是少数，穷困无法回国乃至客死异乡者却不计其数。缘此，海外各埠华人会馆及其附设善堂均视检运先侨遗骸回乡安葬为大事，以免其沦为异域孤魂。这些会馆大都由侨领出面购置坟场，安葬已故华侨，“瘗葬既久，乃约定时期，掘检骸骨，以铁箱改装，编好姓名籍贯号数，运往香港交东华医院保存；由东华医院转运交其家属收，并津贴些少安葬费”③。1853 年，美国旧金山四邑会馆即有检运骸骨回乡之举。继之，阳和会馆所属之四大都积善堂、南海福荫堂、顺德行安堂、番禺昌后堂等亦先后完成首次检骨归葬。这些先侨遗骸通常经香港转运回原籍安葬，据 1855 年香港《德臣西报》载称：一艘美国快速帆船从三藩市运来 94 箱华人遗骸到港。④ 此后，香港港口时常会收到一些来自大洋彼岸的特殊“货物”。

原籍归葬殊为不易，而华侨的跨洋迁葬更是极为繁复，不仅路途遥远，所费不赀，而且往往数易其手，几经周折。尽管如此，华侨同胞们依然不计繁难，不惜重资，拾骨重捡，狐死必首丘，这在全球移民史上是极为罕见的。这一越洋迁葬现象在近代中国的兴盛，究其原因，主要有以下几点：

其一，乡土观念的驱使。中国是一个以农为本的国家，古老的农耕文明孕育了传统的乡土文化，如费孝通先生所言，“从基层上看去，中国社会是乡土性的”⑤。在乡土中国社会，千百年来，民众依附于土地而生存，滋生出“生于斯长于斯死于斯”的乡土观念。对于被迫远离故土、客居异国的华侨而言，其乡土观念的重要表现便是衣锦还乡与落叶归根。19 世纪下半叶海外移民高潮时期，珠江三角洲地区曾流传这样一种说法：漂洋过海的华侨一辈子能回乡两三派（一次称一“派”），算得上风光无限。第一派，娶妻建房；第二派，儿子成亲；如果有第三派，那就是落叶归根。⑥ 将“落叶归根”与娶妻建房、儿子成亲并举，足见彼时华侨浓厚的乡土观念。正是在这种浓郁乡土观的支配

① 庄国土：《华侨华人与中国的关系》，广东高等教育出版社，2001 年，第 190 页。

② 杨建成主编：《三十年代南洋华侨团体调查报告书》，台湾中华学术院南洋研究所，1984 年，第 10 页。

③ 刘伯骥：《美国华侨史》，黎明文化事业股份有限公司，1982 年，第 165 页。

④ 原载《德臣西报》，1855 年 7 月 12 日，转引自高添强：《丧葬服务与原籍安葬》，冼玉仪、刘润和主编：《益善行道——东华三院 135 周年纪念专题文集》，第 102 页。

⑤ 费孝通：《乡土中国》，华东师范大学出版社，2017 年，第 1 页。

⑥ 潮龙起：《美国华人史（1848—1949）》，山东画报出版社，2010 年，第 200 页。

下，早期出国的华侨不论侨居多长时间，生活是否优裕，都始终怀着一种暂居心态，固守自己的族群文化，游离于侨居国社群与社区生活之外。他们坚信自己终有一日会乘船返乡，与家人团聚；即便不幸死于殊域，他们也希望自己的遗骸能被运往故国安葬，魂归故里。由此而言，落叶归根的乡土观念是海外华侨原籍归葬的内在驱动力。

其二，丧葬习俗的影响。中国南方地区普遍流行“二次葬”风俗。所谓“二次葬”，又称迁葬，源于原始氏族公社时代，是指人死后先采用埋土、风化、水浸、置洞等方式处理肉身，待皮肉腐烂，再发冢开棺，拣取骨殖洗净晾干，重新安葬。① 其显著特征是将死者的尸骨进行两次或两次以上的埋葬，多数是易地安葬。这种葬俗在南方地区沿袭已久。晚清以降，大部分出国华工都是来自中国南方三省——广东、福建和广西，尤其是粤闽两省，② 尽管其居住地的社会形态在近代时期已发生较大变化，然而正如人类学家研究所揭示的那样，“有关死亡和死人的风俗也许是一切风俗中最持久的”③。因此，二次葬习俗在海外华侨社区依然被继续遵循。人们都深信灵魂不死，身亡后肉体虽会腐烂，但灵魂却附着于骨骸而永远存在，待尸身血肉化净，必须重新执捡骨骸，归葬故土，才能使灵魂得到安宁。各华人会馆之所以选择在先侨安葬若干年（一般是 7 年）后拾骨迁葬，亦是受这一丧葬习俗的影响。

其三，契约华工制的压迫。19 世纪中后期，为满足资本主义开发对劳动力的大量需求，帝国主义加紧掠夺中国劳工，其主要方式是采用契约工制度。许多破产农民为生活所迫与招工代理商签订契约，成为出洋谋生的契约华工。④ 这些契约华工多由雇主或代理商代付旅费，然后依据契约以一定期限的劳动所得作为偿还，但实际上契约华工需偿还的数额远远高于旅费。例如去往旧金山的华工，代理商会为他们预付 50 元旅费和 20 元其他费用，条件是要收回 200 元，而华工也只是希望赚到两三百元就返回中国。⑤ 然而，契约华工的工资却普遍低廉，除衣食外，月入所余无多，因此往往需要工作很长时间才能还清欠款，至于赚够钱回国更成为一种奢想。如旧金山华工若要返乡，“光从旧金山到香港的路费就要 40 至 50 美元”⑥，这对于当时很多华侨来说是一笔不小的数目，

---

① 完颜绍元编著：《中国风俗之谜》，上海辞书出版社，2002 年，第 242 页。

② 陈翰笙主编：《华工出国史料汇编》（第五辑），中华书局，1984 年，第 69 页。

③ 列维·布留尔著，丁由译：《原始思维》，商务印书馆，1981 年，第 298 页。

④ 历史上的契约华工分为三种类型：一是奴隶制的契约华工，二是债奴制的契约华工，三是雇佣制的契约华工。尽管各国对这三种类型契约华工的剥削方式不同，但其被剥削、压迫的本质是一样的，且均需以一定期限的劳动来偿还欠费。参见吴凤斌：《有关契约华工的几个问题》，《华侨华人历史研究》1989 年第 2 期。

⑤ 陈翰笙主编：《华工出国史料汇编》（第七辑），中华书局，1984 年，第 98 页。此处单位应是“美元”。

⑥ 潮龙起：《美国华人史（1848—1949）》，第 203 页。

足以供应一个四口之家一年的口粮和其他基本生活开销。如此，有些华侨因买不起回乡的船票，只能终老于异国；而有些华侨则为了省下更多钱供养国内的家庭，自愿放弃回乡终老的机会，他们知道自己死后若干年，会馆就会将他们的尸骨挖出，运送回国，“到那时连挖掘、运送与重葬都在内，仅费美金十元”①。

此外，在招工过程中，很多代理商受利益驱使，常对出洋华工进行无情盘剥，以致引发社会不满。有鉴于此，清政府为加强对私人招工的监督和管理，规定代理商必须保证被其招募出国的契约华工届时能平安返回中国，如果这些华工不幸死于途中或侨居地，也必须将其遗骨运回中国，以示证明。② 这一规定促使华侨开始了运骨的做法，并在美加华人社会逐渐发展成拾骨重捡的迁葬传统。

其四，侨居地的不公待遇。近代以来，由于国势衰弱，出洋华工几乎处于毫无祖国保护的生存状态；加之语言、风俗习惯诸方面的迥异，他们在侨居国常常饱受歧视和欺凌，即便死后亦得不到公平对待。如前所述，早期华侨一直秉承落叶归根的传统，然而这又成为美国人攻讦指摘的借口，称其“决定中国人无同化之可能”③，也成为其受歧视的因由。中国人向来讲究风水，认为墓地风水好坏不仅关乎死者下葬的吉凶，也关乎后裔的旦夕祸福。然而，近代海外华侨在侨居地常遭到种族歧视，死后“或不获准葬在公共坟场，或被拨给劣地，或时遭破坏”④。在彼时域多利的罗斯湾公墓中，华侨华人的墓地设在地势低洼地段，不仅常遭暴雨冲刷，而且在埋葬时没有名字，只以“中国佬一号”“中国佬二号”等代称挨序入葬，歧视成分相当浓厚。即便华人会馆捐资购置坟场，亦时常遭到当地居民的阻挠和破坏。⑤在修建美国西部铁路中罹难的华工，其尸首甚至暴露于野也无人过问。以上种种，对于视死如生的华人而言，无疑是分外凄凉的。由此，归葬故土成为旅居海外华侨的共同夙愿。此外，由于侨居地气候的差异，海外谋生的艰辛以及疾病、意外事故等，华侨不幸亡故者甚众，然华人坟场墓穴又极为有限，华人会馆往往需要定期开墓“执金”（即捡骨），以腾出墓穴给后来者。

此外，各埠华人会馆的成立以及近代远洋航运技术的发展，亦是华侨原籍归葬必不可少的条件。在这些因素的共同作用下，原籍归葬习俗由中国本土扩展到海外，逐渐发展成为世界范围内的跨洋迁葬行为。

---

① 《华侨爱乡心切，死后遗骨亦运回安葬》，《三六九画报》1940年第10期。

② 转引自黎全恩、丁果、贾葆蘅：《加拿大华侨移民史（1858—1966）》，人民出版社，2013年，第337页。

③ 吴尚鹰：《美国华侨百年纪实》（加拿大附），香港嘉罗印刷有限公司，1954年，第302页。

④ 叶汉明编：《东华义庄与寰球慈善网络——档案文献资料的印证与启示》，第19页。

⑤ 黎全恩、丁果、贾葆蘅：《加拿大华侨移民史（1858—1966）》，第329-330页。

二、东华义庄的原籍归葬服务

东华医院的原籍归葬服务最早可追溯至19世纪70年代初该院初创之际。1874年4月香港《循环日报》报道称，一艘美国公司的邮船“从日本神户载来棺木三十余具，皆粤人之旅于日本而身死者也。抵港寄停东华医院，不日书明籍贯、居址，招人运回。其盘柩之费，例有援助”①。由“例有援助”一语可推断，此前东华医院就已参与安排先侨归葬原籍的相关事宜。不久，东华医院接办文武庙1875年捐建的牛房义庄，暂厝本埠及海外棺柩骨殖，但因规模所限，渐不敷用，便于1899年议建另一处义庄，获港府拨给大口环地块，遂向海内外募捐兴建新庄，即东华义庄。东华义庄建成后，将运送客死异乡的先友骨殖回乡安葬视为主要工作，并很快凭借香港自由港和转口港地位及毗邻内地的地理优势，成为全球华侨原籍归葬的中枢机构。

作为连接起运地和目的地的枢纽站，东华义庄在整个棺骨运送过程中起着至为关键的作用，承担着比两端华人团体更为繁重的工作。具体而言，其原籍归葬服务主要包括三个环节：

一是接棺骨。一般而言，对于运抵香港的外埠先友骨殖，东华义庄会凭借主家事先寄来的载纸，安排运棺艇（又称“虾苟艇”）前往起棺，所用运棺艇主要由与东华义庄有合作关系的长生店负责租用。民国初年，随着运棺活动的频繁，东华义庄与仁寿、宏寿、福寿、忠寿、天寿等各号长生店订立了合同，规定各号长生店除为义庄准备棺木、提供基本殡仪服务外，还须各备一艘运棺艇值日，其中一艘专责起落自外埠运来的棺柩，而上落棺柩的艇工，则由相应的长生店代为雇用。在上落大船小艇及进出义庄之时，长生店还须举办简单的祭祀活动，以慰先侨亡灵。在接运棺骨时，东华义庄明确规定“先友由码头上落者，须即升到义庄停厝，不得贮在码头过夜”②，如有所违，义庄便会告知东华账房，向该号长生店责问。

二是停棺骨。棺骨入庄后，所有的后续事宜便统归管庄者管辖。因事关先侨遗骨，东华义庄在管庄者和工役人员的聘用与管理上颇为严格，规定“凡雇用管庄工人，须觅有殷实号担保，并须遵守本义庄规则”③，还须察看其本人能否胜任。管庄者和工役人

---

① 原载《循环日报》，1874年4月8日，转引自叶汉明编：《东华义庄与寰球慈善网络——档案文献资料的印证与启示》，第25页。

② 《管理东华医院义庄规则列》，叶汉明编：《东华义庄与寰球慈善网络——档案文献资料的印证与启示》，第87页。

③ 《管理东华医院义庄规则列》，叶汉明编：《东华义庄与寰球慈善网络——档案文献资料的印证与启示》，第86页。

员须做好自己的本职工作，任何人不得向庄客借端勒索。根据义庄规条：凡有先骸运回上庄，管庄者必先将姓名、里居及某埠某船或系本埠逐一查对清楚，注明庄部，安置妥当，待其出庄时，再将以上信息细心查点，将原庄部注销，以免混乱；先骸无论出庄入庄，必须凭借东华医院单据，不得私自上落，如有私自上落，除将该看庄人开除外，还将送官究治。① 外埠先侨骨殖停放义庄期间，东华义庄一概不收庄租，并代为刊登招领告白，以期有关慈善机构或亲友前来认领。对于附有葬费的先友骨殖，其亲友或家乡所在地的慈善团体到庄领取时，管庄人须发给领据，以便其到账房领款；若无葬费，且其亲友又无力负担时，东华义庄便会适当补助其回乡下葬的费用。至于无人认领的棺骨，东华义庄以一年为限，若逾期不领，便将棺柩移葬义山。

三是运棺骨。通常情况下，外埠华人团体在致函请托东华义庄转运先侨骨殖时，会将先侨及其亲属的资料、接收地、接头人或团体的联络方式、在香港的代理人或组织、归葬的具体安排等信息随函附上，东华义庄再依据这些信息安排转运先侨骨殖回乡。负责举运先侨棺骨回乡安葬的，大体有三种情况：一是旅港各邑团体。如地缘性商会、同乡慈善组织、商号、公司、金山庄等，这些团体有的与先友骨殖起运地的华人团体有直接联系，在骨殖抵港之前，便已接受委托。有的是先侨故乡善堂的代表，在看到东华医院的招领启事后，前往义庄认领同乡遗骸。二是先侨亲属。有些先侨亲属即在港居住，可就近认领，亦有居于内地者，不惧路途遥远，亲自渡船来港领取先人骨殖，足见华人对先人遗骸的重视。慈善团体或亲属认领先友骨殖后，有的自行运回内地安葬，有的则委托东华义庄代运。于是便有第三种情况，即由东华义庄举运。然无论由谁举运，均需由主家承担运费，并找殷实商店担保，向东华医院司理人领取出庄纸，义庄管理人方准许将棺木放行出庄。若由东华义庄负责载运棺骨入内地，除以上要求外，主家还须向税务司领取出口纸，方能举运；同时东华义庄需事先与接收地的慈善团体取得联系，以便在棺骨抵达内地时安排接运。在东华义庄配备的五艘运棺艇中，其中就有四艘专门作为运柩回乡之用，即便如此，仍供不应求，可见东华义庄转运棺骨之举十分频繁。

除了转运来自海外各埠的先侨骨殖之外，东华义庄还在往来各地的轮船上捐置“金山棺”（又称“太平棺”），专门用来保存远洋轮船上身故华人的遗体，以待日后回乡安葬。据东华医院志事录记载，施赠金山棺的善举在东华义庄建立前数年就已开始，及至1906年，东华医院捐赠的金山棺数目已达423副。② 而往常，“每于航海而在半途病故者，即将病故遗骸，投入海中，举行水葬……为防死尸污臭、妨碍同舟之卫生也”③。

① 《一九零三至一九零四年义庄规条》，叶汉明编：《东华义庄与寰球慈善网络——档案文献资料的印证与启示》，第80页。

② 傅健编著：《五邑华侨义冢与跨洋迁葬》，第125页。

③ 《已故海员周锦泉家属领款》，《申报》，1930年11月28日。

如此草率的海葬，往往使已故华侨的亲属悲不自胜。因此，东华义庄的施棺善举，对于那些离乡背井、越洋谋生的华侨及其亲属来说，无疑是极大的慰藉。

对于远涉重洋的先侨骨殖，万里航运本就不易，何况还几经辗转，数易其手。如此复杂的工作，若没有严密的管理制度，很难顺利完成。东华义庄自建立之始，其运作便有章可循。早在牛房义庄之时，东华医院的征信录中便列有庄房规条、义地规条、义庄规条及土工规条等，对棺骨入庄、寄庄与出庄的期限和费用，以及领回原籍安葬或迁葬的手续等做出明确规定。东华义庄成立后仍沿用此套规章，并相继对义庄规条做出数次修订，① 进一步完善了义庄的管理制度。

从东华医院致外界函件中，大致可窥知义庄转运华侨骨殖的一般手续与工作流程："凡由外埠运棺来港，所有出入口人情由主家在该埠自行办妥；然后将棺木付船，书明交香港东华医院收；再向该船公司购取载纸，先行寄来敝院，以便该船抵埠时，凭纸起棺也。至于由港运入内地一层，必须有本港商店盖章，向税务司取人情，方能出口"②；"若由主家到院将骨殖搭省港船自行带回省城，则不用讨取出口人情，又可悭去运费，惟仍须要用香港殷实商店盖保章担保领取"③。这些条款包括了先侨骨殖从海外运至香港，再由东华义庄从香港转运至中国内地的各个工作程序及所需的所有手续，而对骨殖所附每一笔经费，义庄都详录在案，并以信函的方式慎重向海外华侨社团报告支用情况。可见东华义庄转运棺骨时严密而规范的工作程序。

然而，虽有相应的工作规范，但上述各项工作在具体执行过程中却殊不容易，时常会遭遇各种问题，诸如手续不全、骨殖凌乱、骨殖装错、棺柩遗失、运棺艇数不足、艇家勒索、盗贼劫掠、地方官员留难、突发灾害等。这些问题都需东华董事局出面处理，其工作之繁重可想而知。尽管如此，东华义庄对于原籍安葬工作从不曾有丝毫懈怠，始终严肃以待，竭力帮助先侨魂归故土。囿于资料所限，数十年来，东华义庄经手转运的先侨骨殖总数已无从可考，但据东华义庄现存的档案文献记录估计，自 19 世纪 70 年代至第二次世界大战结束之初，由轮船运至义庄的骨殖当以十万计，其数目之巨，实可想象。

香港东华义庄的原籍归葬服务持续了大半个世纪。及至抗战爆发，省港间的内河航

---

① 关于义庄规条的最早记录为 1873 年，此后 1903 年、1911 年、1932 年、1938 年、1955 年又分别对义庄规条进行了修订和增补。参见叶汉明编：《东华义庄与寰球慈善网络——档案文献资料的印证与启示》，第 78 – 100 页。

② 《东华就灵柩运港及由港入内地的手续复青岛广东会馆函》，叶汉明编：《东华义庄与寰球慈善网络——档案文献资料的印证与启示》，第 125 – 126 页。

③ 《东华医院就运棺骨入内地的手续复广昌宝号函》，叶汉明编：《东华义庄与寰球慈善网络——档案文献资料的印证与启示》，第 126 页。

运受阻，原行之无间的原籍归葬服务亦被迫陷于停顿，众多棺柩骨殖只能暂厝义庄。“二战”结束后，随着内河航运的恢复，积存的棺骨得以陆续运回原籍，但不久国内烽火再起，此事再次受阻。新中国成立后，香港与内地间的海陆运输受到严格管控，棺骨归葬故土几无可能，而外埠寄运的棺骨仍源源不断地运入，致使庄房异常挤迫。至1960年，存放义庄的棺柩达670具，骨殖8 060副，骨灰116具。① 次年，为解决困扰多年的庄房拥挤问题，东华义庄将无人认领的棺骨悉数迁葬义山，至此原籍归葬服务基本宣告结束。

三、东华义庄与华侨的原籍归葬网络

香港自开埠后便迅速发展为自由商港，凭借其地处东西航运枢纽的区位优势，很快成为外国与中国内地之间的商贸窗口，同时也充当了华侨与其家乡之间的桥梁，成为华人出洋找寻生计和归侨回乡的重要中转站。作为彼时香港最具规模和影响力的慈善机构，东华医院为旅居外地的华侨提供寄厝先人棺骨之所，本港同胞及海外侨胞咸称便利，“尤以海外先侨客死异地，其棺骨欲归故土，运原籍安葬者多运送来港，交由东华三院移厝东华义庄以候先侨遗族到领，运返原籍安葬”②。随着东华义庄原籍归葬服务的不断完善，越来越多的先侨骨殖经义庄转运回籍，从而逐渐形成了以东华义庄为枢纽的遍布全球的归葬网络。

据东华义庄档案所载，其接运棺骨的起运地绝大多数分布在海外各埠，包括北美洲、中南美洲、大洋洲、欧洲、亚洲、非洲等六大洲的50余个城市或地区，尤其是北美洲和亚洲，分布最为广泛（前者分布达20个城市，后者分布达18个城市），③ 这实际上亦反映了早期华人移民海外的主要去向。除此之外，东华义庄接运的棺骨还有少部分来自内地一些城市，如天津、青岛、上海、汉口、镇江、北海、海口等。这些城市均属沿江沿海地区，海上交通较为便捷，故运送棺柩骨殖时，通常经海路先到香港，然后再从香港转运回故乡（通常为毗邻香港的粤省各县）。无论是来自海外还是国内的棺骨，途经香港时，除极少数由先友原籍地的旅港团体直接处理外，基本上都由东华义庄负责接收，并转运回乡。而这些漂洋过海而来的棺骨，其最终的目的地则如表1所示，主要是前往广东各地，共计45县，遍及广东大半个省。由此可见，近代广东人赴海外谋生的现象相当普遍。东华义庄转运的棺骨亦有部分是运往广东以外的一些省市，如福建、浙江、上海、天津等地，但频率不高，数量也较少。

---

① 傅健编著：《五邑华侨义冢与跨洋迁葬》，第162页。

② 《各地侨领委托三院迁葬海外先侨棺骨》，《大公报》（香港版），1959年8月27日。

③ 叶汉明编：《东华义庄与寰球慈善网络——档案文献资料的印证与启示》，第175－181页。

表 1　近代东华义庄接运棺骨的目的地分布

广东省	佛山、南海、顺德、高明、番禺、三水、九江、广州、花县、增城、东莞、虎门、石龙、肇庆、四会、高要、开建、江门、台山、恩平、开平、新会、宁阳、深圳、宝安、中山、南头、梅县、云浮、阳江、清远、阳春、鹤山、汕头、北海、紫金、新兴、新安、琼崖、前山、拱北、太平、博罗、合浦、惠阳等
其他省市	福建、浙江、山东、云南、上海、天津、河北唐山等

资料来源：叶汉明编：《东华义庄与寰球慈善网络——档案文献资料的印证与启示》，第 175、187 页。

负责将先侨棺骨运往香港的通常是起运地的一些华人团体、慈善组织或商号，如善堂、会馆、公所等。这些华人机构或组织定期捡执先侨遗骸，将其整理、清洁之后，装置在特制的铁箱（后改为木箱）中，标明死者姓名、出生地及编号，再集中运往香港；对于那些因各种原因无法寻获遗骸之人，亦均设招魂箱，一同运返。如此一来，东华义庄每次接运来自外埠华人团体付运而来的先侨骨殖，其数量动辄成百上千，少者亦达几十具。如 20 世纪 20 年代初，旧金山宁阳会馆“由喜士总统船付回先友卅箱，计共壹佰零五具”①；1931 年，由加拿大域多利台山宁阳总会付运而来的先侨骨殖，数目更达 1 819 具。② 而域多利宁阳总会馆于 1916 年、1923 年、1930 年的三次举运，“合共运回祖国之先友计二千九百零五具”③。此外，东华义庄也不时收到一些海外华人的个人函件，请求协助转运其亲属的棺柩回乡。诸如此类的请求，东华义庄一般都会尽量予以满足。如 1948 年东华义庄应侨居非洲的黄仁先生之请，接收其先友黄乾、黄标两位府君之骨殖，并将其代运回乡。④ 与外埠大批量运送不同，中国内地各城市运至香港的骨殖，单次运输数量较少，通常不超过百具。

东华义庄转运而来的棺骨主要由省城、先侨家乡的善堂或地方组织负责接收，以便亲属能就近领取，同时亦可避免个人到港自领出入海关时遇到阻滞；也有一些由旅港同

---

① 《金山大埠宁阳会馆致东华医院函》，叶汉明编：《东华义庄与寰球慈善网络——档案文献资料的印证与启示》，第 193 页。

② 《东华医院复加拿大域多利台山宁阳总会函》，叶汉明编：《东华义庄与寰球慈善网络——档案文献资料的印证与启示》，第 216 页。

③ 李东海：《加拿大华侨史》，中华大典编印会，1967 年，第 221 页。

④ 《黄先生致东华医院函》，叶汉明编：《东华义庄与寰球慈善网络——档案文献资料的印证与启示》，第 260－261 页。

乡组织领回，并负责转运回籍。如1919年旅港鹤邑商会便致函东华医院董事局，嘱其日后若有外埠鹤山先友骨骸来港，应通知该组织具领。①

基于原籍归葬服务的需要，东华义庄与海内外华人团体建立了广泛的联系。据东华义庄档案文献记载，近代以来与义庄有联系的海外华人团体就有167个（详见表2），国内慈善机构或地方组织74个（详见表3），从其分布来看，亦再次印证了近代海外移民的主要来源和流向。这些组织机构虽然分散各地，却因着一个共同目标，秉着“善与人同”的慈善情怀，互通声气，彼此协作，使绝大多数客死异国的侨胞都能实现落叶归根的夙愿，并由此结成一个覆盖全球的海外华侨原籍归葬网络。在这个网络中，作为中介机构的东华义庄无疑发挥着关键作用，而它的形成，则进一步提升了香港在全球华人网络中的地位。

表2　近代与东华义庄有联系之海外华人团体数量统计

单位：个

洲名	国家	团体数量	小计	洲名	国家	团体数量	小计
北美洲	美国	42	57	亚洲	日本	9	61
	加拿大	12			越南	27	
	墨西哥	3			菲律宾	16	
中南美洲	古巴	22	32		泰国	4	
	危地马拉	1			马来亚	2	
	巴拿马	2			新加坡	1	
	哥斯达黎加	2			柬埔寨	1	
	尼加拉瓜	1			缅甸	1	
	千里达	1		大洋洲	澳大利亚	16	16
	秘鲁	3		其他	—	1	1

资料来源：叶汉明编：《东华义庄与寰球慈善网络——档案文献资料的印证与启示》，第175－182页。

① 丁新豹编著：《善与人同——与香港同步成长的东华三院（1870—1997）》，香港三联书店，2010年，第123页。

表 3　近代与东华义庄有联系之国内慈善机构或地方组织数量统计

单位：个

广东省				其他省区	
市、县	机构/组织数量	市、县	机构/组织数量	市、县	机构/组织数量
广州	11	东莞	2	天津	2
中山	11	三水	1	唐山	1
新会	7	四会	1	青岛	1
台山	4	鹤山	2	上海	1
开平	4	增城	3	汉口	1
南海	10	石龙	1	镇江	1
番禺	1	虎门	1	—	—
顺德	1	汕头	1	—	—
高要	2	琼州	3	—	—
北海	1	小计	67	小计	7

资料来源：叶汉明编：《东华义庄与寰球慈善网络——档案文献资料的印证与启示》，第 182－184 页。

因此，从某种程度上说，东华义庄的原籍归葬服务，在慈善募捐、海外华工的组织管理以及海外与中国的联系等方面所发挥的作用，充分反映了中国人的智慧和同族之间声气相通的传统。毫无疑问，推动这种传统的是中国人的乡土情怀和文化信仰。不仅如此，独树一帜的原籍归葬服务，还进一步扩大了东华医院的慈善网络，使其逐渐由一地区性慈善组织上升为具有国际声望和人道主义精神的机构，奠定了东华医院在海外华人社区中的崇高地位，这是近代同类型慈善机构无法企及的。若从全球化的视角来看，东华义庄每年迎送数以千计的棺柩骨殖回乡，与全球各华人社区建立了广泛的联系，可说是唯一肩负起如此大规模慈善事业的机构，是近代世界慈善事业史中不可忽视的特殊一环。

四、华侨原籍归葬的文化心理

原籍归葬既是一种社会现象，也是一种有关生与死的文化现象，“一个民族关于生与死的心态常常鲜明地体现着该民族的文化特性”①。因此，华侨原籍归葬在近代中国

① 郭于华：《死的困扰与生的执著：中国民间丧葬仪礼与传统生死观》，中国人民大学出版社，1992 年，第 20 页。

的盛行，不仅反映了背井离乡的华侨对其身后事的现实需求，亦是中国人民民族文化和心理认知的一种表征。

华侨原籍归葬程序复杂，任务繁重，且牵涉甚广，是一项费时费力又费财的工作。然而东华义庄及海内外华人团体、慈善组织却仍数十年如一日地坚持此项善举，其背后的文化心理因素是值得深思的。以东华义庄为例，作为一个华人慈善机构，东华义庄为华侨提供原籍归葬服务不仅是出于其"丧葬救助"的人道服务宗旨，亦是受中国传统生死观念的影响。在中华民族传统文化中，死亡虽是一个不受欢迎的话题，却是人人都不可轻慢的事情，上至帝王将相、下至平民百姓都分外重视自己的身后事，尤其强调"狐死首丘""落叶归根"。汉代镇墓文中"上天苍苍，地下茫茫；死人归阴，生人归阳；生人有里，死人有乡"① 的说法便体现了这种"生有依，死有栖"的生死观念。时至今日，客死异乡仍被认为是不幸的事情。东华义庄是居港华人创办及管理的慈善机构，其原籍归葬善举既反映了华人对待死亡的同理心理，亦体现了一个华人慈善机构对中华民族传统文化的遵循。另外，东华义庄积极协助先侨骨殖归葬原籍亦有现实功用的考量。转运先侨骨殖不仅有助于加强东华义庄与海外侨社及内地慈善组织、团体之间的联系，扩大其慈善网络，还有助于东华义庄收获良好的声誉，尤其能提高其在海外各埠华人社区中的声望，促使东华义庄吸纳更多的华侨捐款。事实上，海外华侨每年都会以团体或个人名义向东华义庄捐赠善款，以支持其各项慈善服务。

更重要的是，对华侨及其亲友而言，东华义庄等华人慈善机构的原籍归葬服务契合了他们的现实需要和心理需求。在华侨的意识形态中，不管他们走到哪里，故乡始终是他们世界的中心，是最终实现自我的地方，即便客死异域也希望能归葬故里，接受子孙后代的祭拜，否则便极有可能沦为"孤魂野鬼"，不仅自身无法往生轮回，亦会阻挡子孙福荫，更甚者还会破坏生死两界平衡不扰的规则，招致天谴而累及后人难以善终。为防止出现此类恶果，海外侨界大都采取运送先侨棺骨返乡安葬的做法，以满足死者魂归故里、荫泽后人的夙愿和生者想象中"生死两界互不干扰"的主观目的。

然而，要想实现这一愿望却殊非易事。一方面，中国人注重礼法，强调"谨治生死""事死如生"，如此一来，拾骨迁葬自然被认为是一件十分庄重而考究的事情。尤其在捡拾先人骸骨时要求极为严格，不仅每具骸骨必须搜索齐全，而且还要标明每块髂骨所属位置，不能随意放置，以便再次安葬时能按遗骸原样摆放。② 这就要求捡骨人员须具备相关的技术知识。与此同时，由于先侨故乡分散各地，且路途遥远，要将其骸骨运

---

① 罗开玉：《中国丧葬与文化》，海南人民出版社，1988 年，第 16 页。

② 高伟浓：《早年美国的华社善堂与华侨的落叶归根》，《华侨华人历史研究》2006 年第 2 期。

回故土安葬，“须由同邑邑人办理，方能有条不紊，难由会馆独总其成”①。这些工作如若没有专门人员从事与安排，单靠先侨亲友是很难完成的。另一方面，拾骨迁葬毕竟涉及鬼神之事，古语有云“敬鬼神而远之”，人们虽然敬重先侨亡魂，但出于对鬼神等未知力量的畏惧心理，许多人（尤其是年轻人）自身并不愿意参与此事。因此，华社善堂及东华义庄提供的原籍归葬服务恰好满足了以上这些需求。这些慈善机构定期派员拾骨，并在适当时机将其运送回国，不仅帮助先侨完成了落叶归根的夙愿，还减轻了先侨亲属的负担，使其不用再为先辈归葬之事而劳心劳力，亦不用再担心因先辈魂游海外、无法安息而影响子孙后代的福泽。不仅如此，在安排先侨遗骸归葬原籍的过程中，海外侨社、东华义庄及侨乡慈善组织之间互通声气，相互协作，有助于加强三者之间的联系，密切华侨与侨乡之间的关系，从而增加华侨投资侨乡、建设乡里的可能性。

总之，近代华侨原籍归葬的兴起本质上是中国传统民族文化的外在体现。在有关生死的问题上，中国人民千百年来所形成的“树高千丈，落叶归根”的强烈信仰早已根深蒂固，并时刻左右着他们的行为。对华侨而言，不论生死，回归故土“不仅意味他们对家庭责任的承诺，还是一种深深扎根于故乡的心理状态”。② 在故乡的土地上，既有其祖先的英灵和朝思暮想的亲人朋友，还有熟悉的人群关系和社会法则，只有回归这片土地，他们才不会觉得形单影只、漂泊无依，他们的海外奋斗经历才能得到充分认可和理解。因此，华侨的跨洋迁葬现象不仅是近代中国海外移民热潮的结果，亦是中国文化传统在世界范围内传播的明证。

五、结语

落叶归根、入土为安自古以来便是中国人恪守的传统。随着19世纪后期华工出国潮的涌动，以魂归故土为目的的海外华侨原籍归葬现象亦逐渐兴起。这其中除了受到华人传统乡土观念的驱使外，亦有华人丧葬习俗、契约华工制以及侨居地的不公待遇等主客观因素的作用。对远涉重洋、背井离乡的华侨而言，原籍归葬是其去世之后的头等大事。因此，运送客死异乡的先侨骨殖回乡安葬，向来是各华埠慈善机构的重要善举之一，而东华义庄之设则是为本埠及外埠等候归葬原籍的先友骨殖提供停厝之所，有如其石门楹联所述：“方便门开聊使栖灵有所，慎终义践应知归土为安。”

作为华侨原籍归葬的中转执行机构，东华义庄在接棺骨、停棺骨和运棺骨等环节中做了大量细致的工作，包括与海内外各组织机构联络接洽、制定相应的制度规范、办理

---

① 郭涤烦、陈显标、麦礼谦编：《旅美三邑总会馆史略（1850—2000）》，上海市图书馆藏，第38页。

② 傅健编著：《五邑华侨义冢与跨洋迁葬》，第134页。

交接手续、保存先友骨殖、刊登招领启事、迁葬义山等；与此同时，东华董事局还要随时应对各种突发问题。其工作之复杂与繁重程度可想而知。东华义庄长达半个多世纪的原籍归葬服务，协助数十万海外华人遗骸长眠家乡，魂归故里，这于早年出国谋生之人而言，无疑是莫大的安慰。而在此过程中，其与海外及国内各慈善机构或组织之间建立的原籍归葬网络无疑是东华医院的一笔宝贵财富，它不仅扩大了东华医院原有的慈善网络，亦奠定了东华医院在海内外华人社区中的重要地位。而华侨原籍归葬服务的推行，反映的不仅是远涉重洋的游子对家乡故土的依恋，亦是华人慈善机构对中华民族文化和心理认知的传统遵循。

有论者言，“在死亡面前，人人平等，慈善服务的意义在于能让世上条件最差的人也有最起码的尊严和人道待遇”①。东华义庄数十年来坚持不辍的原籍归葬善举，为无数不知名的本地居民和海外华侨带来生命中最后的慰藉，使千千万万死于异域、生前饱受欺凌的先侨得以拾获最后的尊严，踏上回乡的征途，尽管归途漫漫，但终使其得偿所愿。因此，东华义庄的历史不仅是一个慈善机构泽及枯骨的施善史，亦是早期华人出洋谋生而后归葬故土的沧桑史，更是以香港为中心的全球华人归葬网络的形成与发展史。

作者简介：

胡水玉，湖南师范大学历史文化学院博士研究生；曾桂林，湖南师范大学历史文化学院、慈善公益研究院教授。

---

① 叶汉明编：《东华义庄与寰球慈善网络——档案文献资料的印证与启示》，第24页。

近代香港中文报刊的内容变相与学术视差[①]

——以黄天对《遐迩贯珍》的研究为中心

杨刘秀子

[提要] 1853年英华书院组织报人印刷的刊物《遐迩贯珍》，在“臻于广见，中外得裨”特定的目的语境和殖民文化视阈中萌蘖，先天携带着伦敦传教会的传教因子，不仅对近代香港史资料作了补充，又传播了时事政治，还反映了报人的办报观念，在传统目录学对报刊内容著录相对缺乏的情况下，成为研究近代香港的文献资源。黄天经过缜密钩沉与索隐论证，不仅寻探验证了这一刊物的馆藏情况，还将刊物中的香港史料归类汇编，强调不能忽视当时华人的付出，详细探赜了近代香港社会的问题，为阅者建构了《遐迩贯珍》视野下的香港形象，他认为该刊具有重要的学术史意义，同时揭示了报刊的内容变相和所造成的当代学术视差，因此强调了研究不可脱离或否认一直以来香港的发展绝对离不开祖国这一基点，以提醒后学更加注意近代香港背景下的微妙分际。

[关键词]《遐迩贯珍》；报人；香港；黄天

---

① 本文系国家社科基金青年项目“近代香港报刊文学整理与研究（1840—1919）”（项目批准号：21CZW037）阶段性成果。

《遐迩贯珍》是近代香港第一份中文报刊、全中国第二份中文报刊，文献学家王重民考证其为“伦敦布道会之英华书院所创办的新闻杂志”①。1853年，迁港十年的英华书院组织传教士和华人主持编撰《遐迩贯珍》，以期“臻于广见，中外得裨”。这一项在香港梓行的刊物不仅有利于传播时事政治，还不失时机地将宗教内容融入其中。一直以来，《遐迩贯珍》在香港庋藏的情况，有1990年出版的《香港历史资料文集》做了藏书说明②，大部分研究者认为这是一则香港馆藏的“正报”。自日本关西大学学人赴英国伦敦大学亚非研究所图书馆找到了存世最佳的《遐迩贯珍》原刊，并在征得许可后拍摄且出版《遐迩贯珍：附解题·索引》，后学再有研究《遐迩贯珍》者，多以公认的“存世最佳原刊”为研究本，少有寻探验证香港真实的庋藏情况。曾任香港三联书店高级编辑、在香港中文大学日本研究学系讲授中日关系史的学者黄天，在查阅前人的记述与论载基础之上编著了《遐迩贯珍：香港史料类钞》，全面还原了报刊中关于近代香港的资讯内容，还就日本珍视《遐迩贯珍》的缘由和香港的收藏情况做了细致探析。他认为，该刊价值重大，不仅是研究基督教的东方传教、西学东渐和太平天国相关历史的重要资料，还是探讨近代香港的必要史料，但学界长期忽视了后者。黄天先生长期从事相关研究，以《遐迩贯珍：香港史料类钞》一书嘉惠学林，指出了报刊内容存在与史实相抵牾的现象——这些现象一定程度上造成了当代学术的视差，影响学人解读与研究。

因此，黄天强调了研究不可脱离或否认一直以来香港的发展绝对离不开祖国这一基点，对发刊之因须做理性思考和扫描辨认，这对促进当下香港文教政策的发展具有现实意义。本文以黄天对《遐迩贯珍》的研究为中心，讨论报刊中香港形象的“塑造”与“呈现”，揭示近代香港特定的波诡云谲时期报刊领域的内容变相现象、华人的艰辛与付出、传教士编撰上有意无意的自葆与疏虞，以对文化自觉的成果进行推介，求索批判性研究的意义。

一、对原刊的寻探验证和研究的要旨

香港大学图书馆藏香港中文报纸最早的藏品是《遐迩贯珍》乃20世纪末以来学界目录学的一个权威性认识，由于日本关西大学学人找到存世最佳的《遐迩贯珍》原刊，并附论述出版，加之香港公共图书馆多媒体资讯系统提供公开免费在线查阅服务，学界几乎都以这些资源为研究版本。黄天深度呈现了历史学者寻探文献的过程，验证了香港的收藏情况其实是一个“误报”，颠覆了学界传统的认知；并且，他以研究《遐迩贯珍》30多年的经验，对其中的香港资讯以地方报刊文献的技术视角斧斫了学界的缺憾

① 金毓黻、田余庆等编：《太平天国史料》（下），文海出版社，1976年，第508页。

② 香港博物馆编制：《香港历史资料文集》，香港市政局，1990年，第68页。

——“一些最早的和最著名的历史学家都侧重讲述英国方面的故事。这种情况也自然，因为香港开埠首一百年的关键文献都被英国人保存着”①；他致力于把握报刊背后复杂的思想脉动，着意还原历史的真相。拾穗与研究这些文献的工作对于学界有所共鸣的“纾解历史负担，建立新的认同的基础”② 之观点大有裨益。

《遐迩贯珍》在近代香港报刊史上保持着不可动摇的地位，它不啻为时代发展的一个“标本”，保留了19世纪港英政府的殖民文化特征，并影响了近代文明互鉴的态度与谋略、后学看待文化差异的方式。对于《遐迩贯珍》在香港庋藏的情况，研究者向来受到权威的《香港历史资料文集》的记载影响，但是黄天经过寻探，否定了这一馆藏情况。当黄天在“历史上的中国出版与东亚文化交流”国际学术研讨会③中提出这一批判性发现时，亦有学者辩称，有可能是图书馆故意不让读者阅览才假称没有收藏。黄先生早年在日本、中国香港参与过编辑出版工作，之后在大学里讲授历史学科课程，治学严格谨慎，他按图索骥，几经现实博弈，最终得出香港收藏《遐迩贯珍》仅为影印本的“误报”结论，立论公允有据，令人叹服。

关于《遐迩贯珍》的期数，在1856年5月第5号《〈遐迩贯珍〉告止序》中刊载道，“至前所刊布者共得三十三号”，以往有学者认为1856年最后两期为合刊，在期数上有所论争。但是，黄天对这些文献进行研判后，发现期数的确有值得商榷之处。经深究，黄天认为，《〈遐迩贯珍〉告止序》中所述的拢共33号，加上停刊期，看似应为34期，但1854年3月号和4月号是合刊号、1856年4月号脱期未刊，所以实际刊印的只有32期。对于《〈遐迩贯珍〉告止序》中的统计错误，黄天推测是因为当时接任主编之职的理雅各，在面临停刊之际造成了工作疏误。针对《遐迩贯珍》的排版、印刷、线装情况，黄天给出了“以今天来看，似杂志多于报纸”④ 的结论。

《遐迩贯珍》的主编及稿源追溯的问题迄今学界尚未有定论。黄天仔细考究，从报刊内容中探寻真相，摭谈《遐迩贯珍》的编撰并非完全归功于传教士，广东籍华人黄胜之办报贡献亦是应该被看到。以往部分学人在探讨近代报刊或《遐迩贯珍》时，往往把传教士的地位放于制高点，忽略了华人的努力。黄天通过刊中一些较为广东化的用词，推断出黄胜在《遐迩贯珍》创刊过程中不但负责印务、校对工作，还负责了一些文稿润

---

① 王赓武主编：《香港史新编》，三联书店（香港）有限公司，1997年，第1页。

② 赵稀方：《香港：历史、文学与认同》，《当代文坛》2021年第2期。

③ 2008年11月8日至10日，复旦大学历史系和上海市新闻出版局出版博物馆在上海共同筹办了“历史上的中国出版与东亚文化交流”国际学术研讨会，挪威奥斯陆大学Rune Svarverud、新加坡南洋理工大学庄钦永、日本目白大学陈力卫、日本早稻田大学千叶谦悟、故宫博物院章宏伟、复旦大学张仲民、上海文史馆张人凤等40余位学者参加了会议。

④ 黄天编著：《遐迩贯珍·香港史料类钞》，中华书局，2020年，第42页。

色工作。关于《遐迩贯珍》办刊的资金来源，黄天对黄胜的付出加以肯定，他推论道，1854年12月第12号《〈遐迩贯珍〉小记》中以“惟嫌体格不合，不便从命”为由反对广告刊登，是黄胜说服了主导办报的传教士学习民营西报以广告收益作为补助印工的开支之道，所以1855年1月第1号才得载广告。中国最早的中文报刊《东西洋考每月统记传》中是没有刊登广告的，因此《遐迩贯珍》不只是香港最早的中文报刊，更是中国第一种植入广告的刊物。澄清这些重要事实，有助于还原华人融入近代香港社会的最初探索与积极践履，正确界定与评价近代香港的发展历程。正如黄天强调，“从清末到民国至新中国，香港绝对离不开祖国，由人口的迁徙，劳工的输入，资金的投进，既促进了生产，也使香港成为舶来商品和内地物产的集散地，强大的买卖消费行为，令香港得以蓬勃发展，跃升为世界都会名城。所以如果只看到因为英国的管治才有今天的香港，那是完全看不到事实的全面，是片面归功于英国，无视中国民众的勤劳建设、南来资金的投放，百多年在英国殖民政府的差别待遇和不公平的政策下，以刻苦勤俭、不屈不挠的精神，千辛万苦才熬出新天地，建设成好香港”①。

《遐迩贯珍》是近代各国用以相互察情的报刊，它不仅在国内有传阅的需求，在海外更是有“声价百倍”的美誉。② 关于对《遐迩贯珍》的研究，黄天在序中写道，“是从培理扣关日本的‘黑船事件’开始，已30多年”。“黑船事件”作为当时的大事件，《遐迩贯珍》能够率先作出报道，具有不可或缺的意义。“作为新闻与其他内容兼备的重要的优秀刊物，与此前任何一种中文月刊相比较，《遐迩贯珍》都略胜一筹。”这是日本学界的一个定论，对于《遐迩贯珍》在当时日本“超越了中国人对《遐迩贯珍》的重视”③ 的说法，黄天推论是始于幕末时期，日本人甚至在无法购买的情况下，用传抄来流布，一定程度上《遐迩贯珍》被视作锁国政策下的江户幕府之情报来源。20世纪初，日本多部著作涉及对《遐迩贯珍》的记载，如《大日本古文书》《川路圣谟之生涯》等。至60年代，日本学者石田兄弟对《遐迩贯珍》与传教士的课题有所关注，石田干之助发表了关于理雅各的研究，石田八洲雄对《遐迩贯珍》中出现的米尔顿诗做了探讨。而后，还有关西大学《遐迩贯珍》研究学派的成果呈现。而对香港资讯的研究，目前属黄天做得最全。

黄天结合国内和国外学者的研究，立足原刊资料，辑录了约8万字前所未有的香港开埠初期中文史料，在他的精进索证之下，这一刊物关于香港史料类钞付梓出版，字字珠玉，使当时的香港资讯明晰再现，为治香港近代史者提供了恰如其分的历史研究符

---

① 黄天编著：《遐迩贯珍·香港史料类钞》，第182页。

② 黄天编著：《遐迩贯珍·香港史料类钞》，第240页。

③ 松浦章、内田庆市、沈国威编著：《遐迩贯珍：附解题·索引》，上海辞书出版社，2005年，第5页。

号。他对《遐迩贯珍》中的香港史料作类钞的内容，不仅有利于后学对近代香港的理解，还可以启发窥看其内在的刊载立场，进而做更为深入的讨论。以往学界的固定认知一定程度上滞缓、苛求了对《遐迩贯珍》探讨的可能性，黄天利用报刊文献整理出了一部《遐迩贯珍》视角下翔实的近代香港史，他的成果不仅打破了学界长时间忽视、窄化近代华人在报刊发展史中的作用之禁锢，还纠正了以往学人的一些误解，丰富完善了探知的路径，依据内容返回并审视历史现场，于敷陈史实与摄举史统的互通中深化政法史、外交史、广告史等领域的专题讨论，使《遐迩贯珍》形成了争鸣的理论价值与新的共识。

二、办报筹措与报人编撰思路

《遐迩贯珍》孳乳于英华书院传教之根，鲜活于报人的努力而通变于内容编撰，相关历史的阐释路径必然创生并通达于办报筹措与报人的编撰思路、作为之中。共计32期的《遐迩贯珍》是近代香港短暂却耀眼的阅览标志性读物，报人的办报筹措以及生平阅历直接影响着《遐迩贯珍》的办报效果。正如前文提到《遐迩贯珍》的地位，这一刊物的确得到了较高的重视。黄天以《遐迩贯珍：附解题·索引》中影印的刊本为主要对象，尊崇藤善真澄教授在序文中申明的“为很多方面所利用”①，深入使用了关于香港方面的史料，对办报筹措与报人编撰思路进行审视，提出了新的注释与看法，其治学理念与研史方式对后学有发蒙之意义。

《遐迩贯珍》内容宽泛而丰富，每期印刷3 000份，在商埠港口发行居多，相当一部分报道涉及英国殖民下的香港情况，其刊载的内容在当时具备一定影响力。英华书院的办报筹措是有讲究的，新闻源头具备有效性。“在采集香港的时事新闻方面当然没有困难。奚礼尔与警署和法庭有着很密切的关系。”并且，“理雅各和麦都思等人并没有忘记‘文字播道’”②。虽然播道的内容大多是西洋科技和天文、地理、生物等知识，黄天推测，这些知识的推广实则为“曲线传教”，以更好地破除中国人的迷信，以此来诱导他们信奉基督教。黄天看到，《遐迩贯珍》自创刊号起至1853年10月第3号止，均在封面印有“每号收回纸墨钱十五文”，接下来的刊号却再没有任何标示。直至1854年8月1日第8号的加价启事刊出，可窥视其办报经费的有限性，当中指明，“每卷收回纸墨银一分五厘，或钱三十文”，即较前加价一倍。追溯《遐迩贯珍》的资金筹措思路，可知其中孱入了英华书院当局编者的“想当然”，从一开始以为华人乐于购报，到一年零五个月后因购者甚少、乐助者无一人而埋怨“何必吝啬而自甘寡闻”，最后不得不采

① 松浦章、内田庆市、沈国威编著：《遐迩贯珍：附解题·索引》，第1页。
② 黄天编著：《遐迩贯珍·香港史料类钞》，第44－46页。

纳黄胜提出的依靠招纳广告获取运作资本的方案。后期为了收到更多的广告费，甚至采取二次刊登同一则广告可以半价支付的方法。

《遐迩贯珍》的编撰观点是暧昧的、带有殖民色彩的、意图消解史实的。经黄天考证，发现当中关于史实资讯的刊载确有一些误读、错记，这些失误显示了报人对史料的解读存在偏差。他坚持以近代中国史情的观点来审视，单就《香港纪略》来看，报刊中阐述的鸦片战争肇因归咎于林则徐“未谙他国事务之故”，但这是“攫取香港的”“英国人的观点，我们也应该有所认识”。对于报人记载的林则徐禁鸦片运动的时间，黄天进行了校误，原刊中记录为 1841 年，但实际发生于 1839 年；对文内“缺”字的来由，黄天则做了“暂缺”的解释，即当时第三任总督文咸呈交请辞递交给英国当局，总督一职暂缺。黄天强调，英国单方面宣布清廷割让香港岛，但第四任总督宝灵却又以利益出发，发出声明以“显示维护与清廷的关系”①。这些内容的编撰，让人深感困惑的同时，也加深了对“曲线传教”历史轨迹的发问。

以实事求是的不二基点来揭橥鸦片战争后香港与华人的创痕是必要的，对于英国辩称的择“另一小岛，以备居息之所，往来商船，得意湾泊屯守，兵士藉为住札，遂择地于香港”②。要意识到，这绝不是纯然的此是彼非之辩论，而是精心炮制的蓄意谬说。贸易资料显示，1853 年和 1854 年鸦片烟的入口数量分别是 36 499 箱和 46 765 箱，黄天欲借如此耸人的数据说明当时的“中国人惨成‘鸦片鬼’”离不开“英商播毒发大财”的居心。《遐迩贯珍》中还频繁记载英国公局运载烟土和金银等到香港的新闻，如 1853 年 12 月 1 日第 5 号的记载，“本月二十二日，有英国公局下旬火轮邮船到港，载来烟土一千五百箱，金银大小洋钱及未铸之金银大小件块，计一百九十万元”。这些毒害近代国人心智的鸦片使中国在中外贸易中始终处于入超的地位，对人民的身心健康造成了极大损害。黄天指出：“综观《遐迩贯珍》后来出版的内容，包含了很多天文地理、医学物理、科技产业等知识，诚然是一份有助于国人开眼看世界的益智读物！至于《序言》所云：‘无意寻战侵疆’，则未敢苟同矣！”③ 而对于章冬耘为创刊写下的“醒尘目”“作南针”“联中外”“通遐迩”题词，黄天辩证思考并以资料例证这一贺赞的片面性。在他的视角里，“有部分传教士身兼多职，曾就鸦片贸易出谋献力，更为侵华争利推波助澜，我们理当区别看待之”④。自然地，与传教士熟稔的章氏才会将《遐迩贯珍》的作用拔高。

---

① 黄天编著：《遐迩贯珍·香港史料类钞》，第 69 页。关于有意或无意的“笔误”问题，黄天在编著中做了大量勘校考证工作，并附有脚注，本文不一一赘言。

② 黄天编著：《遐迩贯珍·香港史料类钞》，第 64 页。

③ 黄天编著：《遐迩贯珍·香港史料类钞》，第 61 页。

④ 黄天编著：《遐迩贯珍·香港史料类钞》，第 24－59 页。

《遐迩贯珍》是传教士与华人共同编撰的刊物，具有深远的历史意义，但黄天经过诸多史料的考证分析，认为研究者要对这部历史性文献的价值作科学的评价。限于传教士的意图、水平及华人参与的程度，近代阅者所看到的《遐迩贯珍》中多有主观的、谬误的阐述，导致有些论述脱离或否认了香港的发展与华人付出的联系。而这一点，也正是黄天所担忧的，故其行文总是提醒后学要更加注意近代香港背景下的微妙分际，切忌脱离史实的臆测。

三、香港形象的“塑造”与“呈现”

当理雅各获悉清政府被迫签订了《南京条约》后，他马上露出了欧洲人的野心和自信，“条约的签订，预示着中国即将上演一场打开他们国门、与我欧洲通商联络之剧，这应是一件伟大的、极其重要的事情”，并即刻传信请示马儒翰是否可将英华书院由马六甲迁到中国。马儒翰回信道：“我亲爱的教友，当知晓你想把英华书院迁往中国内地的南京、北京时，我觉得你的想法过于稚嫩了。我们必须把自己一手谋划、操办的学校建立在属于英国的领土之上，而那个地方，便是我以前跟你提到过的香港，请下定决心，并赶紧安排迁校至香港的工作吧！”① 由此，足可见英华书院已意识到“转战香港”的重要性与迫切性。

黄天经分类考察，确定《遐迩贯珍》关于香港资讯的139条史料具体可划分为14类。其中，督宪政令类有10条、户籍人口类有3条、立法定例类有2条、财政税收类有6条、贸易通货类有16条、外交往还类有10条、治安防御类有13条、缉剿海盗类有14条、司法审理类有9条、出洋劳工类有10条、港务船政类有14条、海难事故类有8条、社会民生类有9条、广告启事类有15条。这些内容在当时直接影响了阅者对香港的判断和印象。此外，还有一个有意思的刊载现象，在这些分类中很多内容是相互联系的，例如，在社会治安、出洋劳工方面，既有新闻报道，又有立法出台，还有广告宣传。可以说，该报刊登载的很多香港资讯是同条共贯的，也是有策略而为的。作为近代香港首种月刊，《遐迩贯珍》当中的内容已昭示出这一报刊超越历史事实和偏向港英政府立场的本质。这意味着，一旦结合史实来探讨，任何相悖的判断最终都显得意义有限。

1. 批判清末华人传统思维与能力的策略

中西文化的冲突、经济的积弊及传教士的“文字播道”方略致使报刊中发表了大量批判中国传统观念的内容。李安定认为，《遐迩贯珍》诉诸文化传播的方式介入香港社

---

① Helen E. Legge, James Legge, Missionary and Scholar, *The Religious Tract Society*, 1905, pp. 24 – 26.

会，既有从物质层面的文化渗入，又有从非物质层面致力置换中国人的内心遵循的伦理道德观念。① 纵观《遐迩贯珍》香港史料部分，不难发现，报人有意或无意的编撰内容，往往会在批判的同时说教受到启蒙的阅者更新观念。例如，关于户籍人口的问题，在1855年5月1日第5号中记录了香港的死亡人数，黄天推算这是基于对中国人的落叶归根之习俗的尊重。继而，笔锋转向记录幼儿的性别比例，小标题为《香港人数加多，幼男多于幼女论》的评论文章报道户籍人口上的问题，黄天猜测该执笔人有可能是传教士，目的是对华人传统的重男轻女思想给予强烈的抨击，甚至在文末提出"奉劝唐人，知过而改"；如果说以上的刊载更多是巧合，那以下这则记载很难不被阅者认为是有意而为的了。《遐迩贯珍》编撰者把中国妇女不能抛头露面视作中国封建社会的弱点，并批判了中国妇女不似欧洲白人妇女，能携眷出行国外。黄天为此正辩道，《遐迩贯珍》的编撰者不知道中国人是被歧视的，待遇上是有区别的，更别说旅外的妇女。因此，这种批判不具现实意义。1853年11月1日第4号《本港议创新例》，该新闻报道了港英政府受理来港者的事务，在"英国指挥"下，"凡有缘事而隶各司署审理其词讼者，亦复不少"。港英政府强调，尽管"各司署科条规矩"，亦有"通译人为之传述转达"的便利，但"中土人，能了悟明彻者，实未多观"。在1854年4月1日第4号关于进出账目的新闻中，报人先是占足"尝闻中国与余为友者"的关系先机，接着批判"华夏未有行之"是因为"行政者于修己治人之方"的不妥。以上种种，说明了近代香港跨文化之间的交往频繁，语言隔阂、交流障碍问题也突出，从语言障碍到文化障碍，均受交流者各自不同的语言文化背景的影响，但港英政府却一味滑向批判清末华人传统思维与能力的道路，未能给予客观的评价。

2. 鼓吹出洋劳工的策略

《遐迩贯珍》当中还有不少鼓吹华人经港出洋劳工的内容，在出洋航船的广告中，大力渲染了船只的坚固和船上的服务，如1854年2月1日第2号的记载，"近来，外国船载中土人出口者，每因火食不敷，屡出意外不测之事。现于十二月初三日，奉本港总宪谕示，凡载中土人者，定其日给之例：每人每日给米半磅、咸猪肉半磅、油半两、英码咸菜三两、烟半两、淡水一加伦、木柴三把；每人每礼拜给盐一两、胡椒一两、醋半杯、茶叶四两，药材则需用而足给之"。很明显，这与黄天在《历史与发展——纪念华人抵达秘鲁一百五十周年》中读到的史情不符。在内容刊载中，《遐迩贯珍》不惜笔墨宣传到国外做劳工可得到高报酬，甚至为了消除人们的疑虑，在新闻中营造华工在外曾受过的不公平待遇已在港英政府"苛情悉革"的政策下消除。而"苛情悉革"的政治做法就是"设执事一人"。据1855年3月1日第3号记载，"香港于一八百五十四年五

① 李安定：《〈遐迩贯珍〉：两种价值观的博弈》，《新闻知识》2020年第8期。

月，本港大宪曾设执事一人，专理本港开驶之船事务”，以此来缓解“隔别遥远，照应殊难”的思虑。当华工在外不堪的境况被知晓，舆情的压力逼迫港英政府当局服膺制定条例之需时，1856 年 3 月 1 日第 3 号，《遐迩贯珍》登载了《洋船在香港搭载唐人条规开例》，港英政府以“此规条乃由大英国会颁来，因见租船搭载唐人者，每有惟利是视，其弊多端，故特酌此良规，传来晓谕”来抚慰民众，但浮于表面的劳务规条和当中利好华工待遇的理念均未能真正落地。香港作为近代贩卖拐骗“猪仔”出洋务工的出发地之一，在报刊中却被阐述成应得盛誉的赴金之港，黄天对此进行了强烈驳斥。远赴异国身处恶劣环境又受到种族歧视、最终客死异乡的华工，在历史的洪流中被裹挟着悲哀和无奈，黄天表示这段“华工血泪史”的惨痛是不言而喻的。

3. 强调港英政府作为的策略

从“治港”资料中，可以感受到传教士视角下英国建设香港的“心机”，许多条例、布告都借助《遐迩贯珍》公之于众，一定程度上该刊是港英政府的代言刊物，突出显示了港英政府治理下的香港形象。例如，1853 年 8 月 1 日第 1 号记载，“五月十五日，香港有官地十九段出批，英人承批十四段，汉人承批五段”。新闻公开显示了英人承批官地的数量，意欲显示其管辖范围愈大，建设参与度愈高。据 1854 年 9 月 1 日第 9 号载，“香港地方，每年俸糈及各种经费，约需银若干，由本港抽收税项支发，其不敷之数，预行呈报本国，由绅士院议款拨解来港支放。上年请领拨款，经总理藩务大臣行文饬驳，略云，该港辟土已历多年，初年所征税款，不敷支放，由国家指拨。今宜通盘核计，量入为出，除公使及僚佐官、量地官、帑饷官四项俸薪，仍由国家支给，此外一概不得滥支国帑，即以该港所入之项，量为裁汰支应可也”。据此可知港英政府财政建设上的压力，而这种压力通过报刊“释放”，不但可获得部分阅者的理解，还可以将信息传达给有识之士，共同商讨建设之策。很快地，次年港英政府便找到了依靠卖地扭亏为盈的办法。在 1854 年 11 月 1 日第 11 号中有报道：“英国与中国永通和好，冀无欺诈于贸易之间，两相受益，以为后世之良规。”《遐迩贯珍》作为港英政府的一个重要门面，总是在文字上下功夫以树立形象。1855 年 2 月 1 日第 2 号刊载，“香港乃英国之土地，人人得而安居，凡败卒亡徒，到来可获无事，我大宪从不究问，于人无所不容”。还有，1855 年 12 月 1 日第 12 号登载的“本港大宪，曾有示谕，凡华民来港者，不分其内地为人如何，一体任其安居”。这些新闻显示了港英政府的“心胸宽大”，转而又写，“惟海盗一流，在所严办”，显示了其“为民着想”。事实上，港英政府遇到严重的治安问题，因为能力与财力有限，对于难以承担保卫民众之责的事实，便利用保甲制哄骗，甚至要求商人集体出资聘请壮丁，并声称只是眼前之策，以此鼓励华人加入村庄的自我管理事务之中。但在新闻中意图建构“英差役”对抗匪人的伟大角色，并且形塑了在香港的华人是“得脱虎口”且“安居泰然”的假状。在 1855 年 4 月 1 日第 4 号和 1856 年 3 月 1

日第3号的新闻中，分别开列了1854年和1855年香港进支粮饷费项总数，前者担心“读者或以为此款无关于致知格物之义”，特说明刊载是“欲以表大英等国常例耳”，后者再次刊载强调“乃大英常例”，之所以“偏告众民”是为了“以示无私”。这些以香港建设为表征的新闻，实则是在维护港英政府的利益、地位和话语权。

总之，《遐迩贯珍》是一种资料可贵但内容亟待理性整理与研究的刊物，即使华人有所介入参与，但受制于殖民语境下话语权缺失的条件，也不能阻止传教士主导报刊内容的有意而为。这种现象在近代办报活动中相当常见，但因个体缘境而异，已致使客观治报刊史反而不易上正轨的现象。主张编撰《遐迩贯珍》传教士的贡献及作用的学人一再强调，西学对近代中国的促进与帮助，确有效用。但是，当时的社会实情非止一端，任意取舍史料、割裂历史脉络并不适宜。报刊内的变相内容和曾经以偏概全的研究结论，反过来支持了黄天研究基点的正确性。因此，阅者看到《遐迩贯珍》视野下的香港形象的“呈现”，应注重以理性、全面的视角审视内容。由此而论，以黄天为代表的、立足近代香港史实的研究和试图解决历史困惑的探讨，对于当下文教政策将有促推之用。

四、结语

19世纪中叶，清廷疆土不断被侵扰，英国以武力殖民式统治了香港，以有着国教地位的基督教向其布道传教。传教士队伍当中甚至有人是英华书院的出资人，熔铸了几代传教士心血的英华书院，打着“臻于广见，中外得裨”的旗号，主持编撰了《遐迩贯珍》，一举成为香港开埠后的第一份中文月刊。黄天结合无可辩驳的史实，经过对整体史料的爬梳，揭开了传教士的办报意图，并将香港方面的史料类钞排印，稽考的价值因而得到了突显。在综观研究成果之后，不难发现《遐迩贯珍》的一些内容与史实情况存在较大误差，报刊中的内容变相容易造成当代学术的视差，这是在探讨近代香港发展时必须把握的历史基点。

作者简介：
杨刘秀子，暨南大学文学院博士研究生。

中国共产党在东北解放区的铁路卫生防疫工作①

黄华平　袁　浩

［**提要**］1947年初至新中国成立前，中国共产党为应对东北解放区严峻的疫情，遏制其通过铁路传播，在接管的东北铁路迅速开展卫生防疫工作。其工作重心集中于两个方面：一是创设东北铁路总局了卫生处和中央防疫站，并以两者为中心构建铁路卫生防疫组织体系；二是施行铁路检疫、疫苗注射接种、环境卫生整治、防疫知识宣教和疫情报告等防治举措。中共的铁路卫生防疫工作，为东北解放区传染病防控作出了贡献。其形成的卫生防疫站制度、群众性防疫工作和预防保健理念成为新中国铁路卫生防疫事业发展的蓝本。

［**关键词**］中国共产党；东北解放区；人民铁路；卫生防疫

解放战争时期，东北解放区鼠疫、霍乱等传染病频年发生，严重威胁人民群众的生命安全，也不利于中共新生政权的稳固以及解放战争事业的推进。为此，中共领导东北

① 本文系2021年国家社科基金重点项目“中国铁路卫生防疫事业研究（1910—2020）”（项目批准号：21AZS014）阶段性成果。

解放区军民进行了大规模的卫生防疫工作。关于这方面问题，学术界已有较多探讨，①但中共的铁路卫生防疫工作却鲜有关注。事实上，中共这一时期的铁路卫生防疫工作是相当丰富且卓有成效的，其创设的卫生防疫站制度及预防保健防疫理念等均具有重要的历史意义。因此，探讨这一问题有助于我们更加全面地了解中共早期的卫生防疫实践历史，汲取宝贵经验，也可以帮助我们厘清它与新中国铁路卫生防疫事业之间的关系。

一、铁路卫生防疫组织体系的创建

1945 年 8 月日本战败投降后，中国共产党军队在苏联红军的默许下开始进入其掌控的东北地区，先后接管西满、东满和北满铁路，并建立西满、北满和东满铁路管理局。②1946 年 7 月 25 日，中共中央东北局为加强对东北解放区各接管铁路的集中统一管理，组建东北铁路总局。③ 总局成立之初，没有设立管理卫生防疫的机构。1947 年 5 月，西满地区鼠疫开始流行，并沿铁路线向南蔓延。5 月 8 日，出于卫生防疫的需要，东北铁路总局设立卫生处。④ 卫生处由总务、医政、药材和保健防疫 4 科组成，其中保健防疫科负责防疫。总局直辖的哈尔滨（原北满）、梅河口（原东满）和齐齐哈尔（原西满）3 个铁路管理局则设立卫生科，卫生科设置保健防疫股负责防疫。⑤ 东北解放区铁路卫生防疫行政机构初步建立。1948 年 10 月 7 日，东北行政委员会铁道部⑥颁布《铁道部各级卫生机关组织暂行条例及组织细则》，对卫生处保健防疫科和卫生科保健防疫股的职责进行了规定。其中，卫生处保健防疫科具体负责“布置及实施扑灭所发生之传染病”“批示下级卫生防疫机关的计划、草案及所有工作”“有系统的作传染病统计研究”

---

① 主要研究成果有荆蕙兰、林木：《解放战争时期东北解放区的卫生防疫工作探析》，《江西社会科学》2017 年第 4 期；王彦龙：《东北解放区的卫生防疫工作探析》，《社会科学战线》2015 年第 7 期；李洪河：《东北解放区的鼠疫流行及救治》，《中共党史研究》2007 年第 3 期；等等。

② 黑龙江省地方志编纂委员会：《黑龙江省志 · 第 18 卷 · 铁路志》，黑龙江人民出版社，1992 年，第 51 页。

③ 东北解放区财政经济史编写组：《东北解放区财政经济史资料选编》第 2 辑，黑龙江人民出版社，1988 年，第 379 页。

④ 张家麟主编：《当代中国铁路卫生事业管理》，中国铁道出版社，1997 年，第 11 页。

⑤ 东北行政委员会铁道部：《铁道部人人第二三〇号为公布铁道部卫生处设四课及改编各管理局卫生科由》，《东北铁路公报》，1948 年第 199 号，第 11 页。

⑥ 1948 年 9 月 24 日，东北铁路总局改组为东北行政委员会铁道部，吕正操任部长。可参见中国铁路史编辑研究中心编：《中国铁路大事记（1876—1995）》，中国铁道出版社，1996 年，第 168 页。

以及“组织防疫会议、开办讲习班、提高卫生防疫人员的知识与工作效率”等。① 1949年1月，中央军委铁道部成立后，东北行政委员会铁道部复称东北铁路总局，同年4—5月②总局卫生处改组为卫生部。同时，为加强基层卫生防疫工作，东北铁路总局在铁路管理分局增设卫生段，负责各铁路分局卫生防疫事务。这样中共在东北解放区的铁路卫生防疫行政机构，由原来2级变成3级，卫生处保健防疫科处于中心地位。

1948年10月之前，中共在东北解放区铁路尚没有专门从事卫生防疫的业务机构，铁路沿线各类疫病的诊疗与预防主要依赖于接管的哈尔滨满铁医院（后改称东北铁路中央医院）、牡丹江、绥化、安东、海拉尔、西城子和通化等铁路医院。这些铁路医院，房屋狭小，设备简陋，医护人员严重不足，加之战乱和苏联红军撤退时的搬迁拆运，已很难满足日常医疗服务需要，更不用说应对需要专业知识和专门人才的传染病。为解决传染病防控的难题，东北行政委员会铁道部③接受苏联专家建议，于1948年10月，在哈尔滨中长铁路管理局办公地（东北行政委员会铁道部与其共用）开始筹建铁路卫生防疫站，定名为中央防疫站，由苏联人克利敏道夫任站长。这是人民铁路首个卫生防疫站，④ 也是党的历史上建立最早的一批卫生防疫业务机构。⑤ 1949年初，中央防疫站更名为东北铁路总局卫生防疫总站（简称“防疫总站”），定员42名，包括站长、副站长、政治指导员、防疫主治医师、事务员各1名，医师或医助3名，防疫员20名，消毒员、翻译和杂役各2名等。主要任务是：“代表东北铁路总局卫生部，对各防疫站进行业务指导”“加强与援助工作繁重的防疫机关及新设机关”“负责总局直属的防疫卫生保健

---

① 中国人民革命军事委员会铁道部东北铁路总局卫生部、东北铁路总工会劳保部：《东北铁路卫生防疫会议汇刊》，1949年，第190页。

② 关于东北铁路总局卫生处变更为卫生部的具体时间，说法不一。武衡主编的《东北区科学技术发展史资料·解放战争时期和建国初期·医药卫生卷》（中国学术出版社，1988年，第411页）一书，认为是1948年12月；《中国铁路志》编委会办公室编的《中国铁路志·文体卫生志》送审稿（2015年，第185页）则认为是1949年6月1日。上述两种说法，均没有具体的史料支撑，有待考证。笔者根据《东北铁路卫生防疫会议汇刊》所载内容，大致推测卫生部建立的时间应为1949年4—5月。可参见中国人民革命军事委员会铁道部东北铁路总局卫生部、东北铁路总工会劳保部：《东北铁路卫生防疫会议汇刊》，第155－159页。

③ 关于东北解放区铁路中央防疫站由谁筹建这一问题，铁道部卫生保护司编写的《中国铁路卫生防疫事业四十年》（黑龙江人民出版社，1994年，第3页）及张家麟所编的《当代中国铁路卫生事业管理》（第81页），均认为是东北行政委员会东北铁路总局。事实上，1948年9月东北铁路总局已撤销，由东北行政委员会铁道部代之。可参见中共中央组织部、中共中央党史研究室、中央档案馆编：《中国共产党组织史资料》第4卷，中共党史出版社，2000年，第245页。

④ 《中国铁路志》编委会办公室：《中国铁路志·文体卫生志》，第205页。

⑤ 1948年，中共创建的防疫站还包括通辽、赤峰和白城子防疫站，可参见武衡主编：《东北区科学技术发展史资料·解放战争时期和建国初期·医药卫生卷》，第61页。

工作”及“进行平时疫病、防疫、卫生各项工作的调查研究，试验化验”。① 中央防疫站建立不久，“为强化铁路防疫工作，防止传染病沿铁路沿线传播”，东北行政委员会铁道部于1949年2月16日发布通令要求各铁路管理局、铁路管理分局设立防疫所。铁路管理局防疫所设所长（或医师）1名，医助1名，护士4名，消毒员4名；铁路管理分局防疫所设所长（或医师）1名，医助1名，护士2名，消毒员2名。② 1949年3月9日，沈阳铁路管理局发布命令，决定在沈阳、四平、长春、大石桥、营口和安东等6处建立防疫所，至4月筹建完成。③ 吉林、锦州、齐齐哈尔和哈尔滨管理局也先后建立通化、梅河口、山海关、锦州、大连、丹东、白城和牡丹江等防疫所。

1949年6月29日，东北铁路总局为“迅速健全防疫机构进行检疫”，发布通令要求各铁路管理局增设防疫站，并指定哈尔滨、锦州、齐齐哈尔、沈阳等管理局于7月10日前组织完毕，同时将全路所有防疫所一律改称铁路卫生检疫所。铁路管理局防疫站定员16~17名，其中站长（或医师）、政治指导员各1名，防疫医师或医助2名，防疫员6名，消毒员4名，化验员1~2名，杂役1名。④ 铁路卫生防疫站筹建之初，困难重重，设备仅有简易检疫箱和消毒杀虫器械、办公房舍只有几十平方米，尤其是缺乏卫生防疫人员。1948年，东北各路专业防疫人员仅有10余名，各防疫站和检疫所不可能根据需要配备相应的卫生技术人员，而且卫生干部的技术水平一般达不到防疫工作需要。⑤ 为了解决卫生防疫干部极度缺乏的问题，东北铁路总局举办两批干部培训。第一批是1949年5月23日至7月1日，抽调40名医师集中于哈尔滨太阳岛，举行“卫生讲习会”；第二批是1949年5月15日至8月15日，在长春举办“卫生防疫训练所”，向社会招生，培训防疫人员100名。这些学员毕业后，分配到各铁路管理局防疫站工作，成为技术骨干，⑥ 至1949年9月东北解放区铁路卫生防疫人员增加到297名。⑦

至新中国成立前，中共在东北解放区共设立铁路管理局防疫站5处、卫生检疫所24处、卫生防疫总站1处。铁路沿线站、段或铁路工厂还建有若干诊疗所、出诊所、保健室或保健站。其中，管理局防疫站承担全线传染病防控工作，主要任务是：“在发现传染病时，应搜求病源，不使蔓延，及时扑灭”“消灭传染病媒介因素，施行经常及临时

---

① 铁道部卫生保护司：《中国铁路卫生防疫事业四十年》，第3页。

② 东北行政委员会铁道部：《铁道部人人第四二、卫保第四一号，设立车站防疫所由》，《东北铁路公报》，1949年第262号，第29页。

③ 沈阳铁路局志编纂委员会：《沈阳铁路局志稿·卫生篇》，1994年，第135页。

④ 铁道部卫生保护司：《中国铁路卫生防疫事业四十年》，第3页。

⑤ 铁道部卫生保护司：《中国铁路卫生防疫事业四十年》，第5页。

⑥ 铁道部卫生保护司：《中国铁路卫生防疫事业四十年》，第53页。

⑦ 中国人民革命军事委员会铁道部东北铁路总局卫生部、东北铁路总工会劳保部：《东北铁路卫生防疫会议汇刊》，第8页。

性之消毒”“施行检疫，预防注射”，并“向居民施行宣传教育，提高卫生认识，养成卫生习惯”及“组织培养卫生技术人员”。同时负责公共住宅、学校、食物、工业等方面的卫生防疫。① 铁路卫生检疫所任务较为简单，主要是在车站及列车上进行检疫，排查传染病人或者疑似患者，负责车站、线路、站台、列车、食堂、商店、货物处及站内一切房屋卫生，并实施消毒和预防注射。② 领导体制上，防疫总站、管理局防疫站和卫生检疫所分别受总局卫生部、铁路管理局卫生科和铁路管理分局卫生段领导，业务上防疫总站指导管理局防疫站，管理局防疫站指导卫生检疫所。③

表 1　东北解放区铁路卫生防疫业务机构一览表

铁路管理局	卫生防疫机构
东北铁路总局	东北铁路卫生防疫总站
吉林铁路管理局	吉林防疫站、吉林卫生检疫所、图们卫生检疫所、梅河口卫生检疫所、通化卫生检疫所
哈尔滨铁路管理局	哈局防疫站、哈尔滨卫生检疫所、牡丹江卫生检疫所、绥化卫生检疫所、佳木斯卫生检疫所
沈阳铁路管理局	沈阳防疫站、沈阳卫生检疫所、四平卫生检疫所、长春卫生检疫所、瓦房店卫生检疫所、安东卫生检疫所、营口卫生检疫所
锦州铁路管理局	锦局防疫站、山海关卫生检疫所、通辽卫生检疫所、锦州卫生检疫所、新立屯卫生检疫所、郑家屯卫生检疫所
齐齐哈尔铁路管理局	齐局防疫站、齐齐哈尔卫生检疫所、白城子卫生检疫所、昂昂溪卫生检疫所、乌兰呼特卫生检疫所、前郭旗卫生检疫所

资料来源：中国人民革命军事委员会铁道部东北铁路总局卫生部、东北铁路总工会劳保部：《东北铁路卫生防疫会议汇刊》，第 155－159 页。

除铁路卫生防疫行政和业务机构外，为监督各单位有效落实卫生防疫工作，中共于 1949 年 9 月还成立了东北铁路卫生监督委员会，由东北铁路总局卫生部部长、卫生部保健防疫科科长和防疫总站站长等任监督委员，其主要职责是“对于违反卫生条例或不执

① 中国人民革命军事委员会铁道部东北铁路总局卫生部、东北铁路总工会劳保部：《东北铁路卫生防疫会议汇刊》，第 190－191 页。

② 中国人民革命军事委员会铁道部东北铁路总局卫生部、东北铁路总工会劳保部：《东北铁路卫生防疫会议汇刊》，第 192 页。

③ 中国人民革命军事委员会铁道部东北铁路总局卫生部、东北铁路总工会劳保部：《东北铁路卫生防疫会议汇刊》，第 169 页。

行卫生指导者”进行处罚，“限制贩卖运送有害于人民健康的饮食”及“解职在铁路沿线食品店，在公营企业上、托儿所、学校、医疗机关工作，有传染病或保菌者的工作人员”①。东北铁路卫生监督委员会合上述卫生防疫机构，共同构成东北铁路卫生防疫组织体系，为中共开展铁路卫生防疫工作奠定了坚实的组织保障。

二、初步形成铁路疫情预防机制

依托创设的铁路卫生防疫组织体系，中国共产党多措并举，在东北解放区各铁路普遍开展铁路检疫、疫苗注射接种、环境卫生整治、防疫知识宣教和疫情报告等防治举措，初步形成了铁路应对疫情的预防机制。

第一，开展铁路交通检疫。铁路检疫的目的在于及早发现传染病患者或者疑似患者，并施以救治和控制，是阻断病菌通过铁路传播的重要手段。② 中国共产党的铁路检疫工作始于1949年初，该年4月位于沈阳与长春之间的四平站附近暴发鼠疫，死亡4人，沈阳铁路管理局以四平站为中心，将北至刘房子站、南至双庙子站划为鼠疫封锁区，成立由26人组成的防疫队并于四平站设立车站检疫所，开展疫区消毒、列车检疫和车站检疫工作，凡上车旅客一律检查注射证，带皮毛物品上车要有消毒证明。③ 为防止鼠疫传入沈阳，沈阳铁路管理局在沈阳南站也设立检疫所，检疫人员分昼夜两班，对每次出发及到达旅客，采用望诊方式进行检查。发现疑似传染病患者时，则领其到检疫所详加检诊。检疫时“备有记录簿，随时记载，对于发现传染病患者，除立即予以消毒处置外，均送往市立传染病院，实行隔离治疗。由4月至8月间共计检查出天花1名，麻疹4名，疑似霍乱4名，后经确诊为急性肠炎。据沈阳市卫生局发表，本年度法定传染病发生统计，在传染经路方面，除经南站检疫所送去几名传染病患者外，并没有由铁路交通上传入沈阳市内的，如此证明了检疫工作在遏止传染病侵入是收到相当效果的”④。截至1949年9月，中共在疫区沿线各车站均开展检疫，由各铁路防疫站分线区负责。⑤ 沈阳铁路管理局还在沈山线（沈阳至高台山）、长沈线（长春至沈阳）、滨长线（哈尔滨至长春）、齐平线（齐齐哈尔至四平）、四梅线（四平至梅河口）、高新线（高

---

① 沈阳铁路局中心卫生防疫站：《传染病法令汇编》，1978年，第1－6页。

② 黄华平：《近代中国铁路卫生史研究：1876—1949》，合肥工业大学出版社，2016年，第212页。

③ 沈阳铁路局志编纂委员会：《沈阳铁路局志稿·卫生篇》，第147页。

④ 中国人民革命军事委员会铁道部东北铁路总局卫生部、东北铁路总工会劳保部：《东北铁路卫生防疫会议汇刊》，第105页。

⑤ 中国人民革命军事委员会铁道部东北铁路总局卫生部、东北铁路总工会劳保部：《东北铁路卫生防疫会议汇刊》，第167页。

台山至新立屯）、白长线（白城子至大赉）、白阿线（白城子至乌兰浩特）、郑大线（郑家屯至新立屯）、滨洲线（哈尔滨至昂昂溪）及齐昂线（齐齐哈尔至昂昂溪）上配备防疫人员，对列车上的旅客进行检疫。① 检疫的重点是鼠疫，也包括斑疹伤寒、霍乱及赤痢等，对于违反卫生的货物或腐败食物也加以管制和处理。②

第二，进行大规模环境卫生整治。环境卫生整治是消灭传染病传播媒介的主要手段。中共在东北解放区非常重视环境卫生整治，积极组织开展相关工作。1948 年春，东北行政委员会颁布《春季卫生清扫运动实施方法》，在广大城乡农村尤其是疫区，开展打扫室内室外及街道垃圾、修建厕所和处理粪便等整治环境卫生的工作。③ 同时，广泛开展大规模的捕鼠灭蚤运动。东北铁路总局积极响应东北行政委员会号召，开展铁路沿线环境卫生整治。1948 年 2 月，东北铁路总局制定《春季大清扫实施办法》，要求“各单位组织清扫委员会，负责发动员工，领导及检查清扫工作”，定于 3 月 1—7 日举行为期 7 天的卫生清扫运动，清扫区域包括“本市及沿线各单位所属之房舍、院落及附近之街道、员工住宅、厨房、厕所、畜厩等”。④ 1949 年后，春季大清扫演变成常规性的清扫运动，各铁路管理局开展的时间已不限定于春季，基本每个季度都会开展。“特别是沈局及齐局地区，经常的检查，督促检查和总结与表扬，医务人员积极参加，起了推动作用，如沈局约有三分之二的医务人员参加，而且以身作则来影响这一运动，如沈局第一诊疗所医师王锡文（见）动员无效，亲自刨了一个多小时，感动了住民，把运动掀开，员工和家属积极参加了这一工作，本来总局的命令是二十天，而实际各地一次又一次的展开，一直持续了三个月。”清扫运动取得良好效果，“单是锦局即清扫 1 805 吨垃圾，掩埋了 856 具尸体，沈局仅和平区的住宅便清扫了垃圾 12 500 吨，齐局则清除 450 吨垃圾”。⑤ 沈阳铁路管理局沈阳南站成立清扫委员会，春季共举行两次大清扫，“共计清除垃圾十六火车，1 235 辆大车，合计能有 1 226 吨垃圾，沈阳南站站容，顿时改观，焕然一新”。沈阳铁路管理局沈阳南站为使车站保持清洁，确立三员联合负责制，即“公安员负责维持卫生秩序”“车站清扫员担任清扫”“车站检疫员也负责所担当地区，

---

① 沈阳铁路局志编纂委员会：《沈阳铁路局志稿・卫生篇》，第 148 页。

② 中国人民革命军事委员会铁道部东北铁路总局卫生部、东北铁路总工会劳保部：《东北铁路卫生防疫会议汇刊》，第 12 页。

③ 东北解放区财政经济史编写组：《东北解放区财政经济史资料选编》第 4 辑，黑龙江人民出版社，1988 年，第 440 页。

④ 东北铁路总局：《总局医卫第 1 号》，《东北铁路公报》，1948 年第 115 号，第 12 页。

⑤ 中国人民革命军事委员会铁道部东北铁路总局卫生部、东北铁路总工会劳保部：《东北铁路卫生防疫会议汇刊》，第 8 页。

督促检查指导卫生工作”。① 各铁路管理局也非常注重铁路工厂的卫生问题。比如，锦州铁路管理局皇姑屯车辆厂“动员员工亲自动手，利用工余时间修建了十余分厂的澡塘，而且有些澡塘管理的很好，很干净，建设蒸饭热饭汽箱，解决了该厂从来没有解决的员工吃冷饭及吃中午饭问题，这将帮助于员工胃肠病的减少，清除十余年来的垃圾，修建小花园，为员工工余休息所及文化娱乐场所”②。

第三，加强铁路卫生防疫知识宣教。防疫知识宣教是普及民众对传染病认识，增强其卫生防疫意识的重要手段。解放战争时期，东北解放区传染病流行的致因众多，既有日本侵略者的细菌战、自然疫源地及环境卫生恶劣等因素，也与东北地区民众普遍缺乏卫生防疫知识有关。③ 为此，中共在1947年东北解放区大规模鼠疫流行之际，即通过编印防疫小册子、张贴标语及举办训练班等方式，加大卫生防疫知识宣教力度。东北铁路总局对此也有高度认识，将卫生防疫宣教列为防疫机构的主要职能之一。在沈阳铁路管理局，1949年1—8月，管理局卫生科针对铁路员工及家属，共作卫生讲话23次，“为使群众有深刻认识与理解，每次讲话内容都力求通俗大众化”；举办卫生讲习班3次，包括妇女卫生讲习班1次，厨夫与理发师卫生讲习班各1次，内容为环境卫生常识以及食品营养调剂等知识；编制卫生宣传标识1 420张，内容为传染病预防、一般卫生常识及乳儿保育方法；配合春季清扫运动，演出以卫生防疫为主题的秧歌剧。④ 沈阳铁路管理局沈阳南站针对过往旅客进行卫生宣教，“出了一期壁报，共印制二百页，标语漫画前后出了一百五十张，检疫员还利用喇叭筒、扩音机、口头宣传等各种方式进行，都是宣传传染病预防常识和公共卫生常识，内容尽量采用通俗而具有趣味性，力避采用空洞不切合实际材料”⑤。“齐局自（1949年——引者注）三月份即由齐院每月进行二次对家属妇婴卫生指导，哈局也进行对妇女夜校的卫生教育及住宅的卫生讲话，吉局以妇女小组的组织进行卫生教育。”⑥ 除此，1949年8月吉林铁路管理局组织一次卫生展览会，有标识、漫画、模型，还有用来观察细菌生物的显微镜。东北铁路总局则乘1949年9月

---

① 中国人民革命军事委员会铁道部东北铁路总局卫生部、东北铁路总工会劳保部：《东北铁路卫生防疫会议汇刊》，第103－104页。

② 中国人民革命军事委员会铁道部东北铁路总局卫生部、东北铁路总工会劳保部：《东北铁路卫生防疫会议汇刊》，第10页。

③ 可参见王彦龙：《东北解放区的卫生防疫工作探析》，第260－263页。

④ 中国人民革命军事委员会铁道部东北铁路总局卫生部、东北铁路总工会劳保部：《东北铁路卫生防疫会议汇刊》，第118页。

⑤ 中国人民革命军事委员会铁道部东北铁路总局卫生部、东北铁路总工会劳保部：《东北铁路卫生防疫会议汇刊》，第105页。

⑥ 中国人民革命军事委员会铁道部东北铁路总局卫生部、东北铁路总工会劳保部：《东北铁路卫生防疫会议汇刊》，第15页。

召开全路卫生防疫会议期间，在会场二楼布置一个卫生防疫展览会，展览会共分环境卫生、工厂安全卫生、医疗工作统计、防疫资料文献、防疫及铁路制药等6个展览室。①

第四，建立疫情报告制度。疫情报告是及时掌握传染病信息的重要渠道，是防控传染病蔓延的先决条件。1947年，东北铁路总局在制定的《站内及列车内发现患传染病者或死者时之处理暂行办法》就曾规定，车站和列车上发现病患或死者时，站长、列车长向铁路管理局局长及当地防疫机关报告，铁路管理局局长接报后向总局报告。② 1949年9月，总局制定《铁路卫生防疫工作条例》（以下简称“《条例》”），明确铁路疫情报告的程序及内容。《条例》规定：“（铁路疫情——引者注）报告系统按组织机构，即行政领导及业务指导双重系统报告之。即各医院、诊疗所、门诊所、卫生检疫所等向卫生科及铁路卫生防疫站报告，铁路卫生防疫站汇总后向卫生科及铁路卫生防疫总站报告，卫生科及铁路卫生防疫总站汇总向卫生部报告。”其中，鼠疫、霍乱、伤寒、副伤寒、斑疹伤寒、麻疹等38种传染病需填写《传染病紧急报告书》，于当日报告至铁路管理局防疫站，防疫站接报后要进行调查，并按《铁路沿线城乡发生特殊传染病暂行处理办法》对疫情进行处置。③ 中共在东北解放区的铁路疫情报告制度基本建立。

第五，实施疫苗注射接种。疫苗注射接种是预防传染病最为有效的方法。中共在东北解放区铁路自1948年10月中央防疫站建立后，开始为铁路员工及其家属注射鼠疫、霍乱疫苗，接种天花。1948年12月1日，沈阳铁路管理局发布局令，要求各单位进行鼠疫疫苗预防注射，至12月25日，共预防注射89 150人次。④ 次年3月，东北行政委员会铁道部发布通令，要求各铁路管理局：“自3月9日起至3月19日止为员工及家属种痘，各级卫生机关应有计划、有组织的进行预防种痘及宣传工作，各单位首长应发动员工及家属进行种痘。”⑤ 1949年5月，东北解放区各铁路春季种痘合计113 093人；各铁路注射鼠疫疫苗第一次179 957人，第二次121 376人。1949年7月，东北解放区各铁路统计注射霍乱疫苗第一次142 914人，第二次108 107人。⑥ 其中，天花接种率锦州

---

① 中国人民革命军事委员会铁道部东北铁路总局卫生部、东北铁路总工会劳保部：《东北铁路卫生防疫会议汇刊》，第5页。

② 《中国铁路志》编委会办公室：《中国铁路志·文体卫生志》，第305页。

③ 中国人民革命军事委员会铁道部东北铁路总局卫生部、东北铁路总工会劳保部：《东北铁路卫生防疫会议汇刊》，第193－194页。

④ 沈阳铁路局志编纂委员会：《沈阳铁路局志稿·卫生篇》，第146页。

⑤ 东北行政委员会铁道部：《铁道部卫保第3号为预防天花施行春季种痘由》，《东北铁路公报》，1949年第273号，第21页。

⑥ 中国人民革命军事委员会铁道部东北铁路总局卫生部、东北铁路总工会劳保部：《东北铁路卫生防疫会议汇刊》，第172－174页。

铁路管理局最高，员工达66%，家属达40%，哈尔滨铁路管理局最低，员工为30%，家属仅13%；鼠疫疫苗注射率最高者为吉林铁路管理局，员工第一次84.8%，第二次75.5%，最低者仍是哈尔滨铁路管理局，员工第一次64.2%，第二次47.6%。①

上述防治措施的施行，有效阻断了传染病通过铁路线向外传播。据东北铁路总局卫生部统计，1949年初至8月末，东北地区鼠疫共发生于5省1市8县，感染人数102名，死亡46人，有25个疫区尚在封锁中，但没有一个是由铁路交通传染和扩散的。② 在这期间，东北地区传染病形势也发生了积极向好的转变，以鼠疫为例，1947年感染30 326人，死亡23 171人；至1949年则分别降至445人和272人。③ 中共的铁路卫生防疫工作功不可没。

三、新中国铁路卫生防疫事业的蓝本

中共在东北解放区的铁路卫生防疫工作，是党早期卫生防疫实践历史的重要组成部分，其创建的卫生防疫站制度、群众性防疫工作以及预防保健理念具有重要历史意义，是新中国铁路卫生防疫事业发展的蓝本。

首先，中共在东北铁路创建的卫生防疫站制度，是党的历史上最早建立的一批卫生防疫站，而且具有一定的规模和体系，为新中国成立后铁路卫生防疫站的建立，乃至全国各级卫生防疫站的普遍设立提供了制度参考。

新中国成立前夕，察哈尔省北部暴发鼠疫，并沿京绥铁路向华北地区蔓延，中央军委铁道部（后改称中央人民政府铁道部、中华人民共和国铁道部，以下均简称“铁道部”）为阻止疫情通过铁路传播，联合天津铁路管理局在京绥路沿线的张家口、大同、下花园、平地泉、康庄、青龙桥、南口、西直门和北京前门等站，仿照东北解放区铁路卫生防疫工作的做法，设立卫生防疫站，1949年12月疫情结束后，铁道部保留张家口、大同、南口和北京4个卫生防疫站，由天津铁路管理局卫生科领导。这是新中国成立后第一批常设性的铁路卫生防疫站。1950年初，陇海、京汉等铁路沿线鼠疫、霍乱和天花仍旧流行，4月4日，铁道部在北京召开第一次全国铁路卫生会议，讨论建立铁路防疫机构。7月，铁道部正式颁布《铁路卫生防疫站组织条例》，规定“铁道部设卫生防疫

---

① 中国人民革命军事委员会铁道部东北铁路总局卫生部、东北铁路总工会劳保部：《东北铁路卫生防疫会议汇刊》，第14页。

② 中国人民革命军事委员会铁道部东北铁路总局卫生部、东北铁路总工会劳保部：《东北铁路卫生防疫会议汇刊》，第12页。

③ 东北人民政府卫生部：《东北防治鼠疫工作总结》，1949年，第8页。

总站，铁路局设卫生防疫站，分局设卫生防疫所”，卫生防疫站行政上隶属于各级铁路管理机构，业务上则为层级指导关系。1952 年铁道部卫生防疫总站在北京成立，① 至此新中国铁路卫生防疫站体制初步形成。它与中共创建的东北铁路卫生防疫站制度完全相同。1953 年 1 月，中央人民政府政务院第 167 次会议批准，在全国各省、自治区、直辖市，以及地（市）、县（旗、区）普遍建立卫生防疫站。② 我国卫生防疫站进入正规化发展道路，铁路卫生防疫站也得到进一步发展，至 1953 年底全路建立防疫站 55 个，卫生检疫所和卫生检查室 27 所。③ 1955 年 1 月 14 日，铁道部修订 1950 年的《铁路卫生防疫站组织条例》，公布《铁路各级卫生防疫站组织办法》，规定：防疫总站隶属于铁道部卫生局，受卫生局局长领导；中心防疫站和管理局防疫站受管理局卫生处处长领导；铁路局防疫站受所在局卫生科科长领导，各级防疫站在业务又分别接受上级防疫站的指导和帮助。④ 由此，人民铁路防疫站体制基本形成，成为新中国铁路防疫的主力军。直至 2001 年国家启动卫生防疫体制改革，铁道部逐步撤销铁路防疫站，在原有基础上分别成立卫生监督所和疾病预防控制所（或称疾病预防控制中心）。⑤

其次，中共在东北解放区的铁路卫生防疫工作中，善于组织群众，动员群众力量，开展群众性卫生防疫运动，⑥ 为新中国成立后铁路部门开展群众性卫生防疫工作提供了先验。

中共为广泛调动铁路员工、员工家属及旅客参与卫生防疫工作，于 1949 年 7 月在东北铁路成立由各级工会领导的卫生委员会和卫生委员会分会，设委员和卫生干事从事卫生防疫的群众性工作。⑦ 为推动群众积极参与卫生防疫，东北铁路总局则以群众担任卫生干事。新中国成立后，人民铁路在开展传染病防控中，继承群众性防疫工作，并将其发扬光大。1952 年初，为反对美国侵略者发动的细菌战，东北铁路各站、段迅速建立、

---

① 铁道部卫生保护司：《中国铁路卫生防疫事业四十年》，第 51 页。

② 《新中国预防医学历史经验》编委会：《新中国预防医学历史经验》第 1 卷，人民卫生出版社，1991 年，第 293 页。

③ 铁道部卫生保护司：《中国铁路卫生防疫事业四十年》，第 51 页。

④ 中华人民共和国铁道部卫生局：《铁道法规 · 卫生》上，1987 年，第 1597 – 1602 页。

⑤ 铁道部政策法规司：《中国铁路法规、规章及规范性文件大全》，中国铁道出版社，2003 年，第 793 – 794 页。

⑥ 可参见李洪河：《往者可鉴：中国共产党领导卫生防疫事业的历史经验研究》，人民出版社，2016 年，第 96 – 100 页。

⑦ 东北铁路总局总工会：《东北铁路总局总工会关于建立卫生委员会组织加强卫生防疫工作之指示》（1949 年 7 月 13 日发布），中央人民政府劳动部办公厅编：《劳动法令汇编》第 1 集，1951 年，第 257 – 258 页。

健全防疫委员会组织，对凡是敌机到过的地方，组织防疫队和发动群众，掀起分兵把口、分段分片，拣歼敌机投掷的毒虫，广泛掀起了粉碎敌人细菌战的人民战争。广大人民群众对敌人发动的细菌战义愤填膺，不顾冰天雪地和防疫队一起捕虫灭虫。① 1953 年 1 月 15 日，铁道部根据中央人民政府的指示，改各铁路单位防疫委员会为爱国卫生运动委员会，在继续反细菌战的同时，领导人民群众开展“灭四害、讲卫生、消灭疾病”的群众性爱国卫生运动。② 此后，爱国卫生运动一直蓬勃发展，长盛不衰，成为人民铁路开展日常预防和应对重大突发传染病，依靠群众、动员群众、发挥群众力量，实现群防群治的主要手段和形式。

最后，中共在东北解放区的铁路卫生防疫工作中，还注重于从预防保健理念入手，实行传染病防治，新中国成立后铁路部门继承这一理念，并将其上升为卫生防疫工作的指导方针。

中共在东北铁路卫生防疫中，学习与借鉴苏联的预防保健防疫管理方针，提出“早期发现、早期报告、早期隔离及早期治疗”和“防病胜于治病”③ 的卫生防疫观点；并将铁路职工的防病、防伤和劳动卫生等保健工作与防疫结合起来，在铁路沿线中心站设立诊疗所，在工厂设立保健所，在段、站、机关设立保健室，试图构建铁路基层防疫保健网，用以防疫与医疗。④ 新中国成立后，人民铁路升华预防保健理念。1950 年 4 月，铁道部召开第一次全国铁路卫生工作会议，将“预防为主，治疗为辅”确立为铁路卫生防疫工作的指导方针。⑤ 1951 年 3 月，铁道部发布通令要求各厂、段、站、机关、学校设立保健室，1955 年铁道部颁布《保健站组织暂行办法》，决定在机务段、车辆段、大编组站等生产单位建立重点保健站。⑥ 保健室和保健站集医疗、防疫和保健等多项职能于一体，他们与铁路沿线诊疗所、各级卫生防疫站共同构成人民铁路防疫保健网，成为新中国铁路卫生防疫事业的组织基础。

上述研究表明，在东北解放区，中共高度重视铁路卫生防疫工作，创建铁路卫生防疫组织体系，施行多种传染病防治措施，初步构建铁路疫情预防机制，为东北解放区疫情防控作出了重要贡献，从而提高党的政治威望，巩固新生人民政权。同时，它形成的

---

① 沈阳铁路局志编纂委员会：《沈阳铁路局志稿 · 卫生篇》，第 254 页。

② 张家麟：《当代中国铁路卫生事业管理》，第 22 页。

③ 中国人民革命军事委员会铁道部东北铁路总局卫生部、东北铁路总工会劳保部：《东北铁路卫生防疫会议汇刊》，第 1、45 页。

④ 铁道部卫生保护司：《中国铁路卫生防疫事业四十年》，第 55 页。

⑤ 铁道部卫生保护司：《中国铁路卫生防疫事业四十年》，第 9 页。

⑥ 铁道部卫生保护司：《中国铁路卫生防疫事业四十年》，第 54 页。

卫生防疫经验也成为新中国铁路卫生防疫事业建设的蓝本，具有重要的历史意义。中共在东北解放区富有成效的铁路卫生防疫工作，一方面得益于党的英明领导、科学的防治举措以及民众的积极参与；另一方面则是中共获得苏联的帮助，且善于学习与借鉴苏联的铁路卫生防疫经验。至于苏联如何协助中共开展铁路卫生防疫工作的若干细节问题，因史料缺失，尚有待探讨。

作者简介：

黄华平，安徽师范大学历史学院教授；袁浩，安徽师范大学历史学院硕士研究生。